CHRISTIANE ZSCHIRNT

LIBROS

TODO LO QUE HAY QUE LEER

Traducción de Irene Pérez Michael

TAURUS

PENSAMIENTO

Título original: *Bücher. Alles, was man lesen muss*
    D.R. © Eichborn Ag, Frankfurt am Main, 2002
    D.R. © De la traducción: Irene Pérez Michael

© De la edición española:
    D. R. © Santillana Ediciones Generales, S. L., 2004
    Torrelaguna, 60. 28043 Madrid
    Teléfono 91 744 90 60
    Telefax   91 744 92 24
    www.taurus.santillana.es

© De esta edición:
    D. R. © Santillana Ediciones Generales, S.A. de C.V., 2004
    Av. Universidad 767, Col. del Valle
    México, 03100, D.F. Teléfono 5420 7530
    www.taurusaguilar.com.mx

• Aguilar, Altea, Taurus, Alfaguara S. A.
Beazley 3860. 1437 Buenos Aires
• Distribuidora y Editora Aguilar, Altea, Taurus, Alfaguara, S. A.
Calle 80, n.º 10-23
Teléfono: 635 12 00
Santafé de Bogotá, Colombia

Primera edición en México: junio de 2004
Primera reimpresión en México: julio de 2004
Segunda reimpresión en México: octubre de 2004
Tercera reimpresión en México: febrero de 2005

ISBN: 968-19-1513-5

D.R. © Diseño de cubierta: Christina Hucke
D.R. © Fotografía de cubierta: Corbis

Impreso en México.

PRÓLOGO

¿Shakespeare o Berti Karsunke*?

Supongamos que Shakespeare volviera a nacer por designio divino y que usted se lo encontrara en el restaurante de la estación de Hannover. El escritor le hace un gesto y comienza una charla fascinante. ¿Se levantaría usted y, tras pronunciar un par de fórmulas de cortesía, diría: «Disculpe, señor Shakespeare, sus puntos de vista sobre *Hamlet* son extremadamente esclarecedores, pero lamentablemente tengo que marcharme»? Shakespeare le agarraría con mano de hierro, le volvería a sentar y le preguntaría: «¿Qué tiene usted que hacer que sea más importante que una conversación conmigo, autor de obras inmortales, el que más ha producido después de Dios?». Usted contestaría: «Ah, nada especial. He quedado con Berti Karsunke y los demás, donde siempre».

Bien, éste es un país libre y cada uno tiene libertad para despedirse apresuradamente de Shakespeare para ir al encuentro de Berti Karsunke. No tengo nada en contra de Berti Karsunke. También él puede resultar fascinante. De hecho, podría encontrarlo en Shakespeare, aunque no bajo el nombre «Berti Karsunke» sino bajo el de «Andrew Aguecheek»; no hay duda, se trata del mismo hombre.

Pero, ¿qué diría si también se encontrase a usted mismo en Shakespeare, si su novia reconociese en usted a Fondón, el tejedor encantado que «a la mañana siguiente» se vuelve a convertir en un burro? ¿No despertaría su interés?

Incluso en este caso, muchos preferirán la compañía de Berti Karsunke a la de Shakespeare. Usted personalmente no, pero sabemos por los detallados sondeos estadísticos acerca de la asistencia al teatro y la compra de libros que una gran mayoría prefiere a Berti Karsunke de

---

* Berti Karsunke es un nombre inventado. (N. de la T.)

Oberhausen que a Willy Shakespeare de Stratford. ¿A quién le vamos a impedir que prefiera unas patatas fritas con mayonesa en un puesto callejero a un menú de Bocuse?

No se castiga a nadie por no participar del diálogo de la civilización. Es un viejo principio del derecho: «Aquél que se perjudique inintencionadamente a sí mismo —por ejemplo, la madre que atropella por error a su propio hijo— no recibirá un castigo adicional». De la misma manera, cualquiera puede alejarse de la cultura sin ser perseguido por ello, ya que es él mismo el que sufre el perjuicio. Tal es el caso de un hombre que, frente a la representación de una comedia, rodeado de público que se ríe a carcajadas, permanece serio, porque no entiende los chistes. Se mueve en su propia cultura como un extranjero. No entiende su lengua, como quien ha repudiado su herencia. Ha renunciado a conocer los pensamientos más elevados y la poesía más embriagadora. Ha renunciado voluntariamente al mayor sentimiento de felicidad, esto es, leer las ideas creativas de Dios.

Hamlet y el fantasma de la cultura

El sociólogo estadounidense Harold Garfinkel se ha interesado por lo que ocurre cuando las personas no comparten las mismas hipótesis básicas sobre la realidad. Así, pues, sugirió a los estudiantes que en sus relaciones con sus amigos y conocidos prescindieran de las suposiciones consensuadas, por ejemplo, que frente a sus padres actuasen como si se tratase de extraños, como si los vieran por primera vez. Las reacción de los afectados fue tal que sólo podría haber sido descrita retomando diagnósticos patológicos. La gente perdió los estribos. Esto demuestra que nuestro sentido de la realidad descansa en el hecho de que compartimos el mundo con otros. Nuestra percepción de la solidez del entorno y nuestra propia identidad se fracturan si no contamos con supuestos básicos comunes sobre el mundo. Aquél que no reconoce a sus padres, pierde su memoria y, consecuentemente, su identidad. No puede comunicar a otros quién es. Esto vale asimismo para la memoria cultural. El que renuncia a ella, pierde su identidad y se excluye voluntariamente de la herencia común. Entonces deja a Shakespeare plantado en la cantina de la estación y se va con Berti Karsunke y los chicos.

¿Pero por qué es tan relevante la obra *Hamlet* de Shakespeare? ¿Por qué debemos conocerlo? La respuesta es: porque da forma a muchos de los enigmas de nuestra cultura y, de esta manera, los vuelve comprensibles. Por ejemplo: ¿Cuáles son las consecuencias de los grandes delitos? ¿Qué sucede cuando uno permanece obsesionado con el pasado? ¿Por qué Alemania se identificó con Hamlet? ¿Qué hace de este personaje el prototipo del hombre romántico y el primer intelectual? ¿Cómo se explica esta primera representación del moderno hastío vital? ¿Qué significa la irrupción de un tiempo de cambio histórico?

Contemplémoslo más de cerca: alrededor de la medianoche, entre el día, que acaba, y el que empieza, se rompe la cortina del tiempo y el príncipe divisa el fantasma de su padre. Éste dice que viene del Purgatorio. Pero Hamlet ha estudiado en Wittenberg, la plaza fuerte de los protestantes, que habían suprimido el Purgatorio. Sólo a partir de entonces los muertos estarían realmente muertos. En realidad, mientras los difuntos permanecían en el Purgatorio vivían un presente paralelo con los vivos. Con ellos, se podía mantener el contacto a través de rogativas y misas. Con la abolición del Purgatorio, los muertos quedaron atrás y fueron empujados por el río del olvido hasta la oscuridad. Pero ellos no lo permitieron: retornaron como fantasmas.

De este modo nos enseña *Hamlet* que un orden cultural que pretende ser disuelto de forma repentina se tornará indefectiblemente fantasmagórico. Esto es lo que sucedió en Alemania con la formación cultural. Debe su espíritu al Tercer Reich. Su certificado de defunción fue expedido en 1968. Desde entonces transita como un fantasma, un reaparecido alemán.

En efecto, la formación cultural es una idea de civilización específicamente alemana. En los países occidentales no se conoce el enfático concepto de la formación cultural. En su lugar, en la corte y las capitales del siglo XVII se desarrolló una cultura de etiqueta, que era exclusiva de la alta sociedad urbana y aristocrática. Se trataba de unir la sociabilidad y la educación. Tuvo su expresión en el ideal del *gentleman* británico y el *gentilhomme* francés, una figura que procuraba diversión a la vida social con su cosmopolitismo, inteligencia, modales subyugantes, humor, espíritu y conocimientos. Modales y estilo, ambos se resumían con el concepto de *maniera,* de *manners.* La formación cultural se fundía con la cultura social.

Alemania era distinta. El país se hundió en la guerra de los Treinta Años y en el provincianismo. No existía una sociedad capitalina que pudiera servir de ejemplo al resto. Todavía en la actualidad se mantiene la resistencia de la provincia frente al escenario urbano de la capital. A partir del siglo XVIII esta carencia de cultura social fue sustituida en Alemania por la «formación cultural» como idea central de la civilización. Pero la formación cultural continuaba con la religiosidad protestante por otros medios. Como esperanza de salvación era únicamente una cultura de la personalidad. Su estilo se plasmaba en una forma de interioridad alejada de la vulgaridad y superficialidad de la comunicación real. Si, además, adoptaba las formas modeladas por la etiqueta francesa, la comunicación era rechazada como una suerte de falsificación de uno mismo. «En Alemania, se miente siendo cortés», afirmaba Goethe. La formación cultural no encontraba lugar en la vida real. Por eso sufrió un colapso en el Tercer Reich que la paralizó.

Debido a ese quiebro, en 1968 se sentenció a muerte a la formación cultural y se la ejecutó. El cuerpo se desechó y se disovió en el ácido de la crítica. Desde entonces merodea como un fantasma. Con la lámpara de aceite de las salvaciones frustradas apagada, en la mano, el fantasma ha adoptado la figura de una teología negativa de prohibición de imágenes: tras Auschwitz, no debes escribir poemas, no debes narrar cuentos culinarios, no debes personalizar, no debes entretenerte, no debes disfrutar de la cultura... Esto ha convertido a la formación en un cementerio de formas vedadas, a través de la lucha entre los no muertos y los resucitados. Y finalmente, Alemania se ha convertido en un país sin historia, sin formación cultural, sin lengua y sin identidad.

Ideas principales para la selección de libros

Quien quiera recuperar el disfrute de las grandes obras culturales y el placer de las delicias del conocimiento, ha de desterrar este fantasma. Eso es lo que sucede con este libro. Christiane Zschirnt saca los libros de la penumbra de los presbiterios, donde el aire cargado de incienso y el murmullo de los sacerdotes adormecen los sentidos; borra toda pompa ceremonial y los libera del imponente estilo académico. Establece luego un vínculo con el lector común, al que los ingleses denominan *common reader*, que desea echar un vistazo entre los clásicos para poder elegir lo que quiere leer; que ansía reencontrar las principales avenidas y vías de conexión de la cultura sin que le pongan trabas y lo molesten; el que desea disfrutar de las logradas formas de la cultura.

Al leer el índice y ver las categorías en las que la autora divide su pequeña biblioteca selecta, uno queda desconcertado: junto a los clásicos del pensamiento político se encuentran rúbricas como «Clásicos escolares», «Shakespeare», «Niños», «Utopía: cibermundo». ¿Qué orden se esconde tras esta disposición? Uno se siente transportado al *Diccionario chino* de Borges, donde bajo el concepto «animales» pueden encontrarse entradas como «cerdos caseros», «animales que pertenecen al emperador», «animales comestibles» y «animales que se han pintado con un pincel de pelo de camello». Pero las categorías cruzadas prueban que la autora ha resistido la tentación de hacer una división sistemática falsa; en cambio, ha optado por acometer un amplio inventario de los clásicos de todas las posibles especialidades. Su criterio particular recoge lo que hoy se considera un clásico, lo que tiene un cierto estatus de culto, puesto que cada época tiene sus clásicos. En este sentido, la red de categorías entrecruzadas constituye una radiografía de nuestra cultura.

Esta red está organizada en torno a dos ideas principales: la primera es la de la civilización en sí misma, incluida en la teoría de la sociedad moderna. Bajo esta constelación figuran los clásicos de la política, de la teoría social y de las ciencias económicas. Dado que el nivel de civilización de una sociedad siempre puede medirse por la influencia que en ella tienen las mujeres, también hallamos ahí las obras importantes del debate entre sexos. La segunda idea conductora es más difícil de comprender: se trata de ámbitos cuya propia fantasía les acerca mucho a la literatura, de manera que llegan a manifestarse de forma casi poética. Es el caso del amor, un primo de la literatura. El amor se difunde a través de la literatura y por ella se aprende. O la psique como espacio interior espiritual, que se concibe por primera vez en la literatura junto al sentimiento. Antes sólo habían existido el cuerpo y el alma inmortal. En pocas palabras, aquí se trata de las esferas del encantamiento, de la fantasía y de la construcción de un mundo propio. A este terreno pertenecen los títulos «Literatura infantil», «Utopía: cibermundo» y «Clásicos escolares» como primera experiencia en la lectura, y libros de culto y clásicos triviales que fueron emblemáticos en la juventud de generaciones enteras, así como sexo y los libros que se leen con una sola mano.

De lo anterior cabe deducir que la literatura compensa la división de la molécula social en «privado» y «público» y resulta, por ello, paradójica, ya que es una comunicación pública de lo privado. De ahí que se dedique a atravesar fronteras permanentemente. La literatura va de tabúes, revelaciones y secretos, delitos, misterios y enigmas. Nos seduce para que los presenciemos. Es, igual que el amor, una forma de intimidad. Se trata, además, de la única comunicación en la que se experimenta el mundo desde la perspectiva y la conciencia de otra figura. También en esto coincide con el amor, porque crea una relación íntima entre el personaje y el lector, de tal manera que el lector contempla la figura desde fuera y desde dentro. Así comparte las observaciones del protagonista y puede examinarlas. La literatura hace posible lo que normalmente no lo es: participar en experiencias y observarlas al mismo tiempo.

La literatura es la gran educadora de los sentimientos. A través de ella aprendemos a observarnos a nosotros mismos y a los demás. Aprendemos psicología. Podemos ver lo que sucede en los otros, cuando, de otro modo, su interior está reservado. Aprendemos a sentir como el otro. No resulta extraño, entonces, que las mujeres lean más que los hombres.

Por lo demás, la literatura ofrece algo que también interesa a los hombres y que no se aprende en ningún otro sitio: nos da a conocer sucesiones de acontecimientos que no son lineales y tampoco previsibles.

Esto es, conflictos, cazas de brujas, escándalos, profecías autocumplidas, crisis, metamorfosis... En pocas palabras, desarrollos que no reconoceríamos de no haberlos comprendido por la literatura. Estas tramas destacan unas figuras concretas del destino vinculadas a procesos que se abrevian en sus nombres: Edipo representa la conocida constelación familiar; Hamlet, el problema del intelectual; Don Quijote, el destino de los que quieren mejorar el mundo; Fausto, la desmesura de la ciencia; Don Juan, el seductor, etcétera. Tales modelos sólo pueden conocerse a través de la literatura. Y de uno de ellos, de la novela, deriva el mismísimo concepto de la formación cultural. Al principio, el héroe comete errores debido a su ignorancia o sus prejuicios. Las consecuencias negativas de sus actos le obligan a corregirse, de manera que cambia su conducta. Finalmente entiende las equivocaciones como el presupuesto necesario para poder corregirse y la sucesión de hechos como la prehistoria del conocimiento de sí mismo. Así, la formación cultural consiste en la comprensión de la propia historia como base de la identidad. La biografía de la formación cultural se convierte en un espacio vital y la novela deviene una forma que encierra el contexto de una vida. La forma se obtiene de la confrontación entre el individuo y el mundo.

Identidad cultural y nueva cultura

Este compendio incluye únicamente una lista de libros occidentales. Tras el ataque a los símbolos del *western way of life*, el modo occidental de vida se plantea nuevamente la cuestión de la identidad cultural que le es propia. A su vez, se formula la pregunta acerca del papel de las religiones, puesto que el encuentro con la cultura del Islam supone un enfrentamiento con experiencias religiosas que hoy nos parecen extrañas. Y, sin embargo, esas formas de devoción también pertenecieron —de manera destructiva— a nuestra cultura. Así, esta disputa nos confronta también con nuestra propia historia.

Se puede hablar de religión partiendo del miedo a lo desconocido, a lo amenazador, a lo absurdo, a la muerte, al dolor, al pánico, a lo irracional, a las paradojas, a lo secreto, a lo innombrable. Este temor se compensa con la partición del mundo terrenal y el más allá. La diferencia entre el mundo real y el más allá se repite en la tierra, donde se traza una frontera entre áreas profanas y santas. El día laborable es mundano, pero el domingo es santo. El mundo es profano, pero el interior de la iglesia y la zona del altar son sagrados. Cada vez que el mundo ultraterrenal aparezca en la realidad —sea en forma de milagro, crisis, terror, enigmas, paradojas y misterios— se originarán tabúes religiosos y rituales. Y puesto que, independientemente de la cultura a la cual pertenezcamos, nos encontraremos siempre con paradojas, crisis y secretos, también nos involucraremos con la religión.

En el presente, la religión se manifiesta como una fuerza destructora de la que se sirven las sociedades islámicas en su lucha defensiva contra la modernización. Pero también entre nosotros se vive un carnaval de la religiosidad. Nuevos cultos trasplantan la experiencia de lo impenetrable, se crean las religiones de diseño del movimiento *New Age*, la «nueva era», las idolatrías de la política y los cultos a los nuevos medios.

Además, internet ha tomado los atributos de Dios: en un mundo que era demasiado grande para tener una visión de conjunto, uno se auxiliaba con una paradoja religiosa, pensaba que Dios era omnisapiente. De esta manera, el mundo aparecía, en principio, cognoscible y abarcable. A la vez, se prohibía ver a Dios y representarlo. No se podía conocer lo que Él conocía, pero uno podía comunicarse con Él. En Él se almacenaba toda la información. Sin embargo, Él no tenía domicilio y su espíritu se desplegaba donde quería. Todo esto lo ha asumido internet. En vez de comunicarnos con Dios, nos conectamos. Los curas del Arca de la Alianza de la formación cultural han encontrado un nuevo culto misterioso.

Canon, escritura y cultura de la lectura

¿Se trata, por tanto, de un canon cultural como en los tiempos de Olim? ¿No es ésta una idea superada? ¿No traza cada canon unas fronteras arbitrarias? ¿No separaría usted lo que se halla unido? ¿Quién quiere responsabilizarse de semejante frontera? ¿Quién desea tomar el partido del vaso medio lleno cuando alza su voz el partido del vaso medio vacío?

Todos estos son los argumentos de espíritus desmoralizados sin confianza en la fuerza estructuradora de los límites, de todos los límites y fronteras. El país de la cultura es ciertamente una república, pero precisamente la libertad sólo prospera allí donde rigen reglas y diferenciaciones autoimpuestas. La principal diferencia de una selección como ésta es la distinción entre lo importante y lo que no lo es, o entre la libre voluntad y la obligación. Orientada en este sentido, sus efectos son similares a los de una reforma impositiva sobre la economía. Y así como la limitación de impuestos eleva la recaudación impositiva por la reactivación de la economía, la delimitación de la lectura a las obras centrales revivirá la dimensión de la lectura más allá de la selección, ya que ésta enseña cómo hay que empezar. Sólo es necesario trazar estos límites para provocar la transgresión. Simplemente, el hecho de empezar —y que se lea— ya es importante.

¿Por qué?

Nuestra cultura se originó en una revolución mediática. Se consagró en dos impulsos: la invención de la escritura y la invención de la imprenta. La dimensión de la transformación de la comunicación oral en escrita sólo pudo ser aprehendida considerando lo que había permanecido inmutable: el significado. Por eso, el significado se identificó con la escritura y se concibió como Logos o «Santa escritura».

El entendimiento oral vive del caudal de energía producido por uno mismo y derivado de la propia dramaturgia. El realismo no es tan importante como el aspecto relacional y el color emocional. Todo esto fue sustituido en los textos escritos por la concentración sobre un tema y la coherencia interna. Sólo la escritura fijó el lenguaje, hizo posible su control y lo sometió a las reglas de la gramática. La diferencia de tiempo y ritmo entre la palabra hablada y la escrita fue usada para estructurar el significado. Mediante la alineación de la sucesión sujeto, predicado, objeto, con todos sus complementos, puede construirse el orden lógico del pensamiento sobre la secuencia de las partes de la frase. Para ello es necesario desprenderse del mundo exterior y centrar la atención en el interior. En pocas palabras, se requiere capacidad de concentración.

En los últimos treinta años, esta capacidad ha conocido un enemigo mortal: la televisión, sobre todo entre los niños antes de que aprendan a leer. El ritmo de las imágenes coincide exactamente con la necesidad del cerebro de ser estimulado. Por eso, la televisión absorbe la atención. Actúa como una droga. Si falta el estímulo, aparecen inmediatamente los síntomas de desintoxicación. Lógicamente, los niños tienen cada vez menos capacidad de concentración y difícilmente soportan la reducción del ritmo de los procesos para construir significados. Consideran las clases como una suerte de entretenimiento, comparan al profesor con las estrellas de la televisión y cambian de canal porque se aburren. Mediante la televisión, la comunicación oral ha vuelto a tomar el mando. El que no satisface sus necesidades de fantasía mediante los libros antes de ver televisión, no desarrolla costumbres lectoras firmes. Leer siempre será arduo para él. Finalmente, se desconectará de la cultura escrita y se hundirá de nuevo en una cultura visual ágrafa.

En las primeras contracciones antes del alumbramiento de la Edad Moderna se produjo en Europa una sostenida controversia sobre si debían ser los autores clásicos o los más actuales los que sirvieran de modelo. Jonathan Swift escribió una versión paródica de aquella *Querelle des anciens et des modernes* («Querella entre antiguos y modernos») a la que tituló *The Battle of the Books* («La batalla de los libros»). Apostar hoy en día por un canon semejante en Alemania supone promover una nueva batalla de los libros. Al fin y al cabo, no se forzó la abdicación del viejo canon después de 1968 para hacer sitio a sus continuadores.

Sin embargo, ésta es una posición nacional estrecha de miras. Procede únicamente de una experiencia alemana. Nuestros vecinos occidentales no han prescindido de su canon. ¿Por qué habríamos de hacerlo nosotros? De acuerdo con los valores culturales de su tradición, vencieron a la tiranía y salvaron a la civilización hace cincuenta años. Si los alemanes queremos construir con ellos una comunidad de entendimiento en una Europa unida, tenemos que hacer propias sus tradiciones y ajustar nuestro canon. También a ello contribuye este libro.

Su mayor logro radica, no obstante, en que el libro consiga apartarse de la afectación solemne de la tradición cultural alemana. Christiane Zschirnt desenmascara este ceremonial como una mala herencia. El respeto por los autores que nos enseña procede del entendimiento y no de la reverencia ritual de ídolos incomprendidos. Así, recupera los libros del destierro del esnobismo y hace que la cultura sea realmente democrática. Eso significa el libre acceso para todos los que lo deseen.

Cuando los nazis quisieron preparar a los alemanes para la guerra comenzaron con un asesinato en masa de libros. Cuando los estadounidenses quisieron preparar a sus reclutas para la guerra les enviaron los recientemente desarrollados *great book courses* («cursos sobre los grandes libros»), que desde entonces fueron utilizados en las universidades. Los habían conservado y se habían convertido en parte del canon democrático. Un canon semejante enseña el respeto por la civilización y recuerda también su vulnerabilidad.

Dietrich Schwanitz
Hamburgo, octubre de 2001

INTRODUCCIÓN

¿Austed también le pasa? Va a una librería de tres plantas para buscar nuevas lecturas y, nada más entrar, ve libros con fotos tentadoramente brillantes; sobre ellos, etiquetas rojas con precios de oferta que llaman la atención. Detrás, hay libros hasta donde alcanza la vista. Cubiertas relucientes repartidas en tres mil metros cuadrados: best sellers, novela negra, novela fantástica, libros de cocina y de jardinería, libros sobre el embarazo, manuales de derecho tributario, libros sobre hombres y sobre estilos de vida, la historia de Brasil y del café... Se pasa una hora revolviendo y luego se marcha, *sin haber comprado ni uno*. Desde luego, el problema no era la variedad.

Esta librería no es más que una mínima expresión de la sociedad mediática que nos abruma. En este paisaje, los libros ya no son los únicos protagonistas. El aluvión de datos que debemos asimilar proviene de periódicos y revistas, de la radio y de la televisión, y esto sin mencionar la sobreestimulación de la capacidad humana para absorber la información que supone internet. La red contiene datos más allá de toda frontera de espacio y tiempo: todo está disponible siempre y en cualquier lugar. Parece haber demasiados conocimientos. Sociólogos e investigadores hablan de la «sociedad de la información». Cada cinco años se duplica nuestro saber, aseguran. Y cuesta abarcar incluso esta explicación.

Mientras se produce esta explosión de contenidos, nosotros sabemos cada vez menos acerca de cómo dominarlos. Antes, al terminar el colegio, uno salía provisto (en el caso ideal) de todo el bagaje cultural que iba a necesitar durante el resto de su vida. Los colegios de hoy deben proporcionar un nivel de conocimiento con el que uno pueda orientarse cuando éste cambie. El panorama del saber ha cambiado.

Cuando mi abuelo empezó a ir al colegio, en 1909, le mostraron una montaña. En realidad, no se trataba de una verdadera montaña, sino de un montón de gigantes, unos encima de los otros. Mi abuelo no sabía entonces quiénes eran, pero más tarde los conoció: Homero, Dante,

Shakespeare y Goethe estaban allí, pero también muchos otros. «Ahora has de subir», le dijo su profesor, «y cuando alcances la cima serás un enano sentado sobre el hombro de gigantes». Si bien la escalada parecía terriblemente fatigosa, a mi abuelo le aseguraron que la vista desde arriba le dejaría sin respiración. Tendría una perspectiva general de *todo:* toda la cultura y todo el saber. Entonces, la *Biblia,* la Antigüedad o los clásicos eran conocidos en todas partes. Cuando se mencionaban citas, todos sabían de dónde provenían y podían atribuirlas a su autor. La cultura occidental era reconocible como una red infinita de referencias y relaciones secretas. Todo podía conectarse entre sí. Mi abuelo comenzó la subida hacia la cumbre. Para que se orientase en el ascenso le entregaron un mapa. Se trataba del canon, la lista de todos los libros que tenía que leer para llegar arriba. Iba bien equipado, puesto que el mapa indicaba todas las capas geológicas del saber en las que podía apoyar con seguridad su piolet. El final de su escolarización representaba la culminación de la escalada, le felicitaban y le aseguraban que lo había logrado, que disfrutase de la vista.

Hace dos semanas comenzó el colegio mi sobrina, Anna. Su profesora no le ha mostrado ninguna montaña, sino un *mar.* A principios del siglo XXI nuestros conocimientos no se asemejan ya a un monte, sino a un océano: el horizonte es siempre igual de lejano; en la superficie, lisa como un espejo, todo tiene un aspecto similar y el único sonido que se oye es un murmullo (del mar). Quien hoy quiera descubrir una red infinita de referencias y relaciones secretas tiene oportunidad suficiente de hacerlo conectándose a internet. Lo que desde allí resulta imposible es vincular todo el conocimiento entre sí de forma que, además, se conserve una visión de conjunto. En la inmensidad ilimitada del océano es muy fácil perder la orientación. Para navegar en el mar del conocimiento hace falta una brújula.

¡Espero que Anna no haya recibido un *mapa* de su profesora! Pero eso no significa que podamos permitirnos echar por la borda el saber cultural que recogía aquel canon. Lo necesitamos con urgencia. Lo que antaño servía para mantener una visión de conjunto, en la actualidad nos ayudará a no perder la orientación. Para lograrlo es preciso reconvertir lo que servía para la escalada en un instrumento apropiado en alta mar. Esta tarea no se consigue de un día para otro.

Inundados de información, padecemos, a la vez, déficits de conocimiento. Esta combinación se define usualmente con la expresión «sabiduría de expertos» y se lamenta la existencia de «idiotas especializados». Injusta calificación si tenemos en cuenta que vivimos en una sociedad que precisa conocimientos específicos. Por eso, no es reprochable ser un especialista. El problema radica en que no es suficiente.

El saber específico no es saber cultural. Con aquél no es posible comprender la propia cultura. El que sabe todo lo que hay que saber sobre márketing, astrofísica, maíz genético o diseño de páginas web, no sabe sobre los orígenes de la democracia o del capitalismo, sobre el concepto del amor o la creación de la civilización.

He escrito este libro para todos los que quieran orientarse en el océano. Es un libro sobre textos que han dejado su huella en la cultura occidental. Contienen el saber cultural de Occidente: se trata de novelas, dramas, epopeyas, tratados teóricos y ensayos.

La selección se circunscribe a libros de la tradición europea. Esto se debe a dos razones. Por un lado, carece de sentido lanzarse al infinito cuando se ha perdido el Norte. Por otro, es preciso comprender el mundo occidental si se quiere entender el mundo moderno. El mundo en el que vivimos está determinado por invenciones y descubrimientos europeos. Algunos, simplemente imbatibles. Así, por ejemplo, la idea de los derechos humanos proviene de la Ilustración europea. Pero también es parte de la herencia que Europa ha dejado al mundo globalizado su sistema económico, invencible y frecuentemente inhumano: el capitalismo.

Con la selección de libros que he realizado no he creado un nuevo canon. Sería imposible, en todo caso, porque la canonización es un proceso complicado de elección y rechazo en el que participa toda una cultura y en el que entran en juego las convicciones estéticas, sociales, políticas y religiosas de una sociedad. Tampoco quería escribir una lista que comenzase en el año 800 a. C. y finalizase en el año 2000 d. C. Nadie puede hacerse una idea de nada a lo largo de un lapso temporal tan largo y menos aún si ya hay dificultades para orientarse en la actualidad. El mundo en el que vivimos no se presenta clasificado en el tiempo. Nos ocupamos de la economía y de la política, nos irritan los imperativos de la civilización, nos enamoramos, educamos a nuestros hijos, leemos libros, vemos la televisión y vamos al cine. Mientras estamos ocupados en tantos asuntos, todo nos parece bastante poco claro. Sin embargo, nos movemos constantemente en el marco de determinadas estructuras. Si somos capaces de reconocerlas, sabremos siempre dónde estamos ubicados.

En este libro he tomado esas estructuras de nuestra vida cotidiana. Por tanto, no lo he ordenado cronológicamente, sino por temas. Como si de faros se tratara, los títulos de los capítulos nos indican el camino. De esta manera, la novela *Robinson Crusoe* de Daniel Defoe no aparece bajo 1719, sino en el apartado dedicado a la economía. Encontramos *Ana Karenina* allí donde presumimos que debe estar, en el capítulo que trata del amor.

La selección de libros se ha realizado teniendo en cuenta asimismo la complejidad de la sociedad moderna. Dentro del horizonte trazado, quise abarcar toda el panorama posible. Por esta razón, junto al clásico del canon, Homero, aparece el icono de la cultura pop, el pato Donald. Me interesa tanto el desarrollo de la píldora anticonceptiva en los años sesenta como la invención del capitalismo en el siglo XVI.

La opción a favor de un amplio espectro presenta una zona de sombras: tuve que decidir no hilar muy fino. Cada selección se forma con aquello que se decide excluir. No me resultó fácil en ningún caso, puesto que la literatura no es nunca «sólo» saber cultural. A partir de la lectura de cada libro nacen conexiones con nuestras experiencias personales que conforman la parte del mundo que cada uno ha de descubrir por sí mismo. Ningún compendio puede sustituir la belleza del lenguaje de Proust, el humor de Jane Austen, el murmullo del leer o la aventura del encuentro con ideas que han marcado una época. Este libro pretende proveer al lector de la brújula que necesitará para hacer sus propios descubrimientos, si es que se atreve a lanzarse al mar.

1

OBRAS QUE DESCRIBEN EL MUNDO

La *Biblia* (800 a. C. – 100 d. C.)

Al principio Dios creó la luz y la oscuridad. Ése fue el primer día. El segundo, separó el cielo de las aguas. El tercer día creó los mares y la tierra e hizo crecer las plantas. El cuarto día creó las estrellas, el Sol y la Luna. El quinto día llenó el mar de peces y el cielo de aves. El sexto día pobló la tierra con animales y con hombres. La creación había concluido y el séptimo día descansó. Pero la *Biblia* no se hizo en seis días. Es una obra que se ha gestado a lo largo de mil años de transmisión, transcripción y selección de diferentes textos.

Estamos tan acostumbrados a considerar la *Biblia* como *un* libro único, incluso *el único* libro, que resulta difícil aclarar que en esencia se trata de una biblioteca, se compone de «libros». Las obras individuales fueron redactadas entre el año 800 a. C. y el año 100 d. C. en tres lenguas: arameo, hebreo y griego. Provenían de los más diversos «autores», desde hombres cultísimos con poder y autoridad hasta gentes comunes del pueblo, desde reyes hasta pastores de cabras. Más tarde, entre los siglos II y IV d. C., fue cuando las primeras autoridades de la Iglesia tomaron estos libros y los reunieron en una colección obligatoria. Durante un extenso periodo de tiempo, se habían separado los escritos confirmados de aquellos contra los que había objeciones. Así se creó el «canon bíblico» (canon: medida, regla, en griego): el conjunto imprescindible de las «escrituras sagradas». Hasta el presente constituye la colección de textos a través de la cual se da a conocer la palabra de Dios de acuerdo con la concepción cristiana. La *Biblia* era (y todavía lo es para muchos en la actualidad) una obra universal inagotable: contiene todo el saber del cristianismo. Durante siglos se ha podido acudir a ella en busca de consejo, con la seguridad de obtener siempre una respuesta para afrontar cualquier circunstancia de la vida, se tratase de algún asunto histórico, de la vida cotidiana o de las grandes cuestiones de la fe. Por esta razón, la *Biblia* ha sido, a lo largo de siglos, un libro que contenía el mundo entero.

Su largo periodo de gestación, la confluencia de diversas culturas y lenguas, y la mezcla de autores hacen de la *Biblia* un libro con infinitas facetas: comienza con la emocionante historia de la creación, en la que Dios crea el universo de la nada (por cierto, dos veces seguidas, puesto que a la primera narración le sigue en Génesis 2.4 un segundo relato que proviene de otra fuente más antigua). Luego uno lee acerca de una mujer que atrajo toda la miseria sobre la humanidad cuando comió del árbol del conocimiento. Con ese acto, ella impuso el pecado sobre todos los seres humanos que, como castigo, se convirtieron en mortales. Pero algo bueno tuvo este asunto: la humanidad ya no ha de permanecer en el desconocimiento. En vez de estar todo el día en el Edén comiendo fruta, puede ahora acometer una obra tan grandiosa como la *Biblia*.

La historia de la creación contiene imágenes maravillosas que todo aquel que haya crecido en la tradición cristiana conoce: el Paraíso, la serpiente, el arca de Noé, la torre de Babel. Los textos de la *Biblia* ofrecen la mejor muestra de todos los estilos: el lenguaje sencillo de los libros de los Reyes, pero también la poesía exquisita de la lírica amorosa del Cantar de los Cantares de Salomón. Hallamos la historia del harén en el libro de Ester, con ecos totalmente mundanos, o el mandato de veneración que supone la narración sobre el piadoso Job, objeto de una apuesta entre Dios y el diablo. Encontramos un vuelo de altura intelectual en el Evangelio según San Juan (que comienza así: «Al principio existía la palabra. La palabra estaba junto a Dios, y la palabra era Dios») y una enigmática visión del mismo apóstol sobre el fin del mundo: el Apocalipsis.

La *Biblia* está integrada por el Antiguo Testamento, que narra la historia de un pueblo (Israel), y el Nuevo Testamento, que cuenta el derrotero de un hombre (Jesús). El Antiguo Testamento no es solamente la parte más voluminosa de la *Biblia* cristiana, sino también la escritura sagrada de los judíos. Tras la historia de la creación y del principio del mundo, el Antiguo Testamento prosigue con la historia del origen del pueblo de Israel. Dios establece una alianza con Abraham y le nombra padre fundador del pueblo elegido. Como signo de esta alianza, todos los descendientes varones habrán de ser circuncidados. Jacob, nieto de Abraham, engendra doce hijos de los que descienden las doce tribus de Israel. El Antiguo Testamento relata la historia de ese pueblo y sus continuos tratos con Dios: su marcha arriba y abajo por los territorios del antiguo Oriente entre los ríos Éufrates y Nilo, la esclavitud en Egipto, la proclamación de los Diez Mandamientos entregados a Moisés en el monte Sinaí y la paulatina revelación del Señor a través de milagros, sueños y fenómenos naturales, así como la propia historia de Israel.

Mientras que los sucesos del Antiguo Testamento se producen durante un periodo que abarca un milenio y medio, los acontecimientos que relata el Nuevo Testamento transcurren durante el relativamente breve lapso de cien años. El Nuevo Testamento narra el nacimiento, pero sobre todo la muerte y las repercusiones de la vida de Jesús. El núcleo de esta segunda parte de la *Biblia* está compuesto por los cuatro primeros libros: los cuatro evangelios («buena nueva»), y se considera a cuatro discípulos de Jesús como sus autores: Mateo, Marcos, Lucas y Juan. La parte más extensa del Nuevo Testamento son las veintidós «cartas». Se trata de textos educativos redactados para ser leídos en las primeras comunidades cristianas y que, junto a la enseñanza del cristianismo, contienen indicaciones para la vida cotidiana. La mayoría de estas misivas fueron escritas por San Pablo, el primer misionero del cristianismo. Pablo se llamaba originariamente Saulo y era judío. Participó en la persecución de los cristianos. Pero, tras una experiencia decisiva en la que se le apareció Jesús, se hizo bautizar y tomó, en adelante, el nombre de Pablo. Se convirtió en el principal heraldo del cristianismo y fue el primer teólogo cristiano. En el siglo I d. C. viajó por los países del Este del mediterráneo hasta Italia y fundó comunidades cristianas en todas partes.

El nombre de la *Biblia* proviene del griego *biblia*, «libros», plural de *biblion*, «libro», que a su vez deriva del nombre de la ciudad fenicia Byblos de la que procedía el material sobre el que se escribía en la antigüedad. Se trataba del papiro (origen de la palabra papel), realizado a partir de la planta de caña del mismo nombre. Las primeras versiones del Antiguo Testamento se escribieron en papiros que se conservaban en rollos. Desde el siglo IV hasta la Edad Media se utilizó el pergamino, fabricado con pieles de animales, que se conserva mucho mejor.

Ningún otro libro ha influido tanto en la cultura e historia de Europa como la *Biblia*. Los conocimientos que transmite la *Biblia* conforman el mayor sustrato común del mundo occidental, aunque también hayan servido para provocar enfrentamientos durante siglos sobre los temas compartidos: judíos contra cristianos, la Iglesia Oriental contra la Occidental, católicos contra protestantes. La *Biblia* ha sido utilizada para justificar algunos de los derroteros más funestos del mundo, pero también ha sido la inspiración de los logros más grandiosos en el campo artístico y literario.

La *Biblia* es el libro más difundido del mundo. Con la introducción de la imprenta por Johannes Gutenberg en el siglo XV (la primera impresión fue, naturalmente, una *Biblia),* se convirtió en el primer artículo de consumo masivo de Europa. Como parte del equipaje de los misioneros ascendió a la categoría de gran éxito de exportación (aunque no siempre de forma beneficiosa). Hoy la *Biblia* está traducida a cerca de dos mil idiomas y se imprimen más de treinta millones de ejemplares nuevos cada año. (Como dato comparativo, en Alemania las editoriales consideran best seller el libro que sobrepasa una tirada de veinte mil ejemplares). La tirada total de todas las Biblias que se han distribuido en el año 2001 probablemente sea de setecientos millones. Si se sumasen todas las Biblias que alguna vez se imprimieron se superaría rápidamente la frontera de los mil millones de ejemplares.

La *Biblia* es el libro de lo superlativo. Cualquier otro libro que presuma de poder compararse con la *Biblia* se sitúa en un orden ideológico superior que desborda la medida de lo común. Se leen frecuentemente afirmaciones como: «Homero es la biblia de los griegos», *«El capital* de Karl Marx es la biblia del proletariado», «La obra *Investigación sobre la naturaleza y las causas de la riqueza de las naciones* de Adam Smith es la biblia del liberalismo económico», *«El segundo sexo* de Simone de Beauvoir es la biblia del feminismo» o *«El guardián entre el centeno* de J. D. Salinger es la biblia de la generación de la posguerra». Estas «biblias» aparecen en las siguientes páginas junto a libros que no son biblias. A continuación los examinaremos.

Homero: la *Odisea* (700 a. C.)

La literatura europea comienza con Homero, un desconocido. Como sucede siempre en estos casos, se acumulan las historias más curiosas sobre el misterioso poeta, autor de la *Ilíada* y la *Odisea.* La anécdota más popular es la que afirma que Homero era ciego. El golpe de efecto es potente, ya que si un invidente había sido capaz de describir el mundo de tal manera que causa asombro siglos después, uno se pregunta: ¿Era aquel ciego un sabio clarividente, un profeta, un bardo bendecido por los dioses que alcanzó la inmortalidad a través de su poesía?

Homero es inmortal porque sus epopeyas en verso, la *Ilíada* y la *Odisea,* constituyen los primeros poemas *escritos* de Occidente. Homero se sitúa en el umbral del paso de la cultura europea oral a la escrita. Antes de él la poesía había tenido que apañárselas sin alfabeto: el poeta o el trovador creaba sus obras en su memoria, no ponía nada por escrito y realizaba sus representaciones oralmente, de manera que, por lógica, siempre se producían diferentes versiones. El alfabeto se introdujo en Grecia al tiempo que nacían la *Ilíada* y la *Odisea*. Con ello se dispuso del medio para crear *literatura,* ya que la escritura es necesaria para poder componer y conservar textos complejos.

Desde la alfabetización de los griegos, el conocimiento y la escritura han estado inseparablemente unidos en Europa. A partir de ese momento, la cuestión de lo que debe y no debe saberse se decide a través de la comparación de textos, calificados como lecturas importantes o prescindibles. Los primeros textos occidentales pertenecientes a esta tradición son la *Ilíada* y la *Odisea*. Pero desde el instante en el que alguien empezó a escribir las obras de Homero sobre un papiro hasta el momento en el cual alguien coge un libro de la estantería y se sienta en un sillón para leer cómodamente queda todavía un camino inconcebiblemente largo, ya que entre ambos episodios se encuentran los inventos técnicos y culturales de dos milenios y medio.

Se ha llegado a afirmar que la escritura se creó expresamente para las epopeyas homéricas. Aunque esta tesis es insostenible, demuestra en qué elevadísimos estadios nos movemos cuando hablamos de Homero: sus obras son de tal relevancia para la cultura europea que incluso se ha pensado que la escritura se inventó para ellas. Generaciones posteriores compararon al trovador con el mar que rodea todo el mundo y que fluye hacia dentro de los arroyos más pequeños. Homero describe el cielo de los dioses, el mundo y el destino de los hombres. Sus epopeyas son, a la vez, mitología, geografía, historia, descripción social y relatos de aventuras.

Desde que Homero contó las correrías de Ulises[*] por el Mediterráneo, el mundo occidental conoce dos expresivas metáforas sobre la vida del hombre y su destino en la tierra: el viaje y el mar. Ambos pertenecen al imaginario de la navegación, que es utilizado tanto en la literatura como en el lenguaje cotidiano cuando se desea describir las tormentas o los naufragios de la vida: uno se aventura a salir al mar y vaga en su inmensidad. Navegamos a baja velocidad, las tempestades nos arrojan de aquí para allá y no en todos los casos encontramos el camino correcto. Somos presa de las olas del destino, sufrimos naufragios, arrojamos planes por la borda o nos quedamos varados. Encallamos en los escollos que deberíamos evitar, nos hundimos o lanzamos el ancla salvadora justo a tiempo. O arribamos a puerto seguro. Es fácil perderse en el mar abierto de las posibilidades infinitas. La vida es una odisea.

---

[*] Para la edición española y siguiendo las tendencias más recientes, los nombres de autores y personajes se han dejado en el idioma original, salvo en casos ya convertidos en clásicos como Nicolás Maquiavelo o Romeo y Julieta.

La epopeya de Homero relata los viajes de Ulises y su regreso al hogar. El gran poema ordena el mundo turbulento que recrea en una unidad sinóptica de veinticuatro «cantos», esto es, capítulos. Los doce primeros tratan de los viajes plenos de aventuras que llevan a Ulises de regreso a su patria, Ítaca, después de veinte años de ausencia. Los doce finales contienen el relato de la llegada a su hogar y la reconquista de su esposa, Penélope, y de su reino.

Hacía más de diecinueve años que el valeroso y astuto Ulises había partido a la guerra de los griegos contra los troyanos. Allí había tenido la ocasión de probar su inteligencia, cuando mediante un ardid propició el final de la contienda, que duraba ya diez años: escondió a unos soldados en un gigantesco caballo de madera y de esta manera los introdujo a escondidas en la disputada Troya.

Tras el fin de la guerra de Troya transcurrieron algunos años en los que Ulises hubo de permanecer en la isla de la ninfa divina Calipso. Ésta, enamorada del guerrero, lo retuvo junto a ella. Sin embargo, Ulises siente nostalgia de su patria y de su esposa Penélope que, por su parte, le ha sido fiel durante todo ese tiempo. Penélope no ha aceptado a ninguno de los ochenta y ocho pretendientes que, en ausencia del dueño, se han acomodado en el palacio y malgastan sus posesiones. Ella había demostrado poseer una astucia comparable a la de su esposo anunciando a sus molestos pretendientes que se decidiría por uno de ellos cuando hubiese acabado de tejer un paño*. Durante cada noche a lo largo de tres años, deshizo el trabajo diario hasta que su engaño fue descubierto.

Ulises está sentado en la playa de la isla de Calipso y añora a Penélope, mientras ella comienza a preguntarse si su marido todavía sigue vivo. Entonces, la diosa Atenea intercede en favor del héroe ante la correspondiente asamblea de dioses y ruega al padre de los dioses, Zeus, que por fin permita a Ulises retornar a su hogar. Finalmente se ocupa de preparar al hijo del ausente, Telémaco, para la próxima reunión de la familia. La diosa adopta un aspecto masculino para encontrarse con Telémaco y le anima a indagar acerca del paradero de su padre. Como suele suceder con las tareas que realizan los hijos ya adultos en relación con sus padres, a Telémaco la búsqueda de su padre le sirve también para encontrar su propia identidad. Telémaco parte en un viaje de iniciación acompañado por Atenea, que ha adoptado la figura de un amigo de la familia, Mentor. Con esta apariencia permanece siempre a su lado, apoyándolo continuamente con consejos y acciones. Por eso, en nuestros días, a un consejero bienintencionado se le llama *mentor*.

---

* El paño es la mortaja de su suegro Laertes. (N. de la T.)

En el quinto capítulo aparece por primera vez Ulises. Abandona a Calipso, la ninfa infelizmente enamorada, y navega en una balsa en dirección a su patria, pero una tempestad le arroja a las playas del país de los feacios.

Allí lo encuentra, desnudo y desgreñado, Nausícaa, la hija del rey, que se había acercado a la playa con sus amigas para lavar ropa. Nausícaa conduce al héroe hasta la corte de su padre, donde es objeto de un caluroso recibimiento y es agasajado generosamente. En este lugar, el propio Ulises asume el papel de narrador y relata a la corte las pasadas aventuras en sus viajes desde que finalizó la guerra hasta su estancia con la enamorada Calipso (cantos 9-12).

Estas aventuras constituyen la parte más conocida de la *Odisea*. Se trata de relatos que impresionan. Los hombres de Ulises saquearon las ciudades de los cicones. Arribaron a la región de los lotófagos, los comedores de loto, quienes les ofrecieron este fruto que les convirtió en adictos y provocó que desconocieran cualquier responsabilidad. Ulises y doce de sus hombres cayeron después en manos del cíclope Polifemo, un gigante con un solo ojo, que devoró a cuatro miembros de la expedición y bebió, para acompañarlos, leche de oveja y de cabra. El héroe le quemó su único ojo y logró escapar con el resto de sus camaradas atándose bajo los vientres de unos carneros que el cíclope sacaba para pastar. Luego, cuando los navegantes se dirigían a casa, los vientos les hicieron errar una vez más por el mar hasta que arribaron al país de los lestrigones, atroces caníbales. Finalmente llegaron a la isla de la encantadora Circe, que transformó a todos los hombres en cerdos, a excepción de Ulises. Sólo el héroe logra rehuir al hechizo de Circe y le muestra quién es el amo de la porqueriza, ocupándose de que sus compañeros vuelvan, al menos exteriormente, a tener aspecto humano.

A continuación sigue un descenso al Infierno. Allí, en el reino de los muertos, Ulises consulta con el espíritu del ciego Tiresias cómo seguir su camino. Después de lo cual Ulises vivió sus famosas tres últimas aventuras. La primera, el encuentro con las sirenas que pierden a los hombres con sus fascinantes cantos. Para no sucumbir, Ulises tapona los oídos de sus hombres con cera y ordena que a él le aten al mástil del barco. En segundo lugar, deben sortear los peñascos donde habitan las letales Escila y Caribdis. Por último, la matanza prohibida de las vacas de Helios provoca la ira de los dioses que, como castigo, causan una terrible tempestad a la que no sobrevive nadie más que Ulises.

Los siguientes doce libros tratan de la llegada de Ulises a Ítaca, adonde le condujeron los feacios tras escuchar sus aventuras. Apenas hubo arribado a su isla, el héroe se disfraza de mendigo para poder averiguar de incógnito lo que había sucedido durante su ausencia y, sobre todo, para poder estar seguro de la fidelidad de Penélope. Ulises busca a Eumaios, el fiel porquerizo. Entonces comienza el encuentro familiar, puesto que Ulises halla a su hijo Telémaco junto al pastor. Padre e hijo deciden poner fin a la actividad de los desvergonzados pretendientes. Al final de la gran carnicería, todos los huéspedes no deseados tienen que marchar al Infierno.

Finalmente, Ulises se da a conocer también a Penélope. Y para que la pareja pueda celebrar ampliamente su reencuentro, tras veinte años de separación, la diosa Atenea alarga la noche. La mañana siguiente tiene un amargo despertar: el pueblo se ha levantado a causa del derramamiento de sangre acaecido en el palacio. Pero Zeus decreta que la venganza de Ulises ha sido justa e impone la paz en Ítaca.

Desde que los griegos incluyeron a Homero entre las lecturas escolares obligatorias, la *Ilíada* y la *Odisea* forman parte del canon de la cultura occidental. → Dante situó a Ulises en el Infierno, porque consideró que el griego que vagaba eternamente por un mar de infinitas posibilidades era culpable de la desmesura; Werther leía a Homero; → James Joyce trasladó la epopeya a la cultura moderna. En el lenguaje cotidiano, *odisea* equivale literalmente a un viaje difícil, ya sea una odisea para empadronarse en el ayuntamiento o —como en la película de Stanley Kubrick— una odisea del espacio.

Dante Alighieri: *Divina Comedia* (1308-1321)

Quien viaja hoy al Infierno, aterriza en Sierra Leona o en los suburbios de Río de Janeiro. Quien llega hoy al Paraíso, ha tenido que volar diez mil kilómetros para conseguirlo. Quien se halla hoy en el cielo, es muy feliz.

Cuando en el siglo XXI hablamos de Cielo, Infierno y Paraíso utilizamos metáforas. No creemos que Dios, en su sabiduría infinita, haya creado un universo en el que realmente existan estos dominios ultraterrenales. Tampoco pensamos que la vida sea un peregrinaje que conduce a Dios. En esto nos diferenciamos de Dante, el mayor poeta del Medievo.

Leer a Dante en el siglo XXI equivale a visitar una catedral gótica. Uno penetra en un espacio tan sobrecogedor como incomprensible. Aunque fuera del terreno familiar, se experimenta una emoción respetuosa. Hay dos cuestiones de las que el visitante de catedrales y el lector de Dante son conscientes de inmediato. Primero, en este mundo todo tiene un orden inalterable. En segundo lugar, ese orden perfecto es obra de un poder infinito, insondable y sobrenatural: Dios.

La *Divina Comedia* es una peregrinación espiritual y un viaje por el universo. Comienza en el Infierno, continúa por el Purgatorio, culmina temporalmente en el Paraíso terrenal y finaliza en un estado flotante, fuera del tiempo y del espacio, en el que Dante es llevado ante Dios.

Antes de comenzar a leer a Dante, es necesario saber que vamos a encontrarnos con una imagen del mundo completamente diferente a la nuestra. En la visión del mundo que existía en la Edad Media, el universo se conforma a la manera de una escalera jerárquicamente ordenada: en el extremo más bajo se halla la materia inorgánica, en la cima se sitúa Dios, que ha creado este orden. En esta jerarquía todo tiene su lugar heredado y todo está conectado con el resto en una unidad enigmática. El cosmos entero está lleno de signos visibles e invisibles de la inconmensurable riqueza creativa de Dios.

La *Divina Comedia* es un viaje a través de este universo. Es, a la vez, la enciclopedia *(summa)* del Medievo. Pero el poema de Dante no sólo compendia todo el saber teológico y cósmico de la Edad Media, también documenta la historia contemporánea de la sociedad florentina al comienzo del siglo XIV. Es, además, la narración de una transformación interior.

La cifra tres —el número sagrado de la Trinidad— representa en la *Divina Comedia* un papel importante. El poema épico está dividido en tres partes: el Infierno *(Inferno),* la montaña de purificación *(Purgatorio)* y el Paraíso *(Paradiso).* Cada uno de estos tres libros (cánticos) se compone a su vez de treinta y tres capítulos (cantos). La *Divina Comedia* comienza con un canto introductorio de manera que el conjunto de la epopeya comprende cien cantos, lo que supone la cifra de la perfección.

Cada uno de los tres territorios del más allá (Infierno, Purgatorio y Paraíso) se divide en nueve tramos, esto es, tres al cuadrado. La métrica que Dante concibió expresamente para la *Divina Comedia,* el terceto *(terza rima),* se basa una vez más en el tres. Se trata de una rima encadenada en estrofas de tres versos de acuerdo con el esquema aba, bcb, cdc, etcétera. Puesto que la palabra rimada del verso central de cada terceto anuncia ya los tres versos siguientes, se produce la impresión de que los versos avanzan deslizándose, por lo que constituyen el acompañamiento ideal del viaje de Dante y Virgilio.

Dante (el narrador del poema) tiene treinta y cinco años al comienzo del viaje. Ha llegado a la mitad de su vida y está en crisis. En medio de esta confusión se presentan en su camino, de improviso, tres animales salvajes: una pantera (símbolo de la lujuria), un león (la soberbia) y una loba (la avaricia). Entonces aparece Virgilio, el poeta de la Antigüedad, autor de la epopeya romana la *Eneida*, y se ofrece a Dante como guía en un viaje espiritual.

El periplo comienza el Viernes Santo del año 1300. Una semana más tarde, el jueves después de la Pascua, Dante habrá alcanzado el Paraíso. Entre tanto se habrá encontrado con cerca de seiscientas almas de personajes históricos: habrá visto Papas, reyes, príncipes, artistas, delincuentes, banqueros, héroes de sucesos escandalosos, parientes y amigos de la juventud. Con muchos de ellos intercambiará algunas palabras al margen del camino.

El primer lugar por el que caminan Virgilio y Dante es el Infierno. «Perded toda esperanza al traspasarme» se lee en letras oscuras sobre el portón. Rápidamente se oscurece todo y unos gritos terroríficos emergen desde la negrura. Se trata del anteinfierno, el reino humeante de los eternos indecisos, los que durante su vida no fueron ni bondadosos ni malvados. Tras esta antesala comienza el verdadero Infierno: un embudo gigantesco inclinado hacia el centro de la tierra, horadado en su interior por Lucifer en su caída desde el cielo. El averno se compone de nueve círculos infernales, alineados de forma escalonada como terrazas que descienden hasta el centro. Cuanto más profundamente se penetra, más terribles son los tormentos. (En algunas ediciones de la obra de Dante se incluyen reproducciones del mismo y en internet existe un mapa del Infierno, que resulta muy divertido si se quiere ver una representación de la topografía del hades. Puede encontrase en la siguiente dirección: www.iath.virginia.edu/dante/images/ magnifier2.html)

En el primer círculo infernal se encuentran todos los que no fueron bautizados: no sólo los espíritus o «sombras» de los niños muertos al nacer, sino también las almas de los grandes y meritorios pensadores de la antigüedad como Homero, Horacio, Ovidio, Sócrates, Platón, Euclides, Ptolomeo, Hipócrates y todos aquellos que tuvieron la desdicha de nacer antes de que el cristianismo fuera introducido en Occidente.

En el segundo círculo infernal comienzan los verdaderos tormentos del abismo: los lujuriosos (como Cleopatra y → Tristán) son constantemente arrastrados de un lado a otro por un torbellino. La pena, como en la mayoría de los casos, sigue el principio de la represalia de un acto con un castigo que se corresponde con aquél: en este supuesto, las personas movidas por los impulsos de la lujuria son penadas con el desasosiego eterno. En el tercer círculo padecen los que pecaron por gula: uno de ellos está sentado sobre sus propios excrementos. Círculo tras círculo se suceden los escenarios más terribles. Dante encuentra, en el octavo, el espíritu de un pecador tal que difícilmente uno esperaría encontrar allí: el papa Nicolás III. Está colocado cabeza abajo en un agujero del que sólo asoman sus pies ardiendo. Como el condenado no puede ver con quién está hablando, cree que Dante es el papa Bonifacio VIII y piensa que éste ha venido para empujarle aún más profundamente en el tubo (ya lleno con otros Papas) para ocupar su posición hasta que llegue el siguiente Papa.

Poco antes del centro del universo, allí donde Lucifer está sentado en el hielo eterno del centro de la tierra mientras va royendo las cabezas de los tres mayores traidores: Casio, Bruto y Judas, Dante describe las visiones de horror más impresionantes. Dos ladrones se transforman de forma repugnante en criaturas semejantes a reptiles. La recreación de este desagradable proceso es tan precisa y causa tanto espanto que puede competir tranquilamente con la película de terror *Alien* (1979) de Ridley Scott.

Una vez alcanzado el centro de la Tierra, Dante y Virgilio han de llegar al otro lado de la superficie terrestre a través de un largo pasillo. Tras permanecer tres días en el Infierno, Dante vuelve a cielo abierto. Ante él se halla ahora la montaña de la purificación, el Purgatorio. Es un espacio previsto para todos aquellos que, si bien no han perdido todavía la posibilidad de entrar al Paraíso, antes deben conseguir una u otra calificación ética. Desde un punto de vista formal, los nueve tramos del Purgatorio son el reverso de los nueve círculos infernales, pero, por lo demás, en esta región todo es diferente al Infierno: es un lugar cálido y luminoso. Aquí reina el diligente impulso de avanzar propio de una procesión de peregrinos. La meta común es la cima de la montaña: el Paraíso terrenal.

Dante escala entonces los nueve escalones de la montaña del Purgatorio. Cada etapa representa la liberación de cada uno de los siete pecados capitales (soberbia, envidia, pereza, ira, gula, lujuria y avaricia). Finalmente, resta traspasar un muro flamígero para alcanzar el objetivo preliminar del viaje: la bellísima Beatriz, la amada de Dante (→ Amor), elevada a la dignidad de santa. Beatriz recibe a Dante en el Paraíso terrenal. Éste es un lugar maravilloso en el que corre una brisa tibia, las flores brotan y los pájaros cantan. Virgilio se despide aquí de Dante. En la última etapa de su viaje, el autor será guiado por Beatriz.

El último tramo —el cielo— es, probablemente, el menos asequible para el lector moderno. Ello se debe a dos razones: para poder imaginarse hacia dónde flota Dante junto a Beatriz, hay que conocer la imagen tolemaica del mundo. Al igual que todo lo demás en la cosmología medieval, también el cielo respondía a un orden jerárquico. El modelo fue creado en la Antigüedad (por Aristóteles y Ptolomeo) y su aspecto era el que sigue: en el centro se hallaba la tierra, alrededor de la cual se abovedaban siete esferas celestes en las que estaban fijados el Sol, la Luna y los planetas. Por encima existía otra esfera más (la de la estrella fija) y todo el conjunto estaba rodeado por la esfera que ponía en movimiento todas las anteriores de forma armónica, el *primum mobile*. Más allá de estos nueve cielos se encuentra el Paraíso celestial y el reino de Dios (o el Empíreo).

Para el lector moderno la segunda dificultad se halla en que estas esferas celestiales son regiones no materiales. En ellas no hay ríos hirvientes de sangre ni pecadores ensartados en espetones que los diablos sumergen en pez, sino bienaventurados incorpóreos y sobre todo una cosa: un mar de luz. Cuando lo más puro y bello brilla —la luz eterna— finaliza el viaje de Dante. Ha contemplado la naturaleza de Dios, el amor, y retorna a la tierra transformado en su interior.

Miguel de Cervantes: *El ingenioso hidalgo Don Quijote de la Mancha* (1605 y 1615)

Cuando Felipe III vio en una ocasión a un hombre joven partido de risa, comentó: «Este muchacho ha perdido el juicio o está leyendo *Don Quijote*».

Don Quijote es uno de los libros más divertidos de la literatura universal. Una pareja grotesca, que recuerda un poco al Gordo y el Flaco, cabalga por los polvorientos caminos de España viviendo una situación absurda tras otra, debido a que el héroe, entrado en años, se figura que es un caballero andante.

Don Quijote es un hidalgo venido a menos. Es de flaca apariencia, tiene alrededor de cincuenta años y una pronunciada pasión por los libros. Pasa cada minuto de su tiempo libre leyendo. El hidalgo dispone de muchos ratos ociosos, porque, como toda la gente de su clase social, no trabaja nunca. Sus lecturas preferidas son las novelas de caballería, las cuales podían considerarse best sellers, si se tiene en cuenta el escaso número de lectores que había en el siglo XVI. Estos libros de caballería llenaban páginas y páginas (frecuentemente llegaban a las cuatrocientas) con las acciones heroicas de un caballero. Siempre incluían una distinguida dama de la aristocracia, por cuya causa el caballero asumía todas las fatigas, con la esperanza de impresionar a su adorada. Las novelas engarzaban una aventura legendaria con la siguiente con monotonía infinita (de acuerdo con el punto de vista actual). Trataban del valor, la gallardía y el honor y, de esta manera, reflejaban el ideal de la nobleza feudal.

La lectura de estas historias sobre aventuras de caballería no le hacen demasiado bien al noble rural. A causa de ellas pierde el sentido de la realidad, por no decir el juicio, y decide convertirse él mismo en un caballero andante. Semejante comportamiento a principios del siglo XVII podría equipararse al de alguien que hoy, tras ver demasiadas películas de ciencia ficción, se creyese inmerso en un mundo extraterrestre y, por tanto, amenazase a su vecino con una espada láser de juguete.

En efecto, el hidalgo se viste con una oxidada armadura de sus antepasados, se construye un yelmo provisional, arrastra fuera de su establo a un esmirriado rocín, bautiza al triste animal con el nombre de Rocinante y se otorga a sí mismo un sonoro nombre: Don Quijote. Ya sólo falta la bella dama. El héroe la encuentra rápidamente en una guapa campesina, que recibe el maravilloso nombre de Dulcinea del Toboso y que nunca tendrá la menor sospecha de su suerte.

Don Quijote parte un día de verano. Llega a una venta que él toma por un castillo. Con su extraño atavío, provoca allí el regocijo general que aumenta cuando comienza a hablar con la afectada manera de las novelas de caballería. El «señor del castillo», también conocido como el ventero, siempre dispuesto a participar en cualquier diversión, arma caballero a Don Quijote en una ceremonia absurda. Entonces, el héroe sale al encuentro de sus dos primeras aventuras, que acaban lastimosamente. Don Quijote es vapuleado en un camino y, tras seis días de ausencia, retorna a su hogar completamente magullado. ¡Pero los caballeros de las novelas vagaban durante décadas! En su aldea, sus dos amigos el cura y el barbero deciden quemar la biblioteca que contenía las obras que habían trastornado tanto el juicio de Don Quijote.

Esta acción se demuestra vana. Don Quijote ya planea su segunda salida, esta vez en compañía de un campesino torpe y bonachón, Sancho Panza. Éste es la absoluta antítesis de Don Quijote: uno alto y flaco, bajo y rechoncho el otro. Y así parte esta extraña pareja por los polvorientos caminos de la región de La Mancha, que ofrece pocos escenarios majestuosos para aventuras heroicas, pero en cambio cuenta con numerosos molinos.

Precisamente son éstos los protagonistas de la aventura más conocida de Don Quijote: su combate con los molinos. Don Quijote ve aparecer en mitad del paisaje más de treinta gigantes que hacen girar sus enormes brazos en el aire. Esta circunstancia le parece una espléndida oportunidad para probar su valentía en una victoriosa batalla contra tan peligrosos enemigos. «Pero, ¿qué gigantes?», exclama confuso Sancho Panza. Para entonces, el héroe ya ha espoleado su caballo, se ha lanzado contra un molino y ha sido arrastrado por una de sus aspas. Aterriza maltrecho sobre el campo.

A partir de ese momento enlaza «aventura» con «aventura» o, mejor dicho, un esperpento con otro. Cada suceso se basa en que, en vez de ver la realidad como es, Don Quijote intenta entenderla de acuerdo con las novelas de caballería. De esta manera, los rebaños de ovejas se convierten en ejércitos de soldados; una procesión religiosa se muda en unos caballeros enemigos; las sirvientas se tornan en señoritas de la nobleza; una bacía de barbero se transforma en un yelmo legendario y una chusma criminal troca en un grupo de esclavos de galeras dignos de compasión y a los que es menester liberar. En la mayoría de los encuentros, Don Quijote recibe terribles vapuleos y finalmente regresa a su casa al final de la primera parte sobre un carro de bueyes, cansado, enjuto y maltrecho.

En la segunda parte, que Cervantes publicó diez años después, la acción da un giro. Don Quijote se ha convertido en una celebridad literaria. Sancho informa a su señor de que existe un libro que narra las aventuras que corrieron juntos. Ha sido escrito por un árabe de nombre Cide Hamete Benengeli. Se refiere naturalmente a la primera parte de *Don Quijote*. Lo que hace aquí Cervantes es cruzar de forma un tanto enmarañada la realidad y la ficción: Don Quijote es el héroe de una novela (la primera parte) que aparece en la acción de la segunda novela (la segunda parte). En ésta, Don Quijote va encontrándose por todas partes con gente que ha leído sus «aventuras» y consiente en participar de la broma de aparentar esa realidad ficticia.

Sancho Panza marca el comienzo. Dado que es preciso otorgarle una figura al objeto de todos los afanes, Sancho lleva a su señor ante la presencia de una tosca campesina, especialmente poco agraciada, se arrodilla ante ella e intenta hacer creer al héroe que se trata de la bella Dulcinea. Sin embargo, la ilusión no funciona cuando es creada por otros. Don Quijote sólo ve una labradora fea. Pese a todo, cae de rodillas ante ella un tanto confuso y comienza a expresar su veneración con emotivas palabras, pero ni las groserías con las que la adorada responde, ni el hecho de que la aparente dama principal se balancee sobre la montura de su borrico pueden destruir las dudas acerca de la autenticidad de esta Dulcinea. Finalmente se convence a sí mismo: un mago ha hechizado a su Dulcinea transformándola en esa horrible figura.

Don Quijote vive también muchas aventuras en esta segunda parte, cuyo desenlace le es poco favorable en la mayoría de las ocasiones. Al final retorna a casa cansado, deteriorado y enfermo. Sólo en el lecho de muerte reconoce que todo fue una ilusión.

En la novela de Cervantes aparecen todas las clases de la sociedad española de principios de siglo: aristócratas, hidalgos, mercaderes, curas, campesinos, soldados, estudiantes, vagabundos, criminales, duquesas, doncellas, labradoras y prostitutas. Don Quijote es una descripción completa de la vida de una potencia en declive, España, sin posibilidades frente al ímpetu industrial de Inglaterra. Mientras que la nueva potencia mundial pasaría pronto a manos de la burguesía mercantil inglesa, la nobleza feudal española se aferraba a grandes ideales ajenos al mundo, de la misma manera que Don Quijote se obstinaba en revivir el mundo de las novelas de caballería. Por ello se ha afirmado en ocasiones que Don Quijote es la personificación de la cultura española.

Lo que resulta extraordinario de *Don Quijote* es que la literatura europea se convirtió en «adulta» con esta novela. Hasta entonces, nunca se había formulado la pregunta «¿Ficción o realidad?». A partir de la obra de Cervantes los lectores han de ser conscientes de que cada vez que comienzan a leer una novela entran en un *mundo ficticio*. Don Quijote no pudo superar este desafío. No fue capaz de separar la realidad de la ficción. Hasta el siglo XIX continuó la angustiosa duda acerca de si los lectores eran capaces de mantener la separación. El problema se centró rápidamente en las novelas de amor, lo que nos resulta cercano, porque es preciso haber *leído* sobre el → amor antes de poder contrastar nuestras expectativas con la *realidad*. Por esta razón, en los siglos XVIII y XIX se expresaban una y otra vez objeciones a que las mujeres jóvenes accedieran a la lectura de estas novelas. Se temía que pudieran confundir su sentido de la realidad (→ Flaubert: *Madame Bovary)*. Esto nos suena hoy absurdo, pero a cambio nos enfrentamos al problema de si los espectadores de cine y televisión son capaces de distinguir entre las películas y la vida real, o si alguien que navega regularmente por internet puede acaso reconocer la realidad.

Johann Wolfgang Goethe: *Fausto* (1808 y 1832)

Cerca del fin del siglo XIX se representó *Fausto* en el *Volkstheater* (Teatro Popular) de Hamburgo situado en la calle Reeperbahn, en el barrio de St. Pauli. La obra fue bien recibida por el público de extracción popular. Sólo cuando fue evidente que al final Fausto pretendía abandonar a la víctima de sus artes seductoras, Margarita, en la prisión, se despertó su espíritu de contradicción. Los indignados espectadores empezaron a corear en alemán vulgar «¡Casorio! ¡Casorio!», para exigir el matrimonio, y no pararon hasta que se improvisó un nuevo final para la primera parte de la tragedia y Fausto pidió la mano de Margarita.

La anécdota señala el que fue probablemente uno de los momentos más negativos de la recepción de *Fausto*. Pero demuestra, a la vez, el amplio efecto de una gran obra.

Fausto, la tragedia de Goethe, es la obra poética más trascendente escrita en lengua alemana. Constituye el núcleo del acervo cultural alemán, sirve de cantera de citas para cualquier ocasión, ha sido parodiada, representada, interpretada, estudiada en los colegios, adaptada a cómic y se le ha puesto música. Ha sido analizada una y otra vez. Tanto en el siglo XIX como a principios del XX, Fausto servía como figura de identificación de los alemanes. Sin embargo, la mayor parte de las descripciones del «hombre fáustico» como encarnación del alemán no fueron correctas, tanto por lo que se refiere a la obra como a la realidad. Esto es válido para la exaltación germanista del siglo XIX que proclamó a Fausto la personificación de la *jovialidad* alemana y también para la apropiación del «hombre de acción fáustico» en el Tercer Reich, que bajo la retórica del «carácter activo varonil» oculta que la energía de Fausto provoca, en primer lugar, muchas desgracias.

El argumento de *Fausto* se basa en la leyenda del alquimista y astrólogo alemán Dr. Fausto. Parece ser que este erudito vivió realmente alrededor del año 1500 e hizo, supuestamente, un pacto con el diablo, movido por una desmedida sed de conocimiento. A partir de entonces, el Dr. Fausto se convirtió en un espectro que transitaba por la literatura y el folclore, personificando una desmesura y violación de los límites que repugnaba el designio divino. Las obras fáusticas de marionetas sobre la lucha entre el bien y el mal eran muy populares entre el público poco cultivado. Pero *Fausto* había existido en la gran literatura ya antes de Goethe: en el drama *Doctor Fausto* escrito por un contemporáneo de Shakespeare, Christopher Marlowe.

Goethe escribió el primer *Fausto* (el Fausto original) con veinticinco años y finalizó el segundo *Fausto* (la segunda parte de la tragedia) a la digna edad de ochenta y dos años. Logró insuflar al argumento una multiplicidad de la que carecía hasta ese momento. Goethe empleó en la obra no sólo el saber enciclopédico de su tiempo, sino que también fusionó en ella una exuberancia rebosante de todos los estilos literarios. Creó un personaje que pertenece a las grandes figuras de la literatura universal, en el sentido más puro de la palabra. Fausto es un titán, una figura de dimensiones sobrehumanas. Encarna un tipo de hombre que está impulsado por la sed de saber, que está dotado de una voluntad titánica y que se enfrenta a todos los obstáculos con una determinación inquebrantable. Fausto pugna contra los límites de la vida humana, contra las restricciones de la moral, contra las restricciones a lo que se puede saber y hacer; en pocas palabras: contra los límites del mundo.

Primera parte

La tragedia comienza con la apuesta entre Dios (el Señor) y el demonio (Mefistófeles). Este último se burla de la creación divina, especialmente de la patética insuficiencia de la raza humana. Cuando el Señor le presenta a Fausto como su modelo ejemplar, Mefistófeles alardea de poder corromperle también a él. Fausto se convierte pues, como el bíblico Job, en el objeto de la apuesta entre Dios y Mefistófeles. El valor o la indignidad de la humanidad serán probados en él.

Fausto, un erudito universal de avanzada edad, padece una crisis existencial. Después de décadas de estudio ha llegado a la conclusión de que el hombre nunca podrá comprender el mundo en su totalidad. Advierte con desesperación que toda su sabiduría no le ha iniciado ni un poco en los secretos de la existencia. Además tiene la sensación de que todos los años de estudio le han apartado de la verdadera vida. Realmente asqueado de la erudición estéril, Fausto se abandona a una crítica a la civilización en la línea de Rousseau. Desea fervientemente una vida en armonía con la naturaleza. Al igual que esos europeos del siglo XXI que se acercan al esoterismo para encontrar en su práctica una unidad que la sociedad moderna no puede ofrecer, Fausto lo intenta en primer lugar con la magia y la invocación de los poderes de la naturaleza, aunque sin resultados satisfactorios.

Tras un intento de suicidio del que le hace desistir en el último momento el repique de las campanas de las iglesias en la mañana del domingo de Pascua, Fausto emprende su conocido *paseo de Pascua* ante las puertas de la ciudad. Allí se le ofrece el mundo sencillo y costumbrista de la pequeña burguesía y de los campesinos. Al contemplar la animada escena que representa para Fausto la vida verdadera que anhela, reconoce ante sí mismo su desgarro interior: «¡Ay, dos almas conviven en mi pecho!».

De esta manera la diferencia entre el Señor y Mefistófeles se ha trasladado al alma de Fausto (y así la disputa entre Dios y el diablo se convierte en una contradicción de la psique). Entonces entra en escena Mefistófeles. Disfrazado de perro se cuela en el estudio («¡Con que ése era el secreto del perro!») en el momento en que Fausto está ocupado traduciendo la primera frase del Evangelio según San Juan: «Al principio era la palabra» por «Al principio era la acción».

Mefistófeles propone entonces su pacto, al que Fausto opone su propia apuesta. El trato incluye lo siguiente: Fausto morirá y servirá a Mefistófeles si en algún momento, por breve que sea, se siente pleno. Fausto aclara: «Si le dijese a ese instante: / ¡Detente! ¡Eres tan precioso! / Entonces podrás cargarme de cadenas / que yo me hundiré gustosamente / [...] / ¡Se habrá acabado mi tiempo!». Tras sellar el pacto, Fausto se precipita a la vida exuberante, aunque no tanto por alegría de vivir como por la imperiosa necesidad de calmar su melancolía y a la vez liberarse de su propia limitación humana. Ahora desea experimentar personalmente todo lo que hay en el mundo y las oportunidades que en él ofrece la vida.

Fausto comienza su denominado «viaje por el mundo». La primera estación conduce a la taberna de Auerbach en Leipzig. Allí contempla una borrachera que le repugna. Después visita la cocina de una bruja donde es transformado en un hombre joven con el fin de prepararle para la segunda estación de su viaje, el amor.

Fausto encuentra a Margarita y se enamora, porque ella representa la bondad y la inocencia. La historia desemboca en una serie de catástrofes: Fausto seduce a Margarita y envenena a su madre con un somnífero. Seguidamente apuñala a su hermano en un combate. Mientras Mefistófeles se lleva a Fausto a las orgiásticas prácticas del aquelarre de la noche de Walpurgis, Margarita mata el hijo que ha concebido de su seductor. Por este acto enloquece y es condenada a muerte por infanticida.

Segunda parte

Mientras que la primera parte de la obra presentaba como trama principal el alma de Fausto (su melancolía, el amor) y se situaba en la esfera de la vida cotidiana, la segunda parte describe el mundo exterior: la política, la ciencia, el arte, la guerra y la técnica.

Primer acto: ruina del Estado y economía. Comienza con Fausto cayendo en un sueño reparador. Reanimado de esta manera, se traslada junto a Mefistófeles a la corte imperial. El diablo promete sanear la depauperada economía del Estado, pero su remedio, la impresión de moneda, sólo consigue provocar inflación. Mientras Mefistófeles arruina el sistema económico, Fausto se ocupa de embellecer el espíritu de la vida cortesana. Debe mostrar de forma virtual ante los ojos del emperador, el fiel retrato de la belleza humana: los personajes mitológicos Helena y Paris.

Segundo acto: creación de vida por la naturaleza y por la ciencia. Entre tanto, el antiguo colaborador de Fausto, Wagner, ha generado en su laboratorio un ser humano artificial: el homúnculo. Este ser conduce a Fausto y Mefistófeles a la clásica noche de Walpurgis. Ésta tiene lugar en los campos de Farsalia, donde cada año se citan seres fabulosos de la Antigüedad, dioses y filósofos de la naturaleza para alabar al dios del amor, Eros.

Tercer acto: origen y creación de la poesía de la herencia de la Antigüedad clásica y el Romanticismo del norte de Europa. Fausto, convertido en señor de un castillo medieval, encarna el Norte, mientras que Helena representa la Antigüedad. La pareja engendra un hijo, Euforión, alegoría de la poesía del romanticismo y una alusión al poeta inglés Byron.

Cuarto acto: guerra y apropiación. Fausto ha regresado al presente y concibe la idea de ganar tierra al mar mediante la construcción de diques. Gracias a que logra ganar una guerra utilizando la brujería, recibe como recompensa del emperador un trozo de tierra costera.

Quinto acto: el progreso técnico como obra de destrucción. Fausto ha conseguido hacer retroceder el mar utilizando diques y ha logrado crear un campo fértil. En su obsesión de no dejarse detener por lo imposible, ha convertido el mar en tierra. Pero la bella ilusión es engañosa. En su desmesura, Fausto hace quemar la choza de un viejo matrimonio, incluyendo a sus moradores, sólo porque estaba ubicada en un lugar en el que ha previsto establecer una plataforma para contemplar su obra.

En aquel momento le invade una zozobra que ciega al para entonces centenario protagonista. Fausto escucha los sonidos de las palas y cree que se deben a los trabajos de culminación de su obra de ganarle tierra al mar. En realidad, se trata de un equipo de obreros que está cavando su tumba a las órdenes de Mefistófeles. En ese instante pronuncia Fausto las palabras decisivas[*] y muere. Pero mientras se abren las fauces del Infierno y Mefistófeles cree haber ganado la apuesta, descienden las huestes celestiales esparciendo rosas y se llevan a Fausto al cielo.

Honoré de Balzac: *La comedia humana* (1829-1850)

Balzac era gordo como Falstaff. Pero no es ésa la única característica del autor francés que recuerda al personaje de las tragedias de → Shakespeare. Balzac da la impresión de que Falstaff —el bebedor y comedor desmedido que persigue a las alegres comadres de Windsor— ha renacido en la Francia del siglo XIX adoptando una forma algo más civilizada. Igual que Falstaff, Balzac manifiesta una sorprendente energía inagotable y más todavía: creatividad. Como estrella de la sociedad parisina se mostraba vital y ruidoso, elocuente y algo ostentoso, valoraba sobre todas las cosas el buen vino y la buena mesa, y tuvo frecuentes aventuras amorosas con damas de los mejores círculos de la sociedad.

De la misma manera que Falstaff, que por un desenfrenado gusto por la improvisación inventaba historias sobre la marcha, el más grande novelista francés del siglo XIX estaba destinado a narrar. Pero mientras que Falstaff creaba un mundo de caótico desorden, Balzac concibió una obra novelística compuesta por más de noventa obras que ordena la sociedad de su tiempo en un gigantesco cuadro: *La comedia humana (La comédie humaine)*.

Cuando Balzac no estaba ocupado bebiendo o degustando viandas a su desmesurada manera, *escribía* de forma excesiva: se cubría con su

---

[*] Las palabras decisivas eran: «¡Detente, momento, eres tan bello!». (N. de la T.)

blanca y larga camisa de lino, mezcla de saco de patatas y de hábito de monje, se metía hasta sesenta tazas de café negro entre pecho y espalda y trabajaba dieciocho horas sin interrupción. De esta manera creó más de veinte novelas sólo entre 1832 y 1835. Paulatinamente tomó forma el plan de reunir todas las novelas en una obra común, que cuando estuviera culminada contendría una completa descripción de la sociedad francesa contemporánea. El proyecto incluía la idea de que los personajes individuales aparecieran en novelas diferentes —en ocasiones como caracteres principales, en otras como secundarios— y de esta manera ir entretejiendo los relatos aislados en la red de una gran obra. De acuerdo con su concepción, el proyecto de Balzac abarcaría ciento treinta y siete novelas. De hecho consiguió escribir noventa y una en veinte años escasos, hasta su muerte acaecida en el año 1850. Seguramente, la cantidad de estimulantes que consumió hasta ese momento fue tan poderosa como insana.

El título de su gran obra, *La comedia humana*, es una cita de → Dante. Pero a diferencia del autor florentino, que bajó a los Infiernos, Balzac permaneció en la superficie del mundo. En el siglo XIX uno no se planteaba cómo Dios habría creado todo y lo había dotado de sentido, ni cómo la «naturaleza» mantenía todo unido. Los fundamentos y las razones de la vida humana se buscaban allí donde ésta tenía lugar y para ello se observaba el mundo *social*. En ninguna otra obra se exhibía de forma deslumbrante este nuevo interés por lo social como en los escritos de Balzac. Dado que en el siglo XIX todavía no existía la sociología moderna, fue la novela la que asumió el análisis de la sociedad. La novela muestra cómo es la sociedad realmente y presenta el significado que ella tiene para cada individuo.

Balzac planeaba asignar cada una de las obras a una de tres categorías superpuestas y de esta manera abrirse paso entre las tres capas de la vida social. En primer lugar vendrían las novelas referidas al tema «estudio de los usos y costumbres». El autor pretendía crear un reflejo completo de la sociedad a través de un gran cuadro de costumbres. Después siguen, como explicación de este lienzo costumbrista, los «estudios filosóficos» y, finalmente, estaban planeados los «estudios analíticos», que tratarían acerca de las medidas legales generales que se ocuparían de la vida social. La inmensa mayoría de las obras que escribió Balzac se inscriben en la primera categoría: el «cuadro costumbrista».

A Balzac le fascinaba la sociedad. Se parecía a un sociólogo impulsado por la idea de explicar *toda la sociedad* por el método de describirla *completamente*. No quería excluir nada: ninguna forma de vida, ningún oficio, ningún estrato social, ninguna forma de vestirse, ninguna región de Francia. Las novelas de Balzac describen la vida urbana y la rural, la esfera de la economía (el comercio, los bancos y el empresariado), el mundo del arte y de la literatura, la vida privada de las familias, la opinión pública y la política con sus maquinaciones e intrigas. La escala social abarca desde la prostitución hasta las alturas de la nobleza del dinero y la aristocracia, pasando por la burguesía. Balzac observa la sociedad posrevolucionaria francesa en transformación: el ocaso de la monarquía, el aburguesamiento de la sociedad, la importancia del dinero y el cambio de la estructura de la familia.

Quien no desee leer de una vez las noventa y una novelas que componen *La comedia humana* y se pregunte cuál de ellas puede transmitir mejor la impresión de la obra de Balzac, recibirá seguramente la recomendación de escoger *Papá Goriot* (1835). Balzac escribió la novela de cuatrocientas páginas en cuarenta días. Está considerada una de las mejores de la *Comédie humaine*. El centro del argumento gira en torno al viejo papá Goriot, un antiguo fabricante de fideos, y Eugène Rastignac, el ambicioso vástago de una empobrecida familia del campo que quiere hacer carrera en París. Ambos viven en la pensión de Madame Vauquer, una viuda especialmente dotada para los negocios que sabe cómo sacar el dinero a sus huéspedes a cambio de las mínimas contraprestaciones. La descripción de su miserable pensión, en la que se mezcla una pretensión de respetabilidad con la pobreza de muebles raídos y la suciedad de las mesas pegajosas, es un magnífico ejemplo de las magistrales descripciones por las que Balzac es famoso.

Goriot, que amasó su fortuna mediante oscuros negocios realizados durante la Revolución, gasta cada céntimo que posee en sus dos hijas, a las que adora. Anastasia y Delphine, damas casadas que se mueven en los más altos círculos sociales y cuyos gastos no costean sus maridos, exprimen literalmente a su padre, hasta la última gota de sangre. Goriot muere en condiciones deplorables. Las hijas envían a sus criados al entierro. El modelo del conflicto padre-hijas procede de la tragedia de → Shakespeare *El rey Lear*. Igual que Lear, Goriot es un hombre envejecido y cegado, que no quiere comprender que el amor no se puede obtener a cambio de dinero.

La segunda línea argumental trata también sobre la posibilidad de intercambiar dinero y amor: el ambicioso Rastignac afirma que necesita una amante de los estratos superiores de la sociedad, precisamente para poder acceder a esos círculos. Para ello conquista el corazón de una de las hijas de Goriot, Delphine. El comportamiento despiadado y egoísta que ella muestra hacia su padre consterna ciertamente a Rastignac, pero a la vez le proporciona una provechosa lección acerca de la vida y la forma de pensar de los ricos y poderosos. La novela finaliza con la proclamación consciente que hace Rastignac acerca de abrirse el camino hacia el poder a partir de entonces.

Papá Goriot combina una serie de rasgos característicos de una novela de Balzac: la descripción del entorno social de la pequeña burguesía, los temas del amor y del dinero, la decadencia de los valores en la sociedad burguesa en la que todo gira alrededor del dinero y la relación entre el individuo y la sociedad, cuyo ejemplo lo constituye el despierto Rastignac, que comienza su cruzada de conquista de la sociedad.

Herman Melville: *Moby Dick o la ballena blanca* (1851)

Hasta la mitad del siglo XX, si alguien hubiese deseado leer *Moby Dick* en la Biblioteca Británica de Londres, hubiera buscado en vano en la sección «Novela estadounidense del siglo XIX». Interpelado el bibliotecario al respecto, el lector hubiera sido remitido a las estanterías que contienen los libros de «Cetología». ¡Al apartado de la ciencia que estudia los cetáceos!

Sin embargo, *Moby Dick* es todo lo contrario a un manual sobre ballenas y su captura. Es una tragedia sobre la lucha por la vida en un mundo hostil, sobre la rebelión contra el destino, sobre los desafíos de Dios, sobre la megalomanía y las fatales consecuencias de la consideración absoluta del individuo. *Moby Dick* es una obra con tal entusiasmo en palabras e imágenes, que durante la lectura a uno lo asalta la sensación de estar sentado en una cáscara de nuez a la que agita el océano. El estilo narrativo varía entre bíblico y épico, científico, cotidiano, filosófico, lírico y dramático.

Por eso, no es de extrañar que amedrentara a los bibliotecarios de la Biblioteca Británica, de manera que, sin mayores consideraciones, colocaron la novela en la sección de «cetología». En realidad, la obra es, en parte, una especie de «Manual sobre las ballenas». De hecho, hay capítulos enteros dedicados a temas como las ballenas en el arte o en la mitología, los dientes de las ballenas y el arte de su talla, la ballena en la ciencia y la anatomía de la ballena (cabeza, esqueleto, capa de grasa y falo). También incluye detallados tratados sobre la caza y preparación de las ballenas. Desde luego, Melville sabía de qué hablaba cuando describía el horroroso proceso de despiece de una pieza cobrada, puesto que él mismo había participado en expediciones balleneras durante años.

Sin embargo, todos los conocimientos sobre ballenas que se aportan a lo largo de la novela contrastan brutalmente con lo poco que al final de la misma se logra saber sobre el animal que da título al libro: *Moby Dick o la ballena blanca*. ¿Qué significado tiene esta ballena blanca que ha atraído sobre sí el odio ciego del enloquecido capitán Ahab? ¿Acaso es, como cree el capitán, la encarnación del mal absoluto que debe perseguir por todos los mares? ¿Por qué es blanca? Un capítulo entero se ocupa del color o, más bien, la falta de color de Moby Dick y con ello pone al descubierto una inabarcable abundancia de respuestas. ¿Simboliza el blanco color de la piel de la bestia el vacío infinito del universo al que ha declarado la guerra el megalómano Ahab? ¿O la implacable e inmortal ballena es quizá la imagen del Dios calvinista, inmisericorde y severo contra el que se rebela Ahab en una acción sin sentido, sin darse cuenta de que está guiando su barco hacia una catástrofe de la que no podrá escapar?

La acción da comienzo en la costa Este de los Estados Unidos, en el centro de la industria de caza de ballenas. (La captura de estos animales constituía una de las principales industrias de Estados Unidos a mediados del siglo XIX). El narrador es un hombre joven que se presenta al lector con las siguientes palabras: «Llamadme Ismael» atribuyéndose así el nombre bíblico de un marginado. Esta patética frase, con su irritantemente irónico mensaje implícito, es uno de los comienzos más conocidos de la literatura universal.

Cuando el melancólico Ismael —con el ánimo entristecido— siente el impulso de salir al mar, decide enrolarse en un barco ballenero. En una posada de la ciudad portuaria de New Bedford tiene que compartir cama con el polinesio Queequeg, cuyo cuerpo está completamente tatuado. La primera impresión de Ismael es bastante inquietante, pero pronto descubre el alma bondadosa del «salvaje». La desigual pareja entabla una estrecha amistad. Juntos se enrolan en el ballenero *Pequod*, pese a las advertencias que han recibido sobre su patrón, el capitán Ahab.

El *Pequod* lleva ya varios días en alta mar cuando aparece Ahab en cubierta. Su aspecto es lóbrego e intimidante a la vez. Una larga cicatriz recorre la mitad de su rostro. Aunque desaparece oculta por la camisa, uno tiene la impresión de que, bajo sus ropas, podría continuar a lo largo de todo su cuerpo. Por si esto no fuera lo suficientemente inquietante, Ahab tiene una pierna artificial hecha de huesos de ballena (un recuerdo de su lucha con Moby Dick). Desde que el animal le convirtiera en tullido, Ahab está poseído por un único pensamiento: encontrar la ballena blanca y darle muerte. Ningún miembro de la tripulación se atreve a contradecir a Ahab. Por el contrario, cuando el vengativo capitán describe a su gente el infausto fin del viaje de una manera tan enfática, la tripulación —entre impresionada y asustada— se deja involucrar en la estrambótica empresa. Para reforzar la motivación de los marineros, Ahab clava una moneda de oro en el mástil principal. La recibirá el primero que aviste a Moby Dick.

El *Pequod* navega durante semanas por los mares. De cuando en cuando, la tripulación captura alguna ballena, pero en realidad persigue un único objetivo: la búsqueda de Moby Dick en la infinita inmensidad del mar. Tan pronto se cruzan con otros navíos, Ahab pregunta a los marineros si han visto la ballena blanca. Las tripulaciones le advierten sobre el temido monstruo, indicando involuntariamente al *Pequod* el camino hacia la catástrofe.

Ahab supera a Fausto en su desmesura, puesto que en la amplitud del mar ya no hay fronteras que atreverse a sobrepasar. En su ambición, llega a destruir el cuadrante del barco. A partir de entonces, será Ahab contra el universo.

Por fin, tras largo tiempo en el mar, avistan a Moby Dick. El combate contra la ballena dura tres días. Finaliza con la inevitable catástrofe: Moby Dick arrastra al *Pequod* y a toda su tripulación a las profundidades. Sólo sobrevive Ismael, que burla al destino para narrar la tragedia.

James Joyce: *Ulises* (1922)

Parece ser que James Joyce declaró en una ocasión que los estudiosos de la literatura todavía estarían dejándose las pestañas cincuenta años después de la publicación de su novela *Finnegan's Wake* (1939). La observación era completamente acertada. No sucede exactamente lo mismo con *Ulises*, pero un lector común puede tranquilamente arruinarse la vista con esta complicada obra.

Ulises describe los acontecimientos acaecidos durante un único día en la capital irlandesa, Dublín. Se trata del 16 de junio de 1904. Algunos fanáticos de Joyce celebran este día como el «Bloomsday», juego de palabras entre la expresión *Doomsday* (día del Juicio Final en inglés) y el apellido Bloom. Precisamente, Leopold Bloom es uno de los dos protagonistas masculinos de la novela. Bloom es un judío originario de Hungría que se gana el sustento vendiendo anuncios. Está casado y su esposa Molly le engañará en el transcurso del día. En el último capítulo de la novela, ella sostendrá su conocido monólogo. Se trata de una descripción del pensamiento al borde del sueño, conformado por una única frase interminable de cuarenta mil palabras. El otro protagonista masculino es Stephen Dedalus, un joven intelectual y poeta en ciernes que trabaja como profesor.

A lo largo de las dieciocho horas que transcurren entre las ocho de la mañana y cerca de las dos de la madrugada del día siguiente, los caminos de Bloom y de Stephen se cruzan probablemente unas cien veces de manera directa o indirecta, en ocasiones pasan por el mismo lugar sin saberlo, en otras se percatan de algo al mismo tiempo, hasta que, finalmente, a la altura del décimoquinto capítulo, se encuentran en un burdel. A lo largo del día se desplazan por Dublín y acuden a varios lugares: una oficina de correos, un cementerio, la redacción de un periódico, la Biblioteca nacional, algunas tabernas, una clínica de maternidad y el burdel. Pese a que Joyce escribió *Ulises* en las distintas estaciones de su exilio voluntario (París, Zúrich y Trieste), su reproducción de la topografía de la ciudad es tan precisa que se ha llegado a afirmar que el libro también puede emplearse como guía de la ciudad.

La novela está poblada de innumerables personajes que permiten escenificar toda la complejidad de la moderna vida cotidiana en una gran ciudad europea a principios del siglo XX. La odisea de Bloom a través de la metrópoli irlandesa está acompañada por el escenario sonoro de una gran urbe. También la avalancha de impresiones ópticas es metropolitana: abarca desde un panel de anuncios hasta las nubes en el cielo.

Pero *Ulises* es algo más que una novela de la gran ciudad. La obra posee una universalidad y una erudición casi inconcebibles. No se ha dejado nada librado al azar. Esto se advierte fácilmente pese a que, en condiciones normales de lectura, apenas se puede comprender una pequeña parte de las referencias internas y externas.

Ulises es, dicho concisamente, *todo*. El texto oscila entre la descripción de la sociedad y la descripción del alma, entre el espíritu y el cuerpo, navega entre pasado, presente y futuro y une el mito y la modernidad. Los escenarios de la acción abarcan desde el cementerio a la clínica de maternidad, del burdel a la iglesia, del *pub* frecuentado por gente humilde, donde el pueblo llano engulle sopas baratas, al lugar consagrado al alimento espiritual, la Biblioteca nacional. Nada es demasiado trivial como para dejar de ser mencionado: el jabón, las medias de señora, los desagües, las apuestas de las carreras, las patatas, los transportes públicos, los zapatos, los medicamentos. En todo hay un tema: desde los microbios de una servilleta sucia a los movimientos del universo. Nada permanece en la privacidad, sin ser observado: ningún pensamiento, ningún sentimiento, ni siquiera cuando Bloom cumple con sus necesidades fisiológicas. No existe materia alguna que no sea tratada. Todas están incluidas: astronomía, nacimientos, política, filosofía, música, teología, → Shakespeare, comida, bebida, procesos digestivos, sexo...

Esta infinitud de temas y argumentos se corresponde con la forma literaria de la novela. *Ulises* ofrece todo los tipos de textos y de estilos concebibles a principios del siglo XX: novela, drama, ensayo, cuento, reportaje, sermón, tratado científico, parodia y catecismo. A veces se citan poemas burlones; otras, se parodian las noveluchas victorianas baratas; en ocasiones el tono es académico y en otras, vulgar. En el capítulo séptimo, cuya acción tiene lugar en la redacción de un periódico, pueden contarse noventa y seis figuras retóricas. El decimocuarto capitulo, en el que una tal señora Purefoy soporta las fatigas del nacimiento de su hijo, aúna la representación del crecimiento orgánico de un feto con una caricaturesca historia del desarrollo de la lengua inglesa desde el inglés antiguo hasta el *slang* estadounidense.

El título *Ulises* (forma inglesa y castellana de Odiseo) indica que Joyce deseaba escribir una odisea moderna. De acuerdo con esta idea, el autor repartió los personajes y concibió los episodios tomando como modelo la epopeya homérica: Bloom es Ulises; Molly, Penélope y Stephen, Telémaco. El capítulo del cementerio se corresponde con el descenso al Infierno, la visita de Bloom al pub en el que los clientes engullen su comida sin ningún tipo de modales, refleja el encuentro de Ulises con los caníbales lestrigones; la estancia en el burdel, que acaba en una orgía alucinatoria, recuerda a los mágicos hechizos de Circe, etcétera.

A diferencia de la epopeya de Homero, en la que el héroe vaga durante diez años, a Joyce le basta un solo día para resolver el mismo tema. Ello es posible porque el autor traslada la infinitud del mundo al interior de los personajes. Los desplazamientos de Bloom y de Stephen por Dublín son a la vez tránsitos dentro de sus almas. Toda la plenitud temática de la obra proviene del interior de sus protagonistas, allí donde nada permanece oculto. Absolutamente todo: cada pensamiento, cada sentimiento, cada duda, cada deseo, cada idea, cada asociación, cada percepción —incluso aquello que escapa a nuestra propia observación, porque se produce en el inconsciente— se expone detalladamente.

A continuación se incluye una sinopsis de la novela ordenada en una tabla. Es necesario reconocer abiertamente que este esquema tiene tan poco que ver con la obra como un plano de París con la auténtica ciudad, pero ambos presentan una ventaja inestimable: simplemente, uno se orienta mejor.

Capítulo / Título homérico	Hora	Lugar	Acción
1. Telémaco	8.00	Torre de Martello, vieja torre de la fortificación en la bahía de Dublín, vivienda de Stephen	Stephen desayuna con sus vecinos en la torre de Martello. Ha regresado de París a causa de la muerte de su madre, se ha negado a arrodillarse durante la extremaunción; abandona la torre con la determinación de no volver nunca.
2. Néstor	10.00	Colegio del señor Deasy, en el que Stephen imparte sus clases	Stephen enseña en la escuela del señor Deasy; éste es un provinciano antisemita que le encarga entregar en el periódico *Evening Telegraph* una carta al director sobre la epidemia de glosopeda.
3. Proteo	11.00	Playa de Sandymount, bahía de Dublín	Stephen pasea por la playa. Monólogo interior.

Capítulo / Título homérico	Hora	Lugar	Acción
4. Calipso	8.00	Vivienda de la familia Bloom, Eccles street 7	Bloom prepara el desayuno para su esposa y se permite degustar un riñón de cerdo. Va al cuarto de baño, sirve el desayuno en la cama a Molly, ésta (que es cantante) recibe una carta del agente de conciertos Boylan, con el que engañará a su marido por la tarde. Bloom sale de la casa.
5. Los lotófagos	10.00	Oficina de correos, iglesia y baño público	Bloom recoge una carta de su querida en la oficina de correos, entra en una iglesia que está en su camino, se compra un jabón y visita un baño público.
6. Hades	11.00	Cementerio	Bloom acude al cementerio para asistir a un entierro.
7. Eolo	12.00	Redacción de un periódico	Bloom y Stephen se cruzan sin advertirlo en las oficinas del periódico *Evening Telegraph*. El capítulo parodia los titulares periodísticos.
8. Los lestrigones	13.00	Calles situadas al sur de la columna de Nelson	Bloom decide almorzar, pero abandona el restaurante Burton porque los comensales carecen de modales. Acaba en el pub de Davy Byrne, ve a Boylan pero no desea que éste le reconozca, se oculta tras las esculturas de diosas situadas delante del Museo Nacional y se pregunta si éstas tienen ano.
9. Escila y Caribdis	14.00	Biblioteca Nacional	Bloom y Stephen están en la Biblioteca Nacional. Stephen defiende sus tesis sobre Shakespeare y *Hamlet*. Mediante alusiones, el capítulo reúne todos los conocimientos sobre la biografía del dramaturgo. Stephen repara por primera vez en Bloom al salir de la biblioteca.
10. Las rocas errantes	15.00	Laberinto de calles	Episodios sincronizados de la vida en una gran ciudad. Describe lo que hacen cincuenta personas alrededor de las tres de la tarde.
11. Las sirenas	16.00	Restaurante del hotel Ormond	Finalmente Bloom almuerza, ve a Boylan y oye decir que va camino del hogar de los Bloom. Éste se imagina cómo Molly le engaña con Boylan.

Capítulo / Título homérico	Hora	Lugar	Acción
12. El cíclope	17.00	Pub de Barny Kiernan	Está narrado en primera persona por un personaje que aparece aquí por primera vez: éste se encuentra con un conocido en un pub al que también acude Bloom. Un partidario del nacionalismo irlandés y antisemita (el «Ciudadano») discute con Bloom y, cuando éste huye, le lanza una caja de galletas.
13. Nausícaa	20.00	Playa en la bahía de Dublín	Tres mujeres jóvenes en la playa; la primera mitad del episodio está escrito en el estilo de las novelas triviales. Bloom observa fijamente a una de ellas (Gerty MacDowell) y se masturba.
14. Las vacas de Helios	22.00	Clínica de maternidad	Una conocida de Bloom lleva tres días sufriendo las contracciones del parto. Bloom la visita por compasión, pero no le permiten verla; en la sala de espera encuentra a Stephen, que está muy ebrio y continúa bebiendo. Bloom le sigue, preocupado por su seguridad. El capítulo parodia los estilos de la prosa de la literatura inglesa de los siglos X al XIX. Stephen es llevado por un camarada al distrito rojo. Bloom se lo vuelve a encontrar en un burdel.
15. Circe	23.00	Burdel	El episodio describe las percepciones alucinatorias y las metamorfosis de Stephen y de Bloom. Se mezclan realidad e imaginación. Es el capítulo más difícil de la novela.
16. Eumeo	24.00	Distrito rojo	Bloom se ocupa de Stephen y, finalmente, se lo lleva a su casa.
17. Ítaca	2.00	Vivienda de Bloom	Bloom y Stephen beben un vaso de cacao. El episodio está compuesto de trescientas nueve preguntas y respuestas, siguiendo el estilo de un catecismo.
18. Penélope	3.00	Dormitorio de los Bloom	Monólogo de Molly Bloom. Pensamientos que fluyen sin fin, una única frase, cavilaciones al borde del sueño. Finaliza con el recuerdo de la intimidad con Bloom y la palabra «sí»: «... y sí dije "sí quiero". Sí».

2
AMOR

En la Italia de finales del Medievo se amaba de manera diferente a la que se estilaba en la Francia del Antiguo Régimen, así como el amor en la Inglaterra decimonónica era otro que el de la Europa posmoderna.

Hasta el Renacimiento, el amor fue el concepto de un ideal. Se amaba a la mujer como plena encarnación de la virtud y la belleza. Las fuentes literarias más conocidas de esta adoración son los sonetos de los grandes poetas italianos → Dante y Petrarca. Ambos escribieron versos de amor a dos jóvenes mujeres en el siglo XIV: Dante idolatraba a una mujer llamada → Beatriz y Petrarca, a una de nombre Laura. Ambas eran idealizaciones de dos mujeres que realmente existieron y con las cuales los poetas tuvieron un breve encuentro en su vida. Beatriz Portinari, de nueve años, era la hija de una familia acaudalada de Florencia a la que Dante probablemente contempló de lejos en dos ocasiones. Petrarca vio a su Laura por vez primera en una iglesia en Aviñón el 6 de abril de 1327, pero nadie ha podido averiguar de quién se trataba. Estos fugaces encuentros bastaron para que la fantasía de los poetas creara dos de las figuras femeninas más conocidas de la literatura occidental. Tanto Beatriz como Laura se casaron posteriormente con otros hombres, pero nada estaba más lejos de la intención de Dante y de Petrarca que acercarse físicamente a sus amadas. Beatriz y Laura eran perfectas —y precisamente por eso inalcanzables e intocables—. El hecho de que ambas mujeres murieran muy jóvenes en la realidad no redundó precisamente en perjuicio de su enaltecimiento. Muertas, Beatriz y Laura encarnaban la perfección.

En la época de → Shakespeare, en el Renacimiento, el amor se consideraba una enfermedad de la que uno podía recuperarse o a la que se podía sucumbir. La asimilación del sentimiento amoroso a una dolencia es originaria de la Antigüedad. Así se ponía de manifiesto que el amor es un estado extraordinario que requiere un tratamiento singular. En el Renacimiento, la pasión amorosa se juzgó como una manifestación de la primera enfermedad de la civilización europea: la «melancolía». (→ Robert Burton)

Transcurrieron varios siglos hasta que se produjo la democratización del amor. Las grandes parejas clásicas de la cultura europea pertenecían a la alta nobleza. Si en la literatura popular del Renacimiento aparecía una pareja de origen humilde (también es el caso de ciertos personajes secundarios de Shakespeare) se trataba siempre de los enamorados que protagonizaban un episodio cómico. Esto demostraba que el amor era un asunto complicado de aprender y que sólo podían manejar aquellos que hubiesen disfrutado de una educación cultivada. Fue necesaria la Ilustración, en el siglo XVIII, para que se impusiera la noción de que el amor no es sólo una cuestión de las clases más favorecidas sino una cualidad interior para la que están capacitados todos los seres humanos.

La mayor diferencia entre el concepto que estuvo vigente en Europa hasta cerca de 1750 y el nuestro, se refiere a la duración del amor. Hasta hace unos doscientos cincuenta años, a nadie se le hubiese ocurrido relacionar el amor con el matrimonio, ya que amor se consideraba veleidoso. El amor era pasional y breve. Era como un fuego que irremediablemente se extinguía: en algún momento se apagaría la llama de la pasión. Precisamente por la irracionalidad del amor, éste no podía ser la base de algo que requiriese cierta consistencia. El matrimonio era una decisión racional, subordinada a intereses políticos y económicos. En los estratos más elevados de la sociedad, los esponsales servían para aumentar las tierras y las fortunas, valían como instrumento de la política de las familias, por lo que la preparación de las bodas era una cuestión estratégica. En las clases media y baja, la subsistencia doméstica se fundaba en el matrimonio, esto es, aseguraba la existencia económica de la familia. Nada molestaba más al matrimonio que el amor. Por esa razón, el amor se situaba *fuera* del matrimonio y tenía lugar *después* del mismo.

En el ámbito de la nobleza europea de los siglos XVI y XVII se daban por supuestas las aventuras extramatrimoniales. Valían tanto para hombres como para mujeres. El amor consistía esencialmente en seducir y en ser seducido, y requería discreción, táctica y muchas habilidades retóricas. En el siglo XVII nadie se hubiera incomodado ante la afirmación de que el amor era una convención social. El *amor galante* fue un exquisito juego de sociedad en el que hubo expertos: los libertinos y las coquetas. (→ Choderlos de Laclos)

La atribución de cierta durabilidad al amor es una noción bastante nueva dentro de la cultura europea. Comenzar una relación de pareja con la esperanza de que sea duradera *porque* hay amor es un pensamiento muy moderno que procede, como casi todas las invenciones modernas, de Inglaterra. Esta nueva manera de concebir el sentimiento amoroso es, fundamentalmente, una maravillosa creación de las clases medias burguesas. Lo decisivo pasa a ser que el *amor romántico* se basa en el *sentimiento*. Este hecho modifica radicalmente los motivos del amor: uno no es amado solamente por ser bello, rico, noble o estar disponible, sino *porque uno es precisamente como es*. Se ama al otro como ser completo, incluyendo también sus defectos (que pueden ser modificados en caso de extrema necesidad). De ahí que sea posible atribuir al amor ciertas expectativas de permanencia. Sólo a partir de este concepto puede considerarse al amor como base de un matrimonio o relación duradera (→ Jane Austen).

El amor romántico es el modelo que goza en la actualidad de mayor aceptación. Pero todo está permitido: el que así lo desee puede practicar la abstinencia durante años e idolatrar de lejos a inalcanzables estrellas del pop, o puede adoptar dramáticas poses y pretender estar de continuo a punto de fallecer de amor o puede coleccionar conquista tras conquista tal como era costumbre entre los aristócratas de la corte de Luis XIV.

Gottfried von Strassburg: *Tristán e Isolda* (hacia 1210)

¿Se amaban realmente Tristán e Isolda? El mero hecho de dudarlo ya constituye una herejía, porque Tristán e Isolda forman una de las parejas más conocidas de Occidente. Su historia de amor, dolor y muerte forma parte de los grandes mitos europeos. Ha fascinado, ha inspirado y ha sido objeto de veneración de poetas, artistas y compositores (como Wagner) durante siglos. Sin embargo, para un lector del siglo XXI se impone la pregunta de si realmente se trata de un amor *verdadero*, ya que el origen del amor de la pareja es una equivocación. No se hubieran amado en absoluto de no ser por el brebaje amoroso que bebieron por error.

Hoy nadie puede sumergirse con dulzura y ensoñación en esta epopeya en verso, como en cambio sí sucede con → *Orgullo y prejuicio* de Jane Austen o → *Ana Karenina* de Tolstói. Y la cuestión no radica únicamente en que Gottfried von Strassburg escribiera *Tristán* en alemán medio alto, esto es, el alemán literario de la Alta Edad Media. Si no entendemos la obra hoy es, sobre todo, porque su concepto de amor y pasión es completamente diferente de lo que en la actualidad conocemos por enamoramiento. El amor de Tristán e Isolda resulta bello por el sufrimiento y la renuncia que conlleva. Sólo será pleno con la muerte.

Tristán e Isolda es una gran leyenda europea que se transmitió originariamente de forma oral. Los primeros manuscritos son de los siglos XII y XIII y se atribuyen a los trovadores franceses y a los *minnesinger* alemanes. La versión de Gottfried von Strassburg es considerada por lo general como «la clásica». Se trata de una de las obras literarias más importantes del Medievo.

Tristán vive en la corte de su tío, el rey Marke, situada en Cornualles, y es un hombre valeroso y arrojado. Su primera acción heroica es dar muerte al gigante irlandés Morolt. Un día, el rey Marke encarga a su sobrino que le busque una esposa. La mujer que ha de encontrar Tristán es la dueña del cabello dorado que una golondrina llevó a Marke. En su búsqueda, Tristán se presenta en la corte del rey irlandés. Allí el héroe solicita la mano de la hija del rey en nombre de su tío. Se trata de Isolda Goldhaar*. Obtiene entonces el permiso del rey de Irlanda para llevar a su hija a Cornualles a fin de casarse con Marke.

Pero en la travesía de Irlanda a Cornualles se sella el destino de Tristán e Isolda: ambos beben por error una pócima de amor destinada al futuro matrimonio. A partir de entonces, Tristán e Isolda estarán unidos para siempre por su mutuo amor. Se entregan el uno al otro en el mismo barco.

Una vez que llegan a Cornualles, Isolda se convierte en la esposa de Marke. (En la noche de bodas ordena que la sustituya su doncella, que todavía es virgen). Pero la recién casada continúa citándose en secreto con su amado y ambos consiguen ocultar por un tiempo su relación adúltera. Descubiertos al fin, son condenados a muerte: Tristán logra salvarse y rescata a Isolda de una leprosería a la que ha sido confinada para tener una muerte ignominiosa.

Los amantes huyen a un «valle maravilloso», en el que comienzan una existencia frugal. Sólo el amor endulza las dificultades de sus días. Pero cuando el engañado Marke sorprende una noche a la pareja dormida, se percata con asombro de que los amantes yacen vestidos en el lecho. Están separados por la espada de Tristán, colocada entre ambos. Esta muestra de castidad apacigua a Marke, que les otorga su gracia y vuelve a acoger a Isolda como su esposa. Tristán ha de abandonar Cornualles. Durante la afligida despedida, Isolda jura la indisolubilidad de su amor: «Tristán e Isolda, vos y yo, ambos somos ya para la eternidad *un* solo ser sin diferencia alguna».

Sólo se ha conservado un fragmento de la epopeya de Gottfried von Strassburg. Probablemente el autor murió antes de poder finalizarla. El posterior desarrollo de la historia hubiera sido, de acuerdo con la leyenda, el siguiente: los viajes de Tristán le llevan hasta Bretaña, donde se casa con la hermana de un amigo. Su esposa también se llama Isolda, pero su sobrenombre es «Weisshand», la de las manos blancas.

---

* Isolda «Cabello de oro». (N. de la T.)

Tristán la ama, ella le ama a él, ella está soltera, de manera que todo podría tener un buen fin. Pero al héroe le atormentan los remordimientos de conciencia por haber traicionado a su amor, como se ve en este monólogo:

¡Qué habrá podido sucederte, oh, Tristán, para que seas tan infiel! Amo a dos Isoldas, y siento afecto hacia las dos, y no obstante mi otra vida, Isolda, solamente le guarda efecto a un Tristán. Esta otra no quiere a ningún otro Tristán a excepción mía y sin embargo yo me esfuerzo por conseguir a la otra Isolda. ¡Pobre de ti, hombre estupido, equivocado Tristán!*

La leyenda no prevé un final feliz: Tristán se percata en la misma noche de bodas de que sólo ha desposado a Isolda Weisshand debido a la nostalgia que siente por Isolda Goldhaar. El enamorado no consuma el matrimonio.

Algún tiempo más tarde, una grave herida obliga a Tristán a requerir a su primer gran amor, Isolda Goldhaar, puesto que sólo ella posee los conocimientos médicos que pueden salvarle. Isolda anunciaría su arribo por mar con una vela blanca, mientras que una vela negra indicaría que abandona a su amado.

Cuando aparece una vela blanca en el horizonte, la celosa esposa de Tristán le engaña diciéndole que se trata de una vela negra. Esta noticia causa la inmediata muerte de Tristán, abrumado por la pena. Con su enamorado en los brazos, fallece de pena Isolda Goldhaar. Debemos el conocimiento de este trágico final a la ópera de Richard Wagner, que por lo demás siempre trata de forma muy libre los motivos del asunto.

Esta poderosa historia cuenta con dos particularidades que no deberían dejar de asombrar a un lector moderno. ¿Por qué son castos los amantes justo en el momento en que nada impide la culminación de su amor? ¿Qué significado tiene la espada que colocan Tristán e Isolda entre ambos cuando viven solos en su retiro silvestre? Además, ¿cómo es posible que un brebaje tomado por error origine un amor tan trascendente? ¡Si ni siquiera se hubiesen amado de no haber bebido la pócima mágica! Por tanto, ¿qué sentido tiene el brebaje amoroso?

¿Por qué se contienen los amantes justo cuando no tienen motivos para hacerlo? En el idílico bosque no hay ningún marido celoso ni

---

* Gottfried von Strassburg, *Tristán e Isolda,* trad. Victor Millet y Bernd Dietz, Madrid, Siruela, 1987.

cortesanos intrigantes de los que la pareja tuviera que cuidarse. Pero precisamente allí reside el problema. El amor que se profesan requiere impedimentos y resistencias. Es necesario sufrir para poder amar. Sólo de esta manera el amor provoca penas y se convierte en una *pasión*. (Tristán no puede desear a su esposa, precisamente por que es su mujer). Nada termina con el amor más rápidamente que su completa culminación. Por eso la espada separa a los amantes cuando la ausencia del marido ya no lo hace. Tristán e Isolda realizan el sacrificio de la pureza voluntariamente asumida para que sobreviva su amor.

Su amor es padecimiento, que soportan de forma pasiva. Este hecho explica asimismo la cercanía del amor y la muerte, ya que ésta también supone un sufrimiento que hay que experimentar pasivamente. Tan inútil es resistirse a la muerte como al amor.

Precisamente en la circunstancia de la entrega pasiva al amor se halla el significado del filtro mágico: es un símbolo del amor como poder del destino. Uno puede resistirse a él tan poco como podría hacerlo a los efectos de un veneno accidentalmente ingerido. El amor es algo que simplemente sucede y, por tanto, uno no es responsable de estar enamorado.

El brebaje amoroso simboliza algo más: el amor no solamente debe ser mutuo (lo que se da por supuesto) sino que tiene que nacer de manera sincronizada. El amor debe ser como un incendio que prende al mismo tiempo de los dos lados. Esto es lo que señala la pócima de amor. En el preciso instante en el que Tristán e Isolda rozan con los labios la botella que la contiene comienza su amor. Al mismo tiempo. Mutuo. Para siempre.

William Shakespeare: *Romeo y Julieta* (hacia 1595)

Son la pareja de enamorados más célebre de todos los tiempos: Romeo y Julieta, de Verona, Italia. Todo el mundo conoce sus nombres. De todos es conocido que su amor acaba con la muerte.

Romeo y Julieta se aman pese a la oposición de sus enemistadas familias: Montescos y Capuletos. Sienten un amor prohibido y eso es precisamente lo que hace que los sentimientos mutuos sean tan significativos. Nadie está tan solo como Romeo y Julieta, que han de esconder su amor al resto del mundo. Pero tampoco hay nadie que cuente con una riqueza interior como la que disfruta la pareja enamorada, que, junta, no necesita de compañía alguna. Romeo y Julieta poseen un bien tan valioso como para prescindir de la sociedad. Su amor es más fuerte que los lazos familiares y las leyes. Al final, es más fuerte que la propia muerte.

El amor que sienten el uno hacia el otro les ha conferido la inmortalidad. Hace pocos años han vuelto a abandonar su mausoleo en Verona y han revivido para protagonizar la película *Titanic*. Al menos uno de los Oscars que recibió la cinta le corresponde a Shakespeare. Al fin y al cabo, *Titanic* no es, en el fondo, sino el rodaje de una historia de Romeo-y-Julieta algo modificada, que trata de un gran amor y una gran muerte: dos jóvenes, apenas adultos, se enamoran irremisiblemente el uno del otro, pero los impedimentos sociales niegan cualquier posibilidad de un futuro común (*Titanic* sustituye la querella de las dos familias por la insalvable diferencia social). Todo acaba en una tragedia y en la impresionante puesta en escena del luctuoso final.

Al comienzo de la tragedia de Shakespeare, Romeo todavía está enamorado de una joven llamada Rosalina. Está enfermo de amor. Se trata de un claro caso de melancolía amorosa: Romeo deprimido se viste con desaliño, evita a la gente y oscurece su habitación para transformarla en una tumba. Su amigo Benvolio le da un consejo: «Búscate otra» («Dejando en libertad tus ojos: examina otras bellezas»). Es una sugerencia tan bienintencionada como poco delicada. Pero es exactamente la que sigue Romeo. En un baile de máscaras ofrecido por la familia Capuleto, el joven ve a Julieta y se entusiasma de inmediato. En este caso, el amor es correspondido. Se trata realmente de un amor a primera vista: desde el instante en que se miran a los ojos, Romeo y Julieta se enamoran el uno del otro. El amor alcanza su apogeo de forma inmediata.

Se casan en secreto. El matrimonio no será aprobado nunca por las familias enemigas. Poco después, el padre de Julieta, ignorante de lo sucedido, le comunica que debe desposar al joven gentilhombre Paris. Ante semejante situación crítica, fray Lorenzo propone que Julieta simule seguir las instrucciones de su padre. La noche antes de la boda beberá un brebaje que le provocará un estado de letargo, en el que parecerá muerta durante al menos cuarenta y dos horas. Mientras Julieta yace en el panteón familiar, Romeo vendrá a buscarla para llevarla consigo a Mantua. Éste es el plan.

Sin embargo, por una serie de circunstancias adversas, Romeo no llega a ser informado del mismo. En cambio, sí se entera de la aparente muerte de Julieta. Sin saber que sólo está inconsciente, descubre su cuerpo inerte. Enajenado por el dolor, Romeo se quita la vida. Cuando Julieta despierta, ve a su amor muerto junto a ella y también se mata.

En la tragedia de Shakespeare el amor y la muerte están indisolublemente unidos. El amor alcanza el centro del corazón, lo atraviesa y finaliza con la muerte. Es tan letal como los tres duelos que se representan sobre el escenario en *Romeo y Julieta*. Algo más que escenas de acción para aligerar el argumento, estas luchas muestran el tema de ser-alcanzado-en-medio-del-corazón desde un punto de vista muy diferente.

El amor entre Romeo y Julieta termina con la muerte porque implica el abandono de uno mismo. Los enamorados se convierten en un solo ser, renuncian a su propia identidad. Esto equivale, en cierto modo, a una muerte voluntaria. Hoy puede parecernos un acto maravilloso desde la cómoda distancia de la butaca del cine, pero, en realidad, esperamos del amor justo lo contrario: que enriquezca nuestra personalidad. La renuncia a uno mismo es considerada en la actualidad como un signo inequívoco de que una relación posee rasgos patológicos.

Romeo y Julieta han de morir. La intensidad de su amor garantiza la pasión, pero no que ésta vaya a ser eterna. ¿Acaso querría alguien tener que imaginarse su primera pelea matrimonial? Ephraim Kishon recreó ese futuro en una obra de teatro paródica: si la pareja no se hubiera suicidado, probablemente viviría en un cuartucho en Verona, su hogar estaría abandonado, Romeo habría desarrollado una buena panza, Julieta no podría soportar su presencia y ambos se pelearían de continuo. ¡Qué deprimente!

Choderlos de Laclos: *Las amistades peligrosas* (1782)

Nada hubiera sido más absurdo en el mundo de la aristocracia francesa del Antiguo Régimen que relacionar la sinceridad de los sentimientos con el amor. Los matrimonios eran negociados y, tras ellos, comenzaba el mundo de las aventuras amorosas. En la sociedad parisina, los amoríos eran un secreto universalmente conocido: todos saben que todos tienen aventuras, pero también son conscientes de que la falta de discreción en las mismas podía suponer la muerte social. Esta sentencia rige especialmente para las mujeres, cuya reputación se arruina aún más rápido que su virtud. Los *affaires* se manejan decentemente, pero el amor no es un asunto *privado*. Está expuesto a los ojos de la sociedad. (Por eso es necesario mantenerlo en secreto en la medida de lo posible.)

En la sociedad francesa del Antiguo Régimen, el amor es un juego complicado. La regla que lo rige es la siguiente: no dejes de mantener la pasión bajo control. Los que juegan han de dominar algunos aspectos: cálculo, estrategia, hipocresía y habilidad para manipular al contrario. La aportación de cada jugador es su reputación personal. Los premios son el poder, la sensación de desagravio cuando se consigue eliminar a un enemigo y la satisfacción de la vanidad. Las reglas son extremadamente complejas ya que se basan en el principio de que no pueden ser claramente expuestas. El objetivo es saber en todo momento lo que uno está haciendo, aun en plena pasión. También al contrario: incluso en las situaciones con más incidencia del cálculo, hay que dar la impresión de estar poseído por la pasión. Quien quiera participar en el juego y, además, ganar, debe aprender a llevar una careta. Él o ella han de actuar reflexivamente. Deben observar a los demás para reconocer sus debilidades y aprovecharse de ellas. El que pierde el control queda fuera de juego. Y puesto que el amor es ardor —pasión—, es muy fina la línea divisoria entre mantener el control y perderlo.

La más virtuosa en el terreno de las intrigas es la marquesa de Merteuil. Es extremadamente inteligente, segura de sí misma y carente de todo escrúpulo. Ya antes del matrimonio, de joven, se había percatado de la enorme influencia de la que podría disfrutar si elegía a los hombres adecuados como amantes. Este conocimiento la ha convertido en una maestra del arte de la seducción. Los hombres se rinden a sus pies. De vez en cuando se quedan ahí —en el suelo—. Esto sucede cuando la marquesa considera que su destrucción es oportuna.

Sólo Valmont, un antiguo amante, está a su altura. A este libertino de mala fama le precede el rumor de haber poseído a todas las damas de la sociedad parisina. Para Valmont, las mujeres existen en este mundo sólo para ser seducidas y abandonadas.

Valmont es el candidato ideal para ayudar a la marquesa a ejecutar una de sus intrigas. Se trata de vengarse de un antiguo y adinerado amante manchando su honor: su futura prometida, la inocente Cécile, debe ser desvirgada antes de la noche de bodas. Valmont se ocupa del asunto.

Pero, entretanto, el seductor está ya tan aburrido de conquistar jóvenes mujeres que sólo un objetivo cuya sumisión parezca difícil puede espolear su avidez. Se ha fijado en la virtuosa Madame de Tourvel, una mujer casada. De acuerdo con las categorías de entonces, la «víctima» elegida para el plan se inscribía entre las llamadas «preciosas», esto es, aquellas mujeres imposibles de conseguir, o cuya seducción requiere muchos esfuerzos. Son lo opuesto a «coquetas» como la marquesa. Las coquetas utilizan su considerable repertorio de gestos de rechazo únicamente para retardar un poco lo que es obvio que sucederá: que el hombre logrará su propósito.

Con hipocresía, el carismático Valmont consigue poco a poco ganar a Madame de Tourvel para sí. Le envía cartas que ella le devuelve sin abrir. Como Valmont tiene la seguridad de que la virtud de Madame de Tourvel no le permitirá recibir sus cartas y leerlas, escribe una única misiva de amor y la manda una y otra vez. Cuando recibe su propio escrito sin abrir, como es de esperar, toma un nuevo sobre y remite el mismo texto de nuevo. De acuerdo con las convenciones de la época y en los círculos menos corrompidos, constituía ésta una de las conductas más reprobables, ya que una epístola —y mucho más una carta de amor— era *el* medio que más franqueza exigía (→ Rousseau).

Mientras Madame de Tourvel lucha con su conciencia, Valmont se divierte con Cécile. Pero la firmeza de Madame de Tourvel tiene efectos afrodisíacos en Valmont, que la asedia y persigue incansablemente. En sus cartas a la marquesa, el seductor describe su proceder con la retórica de la guerra. Finalmente Madame de Tourvel —que se ha enamorado de Valmont— se rinde y se entrega a su pretendiente. Esto no sólo supone la capitulación de la bella mujer, afirma triunfante Valmont, sino una «auténtica victoria» sobre ella. Tras una «ardua cruzada» fueron decisivas unas «estudiadas maniobras».

La narración de la rendición del objeto de su codicia constituye un ejemplo clásico de un ataque estratégico. Valmont seleccionó el momento de la batalla, eligió el terreno, realizó maniobras de distracción y decidió cuál sería la ocasión adecuada para el asalto. Este lenguaje figurado del arte de la guerra aplicado al amor seguía una tradición. Puede encontrarse ya en la poesía de la Baja Edad Media y en la lírica del Renacimiento. En esas manifestaciones, la adorada inalcanzable es asediada como un fuerte. Pero mientras que en la sociedad feudal las metáforas de la guerra expresaban el carácter inexpugnable de la mujer y el heroísmo del hombre, para Valmont representan el *cálculo* de una lucha de posiciones y la destrucción del contrario.

La aventura de Valmont y Madame de Tourvel conduce finalmente a la desavenencia de los aliados, el seductor y la marquesa. El carácter imperturbable y la tenacidad con los que Valmont persigue su virtuoso objetivo, hacen sospechar a la marquesa que el libertino ha perdido el control y se ha enamorado. Su ira no surge a causa de los celos, sino de que Valmont se ha puesto en evidencia. En el universo de la marquesa esto equivale a alta traición. Ella se percata de que Valmont ha sucumbido a sus propias artes de seducción y vislumbra lo que él mismo no advierte: la conquista de Madame de Tourvel se ha convertido en una autoseducción. En el torbellino de la dinámica peculiar de sus tácticas de enamoramiento, Valmont se ha entregado al placer narcisista de la pasión: aunque no está enamorado de Madame de Tourvel, anhela la sensación de la pasión que siente en su presencia.

Esta debilidad de Valmont provoca de tal manera a la marquesa que ésta decide destruirle. El final llega con un duelo al que Valmont no sobrevive.

La novela termina con varios estragos, producto de las intrigas amorosas de la marquesa y de Valmont. Él muere en el duelo; la señora de Tourvel, afectada de demencia, fallece; Cécile ingresa en un convento y la marquesa de Merteuil pierde su fortuna y, finalmente, también su belleza, por la viruela.

La novela de Laclos transcurre en el entorno social de la aristocracia francesa, en el que amar equivale a intrigar. En el mundo de la marquesa y de Valmont, el amor es egoísta, mentiroso y destructivo. Sirve principalmente para satisfacer los propios deseos. La novela muestra el cínico triunfo de esta manera de amar y su decadencia. Valmont fracasa como seductor. La ironía del personaje radica en que Valmont es demasiado perverso para imponerse como enamorado y está demasiado disponible para impresionar como seductor.

Las amistades peligrosas marca el fin de una concepción del amor como un juego de refinadas estrategias de seducción. En el mundo de la aristocracia europea de los siglos XVII y XVIII el amor era considerado como una obra maestra de la retórica: se podía aprender y controlar. En realidad era un asunto «superficial». El amor podía contenerse en un compendio de gestos estudiados: a finales del siglo XVII se publicó en Francia un *Manual de suspiros*. Con ayuda de este libro, las jóvenes podían aprender a expresar su desesperación o su disponibilidad soterrada con elegantes matices.

El amor no se interioriza hasta finales del siglo XVIII, cuando empieza a ser considerarse una cuestión sentimental. También entonces resultará novedosa la idea de confiar en la sinceridad del comportamiento de los enamorados. *Las amistades peligrosas* supone el final de una cultura que creía en la seguridad de una comunicación estudiada: la retórica. La novela de Laclos descubre el mundo perverso y corrupto de las aventuras amorosas, pero también demuestra su ineficacia. La obra apunta el fin de la vieja concepción europea del amor como equivalente de la retórica. Pero también señala el final de una era. Valmont, el archiseductor, sucumbe a sus propias artimañas y pierde la cabeza. Pocos años después de la publicación de la novela, todo el estrato social al que pertenece el protagonista la perdería en la guillotina.

Jean-Jacques Rousseau: *Julia o la nueva Eloísa* (1761)

¡Bienvenidos a la cultura del sentimentalismo! ¡Aquí reinan las sensaciones! ¡Aquí se abren los corazones, aquí uno es sensible, aquí habla el alma! En este lugar, los labios se estremecen, los nervios revolotean, las manos tiemblan. Aquí uno suspira y languidece, existe el desaliento y la esperanza, se fracasa y se sufre. También se llora. Todo llega al corazón.

El amor romántico deja al descubierto el interior. Se proclama el valor de la sensación sinceramente sentida y se escudriña la mínima agitación de las emociones individuales. Sea lo que fuere lo que se encuentra, se manifiesta. Y cuando el lenguaje no es suficiente para describir tan fuertes pasiones, cuando no se encuentra la expresión adecuada, uno puede escudarse en interjecciones como ¡Ay!, ¡Oh! y ¡Dios! Después, es frecuente suspirar. Uno intuye que de ese modo se expresan más emociones que con palabras.

En el siglo XVIII las sensaciones y experiencias personales se convierten en una nueva fuente de conocimiento. La vivencia propia deviene la llave de la comprensión del mundo, de los demás y de uno mismo. Se descubre el sentimiento. Pero parece que al principio hay ciertas dificultades para dosificarlo. Una cosa es segura: se exagera terriblemente.

Las novelas de amor de mitad del siglo XVIII, cuyo origen es la sensibilidad, son epistolares. Se trata de ficticias recopilaciones de cartas. En su mayoría son las desgarradoras efusiones de dos amantes o de dos amigas. Las misivas contienen la expresión honesta de los goces y las penas de los enamorados. Las cartas obran como medio ideal para manifestar los sentimientos sinceros, porque transmiten la impresión de que el remitente vuelca en el papel lo que en ese momento atormenta su alma o alegra su corazón. Equivale a asomarse al corazón del ser humano y casi participar de sus pensamientos y sentimientos más íntimos. La epístola de amor se escribe de forma espontánea, desde la más profunda emoción, por ello no puede engañar. (Cuánto más desesperante, entonces, resulta que sean *falsificadas* por crápulas y seductores como Valmont en → *Las amistades peligrosas).*

Las cartas se escriben con mano temblorosa, se reciben con el corazón arrebatado y, antes de ser abiertas, se cubren de besos. Se leen en lugares solitarios, preferiblemente al aire libre. Al redactar la respuesta, no hay que olvidar los signos de admiración (o, de interrogación, si fuera necesario) tras las primeras frases. También resulta imprescindible comunicar al enamorado que uno ha besado su misiva. El resto de la carta, que ha de ser *muy larga* o *muy breve,* se deja a la creación de cada uno (resulta fundamental no escatimar en puntos suspensivos). Los hombres pueden reprocharse a sí mismos su atrevimiento y afirmar solemnemente que no tienen intención de comprometer a la virtuosa beldad. Han de poner de manifiesto, además, cuán infernales tormentos supondría el que sus ruegos no fueran atendidos. No resultará nada perjudicial incluir una discreta indicación acerca del deseo de quitarse la vida. Las mujeres, por su parte, pueden dejar entrever con discreción que cederían gustosamente, pero que no pueden arriesgar su virtud. Y en vez de, sencillamente, romper la correspondencia, lo recomendable para las damas es escoger una sirvienta de confianza que pueda entregar las cartas clandestinamente. De esta manera, existen muchas ocasiones para dejar constancia por escrito de lo virtuosa que es la que suscribe la misiva. Resulta absolutamente imprescindible que ambos enamorados manifiesten que los sentimientos que los embargan son inabarcables con palabras. Con este tipo de aseveraciones pueden llenarse diez páginas sin esfuerzo.

Resulta especialmente agradable rememorar con todo detalle lo vivido juntos. Así lo hace el joven enamorado de Julia, el preceptor Saint-Preux, todavía sofocado al recordar lo que sintió al besarla por vez primera (¡y fue sólo dos días antes!):

> Solo, como me sentí al momento siguiente, cuando... me tiembla la mano... es un estremecimiento agradable... tu boca de rosa... sentí la boca de Julia... cómo estaba sobre la mía, cómo presionaba la mía, y tu cuerpo rodeado por mis brazos. No, no es más intenso el fuego del cielo ni se inflama más rápido que el incendio que entonces prendió en mí... Nuestros suspiros extinguieron el fuego de nuestros labios y mi corazón feneció ante el peso del gozo... vi cómo palidecías de pronto, cerrabas tus bellos ojos, te apoyabas en tu prima y te desvanecías.

Esto último les sucedía muy frecuentemente a las mujeres de las novelas: ¡se desmayaban como precaución, confiando en la decencia de sus enamorados!

Si bien Rousseau no es el inventor de la novela epistolar sentimental —en realidad, lo fue el inglés Samuel Richardson con *Pamela* en 1740—, sí se erige en el mayor profeta del sentimiento, de la sinceridad y de la vida moralmente irreprochable en libertad. El amor es el ser sin contaminar. El amor extrae los sentimientos puros de los seres humanos. La buena naturaleza rige este aspecto de nuestras vidas. La sociedad se convierte en un tormento para el que ama, puesto que ha de dominarse y comportarse como un ser racional frente a los extraños. Sólo el bosque o el campo suponen algún bienestar. Saint-Preux, el héroe enfermo de amor de *Julia o la nueva Eloísa*, se atreve precisamente a practicar la escalada en los Alpes, para *respirar más libremente* y estar *más tranquilo*.

Julia y Saint-Preux se aman. Durante su numerosa correspondencia se informan mutuamente sobre los vaivenes de su amor y sus disposiciones de ánimo: en ocasiones su amor es tierno, en otras puro e inocente y a veces fogoso y arrebatado. Pero ante todo es imposible, ya que el preceptor carece de los medios para aspirar a ser un buen partido para la joven de linaje noble. Aunque Julia sabe que a las mujeres «se les ha confiado una prenda peligrosa», es débil y se entrega. Lo que demuestra que las cartas de amor —aun cuando en ellas las mujeres afirman su voluntad de continuar en la virtud— no dejan de ser tales y, en consecuencia, no resultan apropiadas para enfriar una pasión.

Julia está prometida con un amigo de su padre. Saint-Preux se dirige a París y vive allí las despreciables intrigas de la sociedad, en la que nadie es capaz de «ser uno mismo», ya que en todo rige la etiqueta. En una ocasión, el ignorante héroe provinciano sucumbe a las tentaciones de ese mundo corrompido y acaba, sin saber muy bien cómo, en un burdel. Con gran estupefacción termina atrapado en los tentáculos de una prostituta (Parte II, Carta 26). Entre tanto, Julia desposa al hombre que han escogido para ella, el señor de Wolmar, que es bastante mayor. Su nueva condición de casada hace que Julia transite un estado de purificación. No sin antes arrodillarse, agradeciendo una vez más su salvación moral, la joven comienza una nueva vida de esposa modelo y madre amorosa. Sin embargo, resulta extraño que más adelante entregue una hija suya a su prima por puro amor de madre.

De esta manera, los caminos de Julia y Saint-Preux se separan por varios años hasta el día en que la esposa informa a su marido acerca de su vida anterior. Sorprendentemente, el señor de Wolmar reacciona de forma muy generosa y ofrece al antiguo amante de su mujer que vaya a vivir a su hogar. Saint-Preux será profesor en casa de la familia Wolmar. Julia y su pretérito amor aprenden a transformar la inclinación mutua que sienten en un estadio más elevado de amor, guardando una castidad inmaculada. Julia muere al intentar evitar que uno de sus hijos se ahogue.

Julia o la nueva Eloísa fue un libro de culto en el siglo XVIII. El desmedido apasionamiento y la subyugación permanente causados por los propios sentimientos resultan ridículos en nuestros días. La idealización de la vida provinciana es una ingenuidad total. La noción del perfeccionamiento de la persona dentro de una armónica felicidad familiar es inconcebible en la actualidad, salvo en un anuncio publicitario de margarina. El lenguaje utilizado en la novela romántica de Rousseau es de una emotividad tan desmesurada que hoy sólo resulta placentero leer *Julia o la nueva Eloísa* si se tiene la intención de escribir una tesis doctoral sobre la obra. Pero además de todos esos corazones palpitantes, la nostalgia desasosegada y los tormentosos arrebatos de la pasión, la cultura de la sensibilidad nos ha legado una idea que hoy nadie considera absurda: el amor sincero como promesa de felicidad personal. Aunque hubo que esperar a → Jane Austen para que este concepto fuera expresado con dignidad.

Jane Austen: *Orgullo y prejuicio* (1813)

El señor Bingley, bien parecido, de posición económica desahogada, soltero y de agradable forma de ser, reúne aparentemente todas las cualidades necesarias para ser un yerno codiciado por las madres y un marido valioso para las hijas. De ahí que su próxima llegada a una comunidad en el sur de Inglaterra suponga un rayo de esperanza para la señora Bennet, que tiene un problema: ¡cinco bellas hijas en edad de merecer! Cuando en la primera reunión social, Bingley invita a bailar dos veces a la mayor de ellas, Juana, el futuro matrimonial de la escogida queda sellado a los ojos de su madre y del propio Bingley.

Jane Austen afirmó en una ocasión que «para escribir, tres o cuatro familias provincianas resultan perfectas», una constelación suficiente para producir un par de enredos que no supone el riesgo de ofrecer un panorama demasiado intrincado. Las novelas de Austen escogen una pequeña escena de la vida, pero el lector observa en ella detalles que normalmente se escapan. Aquello sobre lo que escribe la autora inglesa parece haber sido colocado bajo un microscopio. A través de su aguda mirada reconocemos pormenores que, de otra manera, permanecen más o menos ocultos bajo la superficie: vanidades, decepciones, estrecheces de miras, ofensas, esperanzas escondidas y arrogancias. Austen nos muestra todas estas cosas con ironía, frío distanciamiento y una sorna despiadada.

Es muy conocida una segunda afirmación suya, en la que compara sus novelas con «un pequeño trozo de marfil (de cinco centímetros de ancho), que trabajo con un fino pincel, de forma que luego no se pueda vislumbrar cuánto trabajo hay en él». Imposible describir mejor la obra de Austen: sus novelas seducen por su ligereza y elegancia, aparentan una total sencillez, parecen haber sido creadas casi por casualidad. Sólo tras una segunda mirada, uno contiene la respiración y se pregunta: «¿Cómo lo habrá hecho?».

Las obras de Austen tratan del amor, de la búsqueda del compañero correcto y de las condiciones y posibilidades de la vida en común. En ellas queda claro que encontrar una pareja puede ser una cuestión muy complicada, incluso en una coyuntura poco compleja como es la de unas cuantas familias burguesas de provincias. Sus novelas describen la vida en pareja contrapuesta a la vida social y proporcionan una atenta imagen de ambas: desde la intimidad y puertas afuera, en la sociedad.

En *Orgullo y prejuicio* está la vida matrimonial de los Bennet: el compromiso vital de un hombre que ha advertido demasiado tarde que la joven y guapa mujer que está a su lado es extremadamente tonta. Se ha resignado a ello a lo largo de los años de casado, hallando la vía de escape en un sarcasmo que se ha hecho una costumbre. Como contrapeso, la autora nos presenta a los Gardiner, que representan la relación de pareja de dos personas que se complementan en todos los sentidos. Pero, por encima de todo lo demás, están allí los avatares amorosos de Juana e Isabel Bennet.

Bingley trae consigo al campo a un amigo, el atractivo pero arrogante señor Darcy. El recién llegado se enamora sin quererlo de la segunda hija de los Bennet, la ingeniosa Isabel. La relación que inicialmente se establece entre ambos da título a la novela: por un lado, el orgullo impide a Darcy reconocer sus sentimientos; por el otro, Isabel no advierte que Darcy no sólo ostenta arrogancia, sino que también es inteligente y amable.

Cuando Darcy le propone matrimonio a Isabel, en un acto de superación de sí mismo, le dice que quiere convertirla en su esposa pese a sus imposibles conexiones sociales y contra toda sensatez y mejor criterio. No sin razón, Isabel considera semejante proposición como una impertinencia. La escena deja traslucir claramente —con los medios de los que disponía Austen— que Darcy sólo tiene, por el momento, una cosa en la cabeza: el sexo con ella. Isabel rehusa la propuesta.

En este punto ya resulta claro para las lectoras que Isabel está fascinada con su pretendiente. Le presta más atención de la que se dispensa a sí misma. Y sin darse cuenta, se enamora de él. Cuando, gracias a un tercero, descubre otra faceta de Darcy, se percata rápidamente de que no sólo lo desea, sino que él es la primera persona con la que puede comunicarse como un igual. Es el único hombre con el que ella puede imaginarse compartiendo su vida. ¿Habrá llegado demasiado tarde la revelación?

Isabel y Darcy son la pareja perfecta de la novela: dos personas que se desean y están al mismo nivel intelectual. En paralelo con su romance, se narran tres versiones diferentes de encuentros de pareja. En primer lugar, la de la bella y dulce Juana y el bondadoso señor Bingley. Se presenta, además, la historia de la más joven de las Bennet, Lidia, que coquetea con todo el que lleve uniforme, hasta que se topa con Wickham, un hombre sin escrúpulos, con el que se escapa, causando gran consternación general. Para salvar lo que ya no puede salvarse es preciso sobornar a Wickham con una considerable cantidad para que despose a Lidia que, entretanto, ha perdido su virtud.

Por último, se presenta la deprimente unión entre Carlota y el clérigo Collins. De acuerdo con su propia afirmación, Carlota es, a sus veintisiete años, casi demasiado mayor para el mercado matrimonial. Por eso cree que su última oportunidad es el señor Collins, un hombre limitado en todos los sentidos y al que la misma Charlotte desprecia. En ese escenario romántico, la «historia de amor» de Charlotte ejemplifica la decepcionante realidad de todas las mujeres de los siglos XVIII y XIX. Sin tener la posibilidad de ejercer una profesión, sólo un matrimonio garantizaba, hasta cierto punto, una vida digna y con seguridad económica. Era el destino de una «virgen mayor», aunque eso significase vivir con un hombre que le resulte desagradable. La otra opción era trabajar como gobernanta.

Por fortuna, estos tiempos quedaron atrás, aunque todavía merece la pena leer a Austen en el siglo XXI. Ella fue la primera en tratar el amor tal como nosotros lo experimentamos hoy. Y aunque desconozcamos sus obras, estamos familiarizados con ellas. En una de sus novelas, un personaje dice sobre → Shakespeare: «uno conoce a Shakespeare sin advertirlo, nos tropezamos con él por todas partes». Esta afirmación también es aplicable a Austen: no necesitamos leerla para conocer sus novelas. Nuestras expectativas sobre la intimidad de la pareja proceden de sus obras. Las películas de mayor éxito de Hollywood se basan más o menos directamente en novelas de la autora inglesa. Esta frase no alude a las versiones cinematográficas de sus libros, que atrajeron masivamente al público en los años noventa, sino a los préstamos ocultos de la obra de Austen en las llamadas *romantic comedies,* las comedias románticas de Hollywood: aquellas historias de amor que transcurren en el universo de las grandes ciudades estadounidenses y cuya protagonista femenina está encarnada en la mayor parte de las ocasiones por Meg Ryan. El argumento básico es tributario de Austen: la heroína no se percata de que se ha enamorado, de repente se da cuenta de que su camino se ha cruzado con el del hombre de sus sueños, pero teme haberlo advertido demasiado tarde. Sin embargo, al final lo consigue. Películas como *Cuando Harry encontró a Sally, French Kiss, Matrimonio de conveniencia, Clueless (Fuera de onda)* o *Tienes un e-mail* se basan más o menos directamente en novelas de Austen.

Austen *no* describe el amor como el apasionado drama de un enamorado sentimental ante su inalcanzable adorada; tampoco convierte a los que lo sienten en sujetos maravillosos, aunque en cambio se comportan, por lo general, como seres predecibles; no requiere un escenario complicado de intrigas y engaños; tampoco va acompañado de autoacusaciones de orden moral; no se convierte automáticamente en un motivo para el suicidio; tampoco traiciona la amada a su cortejador para huir por nebulosas razones con un coracero al que en realidad no ama. El amor en las novelas de Austen no es anarquía: supone el hechizo de la vida cotidiana. La autora inglesa nos muestra la magia del amor, su realidad, su improbabilidad y lo más importante: que es posible. Sus obras son las mejores novelas de amor de la sociedad moderna.

Stendhal: *Rojo y negro* (1830)

Julien Sorel, el joven preceptor de la casa del alcalde de la ciudad provinciana de Verrières, se ha propuesto seducir a la esposa de su empleador, la señora de Rênal. No es que esté enamorado de ella o la desee. De hecho, de sólo pensar que su propósito se convierta en realidad siente cierto temor. Pero la conquista de la bella señora de Rênal es necesaria. Julien tiene sus principios, semejantes al sentido del deber de un soldado antes de la batalla.

Sus únicas armas son las incompletas confesiones de un amigo sobre las mujeres y lo que dice la *Biblia* sobre el amor. Así pertrechado traza Julien su plan de combate. Pero su estrategia fracasa desde el primer momento, ya que la señora de Rênal le plantea una pregunta para la que no está preparado. El preceptor pierde inmediatamente el control, porque la obsesión con el plan le ha vuelto incapaz de improvisar. La señora de Rênal encuentra encantador contemplar a Julien azorado. Pero él se siente humillado.

Para neutralizar su revés, utiliza armamento pesado: besa a la señora de repente. Ella no sólo queda consternada sino que, además, siente una vaga repugnancia porque considera que el comportamiento de Julien ha sido manifiestamente torpe.

Julien utiliza una táctica alternativa, la de agasajar a la señora de Rênal con miradas punzantes. Pero rápidamente advierte que su actitud no sirve de nada. Peor: se le ocurre presionar el pie de ella con el suyo. Pésima idea.

Finalmente, tras una larga reflexión, Julien se dispone a ejecutar un ataque propio de un comando suicida. En cuanto se le presenta la oportunidad, le susurra a la señora de Rênal que la visitará por la noche en su habitación. Y es cuando la cortejada se muestra realmente indignada. Julien, totalmente confundido.

Reuniendo todo su valor se decide a subir al cuarto a las dos de la madrugada. Apenas puede sostenerse en pie del miedo que siente, pero se ordena a sí mismo no escabullirse. Entra temblando al dormitorio, con tanta torpeza que hace un ruido terrible. Rechazado bruscamente por la señora de Rênal, rompe a llorar. Esto decide el asunto para ambas partes. La señora de Rênal se conmueve y Julien se convierte en su amante.

¿Por qué se impone Julien todo esto a sí mismo? Porque le domina un impulso en el que se mezclan su complejo de inferioridad y su ambición. Julien, el inteligente hijo de un carpintero, anhela sobre todas las cosas poder superar para siempre el entorno de su familia, la clase rural. Quiere ascender hasta lo más alto de la sociedad. Su gran modelo es Napoleón Bonaparte, el soldado originario de Córcega que con encarnizada ambición logró alcanzar la cumbre de Francia y se coronó a sí mismo emperador. Pero en la época post-napoleónica Julien no puede probar su valor como soldado. En cambio puede declarar una cruzada de conquista contra la sociedad y, así, considerar a las mujeres de las clases altas como objetivos a tomar. Julien es un estratega de tiempos de paz, un político en los asuntos del amor, no un soldado.

Tampoco comienza la carrera eclesiástica por ser especialmente devoto, sabe que en ella se ofrecen las mayores oportunidades. Este camino lleva a Julien a París y, una vez allí, directamente hacia la cumbre: se convierte en el secretario particular del Marqués de la Mole. Allí se encuentra con Mathilde. La rebelde hija de la familia queda fascinada ante el protagonista, porque es diferente a todos lo hombres que ella conoce. Mathilde se convierte en el segundo triunfo importante del hijo del carpintero. La seducción recíproca resulta algo más rutinaria que el romance con la señora de Rênal: Julien vuelve a sentirse terriblemente inseguro y angustiado. Pese a todo, en esta ocasión utiliza citas de → *La nueva Eloísa* de Rousseau y muestra algún corazón. Comienza una aventura amorosa con Mathilde. Cuando queda embarazada, ella convence a su padre para que conceda a Julien el rango nobiliario. Julien ha alcanzado la cima de sus ambiciones.

Pero, justo en el momento de su gran triunfo, llega una carta que destroza su reputación. La remitente es la señora de Rênal, que ha escrito la misiva obligada por su confesor. Fuera de sí por la ira y profundamente dolido, se apresura a ir a Verrières. Julien dispara sobre su antigua amante cuando ella está rezando en misa. La señora de Rênal sobrevive a los disparos; Julien es condenado a muerte.

El destino de Julien, entre el amor y la muerte, es una de las claves del título de la novela: el rojo representa el amor y el negro, la muerte. (A la vez, se alude a las diferencias entre la carrera militar [rojo] y el orden eclesiástico [negro].)

Julien es un héroe lleno de contradicciones, que fluctúa constantemente entre el oportunismo político y la vulnerabilidad, entre la sinceridad y las maniobras de distracción. Julien no está especialmente dotado para la hipocresía. Nada le cuesta tanto como el disimulo. Precisamente en las situaciones en las que actúa con ánimo calculador, resulta conmovedoramente desvalido. Si bien Julien utiliza a las mujeres para su ascenso personal, el arte de la seducción estratégica —todavía vigente en *Las amistades peligrosas* de Laclos— es llevado al absurdo en esta obra. El amor requiere una planificación del comportamiento, pero es incompatible con el frío cálculo. En la novela de Stendhal, el amor no es siempre espontaneidad y franqueza, pero tampoco pura hipocresía.

Johann Wolfgang Goethe: *Las afinidades electivas* (1809)

Cuando una relación se frustra, el fracaso suele mencionarse como «falta de química». Esta frase suena más a gesto resignado en el consultorio de una revista femenina que a una de las novelas más conocidas de la literatura alemana. Sin embargo, la comparación entre la química y el amor está basada en *Las afinidades electivas*, lo que convierte a la obra en una mezcla de novela de amor e indicaciones de un experimento.

En la ciencia química del siglo XVIII, la «afinidad electiva» era un concepto relevante. Goethe, que realizaba experimentos químicos, conocía el término del título de un conocido estudio del químico sueco Torbern Bergman. Por «afinidad electiva» se entendía una reacción química entre determinadas sustancias. Se había observado lo siguiente: cuando a dos materias AB «afines» entre sí se les añade una tercera C, que posee una afinidad mayor con la materia A que la que tiene A con respecto a la materia B, A abandona su vínculo con B para unirse con C, eligiendo la mayor afinidad.

Goethe trasladó este modelo de atracción y rechazo de sustancias químicas a las relaciones amorosas entre los cuatro personajes de su novela. Los personajes involucrados en el experimento son: el rico barón Eduard, su esposa Charlotte, el Capitán amigo de Eduard y la sobrina de Charlotte, Ottilie. Eduard y Charlotte han logrado por fin casarse, después de unos primeros matrimonios de conveniencia impuestos por sus padres y tras la muerte de sus respectivos cónyuges, ambos fallecidos jóvenes. Disfrutan de una feliz convivencia en la propiedad rural de Eduard y se dedican a una existencia diletante centrada en la jardinería y el diseño del parque, hasta que a Eduard se le ocurre la idea de acoger a su amigo el Capitán, que está pasando un momento de necesidad. Charlotte acepta la propuesta a cambio del permiso de su marido para invitar a su sobrina Ottilie.

De esta forma entran dos nuevas fuerzas en juego, lo que conduce a que Charlotte y Eduard se sientan atraídos respectivamente por el Capitán y por Ottilie. Si bien sólo en las fantasías de la pareja, se produce la ruptura matrimonial: mientras ambos cumplen con sus deberes conyugales, el barón fantasea que está acostándose con Ottilie, mientras su esposa se imagina en brazos del Capitán.

Cuando llega la hora de la partida del Capitán, y cuando también Ottilie debe abandonar la residencia rural, la perspectiva de la inminente separación aviva el fuego de la pasión: las parejas enamoradas, impulsadas hacía sí por la afinidad electiva, se confiesan su amor. Por un lado, Charlotte y el Capitán deciden renunciar a sus sentimientos en atención a las convenciones sociales; mientras que Eduard se empeña en poder vivir libremente su romance. Pero entonces conoce la noticia de que engendró un hijo con Charlotte la noche de la fantasiosa «ruptura matrimonial» y pierde cualquier esperanza de abandonar a Charlotte. Su desesperación le lleva a la guerra.

Charlotte y Ottilie se quedan en la finca. Charlotte trae al mundo un hijo que tiene un asombroso parecido con el Capitán y con Ottilie.

Eduard vuelve de la campaña militar y tropieza casualmente con su amada cuando ésta pasea por el lago con el niño. Cuando Ottilie, todavía trastornada por el encuentro, pretende iniciar el regreso por el lago e intenta subir a la barca, ésta vuelca y el niño se ahoga.

Tras la muerte del hijo de ambos, Charlotte acuerda la separación de Eduard. Por un momento parece que las parejas afines podrán finalmente estar juntas, pero Ottilie cierra las puertas a la felicidad: al creerse culpable de la muerte del niño, se impone una penitencia. Renuncia a su amor por Eduard y se encierra totalmente en sí misma. Deja de hablar y de ingerir alimentos, negándose firmemente la vida, hasta que fallece. Eduard la sigue poco después y es enterrado junto a ella.

La novela de Goethe sobre la fuerza de atracción del amor contrapone la institución social del matrimonio a las pasiones naturales. Es la primera de una serie de novelas del siglo XIX en las que el amor se malogra porque la pasión y el matrimonio se aniquilan mutuamente. El desenlace de *Las afinidades electivas* descubre la ironía encerrada en el título, puesto que el escenario es propicio para los conflictos y conduce a una situación sin salida, debido a la sumisión a las convenciones sociales, la pasión reprimida y la continua renuncia. Sólo Ottilie parece advertirlo realmente y hace lo único que todavía puede hacerse: sencillamente, dejar de existir.

Gustave Flaubert: *Madame Bovary* (1857)

Ésta no es una novela sobre el amor, sino sobre el matrimonio. También sobre el aburrimiento. La obra trata de la vida en provincias y de la mediocridad de la rutina matrimonial. Y de la fantasía, la infelicidad y la pasión. La novela de Flaubert muestra que el ideal burgués de la unión matrimonial no siempre supone una garantía para la felicidad personal.

La heroína es Emma Bovary. Casada con el bondadoso pero irremediablemente aburrido médico rural Charles Bovary, se percata, ya en los primeros días tras la boda, de que la suya no es la existencia que se había imaginado. Emma tiene un concepto de la vida que no alcanza a cubrir con la cotidianeidad pequeño burguesa en la que vive. Sus ideas vienen de las sentimentales novelas de amor que ha leído en el colegio religioso. Son historias en las que las protagonistas se desvanecen o se arrojan en brazos de hombres arrebatadores, en las que se susurran juramentos bajo la luz de la luna, en las que los virtuosos salvadores rescatan a las mujeres de rudos villanos, en las que todos galopan a caballo de aquí para allá y en las que las damas reciben en secreto cartas cuidadosamente dobladas. Las historias transportaban al lector a mundos exóticos y paisajes fantásticos, vagas evocaciones del aire medieval y de Oriente.

Cuando Emma advierte que tras su boda no se encuentra en la terraza de una villa italiana o de un chalet suizo en compañía de un esposo deslumbrante, sino que se halla en una pequeña ciudad carente de importancia, empieza a aburrirse.

Emma pasa semanas enteras sentada delante de la chimenea o mirando por la ventana. La sirvienta se ocupa de las tareas domésticas, una nodriza atiende a su pequeña hija. No le interesa siquiera tocar el piano, ya que nadie lo escucha. En vez de tener al lado un marido que le inspire, las veladas transcurren junto al aburrido Charles Bovary. Su esposo la idolatra, pero por las noches regresa a casa agotado de sus visitas a los lechos de los campesinos enfermos que despiden olor a pus. Charles dedica a su mujer rutinarias muestras de cariño, poco a poco va engordando, abandona los buenos modales en la mesa, descuida su forma de vestir, en la cama se aleja rodando y ronca. Flaubert muestra, por vez primera en la literatura, la monotonía de un matrimonio burgués tradicional, en el que el reparto de roles conduce a que el hombre tenga una ocupación, mientras que la mujer sólo tiene expectativas.

Charles pone nerviosa a su mujer. Emma desprecia su falta de éxito profesional, su vulgaridad y su comportamiento pueblerino. Tampoco a los ojos del lector Charles Bovary se muestra precisamente como un héroe. Pero por su candidez rayana en la necedad no llegamos a menospreciarlo tanto como su esposa.

De puro aburrimiento, Emma comienza a gastar enormes cantidades de dinero en un comercio de modas. Intenta sofocar su melancolía recorriendo con un dedo un plano callejero de París. Finalmente cae en una depresión. A Charles, sobrepasado, no se le ocurre otra solución que proponer un cambio de clima y mudarse.

En Yonville, su nuevo hogar, Emma conoce a Léon, joven empleado de notaría. Emma se consume ceremoniosamente en el adulterio, pero no lo provoca todavía. Entonces, entra en escena un rico propietario de la zona con el evocador nombre de Rodolphe Boulanger de La Huchette. Rodolphe encarna ese mundo de lujos y de goces eróticos que Emma ansía, por lo que resulta muy fácil seducirla con un par de gastadas frases hechas. El célebre pasaje de la seducción tiene lugar durante la celebración de una feria agropecuaria. Mientras los notables del lugar pronuncian sus rimbombantes discursos, Rodolphe conquista el corazón de Emma recurriendo a sus técnicas profesionales. Flaubert refleja este episodio intercalando breves cortes narrativos: en la descripción del acto de seducción se insertan una y otra vez las voces de los oradores. Es una técnica moderna que nos resulta conocida por el cine. Se trata de cortes muy rápidos que ponen de manifiesto que dos acciones transcurren en paralelo.

Emma se lanza con entusiasmo a vivir el romance con Rodolphe. Todos sus sueños se convierten en realidad y se imagina a sí misma como la heroína de una de las historias de amor que ha leído. Pero el *affaire* tiene un brusco final cuando Emma, siguiendo el ejemplo de sus novelas, planea una dramática fuga. Rodolphe aprovecha la ocasión para escapar de Emma y la deja plantada.

Emma se reencuentra con Léon en una velada en el teatro de Ruán. Con una ingenuidad que resulta hasta cómica, Charles le propone a su esposa que se quede en la ciudad algunos días sin él. Léon se convierte en el segundo amante de Emma. Charles cree que su mujer toma clases de piano, cuando en realidad se cita con Léon. Pero la pasión entre ambos no dura mucho. Pronto la melancolía de la vida matrimonial impregna también el adulterio.

Como Emma no puede pagar las deudas de los vestidos que ha comprado, les embargan las posesiones a los Bovary. Presa del pánico, Emma considera el suicidio como única salida. Se envenena con arsénico.

Resulta irónico que el momento de la muerte de Emma sea también el más grande de su vida. En su agonía solicita un espejo para contemplarse, deja caer algunas lágrimas y se vuelve a hundir en su almohadón. Aun frente a la muerte, Emma adopta el gesto de una de aquellas heroínas convalecientes cuyo sino sentimental le había servido de modelo para su propia vida. Pero al instante siguiente sufre terribles dolores y se retuerce en su lucha con la muerte. Ahora experimenta la vida de la forma más brutal, lejos de una novela, en carne propia.

El ideal del amor en el matrimonio burgués estaba fuertemente cimentado en la cultura europea del siglo XIX. Cuanto más grandes eran las expectativas, más propenso se era a las inevitables decepciones que sobrevenían cuando la vida cotidiana se revelaba escasamente romántica. El matrimonio con Charles fue para Emma un amargo choque con la realidad, del que intentó evadirse: primero, refugiándose en el mundo de las novelas, más tarde, procurando aventuras amorosas. Pero, a diferencia de lo que sucedía entre la nobleza del Antiguo Régimen, en el siglo XIX la sociedad ya no considera aceptables estos amoríos. Especialmente entre las mujeres, puesto que comporta atraer sobre sí el desprecio social como «adúltera».

Por otro lado, el matrimonio es una institución tan poco propicia para la pasión en el siglo XIX como lo era en el XVII. Sin embargo, ya no existe un espacio adecuado para el puro deseo: ni encaja especialmente bien dentro del matrimonio, ni se permite su vivencia fuera de él. El único lugar donde puede sobrevivir la pasión es dentro de las novelas: en las obras mediocres que lee Emma y en obras maestras como *Madame Bovary*, → *Effi Briest* y →*Ana Karenina*.

Lev Tolstói: *Ana Karenina* (1875-1877)

Ana Karenina es la mujer más bella de la literatura universal. Es tan maravillosa que uno se queda sin palabras.

Ana Karenina es joven, bonita e inteligente. Al comienzo de la obra ha viajado de San Petersburgo a Moscú para intentar salvar el matrimonio de su hermano con una acción relámpago. El hermano de Ana ha engañado a su mujer con la institutriz. Ana habla con su cuñada, le proporciona consuelo y procura la reconciliación de los cónyuges. Cuando se relaja el ambiente en la casa, la situación se torna familiar. Ana saluda a sus pequeños sobrinos y sobrinas. Corre hacia ellos con los brazos abiertos, hasta que se tropiezan unos con otros y, entre risas, caen divertidos al suelo. Así es como conocemos a Ana Karenina.

Ana lleva una vida satisfactoria y segura junto a su marido, el importante funcionario Alexei Alejandrovich Karenin, a quien no ama, pero aprecia. Tiene un hijo de ocho años al que adora y su ambiente social es el de los mejores círculos de San Petersburgo. Ana es despierta y bondadosa. Destila elegancia y un encanto sencillo, sin estrechez de miras ni arrogancia. Su franqueza no es ingenua ni ignorante, sino perspicaz y sincera. Ana bulle de alegría de vivir y vivacidad.

La primera entrada de Ana se produce en una estación, a su llegada a Moscú para acudir a casa de su hermano, cuando baja del compartimento de primera clase. También su última aparición acontece en una estación, cuando arroja su maleta roja, se arrodilla en las vías y es arrollada por un tren de mercancías.

Ana Karenina es, junto a Emma Bovary, la adúltera más conocida de la literatura universal. Cuando desciende del tren en Moscú, conoce al conde Wronsky. Ese encuentro cambia su vida. Vuelve a coincidir con Wronsky en un baile. Se enamora desesperadamente y descubre por vez primera lo que significa la pasión. Su amor por Wronsky logra que para ella el mundo resplandezca con un nuevo brillo. La acostumbrada vida junto a su marido palidece hasta parecerse a un universo muerto. De pronto, Ana ve a su esposo con otros ojos: cuando él la recoge a su vuelta de Moscú, advierte horrorizada por primera vez lo grandes que son sus orejas, dobladas por el sombrero. Incluso el ansiado reencuentro con su hijo la defrauda, porque siente que ya nada de la vida que ha llevado hasta entonces le llenará tan plenamente como su amor por Wronsky. Ana no comete adulterio por aburrimiento como Emma Bovary, sino todo lo contrario, por pura pasión por la vida.

Ana y Wronsky comienzan un romance sobre el que pronto murmura toda la sociedad preeminente de San Petersburgo, naturalmente con discreción. El asunto es más peligroso para Ana, puesto que, como mujer, pone en juego su reputación, lo que equivale a su propia vida. En cambio para Wronsky, el hombre, la aventura tiene aires de distinción. Lograr que una mujer de los mejores estratos sociales cometa adulterio con uno no es poco. Pero Wronsky no es un seductor profesional como el Rodolphe de Emma Bovary. Es un hombre cortés y amable. No posee cualidades ni despreciables ni admirables, de hecho su principal rasgo de carácter es su amor por Ana.

El esposo de Ana, Karenin, sospecha durante largo tiempo que su mujer tiene una aventura, pero cree con la firmeza de una persona de rígida moral que el adulterio sólo sucede en otras familias. Cuando finalmente se entera de la relación de Ana, reacciona con indignación, considera con desazón la posibilidad de batirse en duelo con Wronsky. Desecha la idea de una separación, por el escándalo que conllevaría. Karenin intenta salvar lo que puede. Esto es, a sí mismo, su reputación, su honor y su lugar en la sociedad. Prohíbe a su esposa que siga citándose con Wronsky, le ordena que se comporte decentemente y la amenaza con quitarle a su hijo. Karenin es un hombre inflexible y obsesionado por el sentido del deber que reacciona confundido cuando tiene que enfrentarse a un asunto en el que hay sentimientos involucrados.

Ana abandona a su marido y, aunque le resulta terriblemente difícil, también a su hijo, para vivir con Wronsky. Entrega toda su vida por el amor que siente hacia él. En cambio, el escándalo apenas roza al conde. Ana recibe todo el peso del desprecio de la sociedad de San Petersburgo. Se convierte en una proscrita para el mundo distinguido. Ninguna mujer decente puede permitirse estar en la misma habitación que ella. Todo lo que le queda es el amor de Wronsky. Pero se percata con horror de que la pasión de su amante se va enfriando paulatinamente. Ana se vuelve celosa y susceptible; Wronsky reacciona despiadadamente. La relación entre ambos es cada vez más tensa. Finalmente, cuando Ana cree que debe separarse de Wronsky porque éste ya no la ama, desesperada por su humillante situación y para castigar a su amante, se arroja bajo un tren de mercancías. Cuando el vagón se abalanza sobre ella, Ana se percata repentinamente de que lo que está haciendo es absurdo. Intenta retroceder, pero ya es demasiado tarde.

Ana y Wronsky están unidos por la pasión. Un amor que, en opinión del moralista Tolstói, es efímero, sensual y egoísta. Y aunque grandioso, no puede acabar bien. El autor opone esta historia a otro amor al que dedica largos pasajes de la novela.

Se trata del amor entre el íntegro terrateniente Levin y Kitty. La relación entre ambos no está dominada por la pasión sino por la sinceridad, la ternura, la responsabilidad y la capacidad de llevar una vida feliz y plena en el campo. El amor de Levin y Kitty se basa en una afinidad de almas tan completa que, como con poderes sobrenaturales, llegan a leerse los pensamientos mutuamente.

En la escena del compromiso entre ambos, Levin escribe sobre una pizarra las iniciales de cada palabra de una frase interminable: C. u. d. e. i. e. i. e. o. s. («Cuando usted dijo "es imposible", ¿era imposible entonces o siempre?»). Kitty comprende su significado y responde de la misma manera («E. y. n. p. c. o. c.», esto es, «Entonces yo no podía contestar otra cosa»). Naturalmente es muy improbable que algo así funcione, ni siquiera entre los que se aman. No es preciso saber mandar mensajes con el móvil para advertir que no es posible. Pero la idea de Tolstói indica que el verdadero amor es una forma de entendimiento.

Levin y Kitty constituyen la pareja ideal de la novela. Tolstói nos muestra cuánto valora esta clase de amor: un día, cuando la pareja está recién casada, Levin regresa a casa más tarde de los esperado. Kitty se ha preocupado muchísimo y le recibe con un aluvión de reproches. En ese momento Levin comprende lo que significa el amor en el matrimonio: Kitty no sólo está cerca suyo, sino que él mismo ya no sabe *dónde acaba ella y dónde empieza él.* No es pasión, sino afecto *infinito.*

Ana Karenina es, como → *Madame Bovary,* una novela de amor del siglo XIX que, en realidad, trata sobre el matrimonio. ¿Qué lugar le otorga la sociedad a la pasión, si el amor es inseparable del matrimonio, y éste requiere, ante todo, estabilidad y no apasionamiento? De esta forma, la pasión acaba por circunscribirse a las zonas fronterizas de la sociedad y las mujeres que se dejan arrastrar por ella terminan en una suerte de tierra de nadie social. De allí las rescata la literatura y las coloca, como sucede con la novela *Ana Karenina,* en el centro de nuestra cultura.

Theodor Fontane: *Effi Briest* (1894-1895)

La tercera adúltera célebre del siglo XIX es Effi Briest. Siguiendo los deseos de sus padres, Effi se casa por pura ingenuidad con el barón de Instetten, bastante mayor que ella. Como su marido no colma ninguna de sus expectativas románticas, Effi comienza un romance con el mayor de Crampas. La relación no es muy apasionada, de manera que cuando su marido es trasladado a Berlín, Effi se siente aliviada de que el *affaire* llegue a su fin. Años más tarde, Instetten encuentra por casualidad las cartas de amor que le había escrito Crampas a su esposa. En vez de olvidar sencillamente esta historia del pasado, Instetten, dolido en su honor, reta a duelo a Crampas, quien muere en el desafío. Instetten se divorcia de su mujer y le prohíbe ver a su hija. Effi tendrá que vivir la existencia de una «adúltera»: marginada, solitaria y menospreciada, ni siquiera sus padres le permiten que vaya a visitarlos. Sólo cuando enferma gravemente, y tras un desilusionante reencuentro con su hija, vuelve a ser acogida por ellos. Muere unos meses más tarde.

Para escribir su novela, Fontane se inspiró en un caso de ruptura matrimonial que leyó en el periódico. En *Effi Briest* se descubre la rígida moral del honor militar prusiano y se muestra su inhumanidad y sinrazón: lo trágico del desarrollo de los acontecimientos es que Instetten se decide a batirse en duelo únicamente por seguir unas convenciones, no sin reticencias. La novela de Fontane también nos ha dejado un célebre dicho: siempre que el padre de Effi, «el viejo Briest», se enfrenta a una situación que le parece demasiado complicada para tener un juicio claro, sale del paso con la sentencia «éste es un campo muy amplio».

Vladimir Nabokov: *Lolita* (1955)

¿*Lolita* una novela de amor? Tal calificación se le atraganta a cualquiera cuando se examina de cerca la pareja protagonista: el profesor de literatura Humbert Humbert, de cuarenta años, y su amante Lolita, de doce. *Lolita* narra la historia de una perversión. Humbert desea a chicas de aspecto infantil, que apenas acaban de comenzar la pubertad. Incluso inventa una palabra para ellas: *nymphets* (nínfulas).

Al comienzo de la novela, el narrador, el propio Humbert, está en prisión, acusado de asesinato. Desde allí, relata la historia de su obsesión. Tras la Segunda Guerra Mundial, él, originario de Francia, se traslada a Nueva Inglaterra, en los Estados Unidos. Está buscando una habitación y así conoce a Charlotte Haze, una mujer atractiva pero adulta y, por esa razón, carente de todo encanto para él. La señora Haze le ofrece un cuarto aun menos atractivo. Ante tamaña tristeza, Humbert pretende marcharse pero entonces ve a Dolores, la hija de doce años de su patrona, que le recuerda al amor de su infancia. Humbert se enamora irremediablemente de Dolores, a quien bautiza como Lolita. A partir de entonces, el profesor se entrega totalmente a la nínfula. Acepta la habitación y más tarde, por puro pragmatismo, se casa con Charlotte, para así poder permanecer cerca de Lolita.

Humbert registra cada paso de Lolita en su diario. Describe la excitación y los momentos de éxtasis que le provocan cada visión y cada contacto aparentemente inocente o casual con ella. Charlotte descubre este cuaderno, pero muere en un accidente de coche antes de que este hallazgo tenga consecuencias para Humbert.

Humbert monta a Lolita en su coche y ambos comienzan un viaje de varios meses a través de los Estados Unidos. La pareja, que aparenta ser padre e hija, visita de día los monumentos y curiosidades locales que hallan en su camino. Recorren los restaurantes de carretera y pernoctan en moteles, cuyos nombres pseudo-fantasiosos apenas esconden su lastimosa mediocridad. La primera noche, Humbert se acuesta con Lolita en un motel llamado *The Enchanted Hunters* (Los cazadores encantados). Cualquier intento de recrear este episodio está condenado al fracaso desde el principio, por lo contradictorio de los motivos que conforman el mismo: Lolita seduce a Humbert y éste viola a Lolita. La nínfula, que ha perdido la inocencia recientemente en tempranos juegos de niños en el campamento de verano, introduce a Humbert con toda candidez en este reino de goces infantiles, sin sospechar lo que significa el sexo en el mundo adulto. Humbert simula ser ignorante, «al menos mientras me fue posible». La situación es sumamente paradójica: Lolita es la inocencia seductora y la víctima activa; Humbert es el manipulador pasivo y el culpable seducido. La escena demuestra que en la novela de Nabokov nada puede juzgarse de forma unívoca y que carece de sentido tanto la emisión de un juicio moral como el intento de sustraerse al mismo. Durante el viaje a través de los Estados, Humbert experimenta, noche tras noche, momentos de indescriptible felicidad, pero estos van acompañados de los sollozos de Lolita, que comienza a llorar en cuanto cree que el profesor se ha dormido.

Tras un tiempo asentados en una ciudad universitaria, Humbert y Lolita reemprenden el viaje. Poco después, Humbert advierte que les siguen. El perseguidor es el dramaturgo Clare Quilty, también bastante mayor que Lolita y con el que ella mantiene una relación secreta. Con él se escapa un día. Todos los intentos de Humbert para encontrarlos resultan vanos. Tres años después de la última vez que se vieron, Humbert recibe una carta de Lolita: está casada, espera un hijo y le solicita dinero para trasladarse a Alaska con su marido, un muchacho inofensivo. Es entonces cuando Humbert conoce la identidad de su antiguo perseguidor, Quilty, y lo mata a tiros. Encarcelado, comienza su relato. Hay que leer la novela para poder concebir cómo *Lolita* puede ser todo a la vez: romántica, erótica, cómica, trágica y angustiosa.

La «Lolita» de Humbert es una ficción. La niña que ama el protagonista no existe en la realidad. «Lolita» es una niña totalmente normal —si bien muy bonita— de doce años, llamada Dolores, a quien la

belleza del paisaje le da exactamente lo mismo y cuyo mal gusto adolescente altera los nervios de Humbert. La niña a la que Humbert ha
bautizado como «Lolita» sólo existe en su imaginación y está empa-
rentada con las figuras artísticas de perfección sobrenatural que son
adoradas en la cultura europea desde hace siglos: con las mujeres niñas como → Beatriz y Laura, en cuyo honor escribieron su maravillosa
literatura → Dante y Petrarca.

La verdadera historia de amor de *Lolita* transcurre en el reino de la
ficción. De forma subliminal, *Lolita* es una novela sobre la tradición de
la literatura europea. Nabokov, el hijo de una aristocrática familia rusa
emigrado a Estados Unidos, donde fue profesor de literatura en la universidad, realiza constantes alusiones entre líneas a grandes autores
como Poe, Flaubert, Proust y Joyce. En este campo es donde se asienta
la verdadera historia de amor que se narra en *Lolita:* la novela de Nabokov es una declaración de amor a la literatura europea.

3
POLÍTICA

Cuando en un drama de → Shakespeare un rey es demasiado débil, viejo o frágil en algún sentido, siempre hay alguien —en segunda fila— dispuesto a hacerse con el poder. Así es como Shakespeare expone la ley del poder: el poder nunca está mucho tiempo sin dueño. Si la corona se cae de la cabeza del soberano, no durará demasiado en el suelo. Pronto llegará quien se la coloque sobre su propia cabeza. El problema es si carece de legitimidad para apropiarse del mando. El poder requiere de un espacio en el que estar custodiado.

En los siglos XVI y XVII, el poder cambió tantas veces de dueño en Europa que ya nadie sabía con certeza en qué manos estaba. Francia e Inglaterra fueron devastadas por las guerras civiles y de religión. El caos hizo necesario domesticar el poder. Fue preciso atribuirle un espacio en el que pudiera perdurar. Para ello se creó el Estado moderno, denominación bajo la que se entiende una comunidad que posee el derecho exclusivo de ostentar el poder.

La teoría política moderna nace con el italiano Nicolás Maquiavelo. Si bien éste no desarrolla una teoría del Estado, expone lo que la política realmente representa. Para Maquiavelo, el arte de la política significa una única cosa: conservar el poder. Con esta concepción escandalizó a sus contemporáneos, que esperaban de un soberano determinadas «virtudes» como la inteligencia, el valor o la mesura. Maquiavelo afirma con sensatez que también un soberano inteligente puede ser derrocado. Lo único que cuenta, insiste, es la capacidad de mantenerse en el poder. Así pues, Maquiavelo separa la política de la moral.

Al igual que Maquiavelo, el inglés → Thomas Hobbes había experimentado la anarquía total durante la guerra civil. Su conclusión fue que cuanto más sólido fuese el dominio, tanto mejor, y expuso la teoría que sirvió al absolutismo. En su conocida obra *Leviatán* defendió como un mandato de la razón el que todos los súbditos delegasen sus derechos en el soberano. La diferencia entre la teoría de Hobbes y la práctica de los estados absolutistas que existieron en la historia (como el caso de Francia) es que, para el autor inglés, los súbditos acuerdan — mediante *un contrato*— adoptar esta forma de gobierno. Hasta entonces, la legitimidad del monarca provenía directamente de Dios y, puesto que el rey había sido instituido por la gracia divina, no se le podía derrocar.

→ John Locke fue el primero en desarrollar la idea del pacto de los ciudadanos de una manera aún no superada: concibió la democracia moderna y constitucional. Su obra es deslumbrante. El autor inglés anticipó el concepto de los derechos humanos y previó la división de poderes. Es el padre intelectual de la primera democracia implantada en el mundo: la de los Estados Unidos de América. La proclamación de los derechos democráticos básicos alude a Locke, quien expresó que todos los hombres tienen derecho a la vida, a la libertad y a la propiedad. Los padres fundadores estadounidenses hablaron de *«life, liberty and pursuit of happiness»* («la vida, la libertad y la búsqueda de la felicidad») y colocaron así los cimientos de la productiva alianza entre democracia y capitalismo.

Nicolás Maquiavelo: *El príncipe* (1513)

Por la mañana temprano en Cesena, una ciudad italiana de la región de Emilia-Romagna, la plaza del mercado está tranquila bajo el cálido sol matinal. Pero en el centro de la plaza, un espectáculo terrible se ofrece a los ojos de los ciudadanos. Allí yace muerto el antiguo gobernador Remirro De Orco. Junto a él, un cuchillo ensangrentado con el que han cortado su cuerpo en dos.

Esta acción ha sido ordenada por el duque de la región de Romagna: César Borgia. Él había nombrado a De Orco como gobernador en un momento en que el ducado resultaba prácticamente ingobernable a causa de los levantamientos populares. De Orco había conseguido restablecer la paz y el orden en muy poco tiempo, si bien de una forma tan brutal como para atraer sobre sí el odio de toda la población. Borgia había advertido, entonces, que el pueblo pronto comenzaría a detestarle tanto como a De Orco, a menos que lograra deshacerse de él. Y quiso que la acción sirviera de ejemplo: hizo asesinar a De Orco pública y espantosamente. Esta muerte impresionó a la población, que reaccionó con una mezcla de desagravio y reverencia por Borgia.

Maquiavelo recoge este episodio como paradigma de la actuación política. Para el autor italiano, Borgia es el modelo de príncipe que sabe cómo mantener su poder e incrementarlo. Los postulados de Maquiavelo a favor de un ejercicio frío y despiadado del poder le han granjeado mala fama. El florentino es, hasta nuestros días, sinónimo de la más absoluta falta de moral. Su nombre va unido a conceptos como frialdad en el cálculo, cinismo y conductas despiadadas y carentes del menor escrúpulo. En los Estados Unidos, los candidatos a entrar en una unidad de élite —tras pasar una semana sometidos a diversas pruebas de aptitud, después de arrastrarse por el barro, sin dormir ni comer durante días, sometidos a vejaciones— deben redactar un informe sobre el sentido de *El príncipe* de Maquiavelo. La pregunta que se les plantea es: ¿Qué enseñanzas prácticas puedo extraer para la próxima misión? En el teatro isabelino, un «maquiavélico» suponía la encarnación suprema de un bellaco cuya maldad era imposible de superar. Sin embargo, se malinterpreta a Maquiavelo cuando se afirma que ensalza la tiranía y el modelo de político desalmado. Hay que reconocer, no obstante, que la teoría política de Maquiavelo se caracteriza sobre todo por su frialdad.

Para Maquiavelo la política nada tiene que ver con la moral. Un buen soberano debe ser capaz de actuar como una mala persona. La revolución que Maquiavelo provocó en el pensamiento político se debe a su máxima de que los Estados precisan soberanos fuertes, que puedan garantizar la paz, la seguridad y el bien del país. Extrajo esta enseñanza de los años en que estuvo al servicio del gobierno de la República de Florencia. Allí tuvo la oportunidad de conocer a los seres más poderosos de Italia. Pudo observar el gobierno de cerca. En una época de continuos desórdenes políticos, Maquiavelo reflexionó sobre la fórmula para mantener un poder estable, y coligió que toda acción política debe estar dirigida a la conquista y la conservación del poder. Para este fin, cualquier medio es válido.

Una de las primeras lecciones que debe aprender un príncipe es que *no ha de ser bondadoso* si la situación así lo exige. La conclusión de Maquiavelo era pesimista: actuar de manera *inmoral* es necesario con mucha más frecuencia que lo contrario. «Es preciso entender», escribió Maquiavelo, provocando la consternación de sus contemporáneos, «que un príncipe, al menos el que acceda por primera vez al poder, no debe proceder de acuerdo con lo que la gente considera correcto porque en muchas ocasiones se verá obligado —a fin de asegurar su poder— a actuar en contra de la fidelidad, la misericordia, la compasión y la religión».

En lugar de las virtudes cardinales que la tradición atribuye a un regente, esto es, sabiduría, equidad, valor y templanza, Maquiavelo propone la *virtú* del príncipe, concepto con el que se refiere a una mixtura de pragmatismo, cálculo y realismo. Un príncipe no debe preocuparse por su predicamento: en cualquier caso, es imposible satisfacer a todos. El único crédito que no debe descuidar es el de ser quien sabe mantener el poder. El príncipe no puede pretender ser amado por sus súbditos aunque, de igual manera, ha de evitar —como hizo César Borgia— provocar el odio extremo.

La principal virtud de un príncipe consiste en dominar el arte del disimulo. En este punto es donde Maquiavelo sobrepasa los límites de lo razonable: si bien el soberano ha de ser capaz de actuar sin escrúpulos cuando la situación así lo requiera, no puede permitir que ello transcienda. Debe impedir que lo tachen de malvado o abyecto. Lo más deseable no es que personifique todas las cualidades positivas, pero sí es especialmente importante que *actúe* como si las poseyera.

Aquí se presenta el abismo del mal: el príncipe no sólo debe aprender a obrar de manera inmoral, sino que también ha de esconder su vileza bajo una máscara de suavidad, amabilidad y decencia. En el conocido capítulo dieciocho de *El príncipe*, Maquiavelo compara al soberano con un zorro, que emplea su astucia, y con un león, que muestra su fuerza. El príncipe debe disimular siempre sus acciones: es necesario que sea hipócrita y debe saber mentir, negar y no cumplir con su palabra.

Nada de lo anterior suena precisamente bien. Esperamos otras cualidades de los políticos. Si despojamos de cinismo las ideas de Maquiavelo sobre el obrar de un político pragmático y las disociamos del contexto de la sociedad renacentista, de la que la crueldad era parte de la vida cotidiana, quedan en pie varios pensamientos muy modernos: Maquiavelo afirma que un soberano ha de actuar tomando *distancia de sí mismo*. Es posible que algunas decisiones resuelvan de manera diferente o, incluso, no sean adoptadas, de emplearse otros criterios. En la misma situación, se toman determinaciones diferentes si se actúa desde la posición de un padre o la de un amigo. Sin embargo, como político es necesario someterse a puntos de vista que no deben estar relacionados con preferencias personales. *El príncipe* es el primer intento de mostrar que en el ámbito de la política sólo se adoptan resoluciones *políticas*. Lo único que vale es aquello que permite retener el poder.

En el marco de la literatura, el ejemplo clásico del político moderno que ha aprendido esta lección es el del príncipe Enrique, el personaje de *Enrique IV*, el drama histórico de → Shakespeare. Una conocida escena de la obra es la del final de la segunda parte, en la que el príncipe Enrique, una vez coronado como heredero, reniega de su amigo y antiguo compañero de correrías Falstaff. La actitud de Enrique es inmisericorde, pero altamente profesional. El futuro rey no puede permitirse tener como amigo al disoluto Falstaff. En Maquiavelo desaparece la (in)humanidad detrás de lo político. Por eso resulta tan fría su teoría política.

Maquiavelo realizó una importante aportación: mostró cómo el príncipe puede subyugar e impresionar a sus súbditos utilizando los engaños y el disimulo. Puso de manifiesto cómo *funciona realmente el poder*. Si bien entonces todavía no era moralmente justificable que el príncipe fuera un hipócrita, por lo menos *pudo saberse*. El poder se volvió transparente.

Pese a la modernidad de Maquiavelo (¿o precisamente por ella?), su nombre va unido en la cultura europea a cierta inquietud. Durante la Segunda Guerra Mundial, los capitanes del ejército alemán y del estadounidense declararon *off limits* («fuera de los límites») la finca del autor florentino, de cuatrocientos años de antigüedad. Ambos prohibieron la entrada a la tropas, porque ninguno quería ser responsable de su destrucción. Como si tuvieran miedo de que Maquiavelo pudiera levantarse de su tumba para vengarse.

Thomas Hobbes: *Leviatán* (1651)

Una neblinosa mañana de enero de 1649, el rey inglés Carlos I caminaba apresuradamente por el parque de St. James. Iba tan rápido que sus acompañantes apenas podían seguirlo. Esa mañana, su comitiva no estaba integrada por miembros de la corte, sino por guardianes de la prisión de la Torre de Londres. El rey se dirigía al patíbulo.

El hacha que separó la cabeza del tronco del rey acabó a la vez con una tradición política de siglos de antigüedad. La ejecución de Carlos I demostró a toda Europa que un soberano ya no gozaba de inmunidad. Hasta entonces, había regido el principio de que Dios otorgaba directamente el poder al soberano: el rey era el representante de Dios en la tierra y sólo respondía ante el Altísimo. El regicidio o el derrocamiento se consideraban obras del diablo. La apropiación ilícita del trono se equiparó al fin del mundo. Los sangrientos dramas históricos de → Shakespeare resultan tan terribles porque reflejan una fase de la historia de Inglaterra en la que el orden divino de la sucesión monárquica fue violentamente trastocado.

Pero la ejecución de Carlos I de Inglaterra fue acordada legalmente en nombre del pueblo. Un rey había sido sometido a juicio por primera vez en la historia. Todavía durante el transcurso del juicio, el monarca argumentó que no podía ser juzgado, ya que un rey no podía ser enjuiciado por sus súbditos. No obstante, cincuenta y ocho de los setenta jueces firmaron su condena a muerte. La monarquía fue abolida y en los siguientes trece años, Inglaterra fue gobernada por el Parlamento.

Entretanto, el letrado inglés Thomas Hobbes se hallaba en el exilio, en París, y enseñaba matemáticas al fugitivo hijo del rey. Pero, sobre todo, reflexionaba sobre la mejor forma de gobierno escribiendo uno de los libros políticos más importantes y oscuros de la literatura europea: *Leviatán*.

En el momento de la ejecución de Carlos I, Inglaterra salía de una sangrienta guerra civil. Fueron siete años de incertidumbre en torno a quién pertenecía el poder en el país. Alertado por la experiencia de la guerra civil, Hobbes explicaba en *Leviatán* que un Estado necesita de una autoridad que garantice la paz y el bienestar de sus ciudadanos. Hobbes concibió un soberano todopoderoso con poder ilimitado y, de esta manera, estableció el fundamento teórico del absolutismo. Su soberano era un dios mortal. Sin embargo, su poder no provenía de Dios, sino que le era otorgado por un *contrato* que suscribían sus súbditos entre sí.

El nombre «Leviatán» proviene originariamente del omnipotente monstruo marino que aparece en el Antiguo Testamento (Job, 41). Hobbes designa al Estado con ese nombre. Su teoría política se basa en una hipótesis básica que resulta hoy tan deprimente como lo fue para sus contemporáneos, hace ahora trescientos cincuenta años. Para Hobbes, el hombre no es un ser intelectual, sino un autómata.

El ser humano de Hobbes no es muy diferente a una máquina que se mantiene en movimiento, esto es, con vida, sólo por el impulso de autoconservación. De acuerdo con Hobbes, el hombre no aspira a elevarse, a la bondad o a Dios. Los movimientos de un autómata (el hombre) sólo están dirigidos a lograr su propia actividad. El hombre es, por naturaleza, un ser instintivo que carece de libre voluntad. Dado que sólo está interesado en su propia conservación, actúa impulsado exclusivamente por la posibilidad de obtener alguna ventaja para él y está siempre dispuesto a enfrentarse a otros para conseguir los bienes escasos. En el peor de los escenarios imaginables, las condiciones de la naturaleza, la vida sería una guerra de todos contra todos: una lucha solitaria, pobre, brutal, salvaje y breve.

Los hombres pueden, sin embargo, evitar estas miserias, si atienden a su razón y se unen fundando un Estado. Para poder disfrutar de una existencia segura y pacífica pactan entre sí un contrato social, en virtud del cual traspasan todos sus derechos y reivindicaciones de poder a una única instancia, el dios mortal Leviatán. La condición para ello es que *todos* los súbditos, sin excepción, deben aceptar someterse a su autoridad. Con el acto fundacional del Estado, los súbditos transfieren su voluntad al soberano. A partir de ese momento, dejan de poseer derechos, están obligados a la obediencia absoluta. El poder del soberano es ilimitado. Uno de los aspectos más inquietantes del planteamiento de Hobbes es que si bien los ciudadanos se someten contractualmente a plegarse a su rey sin reservas, éste no se obliga por contrato alguno con sus súbditos. La argumentación del autor es tan ingeniosa como desasosegante en este punto, ya que si el soberano no está vinculado por ningún pacto, tampoco tendrá ocasión de romperlo.

Hobbes representa al Estado como un enorme hombre artificial. El grabado de cobre de la primera edición de la obra muestra al Leviatán como un gigante con corona, que sostiene un cetro y una espada que se alzan sobre el horizonte de un paisaje que parece de juguete. Su cuerpo está formado por innumerables hombres diminutos. Esta representación del *cuerpo del Estado* era común: desde la Antigüedad se había comparado al Estado con el cuerpo humano. Hasta el siglo XVII fue frecuente establecer un paralelismo entre los órganos y las funciones del Estado y los órganos del hombre. En el Leviatán, la soberanía del rey corresponde a su alma; el derecho y la ley, a su voluntad; las penas y los premios, a los nervios y los tendones; sus consejeros, a su memoria; los espías y los enviados, a sus ojos y orejas; la policía, a sus manos; las agrupaciones legales, a sus músculos; la circulación del dinero a la circulación sanguínea; la riqueza, a su fuerza; la economía, a su sustento; los impuestos, a su ingesta de alimentos; la actividad legislativa, a su pensamiento; las colonias, a su descendencia y la guerra civil, a la muerte. Esta metáfora sigue presente en el lenguaje actual cuando se dice que todos los miembros del cuerpo estatal obedecen al líder que está a la cabeza.

Las tesis de Hobbes desataron el horror de todos los sectores políticos y religiosos: a los partidarios del Parlamento les desagradaba la idea de un soberano absoluto; para los monárquicos, la idea de un contrato social era como una espina clavada; la Iglesia se irritó por la concepción del hombre como un animal y le tachó de ateo; y los puritanos observaron con disgusto su falta de sentido de la moral pública. Por eso, no resulta extraño que se culpase a Hobbes de las dos tragedias acaecidas en Londres: la epidemia de peste que estalló en 1665 y el incendio que asoló la ciudad un año después. Ambas fueron consideradas el castigo de Dios por ese escrito blasfemo: *Leviatán.*

John Locke: *Segundo tratado sobre el gobierno civil* (1689)

Leer a Locke es como dar con un rostro conocido tras una larga caminata jalonada de encuentros con personas interesantes pero, de algún modo, extrañas. Locke representa el sentido común de los ingleses y el uso de la razón en los espíritus de la Ilustración. Es el padre del Estado moderno, liberal y democrático. Fue pionero en cuestiones de derechos humanos y teorizó sobre la libertad de expresión y la tolerancia. Con el autor inglés se disiparon las oscuras nubes que se cernían sobre → Maquiavelo y → Hobbes, se aclaró el cielo, y el sol volvió a brillar.

John Locke, hijo de abogado, recibió una educación clásica y se formó en Oxford. Aburrido del programa de estudios habitual, que comprendía retórica, griego, filosofía moral, geometría y gramática, se inscribió en los estudios de medicina y ciencias naturales. A los treinta y cinco años, en 1666, vivió un decisivo encuentro con un relevante hombre de Estado y miembro de la aristocracia inglesa: el sagaz librepensador Lord Anthony Ashley Cooper (que ostentaba el título de primer conde de Shaftesbury). El conde desempeñaba un importante cargo en la corte del rey inglés Carlos II, quien siendo niño había recibido en París clases de matemáticas impartidas por Hobbes y había llegado al trono en 1660. Shaftesbury era el líder del partido de los *whigs*, la agrupación liberal y republicana del país, contraria a los monárquicos *tories*, que defendían el absolutismo y el derecho divino de los reyes.

Shaftesbury y Locke se dieron cuenta de que compartían convicciones políticas: ambos eran partidarios de la monarquía constitucional, del poder del parlamento, de la tolerancia religiosa y de la libertad de expresión. Gracias a Shaftesbury, Locke conoció la importancia del papel económico que Inglaterra desarrollaba en las colonias. Locke se convirtió en el médico de cabecera de Shaftesbury y salvó la vida a su noble amigo después de una complicada intervención de hígado. El médico se mudó a la propiedad de Shaftesbury en Londres y, de esta manera, tuvo acceso al centro político e intelectual de Inglaterra.

La amistad entre el brillante político Shaftesbury y su erudito consejero Locke se afianzó en un momento en el que Inglaterra se vio sacudida por dramáticos acontecimientos políticos. En 1681, Shaftesbury, acusado de alta traición, fue encarcelado en la Torre de Londres. Aunque resultó absuelto en el juicio, su vida corría peligro en Inglaterra. Se exilió en Holanda, país al que le siguió Locke. Fue allí donde el autor escribió dos de las obras más importantes de la Ilustración europea: *Ensayo sobre el entendimiento humano* (*An Essay concerning Human Understanding*) y *Dos tratados sobre el gobierno civil* (*Two Treatises on Goverment*).

La historia ha reservado un lugar preeminente al segundo de los *Dos tratados sobre el gobierno civil*, obra en la que Locke estableció los fundamentos del Estado constitucional moderno. En el primer tratado, el autor rebate las tesis sobre la legitimidad de la soberanía derivada de la gracia divina y del absolutismo. El segundo contiene la teoría política de Locke, que defiende los siguientes puntos:

1. Todos los hombres son libres e iguales por naturaleza y tienen, por ello, el mismo estatus político, aunque se diferencien clara-

mente por su posición social o sus propiedades. (Locke anuncia la libertad y la igualdad de todos los hombres).

2. Cada persona tiene derecho a su libertad, a la vida y a la propiedad, y debe respetar estos derechos en los demás. (Locke formula la idea de los derechos humanos).

3. Los hombres se asocian formando una comunidad que decide sobre su gobierno. (Locke distingue entre sociedad y Estado).

4. Un gobierno será legítimo sólo si goza del apoyo de la mayoría. (Locke allana el camino a la democracia constitucional).

5. El poder del Estado se divide en legislativo y ejecutivo. (Locke impulsa la división de poderes).

6. El poder legislativo radica, en última instancia, en el pueblo. (Locke es el precursor de la soberanía popular).

7. Los ciudadanos tienen el derecho de rebelarse contra el gobierno si éste hace mal uso de su poder. (Locke legitima la revolución).

8. El debate político debe ser público y todos pueden participar en el mismo. Para ello es necesario garantizar la libertad de expresión. (Locke alienta el carácter público de la política y la controversia constructiva de dos o más partidos).

9. La Iglesia y el Estado deben separarse. Existe tolerancia religiosa. (Locke declara que la conciencia es una cuestión privada que no compete al Estado).

Al igual que Hobbes, Locke parte del estado natural. Pero mientras que, según Hobbes, en ese estado los hombres pelearían entre sí, Locke considera que los hombres son criaturas inteligentes y tolerantes. En el estado natural de Locke, no sólo reina la libertad y la igualdad, sino que todos tienen derecho a la propiedad privada. Este último derecho ocupa un lugar central en la teoría de Locke. Privar a alguien de su propiedad equivale a arrebatarle su libertad. Esta aseveración resuena a las proclamas de comerciantes y empresarios. Por esta razón, la teoría de Locke se ajusta de maravillas a la sociedad burguesa.

La comunidad decide, por decisión de la mayoría, qué forma de gobierno desea darse. Puede ser una monarquía constitucional o una democracia. El ideal de Locke es una monarquía liberal y constitucional. En cualquier caso, la decisión es siempre un acto democrático, puesto que se adopta por mayoría. De esta manera, se funda el Estado. La comunidad y el gobierno quedan unidos contractualmente. El gobierno está obligado a defender los derechos de sus ciudadanos y éstos, a su vez, deben cumplir las leyes. En un tiempo en el que, de hecho, la mayor parte de la población no participaba en las decisiones políticas, Locke introduce el concepto del consentimiento tácito (*tacit consent*) para explicar cómo pueden adoptarse decisiones por mayoría sin que ésta vote realmente. (La población con derecho a voto sólo incluía a los hombres mayores de edad que tuvieran alguna propiedad. Otra posibilidad resultaba inimaginable en el siglo XVII.)

A continuación, Locke se ocupa de la cuestión del reparto del poder en el Estado. En este punto desarrolla su célebre doctrina de la división de poderes. El poder legislativo es el más importante, puesto que de él emanan las leyes que rigen el Estado. Los miembros del poder legislativo (el Parlamento) son los representantes de los ciudadanos y encarnan la voluntad del pueblo. Locke considera un gran peligro que las mismas personas ejecuten las leyes por ellas promulgadas. Eludirlas no hubiera resultado complicado para ellos. De ahí que se precise una segunda instancia para velar por su cumplimiento: el poder ejecutivo (el rey y los ministros). (El autor francés Montesquieu añadió el tercer poder, el judicial, en su obra *De l'esprit des lois* (*El espíritu de las leyes*), de 1748.)

Al final del *Segundo tratado*, Locke fundamenta el derecho a la resistencia y a la revolución. Los ciudadanos han delegado su soberanía en una asamblea (el poder legislativo) confiando en que observe sus intereses. Pero si su confianza es traicionada, el pueblo tiene derecho a instaurar un nuevo poder legislativo. De esta manera, el pueblo nunca renuncia completamente a su soberanía. La soberanía popular otorga al pueblo el derecho a derrocar al gobierno, incluso con violencia, esto es, mediante una revolución.

Los dos tratados de Locke constituyen un impresionante ejemplo de cómo la teoría y la realidad se influyen mutuamente. La «Gloriosa Revolución» de 1688 transformó Inglaterra en una monarquía constitucional mediante un golpe pacífico: varios renombrados dirigentes (entre ellos, el propio Locke) solicitaron ayuda a Guillermo de Orange, yerno del monarca en funciones Jacobo II, y le instaron a ocupar el trono. Desde Holanda, Guillermo atravesó con su flota el Canal de la Mancha, arribó al sur del país y se dirigió a Londres. Ante semejante despliegue, Jacobo se dispuso a huir, no sin antes arrojar al Támesis el símbolo de la legitimidad del rey, el «gran sello». Es probable que, con este acto, Jacobo pretendiese impedir que su sucesor gozara de legitimidad. Sea como fuese, el hundimiento del sello real en el agua resultó una metáfora de la transformación política que se avecinaba en Europa.

Inglaterra fue la primera monarquía constitucional del mundo. A partir de entonces, la legitimidad del monarca derivó de un contrato (es decir, de la Constitución). Este pacto obligaba tanto al soberano como a sus súbditos. El contrato aseguraba al Parlamento libremente elegido el ejercicio de la función legislativa y atribuía al rey el poder ejecutivo. También garantizaba la libertad de expresión y de prensa, así como la tolerancia religiosa. Cuando en 1776 se redactó la Declaración de Independencia de los Estados Unidos y, con ella, se dio el paso decisivo para la instauración de la primera democracia moderna en el mundo, se usaron casi literalmente algunas formulaciones de Locke.

Locke regresó del exilio a Inglaterra. Al final de su vida fue un hombre célebre. Su nombre está asociado a conceptos como liberalidad, tolerancia y libertad ciudadana. Una conocida aristócrata le calificó como «el mejor hombre de este mundo». Ningún ilustrado de la Europa del siglo XVIII la hubiera contradicho.

Jean-Jacques Rousseau: *El contrato social* (1762)

En el siglo XVIII, toda Europa parecía haberse contagiado con la fiebre de Rousseau: se erigían monumentos al pensador, se celebraban fiestas en su honor y se componían himnos. Incluso la reina francesa, María Antonieta, descubrió la vida en armonía con la naturaleza imaginándose a sí misma como una madre que amamantaba a sus hijos. Esto sucedía en una época en la que ninguna mujer de la aristocracia hubiera considerado ni por un momento la posibilidad de dar el pecho. Sólo tras Rousseau se consideró aceptable un comportamiento semejante. La reina francesa llegó a tener la encantadora ocurrencia de ofrecer a sus huéspedes, en los jardines de Versalles, leche servida en tazas con la forma de sus pechos. Y poseída de tal manera por un espíritu acorde con las enseñanzas del filósofo, peregrinó a la tumba del célebre ciudadano de Ginebra. Probablemente no lo habría hecho, de saber entonces que muchos años después le cortarían la cabeza y que sus jueces estarían igualmente inspirados por el pensamiento del ginebrino.

Rousseau es uno de los descubridores del sentimiento y de la vida en armonía con la naturaleza. Por otro lado, también es uno de los padres de la democracia. Su escrito político *Contrat Social (El contrato social)* se convirtió en un credo para los líderes de la Revolución Francesa.

Rousseau, que ya no vivía cuando estalló la Revolución, nunca hubiera promovido una revuelta —a su juicio, una rebelión era algo que había que evitar—. Pero fue en su obra donde los revolucionarios leyeron consignas como libertad, igualdad y voluntad general *(volonté générale)*. En cierto modo, Rousseau fue el ideólogo involuntario de la Revolución Francesa.

«El hombre ha nacido libre y, sin embargo, vive encadenado en todas partes». Éstas son las conocidas palabras con las que comienza *El contrato social*. Desde finales del siglo XVIII, los revolucionarios las han escrito con gusto en sus estandartes. Fueron el toque de clarín que anunció la Revolución Francesa. El espectáculo dio comienzo en los jardines del Palacio Real: un ciudadano de París describe a sus oyentes un nuevo futuro con brillantes colores. El orador habla de libertad, igualdad y fraternidad *(Liberté, égalité, fraternité)*. También se refiere al cercano fin de la monarquía en Europa e indica que pronto será el propio pueblo el que dirija el Estado. El que así habla, con seguridad ha leído a Rousseau. De repente, saca un par de pistolas. Dispara al aire y exclama: «¡A las armas!». El pueblo de París se aglomera y asalta la Bastilla, la cárcel de prisioneros políticos y símbolo de la falta de libertad política. Es el 14 de julio de 1789. La Revolución ha comenzado. (Al parecer, catorce días antes, el → Marqués de Sade, encerrado en la Bastilla había gritado desde su ventana que los prisioneros estaban siendo estrangulados, pedía que les liberaran). Cinco años más tarde, por segunda vez en la historia de Europa, el pueblo ejecutaba a su rey. Luis XVI está muerto. ¡Viva el «nuevo hombre» de la república! Este nuevo hombre es un ciudadano. Es soberano y súbdito a la vez, porque el poder pertenece al pueblo. Reina la libertad y la igualdad. La ley es la expresión de la voluntad general *(volonté générale)*. Todas estas ideas proceden del *Contrato social* de Rousseau.

Igual que sus dos predecesores, → Hobbes y → Locke, Rousseau construye su teoría política a partir del estado natural del hombre. Pero Rousseau no concibe al hombre como un animal, como Hobbes, ni como un ser racional, según Locke, sino como una criatura moral. «El hombre es bueno por naturaleza» es la fórmula que lo expresa y que, por cierto, nunca fue expresada en esos términos por Rousseau. El hombre es sincero, compasivo, sensible e ingenuo. Se rige por sus sentimientos. El ideal de Rousseau es el salvaje que no ha sido corrompido por la civilización. La sociedad corrompe al ser humano obligándole a cultivar todo tipo de cualidades negativas, como la hipocresía, la competitividad, la envidia y la rivalidad. El esquema básico de este argumento lo toma prestado del cristianismo: la naturaleza es el paraíso perdido en el que los hombres viven con inocencia; el pecado original fue su socialización, lo que les convirtió en malvados. Pero en vez de prescribir rezos, como hace la Iglesia, Rousseau recomienda una honesta educación, cercana a la naturaleza (→ *Emilio)* y la instauración de una república.

La república se asienta en dos columnas: la soberanía del pueblo y la legitimación del derecho a través de la voluntad general. Como en Hobbes y Locke, el momento de la fundación del Estado surge de un contrato social. A través de éste, el individuo entrega sus bienes, su persona, su vida y su poder a la comunidad. Pero no cede su libertad ni su soberanía (como sucedía con el súbdito de → *Leviatán* de Hobbes). Al contrario, el particular vuelve a encontrar su libertad y sus derechos con una calidad superior en la comunidad. En otras palabras, el individuo abandona sus intereses privados para conseguir su protección dentro de la comunidad. El ciudadano es, en una sola persona, el soberano que dicta las leyes y el súbdito que las acata. Hasta aquí resulta fácil considerar a Rousseau un representante de convicciones liberales y democráticas: sostiene que los intereses de los particulares están mejor salvaguardados en la comunidad que él mismo representa. Pero la teoría de Rousseau muestra otro aspecto, en todo opuesto a la democracia.

La piedra angular de la teoría de Rousseau es la *volonté générale:* la voluntad colectiva de la comunidad. Una cuestión especialmente complicada que ha permitido que el ginebrino no sólo aparezca como el padre del Estado liberal sino también de lo contrario, la dictadura del pueblo. La voluntad general es un poder autónomo, el propósito del pueblo. Rousseau no creía en los diputados, ni en los partidos, ni en la oposición. En vez de un debate entre partidos políticos (como propone Locke), presenta el concepto de una enigmática voluntad colectiva que siempre sabe cuál es el bien común.

Resulta obvio que este planteamiento origina problemas. ¿Qué sucede cuando un ciudadano se aparta de la voluntad general? Por el bien del Estado y de su propia persona debería someterse a la misma. En caso necesario, debe ser forzado a ello, porque, como escribió Rousseau: «Esto significa que será obligado a ser libre».

La idea de Rousseau de una gran comunidad en la que todos están de acuerdo es, en el mejor de los casos, una utopía de felicidad colectiva. El peor escenario lo constituye, en cambio, un Estado totalitario en el que, en función de la máxima «el partido siempre tiene razón», se decida lo que es bueno y lo que no lo es.

El primer intento de hacer realidad la idea de la voluntad general tuvo muy mal final. Robespierre, el líder de los jacobinos durante la Revolución Francesa, era seguidor de Rousseau. Son tristemente célebres sus «fiestas revolucionarias», espectáculos gigantescos en los que se ponía en escena la *volonté générale*. En medio de un paisaje artificial de colinas, rocas, grutas y árboles, se ofrecían representaciones en honor de la república con coros jubilosos, incienso y niños flores. En la «Fiesta del Ser Supremo y de la Naturaleza», celebrada en junio de 1794, el propio Robespierre apareció rústicamente ataviado con una chaqueta de color azul, como una flor, y con un ramo de espigas en la mano. Bastante más dañina que estas fiestas fue la dictadura de la virtud que instauró Robespierre y que costó la cabeza a casi toda la aristocracia francesa. Aquél que mostrara el más leve signo de oposición era decapitado por la guillotina.

Aunque no lo parezca a simple vista, la *volonté générale* contiene el germen de un régimen totalitario. Si se dispone de cierta destreza discursiva, la noción puede ser utilizada para legitimar la delirante idea de que el líder —sea Robespierre, Stalin o Hitler — o el partido encarnan la voluntad de todo el pueblo. Las ideas de Rousseau de un romanticismo agrario, de felicidad y de voluntad general no son totalmente inocuas.

Es preciso aclarar que Rousseau no fue partidario de los regímenes totalitarios. Sin embargo, su concepto de la *volonté générale* resulta ser una construcción de interpretación tan problemática que, a la postre, permite conectar a Rousseau con ideas totalmente opuestas, desde las dictaduras plebiscitarias a la libertad y la soberanía del pueblo.

Alexis de Tocqueville: *La democracia en América* (1835 y 1840)

El gran teórico de la democracia de masas, Alexis de Tocqueville, provenía de la aristocracia francesa. La mayor parte de su familia había perdido la vida en la guillotina durante el gobierno del terror de Robespierre. Los padres de Tocqueville pertenecían a esos miles de prisioneros que, día tras día, durante meses, temieron escuchar sus nombres en las listas de condenados que leían los oficiales de justicia cuando se abrían las puertas de la prisión. De hecho, ya se había firmado la sentencia capital contra el padre de Tocqueville cuando fue derrocado Robespierre, y con él, abolido su reinado del terror (*La grande terreur*).

Cuando nació Tocqueville habían transcurrido once años desde el fin del dominio de Robespierre y Francia era gobernada por Napoleón Bonaparte. Alexis creció con todos los privilegios de un joven aristócrata en las propiedades de su familia. Pero el capítulo más terrible de la historia francesa, que se cobró la vida de la mayor parte de su familia, estuvo continuamente presente ante él, reflejado en los blancos cabellos de su padre que, a los veintidós años, ya tenía canas.

Alexis de Tocqueville se convirtió en juez, pero sus preferencias se inclinaban hacia la política. A los veinticinco años, junto con su amigo Gustave de Beaumont, decidió convertirse en un experto en la democracia estadounidense, para lo cual tuvo que viajar al Nuevo mundo (que en 1831 significaba sólo los veinticinco estados del este que todavía lindaban con el «salvaje oeste»). Tras mucho esfuerzo, los dos amigos lograron una razón que justificase su expedición: oficialmente, viajaron como inspectores para examinar el moderno sistema penitenciario de los Estados Unidos, del que presumiblemente podría aprender Francia. Los aristócratas franceses viajaron durante diez meses por los territorios de la joven democracia: desde Nueva York a los lagos del norte y después hacia el sur hasta alcanzar Nueva Orleans. Recorrieron doce mil kilómetros y conversaron con varios políticos, entre ellos, el antiguo presidente John Quincy Adams. Conocieron a personas influyentes y a sencillos pioneros, atravesaron tierras despobladas en compañía de un indio, vivieron el naufragio de un barco en el helado río Ohio, observaron la esclavitud en los Estados del sur y, pro forma, inspeccionaron también algunas prisiones. Pero, sobre todo, anotaron todas la impresiones e informaciones que obtuvieron de su periplo por esa sociedad democrática.

Las primeras observaciones de Tocqueville resultan totalmente confusas: en los Estados Unidos todos son *iguales* y *diferentes* a la vez. La sociedad que se encuentra el autor carece de tradición, de historia y de aristocracia. Parece que todo el espectro social pertenece a la clase media; naturalmente hay pobres y ricos, pero éstos apenas representan un pequeño papel en el conjunto general. Incluso el gobierno tiene trazas de estar en manos de talentos mediocres, puesto que las élites dirigen sus capacidades a otros ámbitos. Hay poco que destacar sobre la sociedad en su conjunto. A la vez, predomina un pronunciado individualismo: el particular vive de forma independiente, sin ataduras sociales, y en sus decisiones está obligado sobre todo ante sí mismo (algo que resulta muy diferente de la sociedad europea del siglo XIX, en la que el origen familiar determina todavía la mayor parte de las vida de las personas).

Todos los estadounidenses coinciden en su afán de éxito. Las primeras palabras que escucha Tocqueville son: «How is business?», cuya traducción literal es «¿Qué tal los negocios?», pero que realmente significa «¿Qué tal va todo?». El vástago de una familia aristocrática observa fascinado que en la sociedad estadounidense existe realmente la igualdad. El hombre más humilde puede estrechar la mano del hombre más influyente. Casi parecería que no existen diferencias sociales, ya que ni siquiera el dinero provoca una distancia real: el que hoy es pobre, mañana puede ser rico y viceversa. Tocqueville, en cuya patria las demandas de libertad e igualdad acabaron en despotismo y tiranía, está maravillado de su observación: ¡en los Estados Unidos, libertad e igualdad no se excluyen mutuamente! La soberanía está en manos del pueblo (¡pueden votar incluso los pobres de solemnidad!) y en todos las esferas privadas en las que las decisiones afectan solamente al propio individuo, cada uno es dueño de sí mismo. Ahora bien, cuando conoce la realidad de los indios y de los esclavos, entiende que la igualdad también tiene límites en los Estados Unidos: el color de la piel.

A su vuelta a Francia, Tocqueville comienza su gran obra en dos tomos sobre la democracia en América. En ellos expone el sistema político de los Estados Unidos, que hasta entonces no había sido realmente comprendido en Europa. En el primer volumen describe las peculiaridades de la Constitución y de las instituciones políticas y explica su funcionamiento. En el segundo tomo expone la influencia que tiene la democracia sobre la forma de pensar y de actuar del pueblo. Tocqueville muestra un cuadro general de la sociedad, sin limitarse a tratar la constitución del Estado o el contrato social. A diferencia de → Hobbes, de → Locke y de → Rousseau, Tocqueville no desarrolla una teoría prescriptiva universal; por el contrario, el autor presenta una descripción exacta de la sociedad y se cuestiona cómo puede funcionar, en esas circunstancias concretas, el sistema político de esta sociedad, esto es, la democracia. De esta manera, Tocqueville crea la metodología de la moderna ciencia política, según la cual toda la estructura de una sociedad es relevante a la hora de elaborar teorías sobre las relaciones políticas. La primera edición del primer tomo del ensayo se agotó a poco de ser publicado. Políticos de izquierda y de derecha expresaron su entusiasmo. Con treinta años, Tocqueville se convirtió rápidamente en un hombre célebre.

Tocqueville predijo el impulso irresistible que tendría la democracia en Europa. Gracias a su experiencia en los Estados Unidos, pudo demostrar que una democracia igualitaria puede funcionar. Aclaró a los conservadores europeos que «democracia» no equivalía a «anarquía». No obstante, también explicó que ciertas condiciones son necesarias para que una democracia tenga éxito. Concretamente: un nivel educativo semejante en todas las capas sociales, igualdad de oportunidades, libertad de opinión y protección de la propiedad privada. Él halló estas condiciones en los Estados Unidos.

Tocqueville sorprende por la clarividencia con la que aprehendió los mecanismos de una sociedad democrática, tras sólo diez meses de residencia. El autor analiza el gobierno más moderno y potencialmente más exitoso del mundo, pero también pone de manifiesto los puntos neurálgicos de la democracia de masas. Muchas de sus observaciones mantienen su vigencia: ¿Cuál es el papel real de los ciudadanos en una democracia? ¿Cuánta libertad otorga la opinión de la mayoría al individuo en una sociedad de masas? ¿Qué desviaciones son admisibles en una sociedad de masas en la que las diferencias se igualan?

Uno de los puntos débiles de la democracia de masas es, de acuerdo con Tocqueville, que ésta contiene dentro de sí los presupuestos para crear una sociedad apolítica. Si todos son iguales y el dinero es el único medio de diferenciación personal, es fácil que el interés principal de los ciudadanos se dirija a asegurar su posición social mediante la propiedad. De esta manera, los ciudadanos dedicarán su atención sólo a la esfera privada, descuidando la política, que es confiada a los líderes. Esta retirada latente de los ciudadanos de la vida pública origina, en opinión de Tocqueville, el riesgo de crear un *despotismo democrático*, en el que el gobierno tutela al pueblo. Mientras que la mayoría de sus contemporáneos temían el sistema democrático, porque creían que allanaba el camino a la rebelión de las masas y, con ello, a la revolución, Tocqueville demostró que era mucho más probable que sucediera todo lo contrario. El peligro no reside en que los ciudadanos de una democracia se conviertan en una turba que pretende mejorar la sociedad utilizando métodos violentos, sino en que se generalice la apatía política.

Tocqueville opina que la mayor amenaza para la democracia radica en que la igualdad socave la libertad. Es decir, la posibilidad de que la opinión de los particulares y de los que piensan de manera diferente sea víctima de la presión de la conformidad. Tocqueville hablaba de la «tiranía de la mayoría» y consideraba que los Estados Unidos eran la nación cuyos ciudadanos gozaban de menor independencia intelectual. La tiranía de la mayoría pone en peligro la democracia, porque amenaza uno de sus presupuestos políticos básicos: la conciencia de la libertad individual. El que permanezca dentro de los márgenes permitidos por la opinión mayoritaria puede actuar con libertad. Sin embargo, el que se aparte de ellos, si bien no ha de temer una represión estatal, sí se enfrenta a la presión moral del despotismo de la mayoría. Aunque no acabe en prisión, se sitúa fuera de la sociedad.

El tema de la libertad del individuo fue tratado pocos años más tarde por el inglés → John Stuart Mill, que escribió un alegato *On Liberty*, (*Sobre la libertad*, 1859) acerca del derecho a la diferencia (a pensar de manera distinta y a la excentricidad) de los particulares en la sociedad de masas moderna.

Tocqueville consideraba que el poder ilimitado de la mayoría era especialmente peligroso cuando iba unido a la mediocridad. Había observado que la democracia abría las puertas a los talentos más corrientes. Con este sistema, hombres ambiciosos, aunque no especialmente inteligentes, tienen la oportunidad de conectar con las masas mediante lemas electorales sencillos. Por el contrario, personalidades extraordinarias no tienen, por lo general, posibilidades de ser elegidas, porque la gran mayoría ni siquiera las entiende. El déficit de personas especialmente dotadas en las filas de la dirección política conlleva un riesgo enorme: permite la acción de demagogos y oradores carismáticos que pueden alcanzar el favor del pueblo con meras promesas. La «toma de poder» de Hitler y la instauración de una dictadura plebiscitaria en los años treinta a partir de las condiciones de la democracia de la República de Weimar dieron la razón a Tocqueville de la manera más funesta.

El autor, que, por cierto, también predijo que Estados Unidos y Rusia serían las potencias del futuro, consideraba que la democracia no era la mejor forma de gobierno, pero sí la *única posible*. Aunque no creía que la democracia fuera perfecta, seguía pensando que, con todos sus defectos, era la mejor de las posibilidades.

Karl Marx y Friedrich Engels:
El manifiesto del partido comunista (1848)

En los comercios de las grandes ciudades, en los que la juventud se aprovisiona de los accesorios más modernos para su supervivencia estética, se pueden comprar unos bolsos de plástico brillante. Se trata de unos recipientes muy prácticos y elaborados, que cuentan con un bolsillo exterior para el móvil y ocho compartimentos interiores para las tarjetas electrónicas y de crédito. Están fabricados en Indonesia y cuestan setenta y dos euros. Hay dos modelos: uno rojo, con el emblema de la hoz y el martillo en negro, y otro gris, con el mismo emblema en rojo. Hay lugar para muchas cosas en su interior, pero es poco probable encontrar entre ellas el pequeño volumen de cincuenta páginas que anteriormente fuera uno de los libros de culto de la juventud: *El manifiesto del partido comunista.* Marx está fuera.

En su origen, el manifiesto comunista fue un encargo de la Liga de los comunistas, que encomendaron a Marx y a Engels la redacción de los principios del comunismo en un documento. Después de ser publicado en Inglaterra, el texto apareció en toda Europa en varios idiomas: alemán, inglés, francés, italiano, flamenco, danés y ruso.

«Un fantasma recorre Europa: el fantasma del comunismo». Estas son las conocidas palabras con las que comienza el manifiesto. Marx y Engels expresan lo que tiene que decir este fantasma. Comienzan por una exposición de su teoría histórica. De acuerdo con los autores, la historia es una continua lucha de clases que se caracteriza siempre por la relación entre opresor y oprimido. En el presente (el discurso data de mediados del siglo XIX) sólo subsisten dos clases sociales: la burguesía y el proletariado.

Marx y Engels exponen cual será el papel histórico y futuro del proletariado. En los últimos siglos, la burguesía ha logrado liberarse de la nobleza feudal, aunque con el constante aumento del capitalismo ha cavado su propia tumba: «Pero la burguesía no sólo ha forjado las armas que habrán de darle muerte, también ha producido a los hombres que empuñarán esas armas: los obreros modernos, los proletarios». El capitalismo empuja a los trabajadores a la penuria económica y —lo que es aún peor— a una existencia que poco tiene que ver con la naturaleza humana. El trabajador se convierte en un «apéndice de la máquina» y, a cambio, no obtiene el valor de su trabajo, sino un salario que apenas asegura el mínimo necesario para la supervivencia. Cuanto menos demandada sea su habilidad y destreza y más se convierta el obrero en un mero instrumento de producción, más se «aliena» con su trabajo, transformándose en una simple máquina que vive una existencia *inhumana,* en el sentido más literal del término.

Esta «alienación humana» resulta, a la larga, tan insoportable, que impulsa al proletariado a liberarse. Así se justifica el papel revolucionario de los trabajadores. Desde otra perspectiva, con esa liberación el proletariado cumple con su significado histórico universal, ya que es la clase capaz de fundar una nueva sociedad. La revolución obrera liberará a toda la humanidad de su existencia alienada. (Dado que también la burguesía está enajenada, aunque no lo advierta debido a que posee los medios para vivir una vida cómoda).

En la segunda parte del *Manifiesto,* Marx y Engels señalan los objetivos del partido comunista: 1. Derrocamiento de la burguesía y conquista del poder por el proletariado; 2. Abolición de la propiedad privada; 3. Supresión de las libertades burguesas; 4. Supresión de la familia como institución educativa; 5. Abolición de la nación; 6. Supresión de la religión y de la moral; y el fin último: abolición de las clases. «¡Proletarios de todos los países, uníos!». Ésta es la conocida exhortación con la que finaliza el manifiesto. Hoy se extingue en un clamoroso silencio.

John Stuart Mill: *Sobre la libertad* (1859)

John Stuart Mill tenía tres años cuando aprendió griego. A los cinco, leía clásicos de la historia de varios tomos. Con seis, dominaba los fundamentos de la geometría y del álgebra. Con siete, leía a Platón en su idioma original. A los ocho empezó a estudiar latín y a dar clases a sus hermanos más pequeños. Con diez, leyó la obra *Principia Mathematica* de Newton y escribió su primer libro sobre los principios básicos del gobierno romano. A los doce estudió lógica y leyó a Aristóteles. Con trece años se dedicó a la economía política y a la obra de → Adam Smith, *Investigación sobre la naturaleza y las causas de la riqueza de las naciones.* A los catorce años viajó a Francia durante un año, aprendió francés, química y botánica y tomó apuntes sobre la cultura del país. Ya había leído a los filósofos de la Ilustración a los dieciséis. Entretanto, alternaba, en compañía de su padre, con los más importantes teóricos sociales de su tiempo, entre ellos, David Ricardo y Jeremy Bentham. Con diecisiete años se convirtió en funcionario de la Compañía de las Indias Orientales mientras publicaba artículos relativos a la mejora de la sociedad. A los veinte sucumbió a una fuerte depresión.

La educación de John Stuart Mill es la más célebre de la Inglaterra victoriana. Su padre estaba convencido de que la inteligencia no era congénita, sino que se podía desarrollar. Para probar su teoría usó a su hijo mayor como conejillo de Indias. «Nunca fui un niño, nunca jugué al críquet, hubiera sido mejor que la naturaleza hubiera seguido su camino», afirmó tristemente Mill en una ocasión. Algunos años más tarde y algo más sereno, escribió en su conocida *Autobiografía* que él era el mejor ejemplo de que los niños pueden aprender a partir de cierta edad cuestiones difíciles que normalmente no se les enseña.

Al final de su juventud, en la que careció de amigos, repentinamente se percató de que no se había desarrollado emocionalmente. Se preguntó sobre lo que sentiría si lograse alcanzar todos sus objetivos, si se implantasen todas las reformas sociales que defendía. La respuesta fue: nada en absoluto. Con veinte años, se percató de que nada le llenaba de orgullo o de satisfacción, que nunca había sido amado o había amado a alguien, y que, en el fondo, no existía ninguna razón por la que valiese la pena vivir.

Entonces Mill leyó poesía de amor. Superó su depresión y encontró a su gran amor: Harriet Taylor, una mujer casada y madre de tres hijos. Sorprendentemente, su marido, John Taylor, reaccionó con una generosidad singular costeando a su mujer viajes al extranjero que ella emprendía con Mill. Además, les alquiló una casa de campo en la que ambos podían verse los fines de semana. La relación entre Mill y Harriet Taylor era extraordinariamente íntima, aunque puramente platónica. Más tarde y muerto John Taylor, Harriet se casó con Mill. Junto a ella, Mill escribió sus más conocidos libros: *The Subjection of Women (La esclavitud de las mujeres,* 1869) —que se convirtió en uno de los panfletos más influyentes del movimiento feminista— y el alegato a favor de la libertad del individuo: *On Liberty (Sobre la libertad,* 1859). Mill recalcaba continuamente que había escrito ambos textos en colaboración con Harriet Taylor.

Mill era feminista. En una época en la que, de acuerdo con el punto de vista de las capas «cultivadas», el estatus de la mujer estaba situado en alguna parte entre el de los niños, los débiles mentales y los animales domésticos, Mill promovió el derecho al voto femenino. Demostró que en el siglo XIX las diferencias entre hombres y mujeres no eran consecuencia de ninguna incapacidad femenina, sino sólo el resultado de una educación insensata. Mill se pronunció incluso en contra de que se emplease el género masculino cuando se hablaba de toda la humanidad.

Mill es conocido por su capacidad para expresar temas complicados en palabras sencillas. El ejemplo tradicional es su libro más famoso, el ensayo *On Liberty*. Esta obra se ha convertido en un clásico del liberalismo. Se trata de una defensa de las libertades burguesas: libertad de conciencia, de opinión, de expresión y de acción. Es, a la vez, un alegato a favor del individualismo.

La tesis principal del escrito es la siguiente: la libertad del individuo es *absoluta* en todos los ámbitos en los que su pensamiento, palabra u obra no perjudiquen a otros. Ni las leyes del Estado ni el juicio moral de la generalidad pueden limitar la libertad del particular. En una interpretación más moderna, esto significa que nadie puede impedir a otro que sea homosexual, que se emborrache, que se duerma delante del televisor, que arroje su dinero por la ventana, que se alimente exclusivamente de patatas fritas, etcétera. No hay nada que permita coartar a una persona adulta el derecho a elegir su forma de vida, aunque su comportamiento nos parezca moralmente despreciable. Ni siquiera el convencimiento de que el otro está arruinándose la vida es una razón suficiente para obligarle a comportarse de otra manera: se le puede hacer saber que comer cereales es más sano que alimentarse de patatas fritas, pero la decisión corresponde únicamente al afectado. Tampoco se puede impedir a alguien que se emborrache, si así lo desea, sólo porque uno crea que es repugnante. Sin embargo, la situación es completamente distinta si de su actuación se derivan perjuicios para otros. La situación será diferente si el afectado es un cirujano que nos va a extraer el apéndice dentro de diez minutos o si tiene la intención de ponerse al volante de su coche. En esos casos intervienen las leyes estatales.

Mill aboga por el derecho de cada persona a cometer sus propios errores. Esta idea resulta menos temible si uno es de la opinión, como es el caso de Mill, de que los hombres pueden aprender de sus equivocaciones. De acuerdo con el autor, la acción moral no sirve de nada si viene impuesta por el Estado o por la sociedad; al contrario, se basa en experiencias personales y en convencimientos propios. Mill se hubiese opuesto rotundamente a la cultura de lo «políticamente correcto» —incluso aunque la intención sea buena — porque prescribe, más o menos obligatoriamente, qué opinión es adecuada y cuál no lo es.

Para Mill no existe un vínculo ente la opinión correcta y la acción. Nadie puede ser obligado a plegarse al dictado de la mayoría, afirma Mill evocando a → Tocqueville, al cual había conocido en Londres. Las personas pueden equivocarse. Una opinión no resulta correcta únicamente porque sea sostenida por la mayoría. Una sociedad precisa discrepancias, debe escuchar las opiniones distintas y las de las minorías y debe poder permitirse a los excéntricos. Nadie debe ser forzado a hacer algo sólo porque los demás así lo hacen.

El autor defiende la libertad de pensamiento y de discusión, puesto que los hombres pueden cambiar de opinión. No hay ningún motivo para reprimir las ideas y los juicios de aquellos que piensan de manera diferente: en primer lugar, porque pueden tener razón; en segundo lugar, porque pueden estar equivocados (y de este modo se impide que el parecer correcto sea ratificado); y en tercer lugar, porque puede que su opinión no sea ni verdadera ni falsa, y los errores sólo pueden corregirse cuando hay un continuo intercambio de criterios. Opiniones y «verdades» deben ser cuestionadas constantemente, necesitan ser confrontadas, de otro modo se congelan, convirtiéndose en dogmas muertos.

Mill vivió en la estricta sociedad victoriana. Escribió su alegato en favor de la libertad absoluta influido por la experiencia de su mundo cotidiano, en la que la vigilancia moral del individuo por la generalidad alcanzó un grado que hoy nos parece inconcebible. Las rigurosas exigencias de decencia burguesa penetraban como una densa niebla por todos las grietas de los hogares privados y no perdonaban a nadie que se desviara del cumplimiento de la norma.

Si se repara en los aspectos políticos y sociales de las teorías de Mill, su idea de la absoluta libertad de pensamiento y obra del individuo mientras no perjudique a terceros es todavía hoy rabiosamente actual. Mill aboga por el pluralismo de opiniones, por la libertad de expresión de las minorías, por permitir distintas formas de vida, por un tratamiento no dogmático de la verdad, por la inviolabilidad de la persona, por la discrepancia consciente del parecer mayoritario, por los excéntricos, por la discusión libre, por el derecho a organizarse en comunidades de intereses, por la abolición del dictado de la moral. En la sociedad multicultural del siglo XXI pude aprenderse mucho de Mill.

El término «liberalismo» tiene muy mala reputación en Alemania, porque se relaciona, ante todo, con el liberalismo económico: esto es, con la idea de la consecución de los intereses propios a costa de los demás, actuando sin el menor escrúpulo. Pero debemos a Mill el derecho a la libertad de la persona que recoge el segundo artículo de la constitución alemana. (En el caso español, el artículo 1 de la Constitución dice: «España se constituye en un Estado social y democrático de Derecho, que propugna como valores superiores de su ordenamiento jurídico la libertad, la justicia, la igualdad y el pluralismo político.)

4
SEXO

Los animales se reproducen. Los seres humanos practican el sexo, salvo que de clérigos católicos se trate (ellos viven en celibato) o de puritanos que consideran el sexo como un pecado, o de gente que vive en el siglo XIX y no sabe qué es el sexo; o en el siglo XXI, y ya no tiene ganas.

A diferencia de la reproducción, el sexo no sirve a ningún fin. El sexo es intimidad, aunque con esto tampoco decimos demasiado, porque su significado dependerá del contexto en el que se produce. Para una mujer violada, el sexo es el infierno. En cambio, una mujer enamorada percibe el sexo como el cielo en la tierra. Para la primera, el sexo equivale a violencia; para la segunda, a amor.

El sexo no sólo es diferente para cada individuo en cada ocasión, también ha significado cosas distintas en diversos tiempos y culturas. En el proverbialmente pudoroso siglo XIX, el sexo desapareció formalmente de la faz de la tierra. Al parecer, en Inglaterra se cubrían las mesas con manteles porque en el opresivo clima de la época victoriana, incluso la pata de una *mesa* podía percibirse como tentadora (de ahí que se imposibilitara su contemplación).

La estricta moral sexual del siglo XIX convirtió el sexo en un bien escaso. Durante esa centuria, el sexo fue lo que el hombre *no* podía obtener *antes* de la boda. En el matrimonio no había sexo sino únicamente reproducción, de ahí que el coito conyugal no fuese mal considerado. La única atención pública que, con pudor, se otorgaba al sexo era la referida a la noche de bodas. De acuerdo con la inhibida ideología del siglo XIX, el sexo era un bien prohibido que cada hombre deseaba y del que no podía desprenderse ninguna mujer, salvo que hubiera recibido una oferta decente y que su mano hubiese sido pedida. En concordancia con esta consideración del sexo como un medio de trueque, existía un «mercado matrimonial». Las mujeres disponían, además, de estrategias para revalorizar su mercancía: si, por ejemplo, se sabía que una joven coqueteaba irresponsablemente con demasiados admiradores, su valor descendía de forma inflacionaria. Como productos disponibles para los hombres, las mujeres poseían, asimismo, una fecha de caducidad: quien hubiera superado los veinticinco años sin casarse corría peligro de acabar como una «vieja solterona».

En el presente, el sexo ha dejado de ser un bien escaso. Y cuando esta cuestión se trata con aparente recato, como en el caso de la estrella de la música *pop* Britney Spears, la escasez simbólica resulta altamente paradójica. Britney afirmaba hace un tiempo que todavía era virgen. Esas declaraciones reducían su erotismo, aunque al mismo tiempo se presentaba en su portal de internet con el ombligo al aire, y se convertía en el sueño de miles de seguidores que fantaseaban con ser los primeros y únicos en su vida.

Hoy el sexo es visible por todas partes, está disponible a cualquier hora, se practica en todos los lugares posibles y se discute abiertamente y de forma continua. El resultado es que a nadie le interesa ya demasiado. Nadie presta atención al asunto. La amplia oferta de programas de sexo por televisión permite que aquellos que han perdido completamente el deseo averigüen, del modo más absurdo, lo que pueden hacer... ahora que ya no tienen ningún interés.

Pero toda esa palabrería y esos aspavientos alrededor del sexo o la falta del mismo será pronto agua pasada. Al menos ésa es la opinión que expresa el autor francés Michel Houellebecq en su obra *Las partículas elementales* (1999). La novela arroja una visión despiadada de la civilización europea del siglo XX. La «calidad de vida» se mide por la cantidad de centros comerciales disponibles así como por el tamaño de las zonas verdes situadas entre ellos. Las relaciones vecinales no van más allá de una inclinación de cabeza en la escalera y la cercanía humana se limita a sexo ocasional. El que no practica el sexo carece de contactos sociales. Los héroes de Houellebecq en este apesadumbrado mundo son los dos hermanastros Michel y Bruno. Ambos tienen alrededor de cuarenta años. Bruno es funcionario del Ministerio de Educación, su vida se basa en el placer sexual que le proporciona el porno y la participación ocasional en orgías especialmente descorazonadoras. Michel es biólogo nuclear, nunca practica el sexo e investiga la genética humana. Al final de la novela ha conseguido hallar el código genético de una especie asexuada e inmortal. De esta manera, el sexo entraría en una nueva fase, en la cual, en todo caso, todavía podríamos leer lo que hicieron nuestros antepasados.

Giovanni Boccaccio: *El Decamerón* (1349-1353)

En *El Decamerón* de Boccaccio, Eros, el dios del amor, rige el mundo: hombre y mujer han sido creados para el amor, que es sensual y que debe ser experimentado físicamente. El deseo cruza las fronteras de las clases sociales y las normas de la moral.

En el año 1348, la peste devasta Florencia. Diez jóvenes, siete mujeres y tres hombres, huyen de la terrible desgracia y de la decadencia de las costumbres que impera en la ciudad atacada por la epidemia. Se refugian en una propiedad rural de la Toscana. Allí, en medio de un paisaje idílico, disfrutan por un tiempo de una vida paradisíaca. Cuando el calor del día torna desagradables las excursiones a las colinas que rodean la finca, los diez jóvenes se entretienen narrándose historias. Cada noche durante diez días, se elige una reina o un rey que debe seleccionar un tema para el día siguiente. Uno a uno, los presentes contribuyen con un relato: así se crean, en diez días, los cien cuentos de *El Decamerón*, la «obra de las diez jornadas» (del griego: *deka* [diez] y *hemera* [día]). Cien es la cifra de la perfección, también la base de → *La divina comedia* de Dante.

El Decamerón fue escrito cuando la Edad Media se acercaba a su fin. En el centro de la moribunda sociedad medieval existe una isla de vida: un nuevo mundo de historias plenas de sensualidad y vitalidad es creado en el frescor de las sombras de un jardín, mientras la peste causa estragos a su alrededor.

Un marido debilucho consigue superar, a duras penas, la noche de bodas, pero después ya no puede satisfacer a su mujer. Cuando un pirata la rapta y le da pruebas de su virilidad, ella se considera afortunada. Masetto, un hombre joven y fuerte, trabaja como jardinero en un convento. Con gran alegría de la abadesa y de las ocho monjas que en él residen, no sólo se ocupa de inseminar los arriates de flores. Un mozo de cuadra se disfraza de rey, se acuesta con la reina, es descubierto y escapa al castigo mediante una artimaña. Un monje joven goza de la esposa de su anfitrión mientras éste cumple con la penitencia que aquél le ha impuesto. Un abad se divierte con una campesina, después de haberle hecho creer durante la confesión que esto contribuiría a su salvación. Un marido se niega a consumar el matrimonio y, entonces, su esposa se mete a escondidas en su cama, haciéndole creer que pasa la noche con una joven muchacha. (Esta historia sirvió de modelo para la comedia de → Shakespeare *Bien está lo que bien acaba*).

Las historias eróticas de Boccaccio están marcadas por la imagen medieval de la mujer: entonces se creía (al contrario que en los siglos XVIII y XIX) que el sexo femenino era más proclive a caer en las tentaciones sexuales que el masculino. Si no se idealizaba a la mujer como un ser angelical de virtudes sobrenaturales, se la consideraba una hija de Eva: una seductora insaciable. Circulaba una opinión común sobre la lujuria de la mujer, que nunca estaba satisfecha. Por eso incorpora Boccaccio tantos maridos engañados, que no deben sorprenderse de que sus esposas busquen en otras partes el placer que ellos no están en disposición de proporcionarles. Más allá de la literatura erótica, en la realidad, la idea de que la mujer estaba predispuesta a ceder al instinto sensual llevó a una vigilancia más estrecha.

El Decamerón es la primera gran obra en prosa en lengua italiana, la obra en la que Boccaccio perfeccionó la categoría literaria de la *nouvelle* (esto es, una forma de la narración breve en prosa). La Inquisición incluyó la obra en la lista de libros prohibidos por las indecencias que contenía, al menos, mientras no se realizase una versión «depurada». En esta versión, los monjes que cometían impudicias se transformaron en legos y las monjas, en vírgenes. Resulta razonable pensar que, pese a estos cambios, *El Decamerón* seguía siendo lo suficientemente indecente como para continuar integrando el índice de obras prohibidas. ¿Quizá su inclusión en el *Index librorum prohibitorum* («la lista de libros vedados») se consideraba inútil porque así el clero entero se hubiera recreado en una lectura prohibida? Parece que *El Decamerón* fue una de las lecturas preferidas de los clérigos católicos.

François Villon: *Poesías* (hacia 1456)

Klaus Kinski gime: «Ansío salvajemente tu boca de fresa, grité hasta herir mis pulmones por tu blanco cuerpo, oh mujer». Son los primeros versos de la *Balada para una muchacha llamada Yssabeau*. El célebre y genial recital que realizó Kinski de las baladas del intrépido poeta François Villon (1431 – después de 1463) se ha convertido en objeto de culto. Tanto es así que sus poesías ambientadas en el mundo de los delincuentes y de las prostitutas son casi más conocidas en Alemania que en Francia.

Villon vivió en las postrimerías de la Edad Media, a finales de la guerra de los Cien Años. Procedía de un hogar pobre. Como robaba como una comadreja y andaba constantemente envuelto en peleas, su madre le dejó al cuidado de un rico canónigo, el padre Guillaume de Villon —cuyo apellido adoptó más tarde. El joven Villon recibió una apropiada educación y a los doce años (una edad común para comenzar los estudios en aquel tiempo) fue enviado a la universidad de París. Tras realizar su maestría, empezó su formación en teología. La huelga que mantuvieron los profesores de París durante un año le privó durante mucho tiempo de las clases, nada precisamente provechoso para él. Acabó en ambientes del submundo, se encontraba con rameras, se emborrachaba regularmente en dudosas fondas y dio muerte a un cura en una riña a cuchilladas. Allí fue reclutado por la sociedad secreta *coquille* (concha), que le convirtió en su secretario. *Coquille* era una asociación de delincuentes organizada de forma muy profesional, que disponía de un lenguaje secreto y un servicio clandestino de información. La mayoría de sus miembros eran antiguos soldados de la guerra de los Cien Años que sólo habían aprendido a robar y a asesinar. Poco antes de las navidades de 1456, Villon y cuatro cómplices desvalijaron el tesoro de la universidad. El botín era de quinientos táleros. Villon fue condenado varias veces a muerte y siempre resultó indultado gracias a afortunadas circunstancias. Cuando le cambiaron una nueva pena capital por un destierro de París durante diez años, Villon abandonó la ciudad. A partir de entonces se perdió su huella.

Villon era un aventurero afamado en la urbe. Todo París conocía sus crueles ataques verbales contra los ricos y sus baladas sobre la vida de los criminales y las prostitutas. Las vivencias de Villon con las mujeres, «los animales blancos», son excesos salvajes y pasionales de la lujuria. El deseo es asocial y pertenece al submundo. Las mujeres son insaciables y no guardan fidelidad a nadie. El amor es sensual, autodestructivo, violento, pasional y breve.

Denis Diderot: *Las joyas indiscretas* (1748)

«Era joven y necesitaba el dinero», profería Diderot como disculpa cuando se le mencionaba su novela erótica *Las joyas indiscretas* (*Les bijoux indiscrets*). El autor fue más tarde el director de la famosa *Encyclopédie,* el diccionario del saber universal fruto del espíritu de la Ilustración francesa. En su desliz literario trasladó el relato erótico a Oriente y concibió una narración como una sucesión de cuentos según el modelo de *Las mil y una noches.* Era una receta que prometía el éxito. Los contemporáneos de Diderot asociaban Oriente con un universo de goces sensuales y prohibidos: según la imagen presente en el siglo XVIII, allí se hallaba el fascinante mundo de los serrallos y los harenes, llenos de mujeres semidesnudas y disponibles.

El sultán Mangogul y su predilecta Mirzoza han compartido cuatro años juntos. La pareja ha disfrutado cientos de veces de los goces del amor y apenas les queda nada que decirse. Una noche —afuera está lloviendo— Mirzoza está *haciendo ganchillo* junto a un aburrido Mangogul tumbado en su cama. El ambiente es deprimente. «¿Qué te pasa?», pregunta Mirzoza. «No lo sé», contesta Mangogul, mientras bosteza. «Me encuentras demasiado vieja», dice Mirzoza (tiene veintiún años). «En absoluto», replica Mangogul con otro bostezo. «Pero si se te ocurre algo que me pueda entretener házmelo saber, por favor.» «Pregúntale a Cucufa», sugiere Mirzoza.

Cucufa, un espíritu invocado por Mangogul, le hace entrega de un anillo con una piedra preciosa. «Si dirigís esta piedra hacia una mujer, ella os narrará sus aventuras eróticas hasta el más pequeño detalle. Pero no os creáis que hablará con su boca». «¿Con qué lo hará entonces?», inquiere Mangogul confundido. «Con la parte de su cuerpo que está más cualificada para informar sobre los asuntos que a usted le interesan. Con su pequeña joya». Debería quedar claro a lo que se alude.

Felizmente, Diderot trata esta extraña fantasía —que ya tenía tradición— con la correspondiente ironía, de manera que *Las joyas indiscretas* constituyen más una sátira que una obra erótica. Resulta divertido, por ejemplo, que Mangogul no sea el único que puede escuchar estas confesiones íntimas; las oyen todos los presentes. Es el incisivo comentario que Diderot dedica al nivel de las conversaciones que se mantienen en la corte. En realidad, lo que la joya tiene que informar son apenas rumores de palacio y, en el fondo, bastante poco imaginativos. Parece que Diderot mismo se aburrió a muerte escribiendo este texto. De ahí que en su novela erótica introdujese de tapadillo dos capítulos que trataban de lo que realmente le interesaba: la filosofía de la Ilustración.

John Cleland: *Fanny Hill, memorias de una cortesana* (1749)

Una de las grandes obras de la literatura erótica predica el placer sin arrepentimientos. *Fanny Hill* es una mezcla de novela romántica y pornografía. La obra narra en primera persona la trayectoria vital de la heroína desde que era una prostituta hasta que se convierte en una esposa y madre feliz. En sus doscientas cincuenta páginas, Fanny relata lo mejor de sus aventuras sexuales, persiguiendo un buen propósito: contar la historia de una purificación de la que otros pueden aprender. Al principio, la protagonista es ingenua. Al final —bueno, en realidad sigue siéndolo pero, en su inocencia, ha alcanzado la madurez— ya es una mujer respetable. Fanny asegura que sólo dirá la verdad. La «verdad desnuda», naturalmente.

Fanny crece en el campo. Es hija de padres muy pobres, aunque excepcionalmente decentes. Por desgracia, una enfermedad acaba con la vida de ellos cuando Fanny tiene apenas quince años. La bonita huérfana se queda completamente sola en el mundo. Tiene la inocente ocurrencia de trasladarse a Londres para probar suerte y, en su candidez, cae en manos de la propietaria de un burdel. Naturalmente, la ignorante Fanny no sabe lo que es un lupanar, así que no sale de su asombro por la suerte que ha tenido al poder vivir en una casa tan suntuosa. Incluso cuando Phoebe, la prostituta con la que comparte la habitación, le da su primera lección erótica, Fanny sigue creyendo que las tendencias lésbicas de su compañera responden únicamente a los amistosos modos que son corrientes en la gran ciudad. Phoebe asume la educación de Fanny y le da clases visuales, permitiéndole mirar lo que ella hace. Al final de su formación, la heroína ha aprendido una cosa: el sexo es la mayor fuente de felicidad humana.

De ahí que apenas pueda contenerse cuando conoce a Charles, un distinguido joven. Fanny y Charles se enamoran y ella pierde su virginidad. Por desgracia, el padre de Charles envía a su hijo de viaje por el mundo. La necesidad económica obliga a Fanny a convertirse en una cortesana. Será la amante de un tal señor H., aunque la obligarán a abandonar la casa por seducir al empleado, *Will* (*will* es un término obsceno en inglés para designar al miembro sexual masculino). Fanny continúa su formación en la «academia» de la señora Cole, un burdel de lujo. Allí intercambia experiencias con sus compañeras, les narra la pérdida de su virginidad, practica el sexo en grupo, amplía sus horizontes viviendo una relación sadomasoquista y observa el coito de dos hombres homosexuales. Finalmente se convierte en la querida de un hombre mayor, solterón y acomodado, que le deja sus bienes en herencia cuando muere. Fanny se reencuentra con Charles y triunfa el amor verdadero.

Fanny Hill es tributaria del espíritu de la Ilustración. Su heroína anuncia un mensaje que, naturalmente, los ilustrados no habían concebido *de esta manera:* una persona alcanza la plenitud a través de los sentidos, la experiencia y la observación.

Giacomo Girolamo Casanova: *Memorias* (hacia 1790-1798)

La licenciosa vida del italiano Giacomo Girolamo Casanova (1725-1798) ha convertido su nombre en un sinónimo del término «mujeriego». Sin embargo, sus episodios eróticos ocupan un lugar menor en su gigantesca autobiografía en doce tomos, sus *Memorias*. En cualquier caso, Casanova merece la celebridad, ya que su existencia es una de las más emocionantes del siglo XVIII. Casanova pasó casi toda su vida viajando. Estuvo en Venecia, París, Praga, Berlín, Moscú, Londres, Varsovia, Madrid y Viena. Recorrió toda Europa y durante una temporada llegó a poseer una «vivienda rodante», con cama. Alternaba en todas las grandes cortes europeas y conoció a algunas de las personas más importantes de su tiempo: los papas Benedicto XIV y Clemente XIII, la emperatriz María Teresa, el rey francés Luis XV, Federico el Grande (que le ofreció un puesto en su corte), la zarina rusa Catalina la Grande, el rey inglés Jorge III, la amante del rey francés, Madame Pompadour, Voltaire, → Rousseau, D'Alembert (director, junto a → Diderot de la *Encyclopédie)*, el erudito inglés Dr. Johnson, Joachim Winckelmann, el médico y poeta suizo Albrecht von Haller, el estadounidense Benjamín Franklin y Mozart.

Casanova, hijo de una pareja de actores, fue clérigo, secretario, violinista, soldado, bibliotecario, traductor, espía, filósofo, jugador, el inventor de la lotería y alquimista. A la edad de treinta años, su inquieta vida se calmó durante un tiempo. Le acusaron falsamente de ser un hechicero por lo que le confinaron en los famosos *Plomos* (cámaras revestidas de ese metal que se utilizaban como cárceles), situados bajo el techo del palacio ducal en Venecia. Tras permanecer un año encerrado, Casanova protagonizó una fuga aventurera que le hizo célebre. Consiguió llegar a París y se convirtió en la estrella de la distinguida sociedad. Dos años más tarde introdujo los juegos de azar en la metrópoli francesa. Llegó a ser millonario.

La agitada vida de Casanova le impulsaba a moverse continuamente por toda Europa. Rara vez se quedaba demasiado tiempo en el mismo lugar. En todos lados tenía aventuras, amoríos y, ocasionalmente, relaciones más largas y serias con mujeres de todas las clases sociales. Una de ellas fue el gran amor de su vida, la inteligente francesa Henriette, con la que mantuvo un romance de tres meses. Otra fue la monja M. M.; otra, la romana Lucrecia, con la que tuvo una hija que más tarde también fue su amante. De vez en cuando creía poder serle fiel a alguien, pero pronto se daba cuenta del error. En una ocasión, prometió a Cristina —una de sus amantes— que se casaría con ella, pero luego lo pensó mejor y le proporcionó un marido de repuesto. Estos comportamientos le dieron reputación, sus asombrados colegas masculinos aseguraban que «todas las mujeres le estaban agradecidas».

Casanova consumía mujeres. Las disfrutaba, las amaba, las adoraba y veía algo especial en cada una de ellas. Las respetaba y vivía en un extraño universo cuya única moral era el libertinaje, un mundo en el que no era reprobable irse a la cama con la propia hija. Naturalmente, de vez en cuando se infectaba con alguna enfermedad de transmisión sexual. Los últimos trece años de su vida transcurrieron en Bohemia, donde el envejecido seductor trabajaba de bibliotecario de un conde. Lo único que hacía soportable su aburrida vida eran los recuerdos de su ajetreada juventud y las aventuras amorosas que revivió otra vez. Página a página, hasta completar cuatro mil, puso por escrito sus *Memorias*.

Marqués de Sade: *Justine o los infortunios de la virtud* (1791)

Si uno tiene la intención de leer a Sade, debe saber en lo que se está metiendo. Sus novelas son escandalosas, básicamente repugnantes y, debido a la eterna repetición de monstruosidades, resultan finalmente bastante aburridas. El marqués de Sade dio su nombre a una psicopatía de la sexología: el sadismo.

En efecto, cualquiera que lea una par de páginas de *Justine* tendrá la impresión de estar ante la obra de un psicópata. La novela describe los sufrimientos de la virtuosa Justine. El modelo para la heroína de intachable moral estaba tomado de las novelas sobre la «inocencia perseguida», novelas en las que se ensalzaba el valor de la virtud. Estos libros se popularizaron gracias al autor inglés Samuel Richardson y sus dos best sellers: *Pamela* (1741) y *Clarissa* (1747-1748). Pamela, la heroína más conocida de Richardson, es tan virtuosa que está a punto de desvanecerse cuando su pretendiente, el señor B., menciona en su presencia un artículo tan sospechoso como una *media de señora*. A lo largo de la narración, el desmayo prueba ser un eficaz método de defensa contra los ataques sexuales del señor B. Siempre que éste quiere abalanzarse sobre Pamela, ella se desvanece y confía en que el será lo bastante decente para respetarla. Sade pervirtió los himnos de alabanza a la inocencia que había escrito Richardson. Cuando Justine vuelve en sí tras su primer desmayo, advierte que el hombre al que acaba de salvar la vida la ha violado, maltratado y robado. La virtud de Justine la convierte en la víctima pasiva de los más espantosos abusos sexuales. Los calculados escenarios de crueldad que describe Sade son pesadillas enormemente amplificadas de un mundo agresivo y despiadado.

Sade, que pasó sus últimos años en un manicomio, padecía con toda certeza una personalidad muy precariamente desarrollada, si es que no era directamente un psicópata. Durante sus numerosas aunque breves estancias en prisión se quejaba de la «inhumanidad» de sus guardianes, que no le proporcionaban jarabe contra la tos. Así protestaba un hombre que semanas antes había torturado y abusado de prostitutas y niños. No hay ninguna duda de que Sade era una persona terrible. Sin embargo, sus escritos ocupan una posición única en la historia cultural europea. Sade derriba todas las barreras y en ello reside su fascinación.

Aportó el sombrío contrapunto de la optimista representación del ser humano propia de la Ilustración. → Rousseau había afirmado que el hombre era bueno por naturaleza. Los filósofos morales británicos David Hume, Shaftesbury y → Adam Smith afirmaron que la esencia del hombre era la bondad, la compasión, la generosidad y la benevolencia. Sobre esta imagen se fundamentaba la Declaración de los derechos humanos contenida en la Declaración de independencia estadounidense, que daba por supuesto el sentido de responsabilidad en todos los ciudadanos. La Revolución Francesa comenzó bajo las consignas de libertad, igualdad y fraternidad. Por primera vez en la historia europea, la visión del hombre y de su futuro en sociedad eran color de rosa.

Sade oscureció este bello enfoque con su representación nihilista del hombre: sus pérfidos «héroes» y «heroínas» son anárquicos, crueles, agresivos y amorales. Pero lo peor de todo es que la visión del mundo de Sade se basaba en los mismos principios declarados en la Ilustración. La filosofía de Sade compartía dos ideas con el pensamiento ilustrado: primero, que el hombre aprende de la experiencia, y segundo, que tiene derecho a su propia realización. La cínica versión que de estos principios efectuó el marqués fue la sensación del látigo sobre la piel lacerada. Reivindicó el derecho al sexo libre, cueste lo que cueste y aunque el precio a pagar sea la vida de otros.

La Ilustración había conseguido desterrar al demonio mediante la razón, pero éste reapareció de improviso. Lo hizo igual que un monstruo en una película: justo en el momento más inesperado. Con gran consternación de la ilustrada población europea, a finales del siglo XVIII se puso de manifiesto que las demandas de libertad, igualdad y fraternidad no habían expulsado realmente al diablo, tal como se constató cuando la Revolución Francesa desembocó en el reinado de terror de Robespierre. Aquello que «el pueblo» cometió dentro de las cárceles con sus prisioneros, en nombre de la república, apenas se distinguió de las sádicas orgías del marqués.

En la crítica a la civilización contenida en su obra *Dialéctica de la Ilustración* (1947), → Theodor Adorno y → Max Horkheimer expusieron la tesis de que Sade no es la contrafigura de la Ilustración, sino su lógica consecuencia. Sade sistematizó la locura que se derivaba del espíritu de la razón. La composición de las escenas orgiásticas de Sade son producto de un frío cálculo. Ningún orificio del cuerpo, ninguna función corporal permanece sin utilizar y tampoco se prescinde de describir ninguna postura, por muy complicada que sea. Se practica todo lo que es físicamente posible y se deja constancia de ello. En este sentido, las orgías se asemejan a las instrucciones para realizar un experimento.

Como es natural, Sade fue objeto de estudio predilecto de la sexología del siglo XIX. También fue analizado por el psicoanálisis, la disciplina que sondea las profundidades de la psique. El término «sadismo» procede del sexólogo alemán Krafft-Ebing. Lo utilizó en su obra *Psychopatia sexualis* (1886), un estudio médico sobre las perversiones sexuales. Para el autor alemán, el sadismo es una desviación y una excepción. Sin embargo, para → Freud todos somos sádicos, al menos por un breve espacio de tiempo y sin ser conscientes de ello. De acuerdo con el psicoanálisis freudiano, todos los niños experimentan una fase «sádico-anal» de la libido: cuando la criatura descubre por primera vez la posibilidad de decir «no» y aprende así lo que significa ejercer el poder.

D. H. Lawrence: *El amante de Lady Chatterley* (1928)

En 1927, la empleada encargada de mecanografiar el manuscrito de *El amante de Lady Chatterley* se negó a continuar tras finalizar el quinto capítulo. La primera edición del libro tuvo que ser realizada en Italia, donde los impresores no entendían ni una palabra del texto en inglés. Algunos de los libreros británicos que habían encargado la novela la rechazaron con cortesía después de desenvolver los paquetes y leer su contenido. Sólo a partir de 1960, cuando la editorial Penguin ganó el célebre juicio, la escandalosa obra pudo publicarse oficialmente en Inglaterra en versión no censurada.

El amante de Lady Chatterley es una novela sobre sexo. O, dicho más exactamente, trata sobre el éxtasis sexual. En los años veinte este tema resultaba todavía escandaloso para los descendientes de los victorianos, acostumbrados a actuar como si el hombre careciese de cuerpo. Durante el siglo XIX, la sexualidad había desaparecido completamente de la cultura oficial. ¡Y ahora Lawrence escribía una novela sobre el orgasmo!

Pero con eso no tuvo suficiente. Lawrence dinamitó los límites de los que sus contemporáneos eran capaces de tolerar porque, además, mencionaba las cosas por su nombre, sin eufemismos, sin adornos. Enriqueció la literatura inglesa con vocabulario que todavía hoy forma parte de lo impronunciable. Utilizó el lenguaje obsceno de la pornografía. (En inglés se llaman *four letter words;* esto es, palabras socialmente inaceptables que tienen cuatro letras.) Sin embargo, nada más lejos de la intención de Lawrence que escribir pornografía. *El amante de Lady Chatterley* pretendía facilitar a los descendientes de la época victoriana un tránsito natural a la sexualidad. Lawrence empleaba expresiones proscritas, porque quería despojar al sexo de su carácter prohibido y misterioso.

El sexo era para Lawrence como el remedio universal contra los males de la civilización occidental. Su escandalosa novela es tanto una crítica a la civilización como un texto sobre el éxtasis sexual. Ambos aspectos —cultura degenerada y vitalidad del cuerpo— están encarnados por cada uno de los dos protagonistas masculinos. El aristocrático marido de Lady Chatterley, Clifford, representa la despiadada opinión de Lawrence sobre la civilización moderna. Por el contrario, las simpatías del autor favorecen al viril amante de la heroína, el guardabosques de la propiedad, Oliver Mellors. Éste procede, como el propio Lawrence, de la clase trabajadora.

Lady Constance Chatterley, llamada Connie, se ha casado con Clifford durante la Primera Guerra Mundial. Su marido resultará gravemente herido en el frente y quedará impedido desde la cintura. Tendrá que pasar el resto de su vida en una silla de ruedas. El matrimonio se instala, entonces, en la propiedad rural de la familia, *Wragby Hall*, donde lleva una vida solitaria. Clifford es un representante cultivado, aunque estéril, de la clase alta inglesa. Sus intentos de sublimar su impotencia mediante la creatividad literaria no pueden remediar este hecho. Y cuando advierte que sus escritos no obtienen éxito, Clifford decide convertirse en empresario de las minas de carbón y compensar su incapacidad reproductiva dedicándose a aumentar su capital. En una conocida escena (del capítulo trece) Clifford arrasa con su silla de ruedas motorizada los jacintos azules de una preciosa pradera primaveral, después de pronunciar un alegato a favor de los privilegios de las capas más altas. Ésta es la imagen con la que Lawrence describe los elementos destructivos de la civilización: la guerra, que ha convertido a Clifford en un inválido, la mecanización de la vida moderna, cuya víctima es la naturaleza, y la sociedad de clases, que no conoce la compasión.

La silla de Clifford se atasca en la pradera durante ese paseo. Para poder moverla del sitio con él ahí sentado se precisa la fuerza física de Mellors, el guardabosques y amante de Lady Chatterley. Mellors personifica el mundo contrapuesto de Clifford. Ha vuelto la espalda a la civilización, ha elegido el bosque de la finca como su refugio y habla con el acento de la clase trabajadora. Pero, sobre todo, dispone de algo que no tiene el espiritual Clifford: un cuerpo.

Mellors y Connie comienzan una aventura, se enamoran y se ven en el bosque para mantener apasionados encuentros sexuales. Mientras el mundo se hunde bajo el hollín negro de las minas de carbón, los cuerpos de los amantes se retuercen en un éxtasis sensual en los idílicos claros del bosque. De ello se deduce un claro mensaje: el sexo cura las heridas que ha infligido la cultura al individuo moderno. El sexo une cuerpo y mente y diluye las fronteras entre las clases: *sexual healing*, sanación sexual de la civilización rota y destructora.

Lawrence quería describir el sexo sin rodeos, aunque sin llegar a ser pornográfico. Pero a finales de los años veinte sólo existían dos posibilidades de hablar o escribir abiertamente sobre sexo: o se empleaba el lenguaje médico o uno se internaba en terrenos de la pornografía. Por eso no resulta sorprendente que *El amante de Lady Chatterley* reproduzca involuntariamente la mayoría de los clisés de la literatura erótica de los siglos XVIII y XIX: a ellos pertenece la esquemática descripción de la resistencia de la mujer, que repentinamente muda en entrega, o la consideración del falo como un objeto de deseo.

El amante de Lady Chatterley es el producto de una ingenua crítica a la civilización occidental y ofrece una solución simple a sus males derivados: un sexo mejor contra una mala sociedad. De cualquier modo, la novela fue relevante porque exploró un territorio desconocido: hizo pública la intimidad. Sacó el sexo —cuya importancia para nuestra psique nos aclaró → Freud— de las sombrías y desprestigiadas zonas marginales de la pornografía y lo situó en el centro de la literatura.

5
ECONOMÍA

En cada moneda y en cada billete de dólar estadounidense figura una inscripción: *In God We Trust* («confiamos en Dios»). La fe divina en el poder del dinero tiene sus razones. En las sociedades modernas, la economía se ha convertido en la heredera de la religión. El dinero ha sustituido a Dios. Este reemplazo funciona con menos fricción de lo que podría suponerse, porque Dios y el dinero tienen algo en común: ambos son símbolos universales.

El dinero puede, como Dios, dotar de sentido a *todo*. El dinero es prácticamente inagotable como portador simbólico de significado, igual que Dios. Aquél que posea demasiado dinero o muy poco sabe que el dinero es mucho más que la mera suma de las cantidades que figuran en cada billete. El dinero no conoce fronteras: «el dinero rige el mundo» sin detenerse en consideraciones sobre el clima, la cultura, la nación o el sexo, y así llega —como Dios— a todo y a todos. Del mismo modo que en el universo religioso todo encuentra su razón y su fundamento en Dios, en el capitalismo todo se valora en términos de dinero. Según las concepciones medieval y moderna del mundo, toda la creación se conectaba mediante un entramado infinito de conexiones horizontales y verticales; hoy son los mercados internacionales los que cumplen esa función.

Con el comienzo de la Edad Moderna surge un competidor para la Iglesia. La comunidad de salvación moderna se denomina economía. No reparte obleas, pero, a cambio, pone monedas en circulación. Están impresas por ambos lados, igual que las hostias, y su valor material es, en sí mismo, insignificante, pero adquieren otra entidad cuando la autoridad que las ha repartido (un soberano o un banco) las dota de un valor simbólico.

Después de que la economía se convirtiera en la heredera de la religión, también ocupó sus espacios. En la literatura, la comparación de bancos y bolsas con iglesias es un recurso habitual: por ejemplo, el pensador francés Voltaire propuso dirimir las controversias confesionales en la bolsa de Londres; el poeta alemán Heinrich Heine declaró que en la bolsa parisina, el ministro de finanzas era adorado como un dios; y el escritor británico Samuel Butler relató en su novela utópica *Erewhon* (1872) una visita a un «banco»: en una gran plaza hay un edificio enorme y antiguo, su imponente entrada y las altas torres suscitan un profundo respeto y reverencia, dentro cuenta con columnas de mármol; un coro de niños canta en una estancia lateral y las vidrieras de colores representan escenas de la historia del banco. (El curioso nombre de la novela se debe a la trasposición de las letras de la palabra Nowhere [«en ningún lugar», en inglés] leídas al revés.)

Los apóstatas de la economía son los que quedan en bancarrota. Los siete pecados capitales son sustituidos por uno solo: la pobreza. La penitencia correspondiente se cumple en un infierno terrenal: el asilo de beneficencia, los barrios pobres o las fábricas que explotan a los obreros. Hasta el siglo XX, los estratos sociales acomodados consideraban la pobreza un grave pecado moral. En la legislación social del siglo XIX —o lo que entonces se consideraba como tal— la pobreza era tratada como un hecho criminal y, por eso, los asilos se organizaban como prisiones.

En estos asilos acababan los deudores que no podían cumplir con sus obligaciones pecuniarias. El acreedor colocaba al deudor en una situación de dependencia. Aquí se ve cómo todo se relaciona entre sí, porque uno siempre está allí para el otro, igual que en la comunidad de almas: deudor y acreedor acuden juntos a misa, sólo que sin intención de loar a Dios; sí, en cambio, para comparar precios. En el caso de que el acreedor murmurase el *Padrenuestro*, naturalmente no lo haría con las palabras habituales: «y perdónanos nuestras deudas, como nosotros perdonamos a nuestros deudores», sino con estas otras: «y paga lo que te vendí, como también yo pago mis cuentas».

Las precursoras del fin de la preeminencia de la religión en beneficio de la economía fueron las primeras sectas protestantes. Los puritanos proclamaron que el trabajo era el verdadero servicio al Señor. Ellos consideraban la consecución de una gran fortuna como un signo de gracia divina. La novela clásica en este aspecto es *Robinson Crusoe* de → Daniel Defoe. El pensamiento del fundador de las ciencias económicas, el escocés → Adam Smith, todavía estaba construido de acuerdo con una representación religiosa del orden. Smith se basó en el modelo armónico clásico, en virtud del cual la mano invisible de Dios mantenía el equilibrio del Mundo. Según Smith, de la misma manera que Dios vela por el mundo, la autorregulación del mercado genera el equilibrio del sistema económico. El pensador escocés formula así la primera descripción moderna de lo que es la economía.

Max Weber:
La ética protestante y el espíritu del capitalismo (1905)

El católico va a la iglesia. El protestante va a trabajar. El católico santifica el domingo. El protestante santifica el día de labor. El católico se hace monje, se retira al convento y se ejercita en la práctica del ascetismo. El protestante se convierte en un adicto al trabajo, desarrolla su carrera y practica el ahorro. Los santos de la Iglesia Católica viven en el reino de los cielos e interceden ante Dios por los habitantes de la tierra. Los santos del protestantismo habitan este mundo y fundan empresas multinacionales en el transcurso de una generación. Si peca, el católico dispone de la confesión. El protestante tiene un montón de deudas y ninguna confesión. Debe trabajar.

¿Qué tiene que ver el capitalismo con el protestantismo? ¿Por qué en el siglo XVII la economía floreció en dos países protestantes, Inglaterra y los Países Bajos? ¿A qué se debe que al mismo tiempo aconteciera la decadencia económica de España, una potencia católica? ¿Por qué todas las grandes historias de éxito referentes a la conquista de una enorme fortuna en una sola generación —el cuento sobre el pinche de cocina que lava los platos y llega a convertirse en millonario— proceden del país del puritanismo austero, los Estados Unidos?

Max Weber, el fundador de la sociología moderna, demostró en su ensayo sobre el origen del capitalismo, que existe un nexo causal entre el éxito económico y la religión. Afirmó que el moderno hombre profesional es un producto del protestantismo, más exactamente una consecuencia de las enseñanzas del reformador protestante Juan Calvino. Para la doctrina calvinista, el trabajo equivalía al servicio del Señor. «Hazte rico para Dios, pero no para llevar una vida lujosa» era la prescripción de las sectas puritanas. Éstas eran las ramas radicales del protestantismo influidas por las doctrinas de Calvino, como los presbiterianos angloamericanos, baptistas, cuáqueros, menonitas y metodistas. Y puesto que la riqueza sólo era agradable a los ojos de Dios por ser producto de un duro trabajo y no cuando se usaba para el disfrute, dos de las más altas virtudes de la ética puritana fueron la laboriosidad y el ahorro. Se servía a Dios con trabajo duro, con acumulación de capital e inversiones bien pensadas. Incidentalmente se inventaba el capitalismo.

De acuerdo con el austero concepto moral de los puritanos, uno trabajaba *para trabajar*. No por haber ganado dinero suficiente para llevar una existencia acomodada podía uno dejar de trabajar. La utilidad del trabajo no radicaba en la satisfacción de necesidades; en un planteamiento ideal, el trabajo estaba completamente disociado de aquello que se podía realizar con sus frutos. El empresario puritano inglés o estadounidense del siglo XVII subordinaba toda su vida al trabajo. Así, el negocio florecía, pero la vida privada resultaba insípida. Consecuentemente, en la casa de un empresario puritano no sólo se realizaba sin placer la multiplicación del capital, sino también la de la descendencia. La mayor incitación a la lujuria, es decir, el sexo, debía ser resuelto con la cabeza fría y con el pensamiento centrado exclusivamente en su finalidad. Quien, a pesar de todo, padeciera a causa de las tentaciones, recibía el consejo de darse baños fríos y trabajar aun más duro.

¿De dónde procede esta excesiva valoración (sobria y religiosa a la vez) del trabajo en los puritanos? En el núcleo de la doctrina de Calvino y de sus sucesores se sitúa la *predestinación*. Este concepto partía del siguiente enunciado: Dios, en su insondable sabiduría, ha predestinado quién se condenará y quien se salvará. Nada puede cambiar la decisión divina una vez que está tomada, ninguna obra, por buena que sea, ninguna confesión, ninguna ofrenda, ningún sacramento. Los calvinistas carecían de iglesia oficial y de privilegiados intermediarios con Dios (esto es, los sacerdotes) a los que dirigirse en busca de apoyo espiritual. El individuo no podía acudir a ninguna parte para averiguar si pertenecía a los elegidos o a los condenados, aunque, en cualquier caso, tampoco hubiera podido modificar la resolución divina. El Dios de los calvinistas era lejano, inmisericorde, insobornable e inescrutable. El creyente permanecía solo ante sí mismo, sintiendo la inquietud de no saber si será salvado o no y con un terrible aislamiento interior.

A la larga, la doctrina calvinista de la predestinación resultó insoportable para los creyentes, como es natural. Los sucesores de Calvino se esforzaron en aliviar su suerte. Declararon que era ciertamente posible reconocer en uno mismo signos que indicaban si uno había resultado escogido. Con una lógica bastante flexible, anunciaron que se podía distinguir si uno era de los elegidos o no, atendiendo a su manera de vivir. Es evidente, entonces, que el puritano piadoso podía producir él mismo señales de su estado de gracia. Realizaba obras que aumentaban la gloria de Dios y lograba para sí la certeza de los elegidos. No obstante, la comisión de hechos *aislados* no bastaba, ya que éstos podían ciertamente desvirtuarse por carencias morales (aunque uno podía también arrepentirse). El puritano debía evitar dar la impresión de querer sobornar a Dios con sus buenas obras. *Cada minuto* de la vida debía estar hecho a medida del agrado del Señor. Una existencia piadosa producía la apariencia de que la gracia de Dios se materializaba en el que la vivía.

De esta forma, la vida cotidiana estaba completamente regulada por preceptos religiosos. Consistía en una permanente vigilancia sobre uno mismo, autodisciplina, renuncia y reglas que servían de ayuda para cumplir con los mandatos píos. Era semejante a la existencia de un monje medieval en un convento. Max Weber encontró, para definirla, el concepto de «ascetismo intramundano». Con este término quería expresar que la austeridad del calvinismo imponía una existencia monacal en el mundo profesional. La vida profesional se subordinaba a una vida metódica (de ahí la denominación «metodistas»). A este terreno pertenecen además los rígidos horarios de trabajo. En nuestros días, todos aquellos que siguen un horario regulado en su jornada laboral viven un cierto ascetismo intramundano: levantarse a las 7.00, entrar a la oficina a las 9.00, almorzar en el comedor de la empresa a las 13.00, salir del trabajo a las 17.00. También la aseveración de Franklin de que «el tiempo es dinero» procede del «espíritu del capitalismo». La puntualidad y la distribución del tiempo son virtudes que al final rinden. Hoy se llama «gestión del tiempo» y se asumen los costes necesarios (entre ellos, la contratación de asesores empresariales) para enseñar a los empleados cómo se organizan procesos laborales más eficientes.

En las sectas puritanas, la profesión se convirtió en la prueba del estado de gracia personal. La idea de trasladar la confirmación de la bondad ante Dios desde los muros de los conventos a la cotidianeidad profesional surge con Lutero. En el oficio de cada uno vio Lutero el designio divino también, ya que la ocupación mantenía al creyente dentro del marco de sus propias limitaciones. El calvinismo radicalizó la idea de la profesión, considerándola el signo de la sobresaliente calidad moral de cada uno. En el éxito o fracaso profesional se reconocía si una persona recibiría el regalo de la gracia divina. La pérdidas empresariales constituían un grave oprobio moral y hacían temer lo peor. En este mismo sentido, *Robinson Crusoe*, la novela de → Daniel Defoe, establece una relación entre *deudas* y *culpa*.

Lo que resultaba fantástico de esta revaloración moral de la profesión es que la obtención de ganancias no iba acompañada de remordimientos. La fe católica consideraba el enriquecimiento personal como un pecado y, aunque se producía constantemente, traía aparejado el cargo de conciencia. Los puritanos no se enfrentaban a este problema cuando acumulaban más y más. Al contrario, un protestante lo consideraba una señal segura de pertenencia al grupo de los elegidos. Eso valía, claro, si se mantenía el ascetismo profesional, esto es, si se obtenía el dinero por medios legales y no se dilapidaba, sino que se ahorraba o reinvertía sensatamente, para ser más ricos, por la gloria de Dios. Ser pudiente no era pecado; sí lo era disfrutar de esa riqueza.

Weber concluye que el origen del capitalismo se basa en la *ética profesional* del calvinismo: Trabajo continuo, renuncia al consumo, comportamiento calculado y planificado de antemano, reinversión de la ganancia en la empresa, actitud abierta a cualquier cambio que pueda rendir beneficios. El conjunto de variables hace posible un orden económico capitalista. Dado que los puritanos no necesitaban gastar su dinero en vistosos vestidos nuevos y nunca celebraban fiestas lujosas, fueron los primeros ricos de la historia que realmente acumularon un capital para invertir: en colegios y universidades pero, sobre todo, en nuevas tecnologías. De esta manera, una convicción religiosa hizo nacer el «espíritu del capitalismo», el cual alentó las establecimiento de manufacturas en el siglo XVIII, las fábricas del siglo XIX y los conglomerados multinacionales del siglo XX. Este espíritu es la esencia del empresario moderno, un *self-made man* («hombre hecho a sí mismo»), que basa su actuación en un constante cálculo racional, que es disciplinado en todas las circunstancias de la vida y con una *moral profesional* legendaria: es aplicado, meticuloso, ahorrador, laborioso, resuelto y discreto, ese tipo de hombre de negocios estricto, íntegro, de fuerte moral y duro como el acero de la talla de John Davison Rockefeller o Henry Ford.

Daniel Defoe: *Robinson Crusoe* (1719)

Daniel Defoe tenía cincuenta y nueve años cuando escribió su primera novela: *La vida y las extrañas y sorprendentes aventuras de Robinson Crusoe de York, marino.* Para entonces, había tenido una vida llena de continuos altibajos. Defoe sabía lo que era «irse a pique» y cómo salvar su vida de la ruina (esto es, los «restos del naufragio»).

Defoe había vivido, de niño, la gran peste que asoló Londres y, un año más tarde, fue testigo del gran incendio que devastó la ciudad. Hijo de un puritano, experimentó lo que significaba pertenecer a una minoría perseguida. Se formó para ser predicador puritano y se unió a una rebelión contra el rey que, desde su inicio, estuvo destinada al fracaso. Se convirtió en hombre de negocios y tuvo que declararse en bancarrota, con una deuda que alcanzaba la entonces considerable suma de diecisiete mil libras esterlinas. Tras publicar un panfleto satírico, fue procesado por «agitador» y permaneció cinco meses en prisión. Fue llevado a la picota, donde la población londinense, en vez de lanzarle verdura podrida y piedras, le cubrió de aplausos. Se declaró en bancarrota por segunda vez, ejerció de espía y agente doble y, a la vez, de editor de un periódico. Redactó folletos políticos, creó una red de espionaje y trabajó para el gobierno británico llevando mensajes secretos. Defoe fue, sucesivamente, rebelde por una causa perdida, empresario, deudor, periodista perseguido, solitario espía de un partido, propagandista político y autor de cerca de quinientos textos. Hasta el final de su vida tuvo que enfrentarse con un montón de deudas y se dedicó alternativamente a mantener alejados a sus acreedores y a aprovechar todas las oportunidades de ganar dinero que se le ofrecían.

Su célebre novela sobre el comerciante inglés Robinson Crusoe, al que el destino confinó en una isla desierta, se inspiró en la historia real del marinero Alexander Selkirk. En 1704, tras una disputa con el capitán del barco en el que viajaba, Selkirk solicitó quedarse en una de las islas de Juan Fernández, en la costa de Chile, donde habitó durante cuatro años. Y aunque este suceso le había inspirado para su novela, la obra se convirtió esencialmente en una alegoría de su propia vida. Defoe describió lo que él mismo había experimentado: el naufragio de una quiebra empresarial, el aislamiento y la completa soledad interior que vivió como portador de secretos, y la bendición de una estricta moral de trabajo en situaciones totalmente desesperadas.

Robinson Crusoe es el ejemplo clásico de la tesis de → Max Weber sobre la ética religiosa de los puritanos como origen del capitalismo moderno. La relación entre economía y religión es la clave de la novela. El puritano Defoe equipara «deuda» con «culpa». La bancarrota de Defoe equivale al naufragio de Robinson: todo aquello que significó pérdida económica para el autor es el desastre moral para Robinson. Las «deudas» de Defoe suponen la «culpa» de Robinson.

Robinson Crusoe es una de las figuras más conocidas de la literatura universal. Todos hemos visto alguna de las películas sobre el personaje, más o menos conseguidas, en las que un hombre insuficientemente vestido con un trozo de piel construye un montón de cosas prácticas junto a una empalizada. Probablemente no sea ocioso recordar brevemente el argumento: para empezar, Robinson Crusoe actúa de manera totalmente contraria a lo que debe hacer un burgués. Se enrola en un barco en vez de disfrutar de las bendiciones de la segura existencia de la clase media. Se convierte en un aventurero y comerciante que hace fortuna con el tráfico de esclavos, para luego perderla toda. En lugar de aprender de lo sucedido, Robinson vuelve a cometer la misma equivocación; después de sanear su economía con la explotación de una plantación, realiza inversiones arriesgadas y quiebra de nuevo. Robinson fracasa completamente como empresario, puesto que en vez de invertir cuidadosamente sus beneficios, emplea su dinero en negocios arriesgados. Emprende una y otra vez peligrosos viajes de negocios por el mar, en lugar de calcular fríamente sus pasos. La infinitud del mar equivale a la desmesura de Robinson. Desde la óptica de la ética puritana, la vida pasada de Robinson le convierte en culpable. No sólo desacata la autoridad paterna cuando roba dinero del hogar familiar para poder hacerse a la mar, sino que también ha incumplido el mandato divino de moderación interior y exterior.

Como castigo, el destino (Dios) le arroja a una isla desierta tras sufrir un naufragio. Robinson es el único superviviente. A primera vista, en la isla no hay prácticamente nada. Frente a la costa quedan los restos del barco. La vida de Robinson ha encallado. Pero poco a poco comienza a comprender el sentido de su estancia en la isla. Se percata de que la razón de su supervivencia radica en que Dios ha previsto su purificación. La isla se convierte en el convento de un sólo hombre. Robinson reza ahora regularmente y, lo que es aun más importante, empieza a escribir un diario. En él registra sus pecados e inscribe sus errores como inversiones fallidas. Robinson realiza una suerte de inventario de su vida. Reflexiona sobre el pasado, valora su situación presente y se imagina todo lo que podría haber ido peor. Contrapone lo positivo a lo negativo (el debe frente al haber). Se asemeja así a un contable que, por las noches, se afana con los libros de cuentas para averiguar cómo puede rendir más capital la empresa. Sin embargo, el «beneficio» de Robinson es de orden espiritual: conocimiento de sí mismo y acercamiento a Dios.

Robinson fracciona metódicamente sus días. Despieza los restos del barco. Se construye una despensa y aprende a servirse de ella con moderación. Construye prácticamente todos los aparatos técnicos que podían encontrarse en una pequeña ciudad inglesa a principios del siglo XVIII. El hecho de que la isla sea cada vez más civilizada y más bella gracias a su inventiva y a su laborioso afán, lo considera un señal de que Dios reconoce sus esfuerzos y se muestra misericordioso.

Un día, Robinson descubre una huella de pie en la playa. Más adelante, averigua que los caníbales de la isla vecina utilizan de cuando en cuando su playa para asar allí a los enemigos. Robinson consigue salvar a una de las víctimas. Al salvaje le llama Viernes, como el día en que lo capturó. Para entonces, lleva veinticinco años en la isla y sigue reconociendo la fecha en que vive.

Aunque esto último sea totalmente inverosímil, resulta fundamental para el mensaje de la novela, puesto que el éxito de la «empresa de purificación» depende de que Robinson no vuelva a hundirse en el océano de las infinitas posibilidades. Para que tal cosa no suceda, está, en primer lugar, confinado en una isla (lo que supone una limitación espacial). En segundo lugar, el héroe se atiene estrictamente a su plan diario y lleva un calendario (lo que le limita temporalmente). Cuando por fin logra abandonar la isla, Robinson es capaz de determinar que su estancia allí se ha prolongado veintiocho años, dos meses y diecinueve días.

Si se realiza una ecuación Robinson = Defoe, se obtienen los siguientes resultados: el naufragio de Robinson equivale a la catástrofe de la bancarrota de Defoe. Los restos del barco representan la empresa arruinada del autor. El intento de aprovechar todo lo posible el barco hundido responde a la actitud de un quebrado ante las ruinas de su industria. Los parcos bienes de Robinson representan la escasez de dinero. Por último, los caníbales a los que Robinson teme constantemente encarnan a los acreedores que le perseguían.

Robinson excedió su *crédito* cuando se dejó arrastrar a una vida aventurera, en contra de los imperativos de Dios. El conocimiento de sí mismo es un paralelo al *inventario* de su existencia y de su alma, que revela que durante años ha *invertido* en un vida equivocada. El diario supone una *relación de deudas* que deben ser *compensadas* o un *libro de contabilidad* en el que, día tras día, hace *balance* de su purificación moral. Robinson expía sus culpas como Crusoe salda sus deudas, mediante un ascetismo intramundano (que en el caso de Robinson viene impuesto por su confinamiento en la isla), el trabajo metódico y una autodisciplina tenaz. *Robinson Crusoe* describe lo que Weber había observado: la oculta interacción entre economía y religión producida en los comienzos del capitalismo, en el siglo XVII. Por esta razón, las deudas de Defoe son comparables al problema moral de la culpa. De ahí que la culpa de Robinson se asemeje a una cuenta sin saldar.

No todos los lectores han captado la orientación puritana de Robinson: a finales del siglo XVIII, la novela de Defoe tuvo bastantes imitadores —sobre todo, en Alemania—, que enaltecieron la aventura en la isla por parecerse a un paraíso apartado de la civilización (la «robinsonada»). Ciertamente, los fundadores del *Club Robinson* ignoraban completamente que el nombre que les identifica nada tiene que ver con la dulce relajación y esparcimiento de una estancia paradisíaca en una isla. No nos asemejamos a Robinson viviendo en una isla del océano Pacífico sino en nuestra oficina. Nos parecemos a él cuando entramos puntualmente a trabajar, cuando nos dedicamos concienzudamente a realizar nuestras tareas y ahorramos para irnos de vacaciones y poder volver descansados al trabajo. Así pues: «Buenas vacaciones. Se las ha *ganado*».

Adam Smith: *Investigación sobre la naturaleza y las causas de la riqueza de las naciones* (1776)

Adam Smith es el padre de la ideología clásica del capitalismo, el liberalismo económico. Este escocés era un hombre discreto. Cuando abandonó su actividad como docente de filosofía moral en la Universidad de Glasgow para convertirse en profesor privado de un aristócrata inglés, tuvo que interrumpir sus clases a mitad de semestre. En la última clase que impartió, Smith llevó para cada uno de sus alumnos un sobre que contenía los honorarios que habían desembolsado por todo el curso. Quería devolverles el dinero que los estudiantes habían pagado directamente al profesor, como era habitual entonces. Pero los alumnos se negaron a aceptarlo, alegando que para entonces ya habían aprendido mucho más de lo que el dinero podía cubrir. Aunque esta actitud le conmovió profundamente, Smith insistió e introdujo el sobre en el bolsillo de la chaqueta del alumno que estaba sentado más cerca. Cuando los estudiantes se percataron de que la protesta era inútil, aceptaron de mala gana la devolución.

Smith sólo se dejaba dominar por la codicia cuando la cuestión afectaba a un terrón de azúcar. Al menos, eso se deduce de una anécdota que cuenta que su familia retiraba el azucarero de la mesa cuando él se sentaba. Entre sus amigos, además, tenía fama de distraído, hasta el punto de protagonizar situaciones grotescas. Una mañana, se paseaba en bata por su jardín, profundamente sumido en sus reflexiones; al parecer, giró en la dirección equivocada y sólo advirtió su error cuando el repicar de las campanas interrumpió sus pensamientos. Sin darse cuenta, se había alejado quince millas (alrededor de veinticuatro kilómetros) de su casa.

Hacia el final de su vida, ya era un hombre célebre. En una reunión de los hombres más importantes de su tiempo, los asistentes se pusieron en pie cuando él entró. Smith se incomodó muchísimo y rogó tímidamente que fueran tan amables de volver a sentarse. Uno de los presentes, el político William Pitt, respondió: «Queremos permanecer de pie hasta que usted tome asiento. Todos somos discípulos suyos».

Conocida como *La riqueza de las naciones,* es la gran obra clásica de la teoría económica. En ella, Smith estableció los fundamentos de la economía política moderna, creando así una nueva rama científica.

La riqueza de las naciones constituye la primera exposición sistemática y general del significado y funcionamiento del sistema económico como parte de la sociedad. El núcleo de la investigación es la descripción del equilibrio del mercado.

Para calibrar correctamente el increíble mérito de la obra de Smith hay que tener en cuenta que a finales del siglo XVIII no existía ninguna teoría general de la economía ni estudios de ciencias económicas. Smith era profesor de filosofía. Adquirió sus conocimientos sobre los mecanismos de la economía en animadas conversaciones e intercambios de ideas con los más importantes pensadores de su tiempo (era amigo del filósofo David Hume). Además era —por muy abstraído que estuviese cuando paseaba por su jardín— un atento observador de la sociedad preindustrial en su transición al capitalismo industrial. Impresiona la amplitud de miras de Smith. Cuando escribió su gran obra, apenas si existían algunas escasas manufacturas y fábricas en Inglaterra (la patria de la industrialización).

Existen tres conceptos vinculados al nombre del economista escocés: en primer lugar, el liberalismo económico; en segundo, la metáfora de la «mano invisible» *(the invisible hand)* y, en último lugar, la división del trabajo.

1. La idea central de la teoría de Smith menciona el egoísmo del ser humano como la clave del bienestar de la sociedad en su conjunto. Smith proclamó sin rodeos que el funcionamiento de la economía no se basa en la caridad, sino en que todos los que participan en la vida económica persigan un único interés: enriquecerse. La caridad es buena pero no para la economía. Si se deja a cada uno la libertad de perseguir su propios intereses económicos, al final el resultado será beneficioso para todos. Así pues, el egoísmo individual resulta una fuente de orden, bienestar y prosperidad para toda la nación. Esta idea se convirtió en el credo del liberalismo económico.

A principios del siglo XVIII, el médico holandés Bernard de Mandeville, residente en Inglaterra, había expresado un pensamiento similar en su poema *La fábula de las abejas* (1704), en el que utilizaba la célebre formulación *private vices, public benefits* («vicios privados, beneficios públicos»). La idea de Mandeville de que el egoísmo es bueno para todos había causado gran conmoción entre sus confundidos contemporáneos. Estas palabras sonaron a precipicio en tierra de nadie de la moral. En cambio, el padre del liberalismo económico, Adam Smith, mantuvo la calma y sistematizó esta reflexión. Afirmó que la iniciativa individual, la libertad de elección del particular, la planificación que realizaba cada cual y la competencia constituyen las condiciones para un orden económico floreciente. El libre desarrollo del individuo supone crecimiento económico y, por tanto, no debe ser limitado. No hay que bloquear la inversión privada. Pero, ante todo, el Estado debe mantenerse al margen de todos los procesos económicos. Hoy identificamos estas afirmaciones como la principal formulación de la «economía del mercado libre».

Smith explicó que la libertad económica no causa el caos inmediato. Demostró su afirmación analizando un mecanismo económico: el *mercado que se autorregula*. La observación de Smith es tan moderna que sigue siendo admirada en la actualidad. El pensador escocés describió cómo el precio alcanzaba su equilibrio a través de la oferta y la demanda. Y mostró cuán relacionadas están la producción y las necesidades de los compradores. Expuso, además, cómo la competencia logra que el precio cubra los costes de producción. El mercado es un sistema cerrado en sí mismo, cuyas fuerzas se regulan mutuamente. Por eso es posible dejar que la economía actúe por sí misma, sin necesidad de intervenir en su dinámica. Esta forma de pensar fue la base de la doctrina del *Laissez faire* («dejad hacer») que se convirtió en un dogma de fe en los Estados industriales occidentales durante el siglo XIX.

2. Smith halló una imagen para describir todos estas complicadas relaciones: la «mano invisible» (mencionada antes). Así describía el poder invisible y ordenado que impulsa a cada uno a rivalizar con los demás y que consigue, asimismo, que la competencia ponga en marcha los mecanismos del mercado que conducen al bienestar de la nación. Smith había tomado su metáfora de la representación tradicional que proclamaba que la mano invisible de Dios es la que ordena el mundo. Aunque él aludía en verdad a una cuestión tan increíblemente moderna como el «mecanismo autorregulador» de la economía de mercado. Naturalmente, la imagen de la «mano invisible» resulta mucho más impresionante, porque otorga una solemnidad mística a un fenómeno sumamente árido. El pensador escocés consiguió elevar la economía a las cimas de la religión. De esta forma, la metáfora de Smith recuperó la oculta relación entre economía y religión que había observado → Weber.

3. Además de analizar el mercado, Smith planteó la cuestión de cómo aumentar la riqueza de una nación. Para ello propugnó la especialización y la división del trabajo. Para ilustrar su idea a sus contemporáneos, Smith utilizó el famoso ejemplo de los alfileres: la producción de un alfiler precisa cerca de dieciocho fases diferentes. Si un solo trabajador ha de realizarlas todas, al final del día apenas habrá producido unas veinte piezas, o, en el peor de los casos, ni una sola. En cambio, si se reparten los pasos entre diez obreros, cada día conseguirán fabricar cuarenta y ocho mil alfileres. Smith expuso su alegato a favor de las ventajas económicas de la producción en masa en un tiempo en el que en Inglaterra, el país donde comenzó la industrialización, apenas existían unas cuantas fábricas (y menos aún se conocía el trabajo en cadena). Hasta principios del siglo XX, el fabricante de automóviles estadounidense Henry Ford no introdujo la cadena de montaje.

La teoría del liberalismo económico de Smith determinó la economía de todos los Estados industrializados punteros de Europa durante los siguientes cien años. Sin embargo, pronto se puso de manifiesto que el filósofo moral Smtih había sido demasiado optimista acerca de las consecuencias de la ilimitada realización económica individual: los ricos se hicieron cada vez más ricos y los pobres, más pobres, en detrimento del bienestar general. Esta situación propició la entrada en escena de → Karl Marx a mitad del siglo XIX. La crisis económica mundial de los años treinta del siglo XX constituyó el final de la fe en la doctrina del *Laissez faire* y anunció la «revolución keynesiana» (→ Keynes).

Karl Marx: *El capital* (1867)

Karl Marx predijo el final del capitalismo. Se equivocó: el comunismo se derrumbó y quedó el capitalismo. Pero esto no modifica en absoluto el hecho de que *El capital* tenga un lugar permanente entre las obras económicas importantes. Durante largo tiempo, la aportación de Marx fue la crítica más importante al capitalismo.

En *El capital*, el autor denunció públicamente la «explotación» de la clase trabajadora, el aislamiento físico del trabajador (la «alienación») y la creciente riqueza de quienes ya poseían todo. Cuando Karl Marx escribió su obra, la vida laboral en las ciudades industriales del siglo XIX era de una inhumanidad inconcebible. Se consideraba especialmente humana una jornada de trabajo en las fábricas desde las seis de la mañana hasta las siete de la tarde. Tampoco era una excepción que hombres, mujeres y niños trabajasen hasta la medianoche. A ello se añadía una opinión muy extendida en aquellos tiempos: no se debía pagar demasiado a los trabajadores para que no se dejasen arrastrar por la pereza. Ya en vida del autor, *El capital* fue calificado, oficiosamente, de *Biblia del proletariado*.

Marx era hijo de un abogado y procedía de Tréveris. Estudió Filosofía en Berlín y se unió a los «jóvenes hegelianos». Se hizo periodista y se fue a París donde conoció a → Friedrich Engels, el hijo de un rico industrial alemán propietario de fábricas en Inglaterra. Marx y Engels comenzaron una amistad que duraría toda su vida. Juntos redactaron el → *Manifiesto del partido comunista*. Engels apoyó sostenidamente a Marx en los siguientes años, concediéndole generosas ayudas financieras. Cuando Marx fue desterrado de Alemania por sus opiniones políticas, se encaminó a Londres junto a su esposa Jenny y sus hijos, y allí residió hasta su muerte. En esta ciudad escribiría *El capital*, del cual sólo pudo finalizar el primer volumen. Tras su muerte, Engels publicó los tomos restantes.

Los conceptos marxistas corrientes son: *explotación, plusvalía, acumulación de capital, depauperación del proletariado, alienación* y *carácter fetichista de la mercancía*. Marx afirma que, en el capitalismo, la explotación del trabajador se produce porque éste no obtiene el valor completo del trabajo que realiza. El capitalista (empleador) compra una mercancía, la fuerza productiva, y paga un precio por la misma, el salario. Este sueldo equivale a la cantidad que precisa el obrero para poder seguir a disposición del capitalista, esto es, cubre su manutención. Pero, en realidad, el obrero produce más de lo que le pagan. Para obtener el dinero necesario para mantenerse le bastaría con media jornada laboral, pero él trabaja el día completo. Es decir, si un obrero trabaja doce horas diarias, significa que necesita sólo seis para cubrir su salario, mientras que la ganancia de las otras seis se las queda el capitalista.

Marx define esta diferencia entre el salario y el valor real de los productos elaborados utilizando los conceptos de *valor de cambio* (precio, esto es, remuneración del trabajo) y *valor de uso* (valor de los productos elaborados en todo el tiempo trabajado). Si se resta el salario (valor de cambio) del valor total del tiempo trabajado (valor de uso) se obtiene una cantidad remanente: la *plusvalía* que se embolsa el capitalista.

El capitalista no emplea prioritariamente la plusvalía para vivir una existencia lujosa, sino para algo peor: la invierte con el fin de aumentar sus beneficios. Hace del dinero, capital. Cuestión delicada porque inicia una reacción en cadena que provoca al final que los ricos sean cada vez más ricos y los pobres, más pobres. Las grandes empresas siempre parten con ventaja, porque cuanto más grande sea una corporación (cuantos más trabajadores emplee), mayor será la plusvalía, mayores las inversiones, mayores los beneficios, y tanto más competitiva la compañía. En el sistema capitalista, las grandes empresas desbancan inexorablemente a las pequeñas. El capital se concentra cada vez más en manos de unos pocos. Como contraposición a esta *acumulación (concentración) de capital* de los ricos, se produce la *depauperación del proletariado*. Sólo la abolición de la propiedad privada de los medios de producción (fábricas, maquinaria) puede poner remedio a esta situación.

El capitalista persigue únicamente un interés: el incremento de la plusvalía. Por ello, concentrará todos los esfuerzos en reducir el tiempo de trabajo que emplea el obrero en conseguir su salario (la cantidad de dinero que necesita para mantenerse). Para aumentar la productividad de la jornada laboral, el trabajo se divide en todos los pasos aislados posibles y se asigna por separado su realización. → Adam Smith había demostrado que la división del trabajo genera importantes ventajas económicas. El economista escocés también había advertido de que un trabajador que ejecuta la misma actividad estúpida durante horas cada día, semana tras semana, paulatinamente se embota y se agota espiritualmente. Pero la división del trabajo tiene, para Marx, una consecuencia mucho más grave, puesto que conduce a que el trabajador —que nunca tiene la mercancía acabada en sus manos— no pueda identificarse con su trabajo. A eso se agrega una experiencia aún más deprimente: el obrero produce con medios de producción ajenos (la maquinaria del capitalista) objetos que no le pertenecen y que le empobrecen cada vez más, mientras el capitalista es cada vez más rico. Estas experiencias desembocan en la *alienación* del trabajo.

Según Marx, el capitalismo tiene profundas consecuencias para la psique de los hombres y, finalmente, para toda la estructura social. Una enorme brecha psicológica separa a los trabajadores de los frutos de su trabajo. En el sistema capitalista, los obreros no reciben como contraprestación a su trabajo el producto fabricado, sino un sustituto abstracto: dinero. Dado que el asalariado ha perdido todo contacto afectivo con su labor profesional, el trabajo sólo sirve para satisfacer necesidades que la actividad alienada no puede colmar. Por lo tanto, se trabaja para comprar. El trabajo deviene una cuestión extraña y la satisfacción de los deseos se realiza al margen de la vida laboral. El hombre separado de su trabajo sólo esta poseído por el deseo de «tener». Ese hecho envenena también los vínculos humanos. La alienación del trabajo se reproduce en las relaciones entre las personas: determina el trato con los colegas de trabajo, con los empleadores, con la familia y por último, del hombre consigo mismo. Así se origina el rasgo inmoral e inhumano del capitalismo y su perversa inversión de los valores: mientras que las relaciones humanas son cada vez más frías y prosaicas, las mercancías aparecen rodeadas de un halo mágico de luz. Obtienen una cualidad mística: el misterioso *carácter de un fetiche*.

Marx ha marcado el siglo XX como no lo ha hecho ningún otro pensador. *El capital* ha conformado biografías en todo el mundo, de los más diversos modos, durante más de un siglo. Ha movilizado a las masas y ha inspirado a la élite intelectual. *El capital* no es sólo una de las obras sobre Economía más importantes, sino que ha dominado todo el panorama intelectual del siglo XX. En todas partes pueden encontrarse las huellas de la conmoción causada por este libro. Pero hoy pertenece al pasado, tal como lo expresó el nada marxista sociólogo Niklas Luhmann: finalmente, el volcán se ha extinguido.

Bertolt Brecht: *La ópera de cuatro cuartos* (1928)

La pieza teatral de Brecht con canciones sobre el gángster Macheath, conocido como Mackie el Navaja, constituyó el mayor éxito teatral de los años veinte. La obra estuvo casi un año en cartel en el teatro Schiffbauerdamm* de Berlín.

La acción de *La ópera de cuatro cuartos* transcurre en el Londres victoriano, en un ambiente de bribones de diversa calaña. Sus dos protagonistas, el rey de los mendigos Peachum y el gángster Mackie el Nava-

---

* Este teatro se llama en la actualidad Berliner Ensemble. Ha adoptado el nombre de la compañía que fundó Brecht y que tuvo su sede en este edificio desde 1954. Está situado en la plaza que lleva el nombre del dramaturgo alemán. (N. de la T.)

ja, son hombres de negocios que dirigen su actividad (criminal) con el rigor y la profesionalidad de una empresa burguesa. Con gran ironía, Brecht, que se hizo marxista en los años veinte, representaba ante su entusiasmado público burgués la idea de que es lo mismo ser empresario que criminal: es decir, que el capitalismo es un delito organizado.

Esta idea fundamental no permitía prever precisamente el éxito legendario que la obra tuvo entre el público burgués. Cuando, posteriormente, Brecht intentó explicarse este fenómeno, concluyó que la preferencia del burgués por las historias de maleantes se debe a que éste cree que los ladrones no son burgueses, pero esto resulta tan falso como la presunción de que los burgueses no son ladrones. Brecht atacaba a su público de una manera tan entretenida que todavía hoy es ésta su obra más conocida. Ciertamente, una parte considerable del éxito se debe al compositor Kurt Weill. ¿Quién no conoce la canción de Mackie y su navaja que nadie puede ver?

La ópera de cuatro cuartos es la revisión y modernización llevada a cabo por Brecht de una parodia musical del siglo XVIII: *The Beggar's Opera* (La ópera de los mendigos) del inglés John Gay (1728). Con su comedia de pícaros, Gay había puesto al gobierno de su época en el punto de mira. El jefe de ladrones Macheath era el poco halagüeño retrato del entonces Primer Ministro británico, Robert Walpole, y la banda que le acompañaba representaba su gabinete. En la versión de Brecht, los gángsteres son hombres de negocios burgueses.

El rey de los mendigos Peachum es el jefe de la empresa «Amigo del mendigo». Gestiona su negocio de la compasión con diligencia profesional. Para ablandar el corazón de sus conciudadanos viste a sus colaboradores con ropa pobre y raída, y les procura una apariencia mísera con costras, golpes y prótesis artificiales. Si uno engorda demasiado, le despide porque el sobrepeso no provoca compasión. Los negocios de Peachum marchan fabulosamente. No es ajeno a su éxito el hecho de que posea el monopolio de la mendicidad: aquél que quiera mendigar en Londres tiene necesariamente que tratar con él. Los pordioseros deben obtener una licencia suya para poder trabajar y han de entregar la mayor parte de sus ingresos al rey de los mendigos.

Si Peachum controla la mendicidad, el monopolio del hurto callejero y del robo pertenece al gángster Mackie el Navaja. Pese al acordado reparto de sus territorios laborales, Peachum y Mackie se enfrentan por una «mercancía» sobre la que ambos creen tener derecho: Polly, la hija de Peachum, que se ha casado con Mackie contra la voluntad de su padre. Dado que, para Peachum (y, en opinión de Brecht, también para toda la burguesía), incluso la boda de una hija es sólo un negocio, intenta sacar partido del fallido trato, aunque sea con posterioridad. Traiciona a su yerno denunciándolo ante la policía. Mackie el Navaja acaba en la cárcel y está previsto que sea ahorcado. En el último momento, llega la salvación desde las más altas instancias: la Reina indulta al bandido y le da un título de nobleza. Le regala un palacio y una renta vitalicia. Ha triunfado la injusticia.

Brecht escribió *La ópera de cuatro cuartos* como una crítica al capitalismo y camufló en su alegre opereta sus convicciones marxistas. Como es habitual en el autor, facilitó en el propio texto las líneas maestras para comprender su obra. Brecht insistió mucho en que los actores no cayeran en la tentación de representar a los bandidos como granujas sino todo lo contrario, es decir, personas respetables que sencillamente ejercen una actividad profesional sucia. En la escena de la boda de Mackie el Navaja, en la que éste hace que se traigan montones de muebles robados, Brecht tenía la intención de mostrar las circunstancias que la sociedad burguesa impone al hombre que quiere fundar una familia: en el capitalismo, un burgués padre de familia tiene que convertirse forzosamente en un bandido si quiere mantener decentemente a su familia. Polly, esposa de ladrón e hija burguesa en una sola persona, se metamorfosea en una mercancía que se intercambia entre hombres. Su amor por Mackie el Navaja no cabe en un mundo burgués, puesto que aquí no cuentan los sentimientos, sólo el dinero. El punto principal de la obra radica en que la liberación de Mackie es justa, pero no porque el bandido sea inocente, sino porque Brecht considera que no hace nada que los demás no hagan: negocios sucios.

John Maynard Keynes:
Teoría general de la ocupación, el interés y el dinero (1936)

La *Teoría general de la ocupación* de Keynes es la obra de ciencia económica más importante del siglo XX. Supuso un vuelco completo de la teoría económica: la «revolución keynesiana». Al principio de su carrera, Keynes se había examinado para acceder al alto funcionariado: la peor calificación la obtuvo en la sección de economía. Más adelante, Keynes comentó que el hecho se debió a que sabía más que sus examinadores (que, por tanto, no pudieron comprender su ejercicio).

Keynes gozaba entre sus amigos de la fama de ser un brillante esnob y un adicto al trabajo. Estaba siempre involucrado en varios proyectos y todavía encontraba tiempo para interesarse por el arte y la cultura. Era un amigo muy cercano del grupo Bloomsbury*, al que también pertenecían la escritora → Virginia Woolf, el literato Lytton Strachey y el pintor Duncan Grant. Éste último fue amante de Keynes durante un tiempo. Más tarde, el economista se casó con una célebre bailarina de ballet. Keynes era profesor de Ciencia económica en la Universidad de Cambridge. Y, además de ejercer su actividad académica, fue uno de los negociadores más importantes de los grandes acontecimientos económicos de los años veinte y treinta. Tras el final de la Primera Guerra Mundial cumplió una importante función en la Conferencia de paz de Versalles. Paralelamente, Keynes especuló con divisas, acciones y valores, y al final de su vida llegó a acumular una fortuna de diez millones de libras esterlinas. Fue elevado a la nobleza cuando ya contaba con una edad avanzada.

Se ha atribuido a Keynes la salvación del capitalismo. Escribió su obra más relevante como reacción a la experiencia de una crisis económica universal: la crisis mundial de los años 1929-1939. Tras el crack bursátil de 1929 siguieron diez años de estancamiento económico en los Estados Unidos y en Europa. Miles de empresas fueron a la bancarrota, muchos bancos quebraron, los inversores privados perdieron la confianza en la economía y dejaron de invertir y la cifra de parados estadounidenses y europeos alcanzó cifras astronómicas. El sistema económico se había desplomado completamente. Los políticos y los expertos en economía contemplaban el fenómeno con impotencia. Carecían de solución o de explicación para el mismo. Todavía se creía en el principio del *Laissez faire* y se confiaba en que la economía se recuperaría de algún modo si se dejaba que las fuerzas del mercado actuasen libremente, tal como había propugnado → Adam Smith. Por ejemplo, existía la opinión generalizada de que se acabaría con el paro si los trabajadores aceptaban cobrar un salario menor por su actividad. Pero esta tesis se demostró errónea: los sueldos descendieron hasta alcanzar el mínimo y el número de parados continuó aumentando vertiginosamente hasta alcanzar cifras inconcebibles.

Keynes explicó que no se podía esperar que la economía se recuperase espontáneamente. Lo decisivo no eran los salarios de los trabaja-

---

* Nombre con el que se conoce a un grupo de escritores, filósofos y artistas que celebraron frecuentes encuentros entre 1907 y 1930 en la casa del matrimonio Bell, situada en el distrito londinense de Bloomsbury. Discutían cuestiones estéticas y filosóficas en un espíritu de agnosticismo y estaban muy influidos por las obras de Moore *(Principia Ethica,* 1903) y de Whitehead y Russell *(Principia Mathematica,* 1910-1913). Buscaban definiciones de lo bueno, lo verdadero y lo bello y ponían en duda la ideas aceptadas. A pesar de que sus miembros compartían ciertos pensamientos y valores, el grupo Bloomsbury no constituyó ninguna escuela. Su relevancia se deriva del elevado número de personas con talento asociadas al mismo. (N. de la T.)

dores, sino los inversores. Propuso que el gobierno irrumpiese como inversor cuando los inversores privados no estuvieran en situación de hacerlo. El Estado debía contraer crédito y realizar encargos para la ejecución de obras e instalaciones públicas. De esta manera se impulsaba la demanda, lo que conducía a un aumento de la producción y, poco a poco, al pleno empleo, al crecimiento del consumo, a una mayor demanda y más producción.

Simplificando su mensaje, lo que Keynes afirmaba era que para que la economía de una sociedad marchase realmente bien, el Estado debía contraer deudas. Al principio, casi nadie comprendió esta lógica. Sin embargo, no estaba tan desencaminada y podía deducirse de las reglas básicas de la navegación a vela. Como primera medida, el Estado ha de inclinarse bastante sobre el borde, porque la economía se ha escorado. Aunque pareciera una maniobra arriesgada, lo cierto es que lograría salvar a todos del naufragio. Sólo cuando la economía estadounidense alcanzó su punto más bajo y el presidente Roosevelt y sus asesores agotaron sus recetas, recordaron la teoría de Keynes. El resultado fue sensacional: en un brevísimo lapso de tiempo el producto nacional bruto estadounidense se dobló y el paro descendió del diecisiete al uno por ciento.

En los años que siguieron a la Segunda Guerra Mundial, los principios básicos de la «revolución keynesiana» determinaron las políticas económicas de Inglaterra, los Estados Unidos y Alemania. Hasta los años setenta, la *Teoría General* de Keynes constituyó la referencia de la economía política.

Carl Barks: *El pato Donald* (1943-1967)

En el mundo de la familia del pato Donald todo gira alrededor del dinero, o, más concretamente, el poder del dólar. En la traducción alemana esta circunstancia no resulta tan obvia, puesto que la moneda que circula y pone todo en movimiento es el «tálero», una antigua divisa alemana de plata y este término recuerda más a un comercio de juguete para niños que a la moneda más importante del mundo. Aunque la traducción es correcta, ya que la palabra «dólar» proviene realmente de «tálero», el cambio suaviza el mensaje central del divertido imperio de los patos: el que tiene el dinero, tiene el poder. (En España se tradujo siempre por dólar.)

Todos conocen a los famosos héroes de la familia de los patos: los tres despiertos jóvenes Jorgito, Jaimito y Juanito, su despótico tío Donald y su inmensamente rico Tío Gilito que, literalmente, nada en dinero. Con sus grandes cabezas y gordos traseros, todos tienen el gracioso aspecto de torpes niños pequeños, pero este camuflaje encantador esconde antivirtudes bastante poco infantiles. Las cualidades que se necesitan para escribir una historia de éxito en el sistema capitalista son las siguientes: ambición, codicia, afán por hacer carrera y temor constante al fracaso. Lo que parecen simplemente animadas travesuras, constituyen, en realidad, las leyes del mercado libre. Se trata de enriquecerse, explotar a los demás y apropiarse de recursos ajenos a costa de otros. Lo fundamental es que al final uno debe haber conseguido éxito y dinero.

La familia de los patos (en inglés se llaman Duck de apellido) no se relaciona entre sí con confianza y cercanía, sus vínculos se asemejan más bien a la organización de una empresa. Los papeles están repartidos de acuerdo con un esquema que han conservado algunas comedias estadounidenses: por un lado, se presenta el jefe, inalcanzable, poderoso y moralmente cuestionable, el Tío Gilito; el duro de mollera Donald, que bloquea cada innovación y el dinámico trío, Jorgito, Jaimito y Juanito, que constantemente logra salvar la situación con inteligencia, improvisación y valor.

En la versión original de Walt Disney, el jefe de la empresa, el Tío Gilito, se llama *Uncle Scrooge*. El personaje toma su nombre del tacaño protagonista del célebre cuento de navidad de → Charles Dickens. Pero además, *Uncle Scrooge* comparte en el idioma original inglés las mismas iniciales que los Estados Unidos, United States. Cuando, a finales de los años cuarenta, Carl Barks, el más conocido dibujante y guionista de los estudios de Walt Disney, ideó este personaje, el rico pato nació como la encarnación de la primera potencia económica del mundo, los Estados Unidos.

En contraposición al Tío Gilito, Donald es el eterno perdedor. Es un fracasado, siempre está trabajando, pierde todos los empleos, nunca tiene éxito y siempre está arruinado. Donald personifica el empleado medio que pasa toda su vida deslomándose por la empresa y, a pesar de todo, nunca logra llegar a nada.

Sus tres despiertos sobrinos son los verdaderos héroes de la compañía: cuentan con todas las cualidades que aparecen hoy en las ofertas de puestos de dirección: son sociables, tienen iniciativa propia y flexibilidad, están dispuestos a asumir riesgos y poseen la capacidad de pensar de forma creativa y planificada. Sobre todo, tienen ese maravilloso don que constituye hoy la cualidad favorita de todo jefe de personal: el espíritu de equipo.

Desde los años cuarenta hasta los sesenta, este mundo de patos expandió un mensaje simple y, a la vez, muy politizado. Carl Barks inventó los «Golfos Apandadores» en los tiempos de la Guerra Fría y de la histeria anticomunista de la era de McCarthy. Estos personajes, que tomaron el aspecto de perros enmascarados, representaban a los enemigos (los comunistas), que tenían como objetivo apropiarse del dinero del Tío Gilito (la potencia Estados Unidos). Los cómics de Carl Barks eran historias sobre los todopoderosos Estados Unidos y el éxito del capitalismo.

Uno no da crédito cuando, tras una segunda lectura, descubre la fina sátira que se esconde tras el mensaje políticamente correcto. Las grandes luchas ideológicas entre el capitalismo y el comunismo, que mantuvieron en vilo al mundo hasta finales de los años ochenta, revestían un aspecto completamente cómico en Patolandia: la potencia mundial estaba en manos de un tacaño histérico (el Tío Gilito), que buceaba en sus depósitos de dinero levantando el trasero. La potencia era amenazada por una horda de perros mal afeitados (los Golfos Apandadores).

Frédéric Beigbeder: *13,99 euros* (2000)

De acuerdo con la cosmovisión medieval, todo el universo contenía mensajes. Eran los indicios de la omnipotencia divina. Allá donde uno mirase —hacia abajo, a las plantas, o hacia arriba, a las estrellas— se reconocían las señales de Dios, que en su poder inagotable había grabado cada objeto, y cuya maravillosa grandeza se manifestaba en todos los seres vivos, incluso los más simples.

También el mundo del siglo XXI rebosa mensajes —al menos en la visión que describe el escandaloso autor francés Beigbeder—, pero ya no proceden de Dios, sino de los departamentos creativos de las agencias internacionales de publicidad. Están presentes en todo tiempo y lugar y pueden ser comprendidos por cualquiera. Son del estilo de, por ejemplo: «Porque yo no soy tonto», «La chispa de la vida» o «Porque yo lo valgo». Anuncian la omnipotencia del capitalismo.

De acuerdo con la sombría percepción del autor de nuestra sociedad de bienestar, Dios ha sido sustituido por los productos de consumo masivo. El calendario ya no hará constar los nombres de los santos del día, sino que contará con trescientos sesenta y cinco emblemas publicitarios. Incluso el cielo puede dejar de ser el reino de Dios, desde que Pepsi se ha planteado comprar el color «azul». El famoso aforismo de Descartes sobre el conocimiento humano, «Pienso, luego existo», ha sido reemplazado por «Gasto, luego existo». También las célebres palabras de Hamlet sobre el sentido de la vida, «Ser o no ser», cambian en un mundo donde todo se puede adquirir. Hoy, el monólogo versa sobre «pagar o ser pagado, ésa es la cuestión». En esta sociedad, todo vale lo que cuesta. Por eso la obra de Beigbeder lleva por título su precio de venta al público: *13,99 euros*.

La novela es una sátira amarga sobre el mundo de la publicidad y sobre aquellos que la crean. El propio autor trabajaba como creativo en una reconocida agencia de publicidad parisina y escribió su obra de revelación con el declarado objetivo de ser despedido, lo que efectivamente consiguió. Lo que en esencia «revela» Beigbeder (para aquellos que aún no lo supieran) es que las agencias publicitarias desembolsan ingentes cantidades de dinero para rodar anuncios de treinta segundos de duración sobre yogures de leche desnatada. También relata cómo, en las salas de conferencias de las grandes agencias, se estudian proyectos descerebrados con el mismo esfuerzo y similar secretismo que el empleado en planear el desembarco aliado en Normandía. Describe cómo cada bocado de alimento que ingiere una modelo en el rodaje de un anuncio acaba en un escupidera.

La mayor parte del libro consiste en un ataque despiadado a la sociedad de consumo. El poder mundial está en manos de la publicidad. Las agencias son las centrales de mando del mundo capitalista. Manipulan a los consumidores y se ocupan de que deseen objetos que no precisan. La publicidad inhabilita y destruye las bases de la democracia.

Si hubiera que sintetizar el mensaje de la novela bastaría la fórmula: «la publicidad es el mal». Es culpable de todo: las relaciones rotas, el triunfo de los nazis en los años treinta, la Segunda Guerra Mundial, la decadencia de la civilización, la destrucción del medio ambiente, la arruinada economía de los países no occidentales, el consumo de drogas, la disolución de la identidad, la corrupción, el aumento de los suicidios en las metrópolis europeas, etcétera.

Por supuesto que Beigbeder exagera terriblemente, pero lo hace intencionadamente. Los improperios que pone en boca de su protagonista Octave Parango constituyen una mezcla de puro cinismo e indignación moral. Pero el lector no puede dejar de pensar que los ataques contra la sociedad de consumo se combinan con cierta desesperación, porque proceden de una persona que se sabe en un callejón sin salida.

Cuando, al principio, Beigbeder/Octave proclama que quiere escribir una novela sobre el capitalismo que tendrá como consecuencia su despido, es muy consciente de que puede permitirse ese lujo porque se benefició de este sistema durante años, recibiendo un sueldo mensual que supera con creces el ingreso anual de un empleado corriente (por no hablar de los veinte millones de parados europeos). Resulta asimismo paradójico que esta crítica a la publicidad precise de una cuidadosa y amplia campaña publicitaria para llegar al público.

Uno no puede evadirse fácilmente de la sociedad de consumo. Por eso no resulta extraño que el protagonista sienta cierta repugnancia por sí mismo cuando se enfrenta a las inevitables contradicciones internas. *It's so rousseau* («es tan estilo Rousseau») podrían afirmar los publicistas sobre la novela de Beigbeder, siempre que supieran quién era Rousseau y cuánto tiene que ver con la crítica social y las contradicciones internas.

13,99 euros pertenece a esa clase de literatura que se «debe» leer, sólo porque todos hablan de ella. No es una novela realmente importante, aunque constituye el interesante síntoma de una paradoja de nuestro tiempo. En esta obra se pone de manifiesto la contradicción en la que incurrimos cuando cedemos a la tentación de enjuiciar *moralmente* nuestra sociedad de consumo: de repente sentimos una terrible desazón en medio del confort de la vida agradable.

6
MUJERES

En los años setenta, las feministas vestían con pantalones de peto lilas y se teñían el pelo de rojo. Parece que su aspecto era tan terrible que todavía hoy la gente sale corriendo aterrorizada cuando se pronuncia la palabra «feminista». A esta apariencia se añade que, de pura ira, las feministas mostraban una vehemencia tal que conseguían quitar a cualquiera su buen humor. Poseían una especial susceptibilidad para apreciar ciertos hechos por los que, repentinamente, solían reprochar las actitudes de los hombres ingenuos que sólo trataban de ser *amables*.

Treinta años más tarde: lo que impera son mensajeros en bicicleta que se afeitan las piernas, anuncios publicitarios protagonizados por hombres lavando los platos, «el poder femenino», «padres nuevos» que compran pañales, políticos que se dirigen infatigablemente a *«las vo- tantes»*, mujeres profesionales con hijos, revistas femeninas que cada dos semanas incluyen un artículo especial sobre la carrera profesional y auténticas heroínas en las películas que dejan atrás los papeles de prostitutas o de cadáveres.

Desde el fin de la Segunda Guerra Mundial, el movimiento feminista ha logrado alcanzar algunos objetivos. En la actualidad, las mujeres pueden hacer todo lo que hacen los hombres y, la mayoría de las veces, tienen, además, la oportunidad de hacerlo. No ha habido generaciones de mujeres tan seguras de sí mismas como las de los últimos veinte años. Las mujeres saben lo que quieren, se atreven a decirlo y a llevarlo a cabo.

En ningún terreno resulta hoy tan llamativo el éxito del movimiento feminista como allí donde las mujeres se ríen de sí mismas. Constantemente, se escriben y se leen libros en los que las mujeres narran con humor los problemas de la cotidianeidad femenina. El tono empleado exhala seguridad. La cuestión femenina se presenta libre de preocupaciones. Pero eso no significa que todo vaya bien en todas partes.

El feminismo es mucho más antiguo que las tres décadas que han transcurrido desde los movimientos de mujeres de los años setenta. De hecho, es bastante más antiguo que los cien años que han pasado desde el movimiento sufragista, en torno a 1900. Ya en el siglo XIV algunas mujeres discrepaban con lo que se pensaba y se decía en su tiempo sobre su sexo. Las mujeres no eran la obra mal hecha de la creación, no eran incapaces de pensar y tampoco mejoraban si se les pegaba regularmente, como afirmaba un antiguo refrán inglés: *A woman, a horse and walnut tree, the more they are beaten the better they be* («cuanto más se pegue a una mujer, a un caballo y a un nogal, mejores serán»).

Una de las primeras feministas vivió en la Edad Media. Era la dama de la corte Christine de Pizan, una mujer cultísima que enviudó a los veintitrés años. Vivía en la corte como poetisa y, gracias a sus escritos, consiguió mantener a sus dos hijos y a su madre. Mientras tanto, sus colegas masculinos discutían sobre las diferencias entre hombres y mujeres en un debate científico de gran amplitud (denominado en francés *querelles des femmes*, las «discusiones sobre las mujeres»), tratando de averiguar si las mujeres también eran seres humanos y si había que darles acceso a la educación. Pizan se percató de que las habladurías de sus compañeros masculinos la deprimían terriblemente. Escribió una réplica: *La ciudad de las damas* (1405).

El texto de Pizan representa una ciudad simbólica para las mujeres. La autora erigió con argumentos una fortaleza inexpugnable para proteger la dignidad femenina. Tras esta muralla de palabras, la fuerza moral de las mujeres era inasible. Esta «casa de mujeres» constituía el foro adecuado para que Pizan proclamase, en contra de la opinión común de sus contemporáneos, que era completamente cierto que la mujer no experimentaba placer al ser violada.

Pizan afirmó que las mujeres poseen la misma capacidad intelectual que los hombres. Si disfrutasen de las mismas oportunidades de acceso a la educación, podrían alcanzar iguales logros. Durante los siguientes quinientos años, las feministas repetirían incansablemente la misma reivindicación: educación, educación y más educación para las mujeres. Pero hubo que esperar a las últimas décadas del siglo XX para que fuera natural que niñas y mujeres poseyeran las mismas oportunidades de formarse que niños y hombres. No resulta extraño que las actuales generaciones de mujeres de entre veinte y treinta años no estén especialmente interesadas en el feminismo, puesto que constituyen el primer grupo de mujeres que no tiene que luchar por su derecho a la educación.

La falta de formación de las mujeres implicaba que no podían ejercer ninguna profesión. La mujeres debían casarse y someterse a su marido. Durante mucho tiempo esta jerarquía dentro del matrimonio se justificó con el argumento de que la familia reflejaba al Estado, en miniatura: el hombre gobernaba a su esposa y a sus hijos, como el rey a sus súbditos. Pero, a lo largo del siglo XVII, el antiguo modelo estatal fue sustituido por uno completamente nuevo. El padre intelectual de la democracia moderna, el filósofo inglés → John Locke, demostró que no existía ningún fundamento que legitimase el absolutismo. Las personas debían vincularse voluntariamente a través de un contrato. Esta línea de pensamiento supuso el fin del absolutismo y la creación paulatina de los Estados liberales y democráticos. Mientras Locke proclamaba la libertad política del individuo, la inglesa Mary Astell se preguntaba la razón por la cual dentro del matrimonio seguían vigentes unas ideas que habían sido declaradas injustas para la organización estatal: esto es, la subordinación de la mujer al hombre. Sobre esta cuestión escribió su obra *Reflections on marriage* (Reflexiones sobre el matrimonio, 1700).

La madre del feminismo moderno nació en el siglo XVIII. Se trata de la inglesa → Mary Wollstonecraft. También ella fue una ardiente defensora de la opinión de que las niñas debían recibir la misma educación que sus hermanos. Las mujeres nacían como seres humanos, pero eran formadas para ser tontas mujercitas, escribió Wollstonecraft en una época en la que se consideraban cualidades especialmente femeninas la coquetería, la sensibilidad y el desamparo.

Wollstonecraft se distinguía de sus predecesoras en un punto esencial. Todas ellas habían postulado el derecho de la mujer a la educación y a un tratamiento digno dentro del matrimonio, utilizando el argumento de que tales reivindicaciones respondían a mandatos morales y cristianos. Wollstonecraft propugnaba los *derechos políticos arraigados* de la mujer. Cuando escribió su → *Vindicación de los derechos de la mujer* (1792), hacía tiempo que los filósofos de la Ilustración habían declarado que todos los seres humanos eran libres y disfrutaban de los mismos derechos. Poco después se produjeron los dos grandes acontecimientos políticos de la historia de la democracia: la proclamación de los derechos humanos, al tiempo de la fundación de los Estados Unidos, en 1776, y la declaración de los derechos del hombre y del ciudadano por parte de la Asamblea Nacional de la Revolución Francesa, en 1789.

Sin embargo, estos derechos no eran aplicables a las mujeres. La francesa Olympe de Gouges intentó cambiar esta situación en 1791, redactando, como contrapartida, la *Declaración de los derechos de la mujer y de la ciudadana*. Los primeros años de la Revolución Francesa fueron relativamente favorables a las mujeres, que también participaron en la lucha por la libertad. Pero esta situación cambió radicalmente con el gobierno del terror de Robespierre. A partir de entonces se declaró oficialmente que las mujeres nada tenían que hacer en la vida pública. Del mismo modo que otras víctimas de la tiranía, De Gouges murió en la guillotina.

En la Inglaterra del siglo XVIII, se reconocía al hombre la posibilidad de encerrar a su esposa en un manicomio, aunque ella estuviera en sus cabales. También podía separarla de sus hijos, agredirla físicamente, cometer adulterio o dilapidar su fortuna sin que la mujer pudiera defenderse ante la ley. Naturalmente, el adulterio de la mujer permitía al marido solicitar el divorcio, mientras que el adulterio del hombre no constituía motivo de disolución del matrimonio. Wollstonecraft afirmó que las mujeres eran las *outlaws* («fuera de la ley») del mundo: personas que carecían de derechos civiles.

A partir de entonces y durante los ciento veinte años siguientes, la enorme tarea del movimiento feminista consistió en luchar por cambiar esta situación. La labor comenzó en Inglaterra, ya que en este país se daban las condiciones más favorables para la protesta organizada de las mujeres. Pese a las desoladoras disposiciones jurídicas sobre el género femenino, Inglaterra era la nación más liberal y moderna de Europa.

Este movimiento reclamó el derecho de voto para las mujeres. Comenzó de forma vacilante, a mediados del siglo XIX, cuando Harriet Taylor Mill publicó su ensayo *The Enfranchisement of Women* (La concesión del voto a las mujeres, 1851). Poco a poco, la crítica social exquisitamente manifestada por algunas mujeres educadas de la burguesía se convirtió en un torrente de ira pura.

A principios del siglo XX, el movimiento por los derechos de la mujer había obtenido varios logros, pero no el derecho a votar. Como ocurre con frecuencia, cuando la meta parece cercana, se agota la paciencia. En este caso, el hartazgo dio lugar a la formación de grupos de «sufragistas», que constituyeron una rama militante. Valientes mujeres continuaban con sus discursos frente a muchedumbres vociferantes, mientras volaban huevos y verdura podrida en dirección al estrado. Simultáneamente, algunas luchadoras se agruparon en torno a la sufragista Emmeline Pankhurst y comenzaron a utilizar la violencia. Rompían ventanas, vertían sustancias pegajosas en los buzones de correos, cortaban cables telefónicos y pintaban las palabras *Votes for women* («Voto para las mujeres»), segando el inmaculado césped de los campos de golf. Si resultaban detenidas, se declaraban en huelga de hambre. Las autoridades ordenaban su alimentación forzosa, introduciéndoles gruesos tubos por la nariz, a cincuenta centímetros de profundidad, hasta alcanzar el esófago.

Cuando estalló la Primera Guerra Mundial, las mujeres no disfrutaban aún del derecho a voto. No deja de ser irónico que la manera en que se probaron las británicas durante la contienda contribuyera a que la opinión pública cambiara al término de la misma. En 1918 obtuvieron el derecho a voto en Inglaterra las mujeres mayores de treinta años. Diez años más tarde, en 1928, su derecho al voto fue equiparado al de los varones, estableciéndose la edad mínima a los veintiún años para ambos sexos. En Australia habían conseguido el pleno derecho al voto ya en 1902; en la Unión Soviética, en 1917; en Alemania, en 1919; en los Estados Unidos, en 1920. España introdujo el voto femenino en la Constitución de 1931. En Francia hubo que esperar al final de la Segunda Guerra Mundial, hasta 1946.

La segunda gran ola del movimiento feminista comenzó en los años sesenta. Se originó cuando las mujeres advirtieron que, si bien sobre el papel tenían los mismos derechos que los hombres, en la vida cotidiana no existía tal igualdad. Las mujeres todavía dependían de los hombres en todos los aspectos de su vida: los hombres decidían en los colegios y en las universidades sobre su educación; en la vida laboral, sobre su carrera; en los hospitales y en los juzgados, sobre su cuerpo y en las casas, sobre el lugar en el que debían colocar las pantuflas.

En los años sesenta y setenta las feministas tuvieron un protagonismo aun mayor. Se organizaron en grupos formados exclusivamente por mujeres y se procuraron sus propias instituciones públicas. Crearon zonas vedadas a los hombres, centros de mujeres, grupos de autoayuda y medios de comunicación para hacer pública la realidad femenina, como *Emma*, la revista mensual fundada por la feminista alemana → Alice Schwarzer. Sacaron a la luz temas «inabordables», confinados hasta ese momento a una suerte de tierra de nadie social, como la menstruación, los métodos anticonceptivos, el orgasmo, el aborto o la violación. (Un ejemplo muy sonado fue el artículo de la revista alemana *Stern* en el que trescientas mujeres declararon: «He abortado».) Es posible que las feministas de los años setenta vistieran pantalones de peto lilas y se tiñeran el pelo de rojo. Pero lo principal es que se ocuparon de que las mujeres estuvieran tan seguras de sí mismas, que a principios del siglo XXI la idea del feminismo les parece tan poco apetecible como un café frío.

Mary Wollstonecraft:
Vindicación de los derechos de la mujer (1792)

Mary Wollstonecraft era una mujer moderna que deseaba vivir todas las oportunidades que ofrecía el mundo. Tenía pretensiones que ella misma podía colmar, como ser independiente. A los treinta y dos años se convirtió en la mujer más célebre de Europa de la noche a la mañana. Deseaba poder mostrar sus sentimientos y, cuando se enamoraba de un hombre, derribaba literalmente su puerta.

Wollstonecraft quería algo imposible para una mujer del siglo XVIII: una vida independiente para decidir por sí misma. A los quince años decidió que no se casaría nunca tras ver cómo la frustración profesional de su padre se convertía en agresión hacia su madre. En el siglo XVIII, la mujer casada poseía los mismos derechos que un niño: no podía disponer del dinero que había aportado al matrimonio, no tenía derechos sobre los hijos y la ley le negaba cualquier posibilidad de demandar a su marido si abandonaba el hogar por malos tratos.

Wollstonecraft sufragó durante toda su vida gastos de familiares o de amigos empobrecidos. Empezó a ganarse el sustento a los diecinueve años, convirtiéndose en la dama de compañía de una viuda rica. Dos años más tarde abrió una escuela que funcionó bien en sus comienzos, aunque finalmente tuvo que cerrar. Wollstonecraft escribió entonces su primer libro sobre la educación de las hijas. En esta obra concluía —como más adelante en su libro más célebre— que las mujeres carecían de cualquier posibilidad de llevar una vida independiente porque no tenían la oportunidad de ejercer ninguna profesión.

El año siguiente, Wollstonecraft aprendió lo que significaba trabajar y, no obstante, seguir siendo dependiente. Fue cuando comenzó a trabajar de institutriz en casa de un aristócrata irlandés. Era el camino profesional más común y, a la vez, el más odiado de las mujeres solteras que poseían cierta educación. No cabe la menor duda de que la gobernanta era la persona más solitaria y menos libre en un hogar señorial. Demasiado cultivada para formar parte de la servidumbre, y, por su labor como institutriz de los hijos, demasiado cercana a la familia para ser tratada como una simple empleada, tampoco podía integrarse plenamente en la familia por su carácter de empleada asalariada del hogar.

Cuando Wollstonecraft abandonó Irlanda, se dirigió a Londres. En los meses siguientes se convirtió en un personaje público. Participó en los vivos debates políticos que provocó en Inglaterra el estallido de la Revolución Francesa. Escribió su conocido «Manifiesto del feminismo»: *Vindicación de los derechos de la mujer*. La obra fue acogida con una mezcla de espanto y entusiasmo y, con algo más de treinta años, Wollstonecraft se convirtió en una mujer célebre.

Su vida privada fue agitada y nada convencional. Un desamor la llevó a huir a la revolucionaria Francia y allí conoció al gran amor de su vida: el estadounidense Gilbert Imlay. Con gran escándalo de sus contemporáneos, Wollstonecraft engendró a su primera hija sin estar casada con Imlay. Pasado un tiempo, mantener a su lado a esa inteligentísima mujer —que constantemente quería cambiar el mundo— fue demasiado esfuerzo para el estadounidense. Cuando Wollstonecraft se enteró de que Imlay tenía una nueva amante, arregló a toda prisa el futuro de su pequeña hija y se lanzó de noche al río Támesis, con la intención de quitarse la vida nadando a contracorriente. Unos marineros la sacaron inconsciente del agua.

Unos meses más tarde conoció al filósofo inglés William Godwin. Se casó con él embarazada de su segunda hija. Wollstonecraft apenas sobrevivió unos días al parto. La niña fue bautizada con el nombre de su madre y se convirtió en la autora de uno de los clásicos más conocidos de la literatura popular: → *Frankenstein*.

Wollstonecraft escribió la *Vindicación de los derechos de la mujer* en seis semanas. La idea básica del texto es la que sigue: las mujeres (como los hombres) nacen como seres racionales, pero son educadas como muñecas estúpidas. Algunas feministas modernas se irritan por el hecho de que Wollstonecraft nunca mostró demasiada solidaridad con las mujeres. Pero es necesario saber que escribió su obra en un momento en el que el papel de la mujer consistía básicamente en lograr la perfección de la inactividad. En las clases medias, la familia se había convertido en un espacio sin trabajo. Muchas mujeres jóvenes permanecían literalmente sentadas en sus casas, tocaban el piano, pintaban acuarelas, se contemplaban en el espejo o miraban por la ventana y esperaban que pasara alguien que les hiciera la corte.

Si la sociedad consideraba incapaces e inmaduras a las mujeres, ello era debido a que se estupidizaba sistemáticamente a las niñas, afirmó Wollstonecraft. En vez de aprender a utilizar su razón, las hijas de la burguesía eran formadas para ser bellas, agradables y animadas. Concluyó con desesperación que la mujer era el juguete del hombre: un instrumento que tiene que sonar cuando el varón desea ser entretenido.

La autora dirigió sus ataques sobre todo contra → Rousseau. El autor había escrito un capítulo referido a la formación de las niñas en su libro sobre educación de los niños, → *Emilio*. Para Rousseau, Sophie constituye el prototipo ideal de esposa y la aberrante visión de cada hombre pensante: es una criatura paciente, pasiva y adaptable. Dado que es demasiado débil para no quebrarse inmediatamente por el peso de una idea que ella misma ha elaborado, la voz de la naturaleza le susurra al oído que es mejor que deje la actividad de pensar en manos de los hombres.

Wollstonecraft dijo que ninguna sociedad se beneficia del hecho de que sus mujeres malgasten todo su ingenio a seducir a los hombres. Educar a las niñas para convertirlas en seres racionales resulta, entonces, conveniente para el interés general. Sólo una persona independiente y segura de sí misma es un miembro útil para una sociedad. Wollstonecraft demandó derechos y obligaciones civiles para las mujeres. Predijo que en el futuro las mujeres formarían parte de los gobiernos (hizo el comentario de que los incrédulos podían reírse tranquilamente de esta idea). También propuso el papel social de las mujeres en la vida cotidiana: serían útiles como médicas, comadronas o enfermeras. Las mujeres podrían dedicarse a la política, ser empresarias, trabajar en la agricultura o dirigir un negocio. En suma, reclamaba oportunidades para las mujeres en la vida laboral pública.

Sin embargo, la autora no tenía dudas de que la mayoría de las mujeres seguirían siendo esposas y madres. Tampoco es perjudicial que mujeres reflexivas y responsables eduquen a los niños, puesto que de ello se beneficia toda la sociedad. Wollstonecraft consideraba el rol de madre como parte de la identidad femenina. En sus cartas se lee cuán increíblemente satisfactorios eran para ella los momentos que pasaba con su hija. Aunque también advertía que una mujer con hijos tendría menos oportunidades de escribir obras relevantes o de hacer grandes descubrimientos que una sin hijos. Efectivamente, durante más de doscientos años, muchas escritoras e investigadoras han disimulado su imagen de madres para poder trabajar. A principios del siglo XXI no se ha resuelto aún esta cuestión: ¿cómo lograr las condiciones necesarias para al fin conciliar el derecho de la mujer a su feminidad con su derecho a ejercer un papel público?

En 1929, la gran escritora y feminista → Virginia Woolf escribió en su ensayo *Un cuarto propio* que todas las mujeres deben estar agradecidas a las predecesoras que les abrieron el camino para poder ser personas libres, seguras de sí mismas e independientes. Woolf propuso que todas las mujeres colocaran flores ante la tumba de la primera escritora inglesa, Aphra Behn, en la Abadía de Westminster en Londres. Si todavía le queda algo de tiempo y pasa por una floristería, debe saber que los restos de Mary Wollstonecraft se encuentran en el cementerio de la iglesia de Saint Pancras. Si viaja en metro hasta allí, la mejor forma de llegar es tomando la línea Northern line hasta la estación de Euston.

Virginia Woolf: *Un cuarto propio* (1929)

Almuerzo en un venerable colegio mayor en Cambridge: el decano y los profesores se reúnen en una gran sala del siglo XV revestida de madera. De las paredes cuelgan espléndidos retratos de célebres alumnos licenciados en los últimos cuatrocientos años. Se sirve lenguado gratinado con crema de nata, a continuación, perdices tiernas con patatas doradas y coles de Bruselas y, de postre, un delicado pastel. Para beber se ofrecen vinos selectos.

Cena en una moderna universidad de mujeres. El ágape comienza con una ligera sopa de caldo, seguida de carne de buey, patatas y coles de Bruselas y, para terminar, ciruelas pasas con salsa de vainilla. Se bebe agua.

Con la descripción de estas dos experiencias culinarias comienza el ensayo *Un cuarto propio*, escrito por Virginia Woolf. En el contraste entre los dos placeres gastronómicos —un exquisito banquete entre viejas paredes frente a una colación poco elaborada en un comedor universitario— la autora despliega todo el universo de diferencias de la vida de mujeres y hombres. Los hombres poseen dinero, tradición, prestigio y poder. Las mujeres carecen de todo ello.

¿Por qué existió tan poca creatividad femenina en el pasado? ¿Por qué no hubo escritoras, poetisas o filósofas? ¿Por qué fueron tan pocas las mujeres que participaron en la «vida intelectual»? En contraposición a los eruditos que durante siglos habían arrojado su inmundicia teórica sobre la innata lentitud de comprensión de los «incompletos seres femeninos», Woolf escribió que el hecho de que las mujeres hubieran representado en la historia un papel tan limitado se debía a que siempre carecieron de dos cosas: su dinero particular y un cuarto propio. El que no dispone de dinero es dependiente y carece de prestigio y de poder. El que no tiene un cuarto propio al que poder retirarse no disfruta de una esfera privada. Él o ella carecen de la tranquilidad y el asilamiento necesario para poder pensar y escribir.

El ensayo de Woolf es una obra de arte de pulido estilo. Brillan ahí las facetas más diversas: contextos históricos y experiencias personales, anécdotas y estados de ánimo, seriedad y humor, objetividad y puro sarcasmo. Ocasionalmente se puede entrever la ira de la distinguida escritora, pese a haber sido educada para reprimir sus sentimientos.

¿Dónde están las mujeres en la historia?, se preguntó Woolf medio siglo antes de que profesoras y estudiantes comenzaran, en la década de los ochenta, a redescubrir a mujeres olvidadas. Cuando Woolf acudía en 1928 a la Biblioteca Británica para leer algo sobre las mujeres, no existían las actuales y extensas estanterías repletas de libros de investigación sobre la mujer. La autora inglesa encontró una pila de oscuras obras sobre la «entidad de la mujer», en las que pequeños hombres se habían explayado sobre la inferioridad de la hembra. Las mujeres habían sido durante años el espejo mágico de los hombres, en el que éstos podían reflejarse al doble de su tamaño real, escribió Woolf cínicamente. Con un tono hostil, la escritora recuerda que Napoleón y Mussolini eran probados misóginos (y pequeños «grandes» hombres de la historia universal).

Irritada, Woolf hace resurgir ante su mirada intelectual al horrible «Profesor X», que trabaja laboriosamente en un estudio sobre la inferioridad de la mujer. Nadie desea para sí que un hombre con rostro enrojecido y que resopla al respirar le espete que es inferior a él. Además ¿qué resulta más interesante, la historia de la emancipación de la mujer o la historia de cómo el hombre impidió su liberación?

¿Qué hubiera sucedido si → Shakespeare hubiese tenido una hermana con tanto talento como él? Woolf planteó esta hipótesis en el famoso pasaje sobre *Shakespeare's sister* («La hermana de Shakespeare»). Supongamos que William hubiese tenido una hermana llamada Judith con una cabeza rebosante de ideas. Podría haber creado un universo de personajes llenos de vida, tal como hizo su hermano. Pero Judith no fue enviada al colegio. Mientas William leía clásicos latinos, a Judith le ponían unos calcetines agujereados en las manos y le decían: «Zúrcelos y cuida de que la sopa no se pase, y haz el favor de dejar todas esas tonterías de los libros». A los dieciséis años quisieron casarla con el vecino, un comerciante de lanas. Como Judith se negó, recibió una buena tunda de su padre, para empezar. Esa misma noche empaquetó sus cosas en un hatillo y huyó de casa, se dirigió a Londres. Quería ser actriz, pero se rieron de ella. «Mujeres sobre el escenario, ¡hasta donde vamos a llegar!», refunfuñó indignada la gente del teatro y, a su modo, con razón, porque en los tiempos de Shakespeare todos los papeles, incluyendo los femeninos, eran interpretados por hombres y muchachos. Uno de ellos aceptó a Judith, que pronto quedó embarazada. Se quitó la vida y fue enterrada en tierra sin consagrar. Ésta era la historia que la cultura europea preveía para una mujer con un talento extraordinario. *Shakespeare's sister* se ha convertido en una definición literal para expresar lo que no podía producirse de ninguna manera en la cultura europea: un genio femenino.

→ Jane Austen era un genio, nos recuerda Woolf. No tenía un cuarto propio, pero logró componer algunas de las mejores novelas de la literatura universal. Jane Austen escribía en una mesa minúscula en el salón de la familia. Cuando recibían visitas tenía que interrumpir su trabajo. Exceptuando a su familia, nadie sabía que era escritora, porque no era conveniente que una mujer se diera a conocer públicamente como tal. Si llegaban huéspedes, Austen ocultaba rápidamente sus manuscritos bajo papel secante. Una puerta chirriante servía como sistema de alarma y, según dicen, Austen se ocupó de que nunca le pusiesen aceite.

Tras la lectura del ensayo, uno se pregunta: ¿Puede ofrecer la literatura universal el caso de algún hombre que hubiera sido capaz de escribir una novela como → *Pride and Prejudice (Orgullo y prejuicio)* mientras su hermana hace ruido con las tazas de té y su suegra asoma la cabeza por la puerta para traer el muestrario de los nuevos diseños de sombreros de Londres?

Simone de Beauvoir: *El segundo sexo* (1949)

El segundo sexo fue la obra feminista más influyente del siglo XX. Cuando su autora murió, en 1986, las necrológicas calificaron al libro de «Biblia del feminismo» y a Simone de Beauvoir de «Suma sacerdotisa del movimiento de las mujeres» o de «Madre del feminismo». Sin embargo, al ser publicado en 1949, casi cuarenta años antes, había recibido un aluvión de críticas indignadas y destructivas. Aunque abría un nuevo mundo en los atildados cuartos de las hijas de la burguesía, ataviadas con sus vestidos camiseros. Leer *El segundo sexo* era, en palabras de una feminista nostálgica, como si a una le creciesen alas.

La idea fundamental del libro no constituía, en realidad, ninguna novedad. La frase más citada de la obra es: «las mujeres no nacen, se hacen». Esto ya lo había dicho → Wollstonecraft con otras palabras. Lo que resulta original y brillante es el modo distante y sistemático con el que Beauvoir expuso en qué ámbitos y de qué manera estaban sometidas las mujeres en un mundo dominado por los hombres. La autora estudió exhaustivamente lo que significaba ser mujer en la cultura occidental: investigó los aspectos mujer y cuerpo, mujer e historia, el mito de la «mujer» y la vida cotidiana de la mujer.

La relación entre mujeres y hombres era completamente asimétrica en todos los ámbitos. Las mujeres padecían falta de libertad, dependencia y no decidían por ellas mismas. El rasero por el que se juzgaba todo era siempre el masculino. Lo femenino era «lo otro», «lo segundo». «Lo otro» («lo femenino») suponía una desviación de lo normal. «Lo otro» eran los miedos y fantasías que hay que limitar o someter al punto de vista masculino. Las mujeres no eran sujetos sino objetos que no se definían por sí mismas, sino por la visión y los valores de los hombres. La cultura dominada por los hombres convirtió a las mujeres en seres sometidos económica, política, física, jurídica e históricamente.

La obra de Beauvoir abrió camino y logró crear una conciencia femenina como ningún otro texto anterior. En los años noventa, la revista femenina *Elle* preguntó a eminentes mujeres francesas qué significaba Simone de Beauvoir para ellas. Una alabanza aventajó a todas las demás respuestas: De Beauvoir despertó a miles de mujeres, fue su confidente y su profesora, allanó el camino a las generaciones venideras. Todas las mujeres modernas le debían a ella todo cuanto habían alcanzado.

Al leer hoy las mil páginas de *El segundo sexo*, uno tiene la impresión de estar frente a un dinosaurio. La mayor parte de lo que la autora relata sobre la pasividad y la renuncia de las mujeres, su ignorancia sexual, su relación con el propio cuerpo, su papel en el matrimonio y el embarazo suena a época inmemorial, muy lejana en el pasado. Se debe a que la autora describe la conciencia sobre sí mismas en las condiciones del siglo XIX (y en cuanto al sentimiento sobre el cuerpo o a la propia percepción éstas eran catastróficas).

Y es que a principios de los años cincuenta todavía no había acabado el siglo XIX, al menos en lo que a la cuestión sexual se refiere. Beauvoir demostró hasta qué punto la experiencia con el propio cuerpo está relacionada con la idea de la «minusvalía» de la mujer, una idea profundamente arraigada en la cultura. Si la tradición identificaba a la mujer exclusivamente con su capacidad de traer hijos al mundo, ella acababa identificándose inevitablemente con su cuerpo. Tradicionalmente, además, la mujer vivía su cuerpo únicamente como un organismo receptor pasivo, como un objeto sometido a los dictados de la naturaleza. La mujer era su cuerpo, pero éste le era ajeno. Había que soportar pasivamente sus funciones biológicas. Resulta paradójico que si bien se equipaba a la mujer con su cuerpo, éste no era ella misma. El cuerpo constituía, en cambio, una carga que generaciones de mujeres experimentaron como vergüenza, miedo y dolor. El inicio de la menstruación se vivía con repugnancia; la pérdida de la virginidad, con violencia; el coito, con repulsión; el embarazo, con miedo y la maternidad, con autosacrificio.

Felizmente, los tiempos en los que miles de mujeres jóvenes llegaban ignorantes a la noche de bodas en la que prácticamente eran violadas son historia. (En un caso mencionado por Beauvoir, una esposa totalmente desprevenida y asustada creyó que su marido estaba loco). También pertenece al pasado la época en la que se percibía el cuerpo femenino como un obstáculo que impedía el autodescumbrimiento y el del mundo.

El segundo sexo sigue siendo una obra impactante. Pero ya no tiene nada que enseñar a las mujeres de veinte años sobre la conciencia de sí mismas. Sin embargo, constituye el grandioso documento de todo lo que ha cambiado para las mujeres en los últimos cincuenta años.

Germaine Greer: *La mujer eunuco* (1970)

La frase más irreverente y atrevida de todo el movimiento feminista pertenece a Germaine Greer: «Si crees que estás emancipada, prueba tu propia sangre menstrual. Si te pones enferma, es que todavía te queda un largo camino por recorrer, tesoro».

Un cosa está clara: el tono empleado en *La mujer eunuco* es radical, altisonante, irrespetuoso y provocativo. La antigua alumna de un colegio de monjas que recomendaba el sexo en grupo y que engañó a su marido siete veces en las tres semanas que duró su matrimonio, se convirtió en una estrella en los medios de comunicación internacionales con la publicación de esta obra. En Inglaterra, hubo círculos en los que no se hablaba de otro asunto. Parece que algunas mujeres tenían que esconder su ejemplar en el armario de los zapatos para eludir la prohibición de su marido y poder leerlo (casos en que el autoaprendizaje feminista se demuestra especialmente necesario).

Greer proclamó que las mujeres *nacían como tales,* pero que su feminidad se «castraba» con el tiempo. Se obligaba a las mujeres a ignorar su sexualidad y a ocultarla. De esta manera se convertían en «mujeres eunuco». Greer enumeraba una desbordante cantidad de situaciones, inadmisibles en la vida cotidiana de la mujer: sexualidad tutelada, violencia, imposición de un modelo de belleza en los medios de comunicación, etcétera. Realizó un llamamiento para que las mujeres combatieran los dictados de la cosmética que convierte sus cuerpos en figuras depiladas, inodoras y de suaves curvas, de las que se han extirpado todos los signos del envejecimiento. Se aseguró de causar alboroto con la frase «las mujeres no tienen ni idea de cuánto las odian los hombres» y atacó el potencial violento de la sexualidad masculina. Insistía en reclamar la autorrealización sexual de la mujer y afirmó que el matrimonio por amor era una tontería sentimental.

La autora fue la precursora del poder de la mujer: sexy, inteligente y sin miedo. Con la penetrante mirada de un ave rapaz, Greer sobrevuela el amplio paisaje de las desventajas y opresiones femeninas y, de repente, se lanza en picado sobre sus desprevenidas víctimas, ante lo cual una se pone a cubierto, asustada, incluso sin ser consciente de culpa alguna.

La contribución de Greer al feminismo es un ejemplo de que si se desea lograr algo, a veces es necesario apuntar más allá del objetivo. La ira que desprende *La mujer eunuco* también puede llegar a ser historia.

Alice Schwarzer: *La pequeña diferencia* (1975)

En 1975, Alice Schwarzer ilustró las consecuencias de la pretendida «liberación sexual». Realizó catorce entrevistas individuales con mujeres de todas las clases y de diferentes edades y, con ellas, demostró que, para las entrevistadas, la vida matrimonial y, sobre todo, la sexual, equivalían a una privación de libertad. Rápidamente se desveló que esto no sucedía únicamente en los dormitorios alemanes, sino en los de toda Europa. La obra se convirtió en un best seller internacional y es que el tema que documentaba tocaba un punto sensible de entonces.

El libro animó a innumerables mujeres de Alemania y Francia a constituir «grupos de autoayuda», una forma de asociación desconocida hasta la fecha. La autora explicaba, en un apéndice de su obra, en qué consistían exactamente estas organizaciones.

En los años sesenta la píldora entró en el mercado y, de la noche a la mañana, fue posible una sexualidad completamente distinta. Sin embargo, ni hombres ni mujeres lograron modificar consecuentemente sus roles sexuales. En su lugar nacieron nuevas ilusiones. Los hombres creyeron que al estar liberadas del miedo al embarazo, las mujeres no sólo estarían disponibles para practicar el sexo en todo momento, sino que además así lo *desearían*. Las mujeres soñaron con poder hacer realidad su aspiración de decidir libremente sobre el número de hijos que querían tener y también sobre su vida. Pero ni la gris cotidianeidad del matrimonio ni las concepciones tradicionales del hombre y de la mujer iban a desaparecer tan fácilmente a causa de una pequeña pastilla.

Schwarzer documentó la espantosa realidad de los dormitorios: amas de casa profundamente aburridas vegetaban ante la monotonía emocional. Estudiantes con ideas emancipadas intentaban aclarar sus necesidades a sus asustados novios. Chicas que se resignaban a perder la virginidad de una forma deplorablemente insensible y que presumían (no del todo equivocadas) que aquél era el proceder habitual. Puertas afuera del dormitorio tampoco existía un panorama mucho mejor: mujeres casadas que consideraban utópico poder realizar su deseo de tener un empleo de media jornada y que apenas lograban reunir el valor de expresar lo que realmente querían.

El sostenido tono pedagógico de la obra resulta hoy casi insoportable, pero si uno echa un vistazo a su contenido puede percatarse de que ha valido la pena. El mundo de la pareja y del matrimonio que describe Schwarzer apenas se encuentra hoy, al menos públicamente.

El registro didáctico en el debate de género resulta en la actualidad completamente anticuado: los medios de comunicación son más bien reacios al tratamiento pedagógico de estos conceptos de superación femenina. Los hombres están hartos de dejarse indicar por las mujeres cómo han de comportarse en la cocina o en la cama, y vuelven a atreverse a decir: «los hombres somos así». Esto tiene un efecto relajante y, tras varios años de publicidad mostrando a padres probando detergentes, los hombres pueden declarar que les aburren infinitamente las tareas de limpieza. La utopía de los años setenta acerca de la reeducación total de los sexos se ha revertido. Pero esta rigurosa actitud antipedagógica no significa que la cuestión esté cerrada. Los hombres y las mujeres *han* aprendido muchas cosas en los últimos veinticinco años. Si alguien lo duda, no tiene más que echar de nuevo un vistazo a *La pequeña diferencia*.

7
CIVILIZACIÓN

Cuando la puerta se abre ante usted, le basta una rápida ojeada para advertir que ya hay otras cuatro personas dentro del ascensor. No hay mucho espacio, pues. Pero si los demás retrocediesen un poco, es posible que usted también pudiera entrar.

Entonces comienza un juego mágico. Como si los participantes se hubiesen puesto de acuerdo con anterioridad y la escena hubiese sido ensayada cientos de veces, cada uno se desplaza al lugar adecuado. El hombre del fondo a la derecha empuja las bolsas del supermercado un poco hacia un lado, la mujer que está ante él da un paso atrás con cuidado para no aplastarle con su mochila. De esta manera, se ha hecho sitio, usted entra y las puertas se cierran. Todo este proceso se desarrolla sin intercambiar palabra, casi sin contacto visual y sin ningún contacto corporal, pese a que el espacio es muy escaso. Nadie ha dicho: «Señorita, ¿le importaría acercarse un poco más a mí para hacer sitio a los demás?». A ninguno de los presentes se le ha ocurrido plantarse frente a usted y negarse a que entre: «Aquí ya no hay sitio».

En el siguiente piso desciende el hombre de las bolsas del supermercado. El resto de los pasajeros deduce sus intenciones por sus movimientos: se agacha para agarrar las bolsas con las manos. La mujer de la mochila se inclina un poco hacia un lado y también usted debe apartarse para facilitarle la salida del ascensor. Un nuevo pasajero entra y comienzan otra vez los desplazamientos certeros y discretos hasta que todos están en el sitio correcto.

Pero ¿qué es esto? ¡El recién llegado apesta a sudor! Pero nadie exclama: «¡Buf! ¿Podría usted cambiarse la camisa de vez en cuando?». Nadie se tapa la nariz demostrando su opinión con un gesto elocuente. Ambas conductas resultarían de peor gusto que el olor corporal más penetrante y, por ello, nadie deja traslucir su opinión.

Los viajes en ascensor son episodios en los que personas totalmente desconocidas se apiñan en un espacio muy reducido. En realidad, este hecho debería llevar a situaciones especialmente conflictivas, pero sucede justo lo contrario. Cualquiera que suba a un ascensor puede confiar en que estos encuentros con extraños en un sitio muy pequeño transcurrirán sin roces y con discreción (siempre que no falle la técnica, claro). Por eso el viaje en un ascensor constituye el ejemplo perfecto de la civilización occidental. No es ninguna casualidad que esta civilización se desarrollase desde los comienzos de la Edad Moderna, tal como lo ha expuesto → Norbert Elias, para organizar un trato tolerable con desconocidos en espacios relativamente estrechos.

Desde que los caballeros abandonaron sus castillos en el siglo XV y tuvieron que aprender modales para vivir en la corte real, la civilización occidental separa el comportamiento personal del impersonal. La división afecta a todas las personas civilizadas, que tienen dos facetas: el auténtico yo y su papel social. El proceder «civilizado» supone el no imponer ni importunar a nadie con nuestros requerimientos más personales. En su lugar existen las convenciones, los modales, la cortesía, el autocontrol, la etiqueta y muchas otras reglas que regulan el trato entre las personas. Captamos la mayoría de ellas sin ser plenamente conscientes, y las dominamos sin tener que pararnos a pensar.

La cotidianeidad civilizada se compone de innumerables escenas aprendidas y convenidas, aunque no reparemos en la dramaturgia diaria. ¿O ya había advertido que en los viajes en ascensor participa en un guión sin texto pero con una lograda coreografía, en la que los viajeros asumen sucesivamente los papeles de recién llegados, pasajeros y, finalmente, los que abandonan el escenario? No. Eso es la civilización: la cotidianeidad como una obra de teatro que transcurre rutinariamente, sin que se note que es una representación. En la mayoría de los casos, la vida diaria civilizada ocurre sin contratiempos, de manera que nadie advierte —ni los participantes ni los espectadores— que constantemente asume un papel en pequeñas escenificaciones.

El viaje en ascensor es el ejemplo clásico de esta «civilizada» simultaneidad de puesta en escena y casualidad. Si alguien pudiera contemplar desde arriba la cabina de un ascensor, se sorprendería, en un primer momento, de la facilidad con que se desplazan los pasajeros de un lado a otro sin chocar entre sí. Pero, al cabo de un rato, se percataría de que lo que parece tan sencillo debe de ser el resultado de un acuerdo mudo, ya que se repite siempre. Realmente existe un guión y su título es: Civilización.

A diferencia de un ascensor «de verdad», el viaje en la civilización carece de señalizaciones de las diversas paradas. Este hecho resulta indiferente a muchos, porque la mayoría de las personas pretende pasar toda su vida en esa travesía civilizada, no tiene la menor intención de «descender» jamás.

Pero suele haber pasajeros que repentinamente provocan la agitación de sus compañeros de viaje exclamando: «¡Nuestro civilizado viaje está retrocediendo!». El más célebre de estos agitadores, cuyo mensaje reverbera hasta nuestros días, fue → Jean Jacques Rousseau, que, con su crítica de la civilización, apuntó directamente a su núcleo: al hecho de que ésta distinguiese entre identidad y rol social. Rousseau (que, por cierto, odiaba el teatro) es el progenitor intelectual de todas las posiciones críticas con la civilización de la sociedad moderna, las que reprueban la pérdida de la autenticidad: el pensador incorporó a la cultura europea el sueño de la «autorrealización», el anhelo de poder ser «finalmente, yo mismo», el sufrimiento por la «alineación» y la aspiración de liberarse de las «trabas sociales». Rousseau contrapone la naturaleza al mundo civilizado.

Mientras el ascensor de la civilización hace escala en una suerte de jardín rousseauniano, se alcanza el año 1900. Entonces se hace evidente que no existen indicaciones de las distintas paradas en el viaje de la civilización, ya que repentinamente se escuchan, de forma simultánea, dos consignas provenientes de dos direcciones distintas: «¡Hacia abajo, señores!» y «¡Hacia arriba, señores!».

La confusión se debe a que, entre tanto, el ascensor de la civilización va cada vez más deprisa y algunos pasajeros se marean. Otros palidecen o se convierten en artistas. Se les explica que serían víctimas de una enfermedad de la civilización: la *decadencia*.

El crítico conservador Oswald Spengler anunció que *La decadencia de Occidente* (1918-1922) era inminente. Para los que eran pesimistas de la cultura, la decadencia representaba un síntoma de la pérdida de vitalidad. Se le dio el muesli del Dr. Bircher[*] a la juventud y se le aconsejó que se hiciera fuerte corriendo desnuda por praderas húmedas. En cambio, en los círculos vanguardistas del arte y en las grandes ciudades, sucedió justo lo contrario: la decadencia se celebró como expresión de un vuelo de altura de la civilización. Fue el caso de → Thomas

---

[*] El médico suizo Bircher-Brenner presentó en 1900 su terapia alimenticia, en la que destacaba el *muesli*, una mezcla de cereales (en concreto, copos de avena) puestos previamente en remojo, manzanas ralladas, zumo de limón, leche condensada y frutos secos (avellanas o almendras), de acuerdo con la receta original. El doctor Bircher-Brenner lo incluía en la dieta de su célebre sanatorio suizo y debía comerse a diario para protegerse de toda clase de enfermedades de la civilización. Posteriormente se hizo muy popular como parte del movimiento de vuelta a la naturaleza, que defendía la ingesta de alimentos no manipulados por el hombre. (N. de la T.)

Mann, para quien la decadencia constituyó la máxima esencia del refinamiento estético y de la espiritualidad.

En los años treinta del siglo XX, el cable del ascensor de la civilización alemana se rompió y los viajeros se precipitaron al abismo. Curiosamente, la mayoría de los pasajeros sólo advirtió la caída cuando las ruinas de la cabina ya se habían enterrado varios metros en el suelo. Ante la imposibilidad de ignorar tal montaña de cadáveres, el pesimismo sobre la civilización volvió a extenderse. Pero, poco a poco, los supervivientes fueron percatándose de lo que había sucedido: la catástrofe no se debía al agotamiento de los materiales sino a un acto de sabotaje. Se aprendió para el futuro: la civilización no es una garantía contra las caídas. Pero también se supo que para evitar esas caídas a la barbarie hay que contar, entre otras cosas, con la propia civilización.

Baldassare Castiglione: *El cortesano* (1508-1516)

El cortesano de Castiglione fue lectura obligada en todas las cortes europeas del Renacimiento. Las clases superiores aprendían en ella las maneras en el trato social. Castiglione escribió su obra en forma de diálogo. Diecinueve hombres y mujeres se reunían en la corte de Urbino y discutían durante varias veladas acerca de cómo debía ser el perfecto cortesano.

El duque Lodovico da Canossa, amigo del humanista Erasmo de Rótterdam y del pintor Rafael, comenzó algo titubeante.

> Un cortesano debe ser de linaje noble y proceder de una familia distinguida. Debe ser un soldado, poseer valor y mostrarse arrojado en combate. Pero esto no significa que en sociedad pueda comportarse tan groseramente como en el campo de batalla, puesto que habrá damas presentes y a ellas no les agrada que uno se comporte como un zafio. El que no sepa conducirse ante las damas tan amable, comedido y discreto como combativo, agresivo y rudo se muestra ante un enemigo, será mejor que, tras la lucha, se encierre en la armería junto a sus armas.

Cuando las risas se acallaron, tomó la palabra Bernardo Bibbiena y dijo con una sonriente mueca semioculta: «Considero que un cortesano ha de poseer un bello rostro y un cuerpo bien formado. Yo tengo un semblante hermoso —razón por la cual las mujeres me persiguen— pero ¡mis piernas...! ¿Qué puedo hacer para que mis piernas tengan mejor aspecto? ¡Díganme qué apariencia ha de tener el perfecto cortesano!».

Tras un nuevo estallido de carcajadas, el duque proclamó: «No ha de ser ni muy alto ni muy bajo, puesto que en ambos casos sería mirado como un monstruo. Debe ser bien proporcionado, ni muy gordo ni muy delgado, y lo suficientemente fuerte para poder dominar todas las armas. Para fortalecer su cuerpo ha de ejercitar algún deporte: lucha, equitación, caza, natación, salto, cetrería, quizá también correr y lanzar piedras. Por lo demás, el tenis es un deporte especialmente apropiado para un cortesano». Y lanzó el duque una mirada divertida a Bernado Bibbiena, «puesto que en él puede demostrar lo bien entrenado que está».

«Ciertamente ha de saber bailar sin parecer zancudo o afectado», exclamó alguien.

«En efecto», confirmó el duque, «puesto que el cortesano ha de saber comportarse en sociedad ante las damas. Por eso, también ha de aprender a mantener una conversación. Puede imitar las técnicas de los antiguos oradores, pero aun la mejor retórica será inútil si no tiene nada que decir. Por lo tanto, el cortesano también precisa una buena dosis de conocimientos».

«Pero, ¿podrá ser comprendido por todos si habla con tanta erudición?» inquirió el señor Morello. Al decir esto pensaba en las damas, pero era demasiado *amable* (¡!) para manifestarlo en voz alta.

«¡Naturalmente! El perfecto cortesano sabe expresarse siempre de manera comprensible. Debe ser elocuente y también ha de cultivar la poesía».

«Cultivar la poesía», murmuró con cierta repugnancia el señor Gaspare, al que hacía rato que le rondaban ciertos escrúpulos. «Ya sólo falta que el cortesano comience a tocar instrumentos musicales. ¡En ese caso habremos creado un par de bellos ejemplares afeminados de nuestro sexo!».

A raíz de este comentario, el duque reaccionó vivamente a pesar de lo tardío de la hora. «¡El cortesano ha de ser un verdadero virtuoso de los instrumentos! Pero ¿qué relación hay entre la música y el afeminamiento? ¿No saben ustedes que todo el cosmos se mantiene en movimiento merced a la música de las esferas celestiales? Platón y Aristóteles ya afirmaron que un hombre bien educado debe ser también un músico». A lo que el duque añadió —como si le complaciera especialmente provocar al señor Gaspare—: «Naturalmente el cortesano también ha de saber pintar y dibujar». El señor Gaspare resopló con desprecio. Se había hecho tarde y se pospuso la continuación de la discusión a la noche venidera.

El día siguiente tomó la palabra Federico Fregoso. «Esta noche hablaré de la conducta del cortesano frente a su príncipe o soberano, puesto que todas sus cualidades, objetivos y su completo proceder han de estar sometidos al bien de su señor».

«Parece un adulador de primera clase», murmuró Pietro da Napoli.

«No me estáis entendiendo bien. Cuando afirmo que el cortesano ha de agradar a su príncipe, no quiero decir que ha de ser un hipócrita. Naturalmente, debe poder simular, ya que resulta abominable que aparezca ante su soberano de un humor agrio o melancólico».

«¿Por lo tanto, el cortesano ha de adoptar un papel?».

«Así es, puesto que siempre ha de ser consciente del efecto que causa».

«¿Y cómo ha de comportarse frente a sus iguales? Al fin y al cabo ha de tratar con ellos de continuo».

«Para empezar, ha de saber ver más allá de su indumentaria. No siempre el que viste ropajes más caros es el hombre más importante», respondió Federico.

«¿Cómo ha de vestir un cortesano, en realidad?», preguntó Magnifico Giuliano.

«Eso es difícil de contestar. No debe seguir demasiado la moda —no al menos como los franceses, que siempre tienen un aspecto fatuo—, pero tampoco debe vestir tan mal como los alemanes. Me gusta cómo se arreglan los españoles. Su vestimenta negra siempre resulta elegante».

«Pero si se trata del efecto que causará el cortesano, existe todavía una cuestión muy importante», continuó. «El cortesano ha de escoger muy cuidadosamente a sus amigos, puesto que siempre será juzgado por la gente con la que tiene trato. Si le ven con personas inadecuadas, es seguro que puede dar su carrera por perdida».

«Por esa misma razón ha de evitar burlarse de los demás», afirmó Bernardo. «No resulta muy gracioso decirle a un hombre que acaba de perder su nariz en un duelo: «¿Dónde apoyará ahora sus gafas?». Ser ingenioso y divertido sin perder el buen gusto es un verdadero arte. El cortesano ha de dominarlo. Sus bromas nunca han de resultar groseras. Tampoco puede permitirse lastimar el honor de las damas cuando el sexo femenino constituya el objeto de sus chanzas».

«¿Pero acaso tienen honor las mujeres, esas criaturas incompletas?», replicó el señor Ottaviano Fregoso, medio en broma.

«¡Se lo ruego!», exclamó Giuliano de Médicis, el más joven de los hijos del florentino Lorenzo de Médicis. «¿Resulta apropiado que un cortesano indague acerca de la virtud de las mujeres? Supongo que estamos todos de acuerdo en considerar que el cortesano debe conducirse ante las damas con el mayor de los respetos. Hemos imaginado al perfecto cortesano, por lo que no resulta sorprendente que ante esta figura las mujeres aparezcan en otro nivel. Propongo que mañana pongamos remedio a esta penosa situación. Debemos reflexionar acerca de cómo debe ser la perfecta cortesana».

Con estas palabras finalizó la conversación esa noche. Los cortesanos se retiraron y reflexionaron acerca de la imagen del perfecto cortesano. ¿Se aproximarían ellos a este ideal? Uno podía convertirse en un experto en todos los aspectos imaginables: armas, deporte, poesía, conversación, música y baile. Se podía aprender a vestir elegantemente. Uno podía proponerse firmemente aparecer ante su príncipe siempre con buen humor, aunque tampoco en demasía. ¡Pero esto implicaría una atención constante! Requeriría una observación continua: sobre uno mismo y sobre los demás. Sería preciso poder prever siempre los efectos de sus acciones. No habría que descuidarse nunca. Actor y director en una misma persona.

Incluso aunque todo lo anterior fuera posible, ¿qué fue lo que afirmó el duque Lodovico el primer día? El verdadero arte del cortesano consiste en proceder con sencillez. La *sprezzatura:* ésta era la destreza suprema, conseguir que la representación pareciese espontánea. Todo su saber y sus capacidades serían completamente inútiles si el cortesano sólo diera la impresión de ser producto de un esfuerzo hercúleo. Su comportamiento ha de producir un efecto ligero y natural, resultado de una esforzada autodisciplina.

Robert Burton: *Anatomía de la melancolía* (1621)

Es un océano de sufrimientos y la cúspide de todas las desdichas humanas. Ningún dolor físico, ningún tormento, ningún hierro candente puede alcanzar sus efectos. Ninguno de los martirios jamás ideados por un tirano logra igualar los padecimientos y torturas que causa. Estamos hablando de la primera enfermedad de la civilización europea: la melancolía.

Esta apasionada descripción pertenece al autor de la más célebre exposición de este mal, el clérigo inglés Robert Burton. Durante muchos años, Burton se esmeró en las más de mil páginas de su obra, que se convirtió inmediatamente en un best seller. Al término de su trabajo, había elaborado un panorama completo de todas las disposiciones de ánimo del hombre, y, a la vez, trabajado prácticamente todo el saber de su tiempo. La *Anatomía* trata aspectos médicos, farmacéuticos, psíquicos y psiquiátricos, pero es también un revoltijo de conocimientos filosóficos, literarios, botánicos, históricos, geográficos y de alquimia. Burton documenta la casi totalidad de sus observaciones con citas, en su mayoría, provenientes de fuentes de la antigüedad. Demostró una erudición que resulta hasta inquietante. Probablemente hoy nadie desee leer la *Anatomía* completa con su saber asombroso y un poco particular. Pero existen muy buenas ediciones abreviadas, que merecen la pena. En ninguna otra obra se describe de una manera tan grotesca, divertida y excéntrica la desesperación, el sufrimiento y la enfermedad como en la *Anatomía de la melancolía*.

En estos tiempos en los que la psicología realiza unos diagnósticos muy precisos, la *Anatomía* resulta una obra especialmente extraña porque presenta un concepto premoderno de la psique. En el siglo XVII, el espacio psíquico interior era todavía desconocido.

La idea de la melancolía se basa en la concepción renacentista del hombre y del mundo. La melancolía no fue siempre una enfermedad. En su manifestación más habitual, la melancolía se corresponde con uno de los cuatro *temperamentos* del hombre. Determina la disposición mental de una persona. La doctrina de los cuatro temperamentos fue el equivalente de la psicología moderna hasta el siglo XVIII. De acuerdo con ella, la psique del individuo está relacionada con sus líquidos corporales: sus *humores*. Existen cuatro humores principales: la bilis negra, la flema o mucosidad, la sangre y la bilis amarilla. A cada uno de ellos le corresponde un temperamento. Si predomina uno de los humores (que nunca están en equilibrio), éste determina el estado de ánimo básico del individuo: el que posee demasiada bilis negra es un melancólico, si predomina la mucosidad se trata de un flemático, demasiada sangre le convierte a uno en un sanguíneo y la bilis amarilla en exceso produce un colérico. Dado que el cuerpo del hombre (el microcosmos) reflejaba el mundo (el macrocosmos) a menor escala, a cada temperamento se le atribuía un elemento y dos cualidades: al melancólico, la tierra y sus características: frío/seco; el flemático se relacionaba con el agua y sus propiedades frío/húmedo; el sanguíneo, con el aire caliente/húmedo, y el colérico, con el fuego caliente/seco.

La melancolía se volvía enfermiza cuando la bilis negra, que se concentraba en el bazo, se acumulaba en exceso o si era demasiado espesa, es decir, muy ácida, y por ello estaba «podrida». Dado que las propiedades frío/seco eran diametralmente opuestas a las de todo ser vivo (caliente/húmedo), los efectos de la melancolía podían afectar a la salud con gran rapidez. En ese caso, la víctima sufría un padecimiento nervioso o psíquico de incidencia más o menos grave. En determinadas circunstancias, la melancolía podía desembocar en locura o, incluso convertirse finalmente en epilepsia. Un cuadro clínico especial se producía cuando la bilis negra corrompía la sangre. Los pobres damnificados adolecían de insanas explosiones de hilaridad y se reían de todo. Este era el caso de la «melancolía de la risa».

La *Anatomía* de Burton trata las manifestaciones enfermizas de la melancolía. Lo más sorprendente es cuán moderna resulta la dolencia que relaciona la psique y el cuerpo. En la actualidad, la melancolía figuraría entre las enfermedades psicosomáticas.

Cuando uno lee en la obra de Burton acerca de los síntomas y las causas de este mal involuntariamente recuerda todos esos complicados cuadros clínicos de causa indeterminada que impulsan a los estresados europeos a las consultas médicas y que elevan considerablemente los gastos de las instituciones sanitarias. Los pacientes se sienten desanimados, no tienen apetito o comen en exceso, padecen flatulencia o una tensión baja, se marean, escuchan ruidos en los oídos, se sienten aturdidos, sufren dolores de cabeza o problemas de estómago, padecen pesadillas o insomnio, tienen frío o sudan, sufren halitosis y eructan con frecuencia, se sienten derrotados y sin alegría, el color de su piel es descolorido y pálido, sufren estreñimiento y dificultades para respirar, son hipocondríacos o perversos.

El origen del mal puede deberse a cualquier causa: es posible que sea consecuencia de un designio divino, pero también puede atribuirse a la constelación de las estrellas. La edad puede generar la enfermedad o ser hereditaria. Es posible que la origine una alimentación incorrecta, comer mucho o demasiado poco. También puede deberse a un estreñimiento crónico, menstruaciones irregulares o a la abstinencia sexual. Es posible que sea generada por una mala ventilación o por un esfuerzo excesivo, así como por desidia. Dormir poco (o demasiado) puede producir melancolía. La enfermedad puede desencadenarse por una fantasía muy viva, tribulaciones, miedo, vergüenza, envidia, odio, ira, pobreza, preocupaciones, ambición, ludopatía o un afán desmesurado por aprender. Una de las causas más frecuentes de la melancolía es la enfermedad del → amor: el que la padece sufre tormentos que son peores que los infligidos por la Inquisición española.

Existen otras manifestaciones de esta dolencia. En nuestros días, estos casos requieren tratamiento psiquiátrico. Es aconsejable que acudan a un psiquiatra los pacientes que hablan solos continuamente, tienen ataques de risas burlonas, emiten gritos y sonidos inarticulados, hacen muecas, sufren paranoia, oyen voces, tienen alucinaciones o alternan euforia o desánimo (los maníaco-depresivos). Una marcada tendencia al suicidio es muy frecuente entre los melancólicos.

Es asombroso lo moderno que resulta el cuadro clínico de la melancolía pese a estar extrañamente anclado en la «teoría de los humores»: es la suma de los síntomas lo que provoca lo que hoy denominaríamos «estrés». Burton afirmó que describía una dolencia cuyas causas se encuentran por doquier y que era padecida por toda la sociedad. El mundo está loco y todos somos melancólicos, comentó Burton con la cadencia de un pesimismo sobre la civilización que nunca volvió a sonar tan optimista como en la *Anatomía de la melancolía*.

Molière: *Comedias* (1659-1673)

Tres días a la semana, la alta sociedad parisina del siglo XVII podía acudir al Teatro Palais Royal y verse reflejada en un espejo. En cada velada se representaba una comedia de sociedad del actor y empresario teatral Molière. Las obras iban de artimañas y engaños, equivocaciones e intrigas, hipocondría y ambición, venganzas y enredos, conductas afectadas y la hipocresía de la vida en la corte. El público asistía con entusiasmo y, de ningún modo, porque Molière disfrutara del favor del rey Luis XIV. Los espectadores se divertían muchísimo cuando se ridiculizaba el conocido mundo de la etiqueta, de las intrigas, de la adulación y de la vanidad de la corte y de los salones.

Molière —cuyo verdadero nombre era Jean Baptiste Poquelin— había adoptado su seudónimo al comienzo de su carrera como actor. Presumiblemente había querido ahorrar a su padre, un tapicero que trabajaba para la corte, la vergüenza de tener un hijo dedicado a la actuación. El oficio de actor gozaba de tan mala reputación que la iglesia excomulgaba a los que lo ejercían. Tras su muerte (que le sobrevino en el escenario, mientras representaba su obra *El enfermo imaginario),* sólo pudo ser enterrado en tierra consagrada gracias a la intervención del rey, incluso así sin gran ceremonia, con las primera luces del amanecer.

Molière comenzó su carrera como miembro de una compañía de cómicos. Al cabo de varios años de peregrinaje por las provincias del sur de Francia, logró ganarse el favor real tras una representación. A partir de entonces, disfrutó frecuentemente del privilegio de poner en escena algunas piezas ante el monarca, en los palacios del Louvre o de Versalles. También le correspondió el dudoso honor de escribir y aprender una obra en el plazo de cinco días por mandato de Su Majestad *(El amor médico,* 1665). Luis XIV llegó a apadrinar al hijo mayor del comediógrafo de la corte. Molière desposó a la hermana de su antigua amante, pero se rumoreaba que, en realidad, se trataba de la hija de ella, y que Molière era el padre.

En las comedias de Molière, la cultura de la corte y de los salones, los *honnêtes hommes* («hombres honestos»), las preciosas y las coquetas —y aquellos que les gustaría ser todo esto— son objeto de sátira. Los buenos modales resultan motivo de risa, pero no son *caricaturizados.* La alta sociedad parisina se ríe de los torpes sobre el escenario, de los que desearían ser elegantes pero no saben cómo hacerlo, del mentecato del campo que resulta grotesco con su jocoso donaire, de la servidumbre que imita mejor o peor a sus señores y de los burgueses que querrían acceder a la nobleza y que derrochan enormes sumas en clases de baile, canto, retórica y esgrima, y hacen el ridículo *(El burgués gen-*

tilhombre, 1670). El público parisino se divierte, consciente de dominar la alta etiqueta.

En *Las preciosas ridículas* (1659), Molière apunta al refinamiento exagerado de la galantería. La calificación «preciosidad» se refiere al arte de estilo elegante, en el que los gestos corporales y el lenguaje alcanzan un virtuosismo inconcebible. Es obvio que este perfeccionamiento de la etiqueta también puede resultar fallido y generar comicidad en vez de distinción. Molière mostró lo fina que es la línea divisoria entre ambas conductas.

Las dos provincianas aspirantes a preciosas se han preparado para la vida en la metrópoli mediante aplicadas lecturas de las galantes novelas de Madame de Scudéry. Armadas con toda clase de necias ideas sobre el comportamiento adecuado, creen que pueden acceder al universo mundano. Cuando dos nobles se interesan por las ingenuas beldades rurales, éstas les rechazan. Los aristócratas no les parecen suficientemente elegantes porque se comportan con sencillez, como personas normales. Las jóvenes, confundidas, toman afectación por elegancia. Los gentilhombres deciden darles una lección: disfrazan a sus dos criados de preciosos condes *à la mode* y les encargan que actúen como si pertenecieran a la nobleza. El resultado es terrible. El lacayo Mascarille hace su entrada en un palanquín, expone sus conocimientos de iniciado en la alta sociedad y sobre el último grito de la moda parisina, se explaya profiriendo cumplidos trillados y recita un par de ásperos versos pergeñados por él mismo, cual si se trataran de las más bellas poesías de la literatura universal. Cuando los temas están por agotársele, lo libera la aparición del segundo criado. Las muchachas del campo están profundamente impresionadas ante tanto estilo. Finalmente, los aristócratas consideran que para acabar con tantos aspavientos amanerados sólo sirve una ruda descarga de afectación: la revelación de que los criados son falsos condes termina en pelea. Las jóvenes han sido ridiculizadas.

En las comedias de Molière, los padres testarudos son engañados por la astucia de sus hijos. Algunas personas que viven en la corte se convierten en objeto de escarnio *(Los inoportunos*, 1661). El dramaturgo desenmascara a hipócritas sin escrúpulos *(Tartufo*, 1664). La mirada de los espectadores es despiadada. Al final de cada obra se ha desairado públicamente a todos los culpables de vanidad, credulidad, hipocresía o maquinación.

Las tablas del teatro *Palais Royal* semejan el escenario de los palacios reales. La sociedad cortesana en torno a Luis XIV constituye una gran representación teatral. Los escenarios se sitúan en los grandes palacios del monarca, el Louvre y Versalles. La estrella de las representaciones es el propio soberano. La obra comienza a las ocho de la mañana con el *Lever*, esto es, cuando el rey se levanta. Se permite que algunos privilegiados nobles asuman ciertos papeles y que bajen la manga derecha o la izquierda del camisón del monarca. La mayor parte de la nobleza juega el rol de público que tiene el honor de poder contemplar el espectáculo. En la sociedad cortesana, todo el mundo está casi siempre bajo los focos y sometido a la mirada y la observación constante de los demás. La burla afina la percepción del propio comportamiento y la visión sobre los errores de los otros. Pero sólo en las comedias de Molière la gente ríe con tranquilidad, porque esta vez — allí, sobre las tablas— le ha tocado a otro.

No existe la posibilidad de retirarse, porque en la corte las miradas del mundo recaen continuamente sobre cada miembro de la sociedad, de la misma manera que los ojos del público se mantienen sobre el escenario durante toda la obra. De ahí que en ambos lugares haya que atenerse a las reglas. Un personaje como el de Alceste, de la comedia *El misántropo* (1666), se convierte en una figura cómica cuando arremete contra las reglas de la corte. Él quiere ser sincero. Alcestes se niega a alabar un mal soneto o a sobornar a un juez e insiste en decirle crudamente a su amante lo que no le gusta de ella. En su delirio contra la adulación, la mentira y el provecho propio, no sólo consigue ser tremendamente impopular sino también completamente ridículo. Un hombre de mundo, afirma su amigo Philinte, debe mantener las formas externas al relacionarse. Es inoportuno y resulta cómico dar rienda suelta a los estados de ánimo y las propias convicciones. Por boca de Philinte, el *raisonneur**, se expresa el sentido común y la aceptación de las normas de la interacción cortesana. El recto Alceste se convierte en objeto de mofa para Molière. Apenas cien años después este hecho indignaba a → Rousseau: en el espíritu de su crítica a la civilización, reprochaba a Molière que hubiera sacrificado una persona realmente sincera a las reglas de una sociedad corrupta.

Jean-Jacques Rousseau:
Discurso sobre las ciencias y las artes (1750)

→ Denis Diderot, el amigo de Rousseau, está encarcelado en la torre del castillo de Vincennes, acusado de propagar pensamientos sub-

---

* El que hace entrar a otro en razón. Esta acepción es propia de la dramaturgia de Molière. Aparece de forma sistemática en sus comedias y designa a un personaje secundario que se sitúa frente al héroe y que, con su buen sentido y mesura, le demuestra la incongruencia de una situación o el ridículo de un comportamiento. (N. de la T.)

versivos en sus escritos. Para aliviar su situación, le está permitido pasear por el parque y recibir visitas de vez en cuando. Rousseau emprende el camino de París a Vincennes varias veces por semana para filosofar con su amigo sobre el futuro de la sociedad mientras ambos caminan por el parque del establecimiento. Una de esas tardes, en 1749, Rousseau se dirige a Vincennes. Es un día de octubre especialmente caluroso. Andar bajo el ardiente sol resulta muy cansado, incluso para un paseante ejercitado como Rousseau. Para obligarse a ir despacio, el ginebrino se ha acostumbrado a leer mientras camina. En esta ocasión, lleva la revista *Mercure de France* consigo. Al ojearla, descubre la convocatoria del concurso anual de la Academia de Dijon. La institución preguntaba acerca del valor moral de los logros culturales: «¿El progreso de las ciencias y las artes ha contribuido a ennoblecer o a corromper las costumbres?». Apenas lee estas palabras, Rousseau se queda como electrificado. Se desploma en mitad de la calle, rompe a llorar, incluso necesita sentarse un rato, tal es la sacudida que le provoca la idea que acaba de concebir. Ante él se abre un nuevo mundo. En ese preciso momento, en un camino rural polvoriento entre París y Vincennes, bajo la luz resplandeciente del sol de la tarde, nace el crítico de la civilización más influyente de la sociedad moderna, embargado por sus sentimientos, naturalmente.

Rousseau narra estos acontecimientos en su autobiografía y, como es habitual en él, no escatima en emoción ni en preciosismo retórico. Se presenta ante Diderot flotando de excitación. Su amigo le anima a participar en el concurso. Rousseau responde a la pregunta de la Academia —que esperaba algo completamente distinto— con una inequívoca convicción en *contra* de la cultura. Por primera vez plasma en un papel la tesis que le ha hecho célebre. Su teoría es la que sigue: cuando el hombre vivía en armonía con la naturaleza, era bueno y feliz; sin embargo, el progreso de la civilización le ha corrompido moralmente, ha causado su infelicidad y le ha robado su libertad. El escrito de Rousseau, *Discours sur les sciences et les arts (Discurso sobre las ciencias y las artes)*, obtuvo el primer premio de la Academia y su autor se convirtió en una celebridad de la noche a la mañana. Rousseau fue el precursor de la vida sencilla en el campo, del sentimiento y de la sinceridad, del amor romántico y de la libertad del individuo. Es la voz de la Ilustración que anuncia un programa contrario al progreso de la civilización y que contrapone los ideales del sentimiento y de la moral al uso de la razón.

La civilización equivale para Rousseau a la cultura de la gran ciudad: la vida de los ricos y los que poseen educación en el Antiguo Régimen y la cultura de la corte. La civilización supone la imposición de la cortesía y del disimulo. La cultura produce personajes criticones como el → *Rameau* de Diderot. Para Rousseau, la civilización significa masificación y ajetreo, lujo y mentira, frialdad de sentimientos y soledad entre la masa, y demasiada reflexión. La naturaleza es una vida en armonía y sencillez. Una existencia en soledad, tranquilidad, cordialidad en el trato, sinceridad, amistades verdaderas y amor (→ *La nueva Eloísa*). Es el mundo de la alimentación sana que evita las enfermedades de la civilización y que hace innecesaria la medicina. En la naturaleza, la vista contempla un paisaje bello, se recupera el ánimo y se celebran fiestas alegres y rústicas en reuniones sin pompa ni etiqueta. Es el único lugar donde el hombre puede ser él mismo, mostrar su autenticidad. El ideal de Rousseau es el «buen salvaje», que si bien puede resultar ingenuo, nunca será falso.

Rousseau odia los libros. Su modelo de niño, → *Emilio*, tiene prohibido aprender a leer hasta cumplir los doce años. Pero en este punto, la pescadilla se muerde la cola: si el filósofo no hubiera publicado sus ideas en un libro, no se hubieran extendido por toda Europa y nadie tendría la menor noción de quién era Rousseau. El pensador percibía esta contradicción, se odiaba a sí mismo por ella y sentía la necesidad de justificarse permanentemente. Se impuso, entonces, a sí mismo ser crudamente sincero al escribir sus *Confesiones*. Su autobiografía constituye una autorrevelación despiadada. Sin embargo, al recordar sus faltas morales, el autor se derrite en autocompasión. Al leerlas, uno no puede evitar la sensación de que Rousseau intenta culpar continuamente a otro de la insinceridad de su propia conducta. En una lectura pública de las *Confesiones* realizada en un salón parisino, el público se indignó con lo que revelaba el autor, hubo un tumulto y la policía tuvo que prohibir las siguientes convocatorias.

Como es natural, Rousseau, el apóstol de la sinceridad, despreciaba el teatro, puesto que en él alcanza la máxima perfección el arte del disimulo y el juego de roles. Toda la efectividad del teatro depende de *no* ser auténtico. Y esto no se aplica únicamente a los actores que interpretan papeles, sino también al público, que gustosamente participa del engaño, de lo que no es «real». El teatro constituye para Rousseau la encarnación suprema de las costumbres corrompidas y la peor de todas las artes imaginables. Pero, también, en este punto debe reconocer el autor, con tristeza, que sus acciones no se corresponden con sus palabras, puesto que escribe obras teatrales y óperas. Incluso llega a presentar una pequeña pieza operística ante el rey, por la que Luis XIV quiere otorgarle una pensión vitalicia. El premio no fue posible porque el creador faltó a la audiencia real ya que temía a orinarse encima durante la ceremonia (padecía una imaginaria enfermedad de vejiga).

El alegato de Rousseau a favor de una existencia bajo la máxima «Sé tú mismo» le colocó en una situación paradójica. En el intento de comprobar si realmente era sincero, el autor no sólo se observaba a sí mismo, sino también al mundo que le rodeaba. Sólo comparándose con otras personas podría constatar si él era auténtico. No tiene mucho sentido examinar únicamente nuestro propio ser para comprobar si uno es más auténtico que uno mismo. Pero cuando Rousseau colocaba el mundo bajo su lupa para poder estar seguro de su propia sinceridad, creía reconocer en él mismo la rivalidad, la envidia y la hipocresía. Finalmente llegó a creer que había una conspiración contra él: cada cartero y cada paseante que le saludaba amablemente pasó a formar parte del complot que había urdido Europa (¡!) entera contra su persona. Al final, Rousseau incluyó a Dios en la conspiración: ¡Todo el cielo y la tierra intrigan en contra de Jean-Jacques Rousseau!

Rousseau es el fundador de la crítica moderna de la civilización. Para el autor, la civilización no conlleva una existencia mejor sino todo lo contrario. La cultura significa el mal, la frialdad, la desconfianza y el fingir. La civilización priva a los hombres de su bondad natural y de su libertad. Rousseau maneja contraposiciones simples: cultura contra naturaleza, ciudad contra campo, celebraciones en la corte contra fiestas rurales, apariencias contra sinceridad, inmoralidad contra moralidad, decadencia contra salud, lujo contra sencillez, masa contra soledad, egoísmo contra compasión, lectura contra hachar leña, besos de nata contra copos de avena. Todo lo «natural» es bueno. Por cierto, Rousseau nunca pronunció la conocida proclama: «Vuelta a la naturaleza». Pero tuvo que soportar el comentario malicioso de un colega: el gran racionalista de la Ilustración, Voltaire, rechazó la posición anti-intelectual de Rousseau. Voltaire apostilló que al leer a Rousseau a uno le entraban ganas de volver a caminar a cuatro patas.

Rousseau nos resulta conocido. Su espíritu flota sobre las tiendas ecológicas y en las consultas de los médicos naturistas, sobre los seminarios de autorrealización y los talleres rurales de elaboración de queso artesanal. El legado de Rousseau inspira las ideas acerca de la «masificación» de las grandes ciudades, de la «alineación» de nuestra vida debido a las «imposiciones» sociales, del empeño por ser «uno mismo» y de la «frialdad» de las relaciones humanas en la sociedad. Recurriendo a Rousseau, uno puede expresar la indignación moral que le causan las investigaciones médicas o científicas, sin tener que hacer el esfuerzo de informarse con objetividad. Las huellas del testamento de Rousseau gotean de los dedos del turista que, en julio o en agosto, sentado en la terraza de una casa vacacional situada en un país del sur de Europa, moja una gruesa rebanada de pan moreno en el aceite de oliva que queda en el plato, el cual fregará luego en una palangana esmaltada, que previamente ha llenado con agua calentada en un hornillo de gas.

Denis Diderot: *El sobrino de Rameau* (1761-1762)

El sobrino de Rameau es una criatura desagradable, cínica y llena de sorna. Da la sensación de estar siempre por encima. Uno tiene constantemente la impresión de que sabe algo que los demás ignoran. Rameau *crispa los nervios*.

El narrador en primera persona de esta novela, escrita en forma de diálogo, es un filósofo como Diderot, que un día conoce a Rameau en un café parisino. Es el sobrino del célebre compositor Jean-Philippe Rameau. Excéntrico, con el rostro picado por la viruela, vital y bullicioso, el protagonista es un artista frustrado a la sombra de su famoso tío. Pero allí donde ha fracasado su vena artística triunfa su talento para ser un vividor. Subsiste a costa de los demás, ha llenado su panza durante años en las mesas de los ricos, ha seducido a sus hijas y no opone reparos para adular a quien sea, si es que ello comporta un beneficio. Es un bocazas, pero sabe mantenerse en silencio cuando cree que esta actitud le reportará alguna ventaja. Cuando el filósofo tropieza con él, Rameau está atravesando una racha de mala suerte. Su benefactor, Bertin, le acaba de expulsar de su mesa porque, una vez más, ha tensado demasiado la cuerda y ha irritado al señor de la casa.

Rameau tiene la espantosa costumbre de subrayar su gran elocuencia con pantomimas que son tan geniales como absurdas: de repente empieza a hacer muecas, retuerce su cuerpo de manera que parece que va a romperse todos los huesos, se dobla y gira tan maravillosamente que uno se marea al contemplarle.

Sólo su moral es tan flexible como su cuerpo, tal como reconoce el propio Rameau con toda franqueza. Cuando somete al criterio de su filosófico oyente toda su filosofía vital, se abren abismos morales bajo sus pies: el mundo, afirma Rameau, está lleno de ricos que ni siquiera se dan cuenta de que uno se aprovecha de ellos; esta sociedad rebosa de hombres ingeniosos cuya vanidad excede con creces su talento. ¿Por qué no beneficiarse de ello? ¿Por qué no mentir, jurar en falso y extender rumores, vivir de los demás y llevar una buena existencia como tantos otros? La serena conclusión de Rameau es que la moral no le lleva a uno muy lejos.

Pero al momento siguiente cambia su humor y declara con una sombra de odio hacia sí mismo que no puede permitirse el lujo de ser sincero. Aunque siente un desprecio mortal al hacerlo, da clases de piano a los ineptos hijos de los ricos, sin saber él gran cosa. Soporta el tecleo del piano mientras hace la corte a la madre, alaba el «genio» del hijo que carece completamente de talento y cobra sus honorarios.

Interpreta el papel de bufón ante los pudientes y sabe que le desprecian por ello. Qué más da, se dice a sí mismo y vuelve a ser sardónico, yo también siento desdén por ellos, pero al menos así consigo comer exquisitamente. Después describe su forma de piropear: si una dama dice boberías, Rameau le aplaude, da saltos para mostrar su entusiasmo y exclama: «¡No! ¡Qué ingenioso! ¡Dónde habrán aprendido las mujeres estas cosas!». Frases como ésta le permiten moverse en sociedad. Rameau tiene humor.

El conmocionado filósofo le recrimina ser un esclavo de su vanidad y un parásito de la sociedad, alguien que no es fiel a sí mismo y que nunca es sincero. La voz de la moral y de la razón se manifiestan por boca del filósofo, que representa la posición del individuo ilustrado que actúa conforme a la ética. ¿Acaso no sería Rameau más feliz si renunciase al lujo, las apariencias, la comodidad? «¿No sería mejor llevar una existencia modesta y liberarse de las obligaciones de la vida social?», pregunta el filósofo.

«¡Por Dios, que difícil resultaría!», replica Rameau alegremente. «¿Recoger bayas de la mesa de la naturaleza en vez de que te sirvan con las exquisiteces de nuestros mejores cocineros y confiteros? ¡Qué horrible! Yo necesito una cama, una buena mesa, ropa caliente en invierno y fresca en verano, tranquilidad y dinero y muchas otras cosas que prefiero deber a la benevolencia de los demás que ganármelas trabajando».

Rameau suscita rechazo e interés a la par. Al final predomina la fascinación. Resulta cautivador porque no se esfuerza lo más mínimo por ser sincero ni auténtico. Nunca es «él mismo». Es la encarnación del distanciamiento, ya que siempre se mantiene apartado. No es sincero ni cuando comienza a quejarse de tener que fingir porque la sociedad no le permite mostrar su verdadero rostro. También su franqueza es simulada.

Rameau se mete en cada papel, después se despoja de esa piel y entra en la siguiente. Se mantiene al margen y observa, mientras los demás se afanan inútilmente en salvar la grieta entre su Yo y el rol social y sólo consiguen ser infelices. Rameau no pierde mucho tiempo en esta cuestión y se dedica a salvarse a sí mismo de la miseria.

Con las dudas morales procede de la misma manera. Rameau salta y brinca de un lado a otro y demuestra así que para él siempre existe un punto de vista nuevo y distinto. ¡Lo que allí resulta bueno deja de serlo si se mira desde otra perspectiva!

El protagonista ocupa ya la posición en la que la sociedad del siglo XIX situará a los observadores de todo el teatro social, los intelectuales. A partir de entonces les corresponderá a ellos examinar la sociedad con distanciamiento y abastecerla permanentemente de comentarios críticos. Rameau, que se desvincula de todo, especialmente de sí mismo, constituye un prototipo aún inmaduro de esta especie: distanciado, cínico, a veces quejumbroso, después como electrizado de nuevo, siempre reflexivo, y terriblemente agotador para su entorno.

Thomas Mann: *Los Buddenbrook* (1901)

Los Buddenbrook. Decadencia de una familia narra la historia del declive de una familia de comerciantes. En los primeros años de su carrera como escritor, Thomas Mann estaba fascinado por el fenómeno de la decadencia. A diferencia de muchos críticos conservadores de su tiempo, el autor no la consideraba un indicio de declive, sino lo contrario, un distintivo de la cultura. Para Mann la decadencia implicaba refinamiento y culminación estética. Si de cuando en cuando no se hubieran presentado síntomas de deterioro, la humanidad no hubiera progresado ni un paso desde los tiempos más remotos, afirmaba.

Su primera novela constituye el ejemplo clásico de su fascinación por este tema. En ella describe cómo la capacidad para desenvolverse eficazmente en la vida cotidiana disminuye en cuatro generaciones mientras que, por el contrario, con cada generación aumentan las dimensiones internas de los personajes. A los que teman que pueda tratarse de una lectura triste que tiene que ver sólo con personas enfermizas, habrá que decirles que se queden tranquilos. *Los Buddenbrook* es una novela que derrocha vitalidad: muestra una galería de figuras con muchos matices, que la mirada penetrante y el fino sentido del humor del autor han convertido en inolvidables.

La trama de la novela transcurre en el siglo XIX, entre 1835 y 1877. Los miembros de la familia Buddenbrook pertenecen a cuatro generaciones: la primera está representada por el viejo Johann Buddenbrook; la segunda, por el hijo del fundador de la compañía, Jean Buddenbrook; sus cuatro descendientes conforman la tercera, Thomas, Christian, Antonie (llamada Tony) y Clara, y la cuarta generación es la del hijo de Thomas, Hanno Buddenbrook.

El viejo pero enérgico Johann Buddenbrook destila vitalidad: es un comerciante de la vieja escuela, un hábil y pragmático hombre de negocios, y está lleno de energía y de valor ante la vida. Septuagenario, de tez sonrosada, sano y despierto, Johann preside su familia como un respetable patriarca. Ocasionalmente muestra un talante jovial y, entonces, se expresa en alemán vulgar. Aunque está abierto a los nuevos tiempos, resulta algo pasado de moda; ésa es la impresión que da por el hecho de haber conservado el mismo estilo de vestir en los últimos cincuenta años. Poco después de traspasar la empresa a su hijo, muere sin traumas, como una persona que no está dispuesta a perder mucho tiempo con una enfermedad.

Su hijo Jean, el cónsul, carece del despreocupado ánimo vital de su progenitor. De figura más delgada, da la impresión de ser más serio y grave. Jean trabaja apretando los dientes. Es comerciante sin estar especialmente dotado para ello, pero así lo exigen sus obligaciones frente a la familia. Sufre tendencias depresivas y padece dolencias nerviosas como mareos y taquicardia. Envejece rápida y visiblemente. Su creciente inseguridad ante la vida le conduce a buscar refugio interno en la religión. En su afectada devoción, organiza lecturas de la *Biblia* mañana y noche, abre sus puertas de par en par a misioneros de todo el mundo y agasaja a sus religiosos huéspedes con gesto generoso. Los hermanos de fe atacan tanto los nervios de su hija Tony que ésta aprovecha una oportunidad para vengarse de la glotonería que demuestran: a un predicador de ultramar le sirve una exquisitez local que, afirma, sólo pueden degustar los que estén acostumbrados a comerla desde su infancia. En la sopa, que contiene grandes cantidades de col fermentada, flotan trozos de jamón, patatas, ciruelas agrias, peras asadas, coliflor, judías, nabos y algunas cosas más. Quizá el menú que ofrece Tony encierre también algo de revancha contra su padre, que la ha obligado a aceptar un matrimonio que ha arruinado su buena reputación. Jean no ha tenido más éxito en el aspecto profesional que a la hora de elegir un yerno. Muere a la temprana edad de cincuenta y cinco años, tras un ataque de apoplejía.

Otro hijo de Jean, Thomas, padece desde joven una hemorragia pulmonar y es enviado a un sanatorio para su tratamiento. Es un hombre delicado y no muy vital, pero sí un perfeccionista, y su férrea voluntad le permite alcanzar grandes logros. Una ambición infatigable y una enorme disciplina le proporcionan notables éxitos: los negocios de la empresa no funcionaban tan bien desde hacía décadas, es elegido senador y la alta consideración del apellido Buddenbrook transciende las fronteras de Lübeck. Thomas hace construir una casa nueva, más suntuosa, para aumentar el prestigio familiar. Apenas puestos los cimientos, ya se comenta que es la más bonita de la ciudad. Pero todos esos esfuerzos consumen las fuerzas de Thomas: con cuarenta y dos años su cuerpo está agotado y su espíritu extinguido. A partir de entonces, los negocios empiezan a marchar mal y la empresa tiene pérdidas. Bajo el disfraz de una indumentaria impecable que Thomas valora profundamente, se esconde un hombre completamente exhausto y desalentado. Muere a los cuarenta y nueve años. Debilitado por una operación dental, sufre un colapso en plena calle. Acaba en el arroyo en el sentido más literal: cae bocabajo sobre la acera, con el rostro en su propia sangre, la piel de su abrigo manchada de barro y nieve derretida, y las manos, enfundadas en guantes blancos, en un charco.

Christian, su hermano menor, es un clásico decadente. Vive la existencia de un bohemio y casi arruina la empresa con sus hábitos derrochadores. Tiene tendencia a la hipocondría: en ocasiones siente que no puede tragar. En otras, sufre un dolor neurálgico en la mitad izquierda del cuerpo. Parece ser que los nervios de ese costado son demasiado cortos. Más adelante le diagnostican reumatismo en las articulaciones. Pierde el pelo cuando todavía es joven. Es flaco y pálido, sus piernas están arqueadas y sus manos son blanquísimas. Sus intentos de participar en los negocios se revelan poco afortunados. En vez de dedicarse a ellos, se entusiasma con el teatro y coquetea con la idea de llevar la poco burguesa vida de un actor. Sin tener talento artístico, Christian juega con la pose del artista, colocándose en una posición social imposible. Con los años aumenta sus padecimientos nerviosos. Padece trastornos como ideas fijas y obsesiones. Acaba en un sanatorio de enfermedades nerviosas.

Los golpes que el destino reserva a Tony lindan con lo grotesco, pero ella los soporta con entereza. Comete la mayor equivocación de su vida cuando renuncia al amor de su juventud, Morten Schwarzkopf, doblegándose a las presiones familiares. Quizá este matrimonio hubiera supuesto su salvación de las miserias de la familia: al fin y al cabo, Morten es un *médico* en ciernes. Pero se casa, a instancias de su padre, con el desagradable Bendix Grünlich. El matrimonio es un fracaso. Después de que Grünlich queda en la bancarrota, Tony regresa al hogar paterno y se divorcia. Para evitar la vergüenza social, ella se casa por segunda vez. Esta vez, el error se llama Alois Permaneder y procede de Múnich. Su nuevo marido aprecia la vida cómoda, vive de unos pequeños ingresos que obtiene de rentas por alquileres, se alimenta de manitas de cerdo y bebe cerveza. El hijo de Tony muere en el parto y ella descubre que su marido le engaña con las sirvientas. Una vez más, regresa a Lübeck, junto a su familia.

La cuarta hija, Clara, se muestra desde muy joven tan temerosa de Dios como su padre. Es una criatura poco amable y carente de humor, que tiene la costumbre de hablar muy bajito y de transitar por la vida como una muda encarnación del reproche eterno. Enferma de tuberculosis cerebral y muere a los veintiséis años.

Hanno, el hijo de Thomas, sobrevive a su nacimiento con dificultad. Desde el principio da la impresión de que no pretende permanecer mucho tiempo en este mundo. Cuando todavía era un lactante, a duras penas había conseguido superar el cólera. También el proceso de aparición de los dientes se convirtió en un tormento que casi le cuesta la vida. Aprende tarde a andar y a hablar, y ello con gran esfuerzo. Hanno es un niño delgado y larguirucho, con pelo fino y mala dentadura. Pero posee un extraordinario talento para la música. Este arte le hace revivir. Adora a Wagner. Hanno seguirá siendo un niño enfermizo que se cansa pronto. A los dieciséis años, declara que desea morir. Le relata a un compañero de colegio que ha oído al párroco afirmar que procede de una familia corrompida. Poco después fallece de tifus. El autor reserva su mayor aprecio para Hanno, el pequeño artista con percepción estética.

Theodor W. Adorno y Max Horkheimer: *Dialéctica de la Ilustración* (1947)

La *Dialéctica de la Ilustración* es una crítica a la civilización. La obra, que conmovió a los intelectuales alemanes de la posguerra como ninguna otra, fue concebida en los años cuarenta, en Los Ángeles. Hasta allí había conducido a Adorno y Horkheimer la emigración, después de que se les retirase la autorización para impartir clases en el Instituto para la Investigación Social de Frankfurt.

El tiempo pasado en los Estados Unidos constituyó una suerte de choque cultural para Adorno. El distinguido y privilegiado hijo de una familia judía alemana perteneciente a la alta burguesía, que huía de un país en el que los toscos nazis habían tomado el poder, constató con perplejidad —a pocos kilómetros de Hollywood— que había aterrizado en una cultura bastante insustancial. No se sabe con seguridad qué motivó a Adorno a proferir el grito público de ayuda que lanzó, afirmando que el filósofo Ernst Bloch (*El principio de la esperanza*, escrito entre 1938 y 1947), también emigrado, había perdido su empleo de lavaplatos: ¿Era una broma? (A Bloch no le hizo ninguna gracia). ¿Pretendía ayudar a Bloch en una situación de necesidad? (Se supo que Bloch no estaba en una situación económica tan acuciante). ¿O simplemente quiso expresar su desprecio por el pragmatismo del *American way of life?*

La confrontación con la cultura estadounidense, a un lado del océano, y la experiencia del nacionalsocialismo, al otro, originó el análisis del progreso de la civilización. La respuesta que halló Adorno junto a Horkheimer fue que la civilización occidental lleva incorporado un mecanismo de destrucción: la *Dialéctica de la Ilustración.*

Resulta extraño encontrar formulaciones tan sencillas como ésta en Adorno: su prosa es tenida por ininteligible. «Es difícil concebir un estilo más retorcido, abstruso y florido-incomprensible», comentó un intelectual estadounidense. «Sólo puede perseguir deliberadamente un único fin: concretamente, mantener el más alto nivel de confusión». Pero, por otro lado, Adorno también podía ser muy claro: suya es la famosa sentencia: «No es posible escribir poesía después de Auschwitz».

En la *Dialéctica de la Ilustración*, Adorno y Horkheimer argumentan que la civilización se ha malogrado. El *progreso* de la civilización constituye en realidad una *relación dialéctica* entre el mito y la ilustración. Por un lado, la mitología de la antigüedad había intentado dominar la naturaleza y se afanaba por explicarla. Pero la Ilustración, que despojó al mundo de su dimensión mágica, creó secretamente sus propios mitos. Cuando Adorno y Horkheimer escribieron la *Dialéctica de la Ilustración* existía un ejemplo contemporáneo de aquello a lo que aludían: el fundamento pseudorracional de la demente «teoría» de los nazis, basado en el mito irracional de la «superioridad» de la raza germánica.

A partir del siglo XVIII, la cultura occidental había vinculado su futuro desarrollo moral e ideológico al uso sensato de la razón. Pero la racionalización que introdujo la Ilustración generó también su contrario. En la mitad del siglo XX, la civilización europea se había convertido a la barbarie. Incluso la completa confianza en la razón era insensata, pues el uso del entendimiento no había impedido extraer algo racional de la pura irracionalidad. La razón había abierto las puertas de par en par a lo imprevisto: la temible y más reciente prueba de ello lo constituía la *locura sistemática* del nacionalsocialismo. Lo terrible de la maquinaria asesina y de terror del fascismo de Hitler consistía en que sólo el mantenimiento del orden burgués y la racionalidad la habían hecho posible. El punto cero absoluto de la civilización occidental, el modelo de matar en serie de Auschwitz, constituía a la vez la culminación de la civilización occidental.

Adorno no cifraba sus esperanzas cara a la sociedad en la racionalidad, sino en el arte y la cultura. En concreto, se refería al arte de vanguardia, que servía de contrapunto a la cultura de masas del siglo XX. El avance de los nuevos medios de comunicación de masas, que Adorno conoció en Estados Unidos, supusieron para el autor una experiencia más bien horrible. El cine, la televisión, la radio y la música popular eran signos de un nuevo mito del legado de la Ilustración. Adorno y Horkheimer constataron con pesimismo que los nuevos medios producían arte como objeto de consumo masivo o *fast food* («comida rápida»): estandarizado, fácilmente consumible, siempre igual y previsible, de manera que los grandes consorcios que producen cultura, la «industria cultural», puedan estar seguros de la fidelidad de sus clientes. A la larga, la cultura del entretenimiento satisface tan poco como una hamburguesa. Con cierta repugnancia, los autores juzgaron este tipo de cultura como una especie de papilla unificadora, que sustrae la individualidad, la independencia y la capacidad de pensar de todos los que de ella comen. Adorno y Horkheimer defendieron una postura contraria a la de Walter Benjamin, que en su ensayo *Das Kunst-*

*werk im Zeitalter seiner technischen Reproduzierbarkeit (La obra de arte en la época de su reproductibilidad técnica,*1936) predijo un futuro esperanzador para los nuevos medios en la sociedad (entonces aludía a la fotografía, el cine y las cintas magnetofónicas).

Al leer los comentarios pesimistas de Adorno y Horkheimer sobre la cultura de masas, uno recuerda repentinamente que hubo un tiempo en el que no poseer una televisión era considerado un signo de cultura. La mirada que los autores arrojaron sobre la civilización occidental del siglo XX es más bien sombría. Veían, en el pasado, la barbarie del nacionalsocialismo y, en el futuro, una sociedad de masas en la que la libertad del individuo era víctima de la manipulación de la industria cultural.

Al mismo tiempo que Adorno y Horkheimer, otro judío huido de la Alemania nazi y exiliado en Londres reflexionaba sobre la civilización. Sin embargo, → Norbert Elias llegó a una conclusión completamente distinta a la de ellos. Elias examinó la civilización europea desde sus orígenes en la temprana Edad Moderna. El autor posibilitó la comprensión objetiva, por primera vez, de lo que se entiende por «civilización europea». Su obra sobre el proceso de la civilización es uno de esos hitos teóricos que pueden provocar un sincero respeto, porque en ella —casi en solitario y en un lenguaje claro y comprensible— se desarrolla una idea que ha hecho historia en la cultura.

Norbert Elias: *El proceso de la civilización* (1939)

1. Es indecoroso sonarse la nariz con el mantel, ya que éste sirve para limpiarse las manos.
2. Cuando te hayas sonado la nariz no despliegues el pañuelo y lo examines como si de tu cerebro hubiesen salido perlas y rubíes.
3. Es de mala educación escupir por encima o sobre la mesa mientras se come.
4. Si ves a un amigo orinando en la calle, no le dirijas la palabra.
5. No está permitido contaminar las escaleras con materias fecales.
6. Si compartes la cama con alguien que no conoces, respeta las leyes de la decencia al desnudarte y al vestirte.
7. Vomita tranquilamente si tienes necesidad de hacerlo, pero no vuelvas a comerte lo regurgitado.

Estas no son las normas de un manicomio, sino las reglas de conducta de la nobleza europea del los siglos XV y XVI. Son citadas —junto a muchos otros ejemplos— en una de las obras sociológicas más célebres del siglo XX: *El proceso de la civilización,* de Norbert Elias.

En su ensayo sobre la historia de la civilización occidental, Elias demuestra que Europa no siempre actuó «civilizadamente». Cuando el au-

tor acudió a la British Library y comparó las obras sobre buenas maneras y etiqueta desde el Medievo hasta el siglo XIX, constató que poco a
poco se habían modificado las reglas de comportamiento en la mesa,
la actitud frente a las necesidades de la naturaleza y la disposición a
utilizar la violencia. Por ejemplo, las normas a la hora de comer habían mejorado considerablemente su nivel entre los siglos XV y XIX.

El hecho de no volver a colocar un trozo de carne en la fuente después de haberlo mordido no lo daba por supuesto un caballero sentado a la mesa de una corte feudal. En la Edad Media, las buenas maneras todavía no se habían inventado. No estamos hablando de las clases
medias, sino de las altas. Las costumbres en la mesa eran desoladoras:
se comía con las manos, que se limpiaban en la propia vestimenta, y
los huesos eran arrojados bajo la mesa. La actitud frente a las necesidades de la naturaleza era laxa: no era infrecuente aliviarse en presencia de otra persona. No existía la esfera privada e, incluso el sexo, tenía
lugar delante de otras personas. La disposición a usar la violencia era
omnipresente. El umbral de lo que se consideraba embarazoso era extremadamente bajo. A veces sucedía que se encontraban unos con
otros casi desnudos, esto es, apenas cubiertos con una camisa de lino
puesta por encima, en el camino de casa a los baños.

Cuando Elias leyó los textos sobre reglas de comportamiento de
cuatro siglos, advirtió que la vida cotidiana en Europa había sido paulatinamente sometida a un mayor control. La presión tenía un doble
origen: externo, la sociedad, e interno, un autocontrol del propio comportamiento que iba incrementándose con el tiempo. Lo que estaba permitido en el Medievo —ya fuera en la mesa, entre ambos sexos
o en lo referido al desenfrenado impulso de atacar— causaría gran
consternación y turbación en el siglo XXI.

Desde el principio de la Edad Moderna se han venido estableciendo-
do estrictas y complicadas normas para regular el comer, el beber, el
dormir, el orinar, el defecar, el copular, el acto de limpiarse la nariz, el
escupir y las conductas agresivas. El caballero aprendió a comer carne
con tenedor en vez de emplear sus manos. Dejó de satisfacer sus necesidades imperiosas en presencia de mujeres. También aprendió a usar
un pañuelo y a no escupir la comida que no era de su gusto sobre o
bajo la mesa. Se acostumbró a no agarrar rudamente a las mujeres de
la corte y a no cortar inmediatamente la nariz de un contrincante en
una pelea. El caballero y sus descendientes aprendieron a comportarse y a domeñar sus impulsos. Se civilizaron. Se les enseñaron buenos
modales. Aprendieron la cortesía y la decencia.

Mientras las normas que regían las relaciones sociales se refinaban,
poco a poco dejó de ser necesario regular externamente las conductas
más groseras. Algunas actitudes referidas a las funciones corporales y

al uso de la violencia fueron interiorizándose gradualmente. En la misma medida que se creaban las reglas relativas a comer, dormir y defecar, subía el umbral de la vergüenza y de lo que se consideraba oprobioso o repugnante. Los europeos desarrollaron progresivamente una especie de segunda naturaleza, que consistía en un control automático sobre uno mismo y el dominio de los afectos en determinadas situaciones. Se interiorizaron las prohibiciones sociales. El gobierno de los afectos y de los impulsos quedó en manos de una especie de Super-yo que cada cual ha hecho suyo con el tiempo. Gradualmente, se ha ido vigilando la propia conducta, incluso en momentos en que ya no había necesidad de hacerlo: esto es, al estar solos. Elias demostró que nuestros afectos, nuestro pudor, nuestras emociones y todo el universo de sentimientos no han sido siempre los mismos. Nuestros impulsos «naturales» son el resultado de un largo y complicado proceso de civilización. La estructura psicológica del ser humano se ha modificado a lo largo de la historia. Elias denominó *psicogénesis* a esta transformación de las estructuras de la personalidad a través de las generaciones.

¿Cómo fue esto posible? ¿Por qué empezó el caballero a usar el tenedor en reemplazo de las manos? ¿Por qué aprendieron su descendientes a solucionar conflictos utilizando habilidades negociadoras en vez de violencia?

Elias describe cómo los cambios duraderos en la psique iban acompañados de profundas transformaciones en las reglas del poder en Europa. Un concepto decisivo es el de *acortesamiento*. A comienzos de la Edad Moderna, el monopolio del poder se trasladó a unos pocos centros europeos: las cortes absolutistas. Cada vez se concentraba más poder en menos personas. El ejemplo clásico lo constituye la corte de Luis XIV. Se dispuso el jardín de Versalles de tal manera que, incluso allí dentro, el monarca seguía ubicado en el centro: de acuerdo con una perspectiva central, todas las avenidas conducían al aposento del rey, el núcleo del poder.

El que quería gozar de prebendas, esto es, acceder a dinero y cargos, debía trasladarse al centro del poder: a la corte. Pero también sucedía lo contrario, ya que el rey dependía de sus súbditos. En la corte se originaba una red de dependencias que Elias denomina *mecanismo real*. El monarca otorgaba privilegios a la nobleza que, a su vez, fortalecía el poder del rey, siempre y cuando tuviera la esperanza de recibir privilegios. Por esa razón, el soberano no podía permitir que una fracción se hiciese demasiado fuerte. Sí podía, por el contrario, aprovecharse de la competencia entre los nobles contrapesando sus atribuciones de poder. El mecanismo real es el arte de mantener un *equilibrio inestable*. En la corte, la presión social resultaba enorme. Era fundamental no irritar a determinadas personas, e imprescindible, ser considerado.

Uno no podía ponerle el ojo morado a alguien con el que después compartiría mesa, aunque fuese un contrincante. Cuando miles de personas vivían juntas, como en la corte de Versalles, hubiese resultado insufrible que se utilizasen las escaleras como aseo. Era inevitable observar minuciosamente el comportamiento ajeno. También había que aprender a mantener bajo control permanente la propia conducta. El caballero se convirtió en cortesano. La obra que enseñó a Europa entera a comportarse fue → *El cortesano*.

Gradualmente, los buenas maneras que se estilaban en la corte calaron también las capas bajas. Dado que, hasta el siglo XIX, saber comportarse era un requisito previo de acceso a los centros de poder, y también porque uno podía acercarse a las clases altas si se conducía adecuadamente, los estratos menos privilegiados copiaron el proceder de las capas superiores. De esa manera, las antiguas buenas maneras llegaron a ser comunes. Para poder seguir diferenciándose, la élite continuó refinando su conducta cultivada o civilizada. Esta actitud condujo finalmente a tal nivel de sutileza, que sólo era realmente distinguido aquél que sabía cuándo era posible ignorar las normas. Como se expresaba en el manual de comportamiento de Knigge[*]: «Sólo quien domina las formas puede jugar con ellas». El gran maestro del arte de sobrepasar los límites sin salirse de lo marcado fue el inglés Oscar Wilde, que a finales del siglo XIX se hizo célebre por sus mordaces comedias de sociedad.

A primera vista se tiene la impresión de que la cultura europea de la posguerra desmiente la teoría de Elias: nuestra vida cotidiana no podría ser más informal; la gente viste pantalones de pana para ir a escuchar un concierto o va medio desnuda a trabajar en verano, y nos cierran las puertas en las narices unas trescientas veces al día. Como uno no sabe cómo comportarse adecuadamente, se gasta mucho dinero en seminarios que le enseñan que en un restaurante *no* es conveniente untar la baguette como un bocadillo. El sexo es público y se ha liberado en mayor o menor medida de los tabúes. La oferta de autoayuda, con sus cursos de *rebirthing* (técnicas de respiración para relajar la mente, con las que se puede llegar a recordar el propio nacimiento), bailes africanos improvisados y seminarios sobre gritos primitivos no dan exactamente la impresión de que el umbral del pudor esté muy elevado.

Pero un segundo examen permite reconocer cuántos imperativos subyacen a su vez en la liberación de las imposiciones. El hecho de que

---

[*] Adolf Freiherr von Knigge (1752-1796). Noble y jurista alemán que escribió un célebre manual de conducta, *Über den Umgang mit Menschen (Sobre el trato entre las personas,* 1788). (N. de la T.)

la vida de la segunda mitad del siglo XX sea tan informal no ha anulado estas exigencias. Al contrario, la informalidad se basa en el civismo. Las camisetas que dejan el ombligo al aire ya no suponen una provocación seria al control masculino de las pasiones. Sin embargo, a veces, el imperativo social del autocontrol se ha transformado en la imposición de la autoliberación. «¡Concéntrate en ti mismo!», es la consigna.

8
PSIQUE

Los hombres no siempre tuvieron «psique», tenían «alma». Éste fue el nombre que recibió el interior de los seres humanos en la Antigüedad y en la filosofía cristiana medieval. El alma era incorpórea y podía desplazarse. Para el cristianismo el alma era el reflejo de Dios, que era quien la había insuflado dentro del hombre. El lugar del alma era el cuerpo del ser humano: tras la muerte de éste, el alma volvía al Señor, salvo las almas malignas, que estaban destinadas a la condena eterna.

El alma era inmortal, indivisible e inmutable en su esencia. La posibilidad de poder mantenerse en la realidad estaba fuera de toda discusión, porque el alma pertenecía al reino de la metafísica. En el siglo XXI no se puede sobrevivir ni un sólo día con un «alma». Para poder subsistir en un mundo en permanente transformación, el hombre moderno necesita una dotación interior altamente flexible, modificable, individual y adaptable: así es la psique.

La psique se concibe en el siglo XVIII, a la par que la modernización de la sociedad. A partir de entonces, los procesos del alma se explican como fenómenos de las ciencias naturales: así, por ejemplo, → Thomas Hobbes interpretaba que los movimientos de los objetos en el exterior penetran a través de los sentidos en forma de reacción en cadena hasta el interior del hombre y allí depositan sentimientos o pensamientos. → John Locke, el padre de la democracia, fue también un precursor de la psicología moderna y se negó a pronunciarse siquiera sobre la *esencia* del alma. Por el contrario, de acuerdo con un punto de vista muy actual, consideraba los fenómenos psíquicos como consecuencia de las percepciones: con Locke, la psique se pone en movimiento y se vuelve individual; ya no es una sustancia eterna, sino que se compone de procesos de conciencia originados por las impresiones sensoriales.

En el siglo XVIII el alma se transformó en la psique. Frente al alma, la psique presenta la inestimable ventaja de que puede adaptarse al mundo que le rodea o, según otro punto de vista, la increíble desventaja de *tener que* amoldarse al ambiente existente. Pero resulta el equipamiento interior ideal para los seres humanos que viven un universo que cambia constantemente. Para el hombre moderno es indispensable poder disponer de una psique que pueda participar de esos cambios. No obstante, poseerla no significa que la vida sea más sencilla. Al contrario, el hombre debe contrapesar permanentemente lo externo y lo interno. El ser humano se enfrenta a la exigencia de mantener, en la medida de lo posible, el equilibrio inestable de su psique a través de la compensación permanente entre la presión exterior e interior.

Michel de Montaigne: *Ensayos* (1580-1588)

Montaigne es nuestro primer contemporáneo. Con él, el hombre medieval se despide de la cultura europea y entra en escena el psicológico individuo moderno, que proclama su derecho a averiguar por sí mismo quién es y que se plantea cuestiones como éstas: «¿Quién soy?», «¿qué puedo hacer?» y «¿cómo es el mundo visto por mí?».

Montaigne procedía de una familia acomodada de la región de Gascuña. Cuando cumplió dos años, su padre le puso bajo la tutela de un preceptor alemán que no hablaba ni una palabra de francés, lo que se correspondía completamente con el concepto de la educación de su progenitor: éste consideraba que la lengua materna de Montaigne debía ser el latín. Por esa razón, no aprendió francés hasta su sexto año de vida, e incluso su madre y la servidumbre debían comunicarse con el vástago de la familia en latín, lo mejor que podían.

Montaigne siguió la carrera jurídica pero, cuando heredó las propiedades familiares, a los treinta y cinco años, se retiró de la vida pública. A partir de entonces, pasaba la mayor parte del día en su biblioteca, situada en la torre de su residencia, donde nadie le molestaba, y allí se dedicaba al estudio de las obras de la Antigüedad y a escribir sus *Essais (Ensayos)*. Así pues, fue el creador del género del ensayo: un tratado breve, informal y personal que puede abordar prácticamente cualquier tema.

El tema de los *Ensayos* de Montaigne es su propio autor. En muchas ocasiones, los títulos de los más de cien ensayos son como pistas falsas: es el caso, por ejemplo, del llamado «Los coches», que trata sobre el Nuevo Mundo, o el ensayo encabezado «Acerca de algunos versos de Virgilio», en el que reflexiona sobre el sexo, mientras que en «Una costumbre de la isla de Cos» aborda el suicidio, y a través de las páginas del texto «Sobre la presunción» conocemos bastante sobre las inclinaciones corporales y espirituales de Montaigne.

Los ensayos de Montaigne son apropiados como lecturas sueltas. De esta manera es posible obtener una impresión general. Pero quien tenga la ambición de descubrir realmente el pensamiento de Montaigne tiene que leerlos todos, puesto que el Yo que el autor ha observado sólo puede descubrirse a través de la totalidad de los puntos de vista en continuo cambio. «Yo describo desde arriba y desde abajo, por delante y por detrás, desde la derecha y desde la izquierda», aclaró Montaigne. Es lo que hace que sus ensayos sean tan modernos, ya que el autor se mueve y gira ante su ojo interno, como un objeto que ha de ser contemplado una y otra vez desde nuevas perspectivas para mostrar lo mudable, polifacético y complejo que es su propio Yo.

Montaigne resulta moderno porque, al igual que el hombre contemporáneo, se ocupa de confirmarse a sí mismo en relación con el mundo. En este intento resulta especialmente interesante la manera de vivir, ya que el «estilo de vida» es la forma más simple de que dispone el hombre para procurar expresar su unicidad. Por esa razón, Montaigne no se cansa de describir cómo vive: lo que hace, lo que le gusta, lo que puede y lo que desprecia.

> No puedo dormir de día; no puedo ingerir nada entre comidas ni desayunar muy temprano; no puedo irme a dormir sin que haya transcurrido largo tiempo —cerca de tres horas— desde la cena; sólo puedo practicar el coito antes del descanso nocturno y nunca de pie; no puedo conservar puesta ropa impregnada de sudor; para apagar mi sed no sirve ni agua pura ni vino solo; no puedo prescindir del sombrero y no puedo cortarme el pelo después de comer; me costaría tanto no llevar guantes como no llevar una camisa; me sería muy difícil no lavarme después de comer o al levantarme y carecer de dosel y cortinas en la cama: como si todas éstas fueran cosas imprescindibles.

Montaigne, el primer observador de sí mismo en la cultura europea, vislumbró rápidamente la dificultad del asunto: la observación del Yo sólo podía ser realizada desde el propio Yo. ¿Cómo saber, entonces, se preguntaba Montaigne, que soy yo el que juega con mi gato, y no él conmigo?

Laurence Sterne: *Tristram Shandy* (1759-1767)

En general, se afirma que → Freud descubrió el inconsciente. Freud, que no se caracterizaba precisamente por contenerse a la hora de subrayar sus logros en el psicoanálisis, juzgó este punto algo más modestamente: él no descubrió el inconsciente, sólo aportó el instrumental científico para poder examinarlo. La literatura sabía desde siempre que aquél existía. Freud tenía toda la razón: la obra de Laurence Sterne constituye uno de los más complejos tratamientos del inconsciente realizados antes de Freud.

Sterne era un clérigo rural y tenía un aspecto bastante estrafalario. Por ejemplo, después de pasar la noche con el club de los «Demoniacs» (demoníacos) en «Crazy castle» (castillo loco), la propiedad de un noble rural vecino, se sentaba a la mañana siguiente ante su escritorio ataviado con unas zapatillas de fieltro amarillas, un batín lila y sin peluca. Entre tanto, su mujer permanecía internada en un manicomio —presumiblemente a consecuencia de las continuas desavenencias conyugales— y su madre estaba arrestada (aunque se trataba de un error) acusada de vagabundear.

Sólo la obra que le proporcionó la celebridad instantánea resulta más excéntrica que este escenario. Ningún miembro de la alta sociedad londinense podía permitirse no recibir al peculiar párroco provinciano, sobre todo cuando se supo que sus artes para la conversación eran tan ingeniosas como la obra que había escrito. Sterne llegó a ser presentado al rey, y el conocido pintor de la aristocracia inglesa, Joshua Reynolds, le retrató.

La novela de Sterne es realmente extraña. A primera vista parece ser una autobiografía ficticia, pero nada en ella responde a lo habitual, a lo que acostumbramos a leer en una novela. En la mitad del texto hay páginas jaspeadas y varias completamente vacías. Así se ahorra, de momento, los capítulos dieciocho y diecinueve del último volumen, para luego introducirlos entre los capítulos veinticinco y veintiséis. El prólogo aparece a la altura de la página doscientos. En otras ocasiones, el narrador se interrumpe a mitad de una frase y llena varias líneas seguidas con asteriscos o guiones largos. Todo ello hace que *Tristram Shandy* constituya una obra de lectura bastante difícil y confusa.

Para entender en qué consiste la gracia del libro, hay que empezar por saber que la historia se basa en la diferenciación entre dos planos: por un lado está lo que *debe ser narrado:* en una autobiografía completamente normal sería la vida del héroe del título, Tristram. Pero en este plano interfiere constantemente el propio *proceso de narración.* Esto significa que el narrador en primera persona, Tristram, se interrumpe a sí mismo en el relato de su vida, porque se acuerda constantemente de asuntos que debería contar primero antes de poder continuar con su narración.

Esto se hace evidente desde las primeras páginas: en realidad, el narrador Tristram quiere iniciar la historia de su vida por el principio de los principios. Dado que interpreta de manera literal la indicación clásica de Horacio de empezar *ab ovo* («desde el huevo»), comienza por el momento en que fue generado. Pero inmediatamente cae en la cuenta de que también este hecho tiene su propia historia, que es necesario relatar. Dado que esta narración previa exige asimismo algunos comentarios, se va retrotrayendo cada vez más y paulatinamente acaba en una suerte de meandro laberíntico de historias abandonadas y vueltas a retomar, cuya bufonada y extravagancia resultan difíciles de superar. Ocasionalmente se interrumpe en mitad de una frase y deja formalmente en suspenso la historia a lo largo de varios capítulos, para seguir el curso de nuevos pensamientos.

En este sentido, *Tristram Shandy* no ofrece ninguna trama progresiva. Pero si se mantiene la determinación suficiente, uno puede distinguir dos «hilos narrativos». El primero trata de la infancia de Tristram; el segundo narra las aventuras de su tío Toby. En ambas historias se multiplican los dobles sentidos y los malentendidos.

La historia de Tristram constituye un encadenamiento de accidentes. Su propia concepción transcurrió de manera extraordinariamente infeliz, puesto que la madre irritó al padre en el momento decisivo preguntándole si se había olvidado de darle cuerda al reloj de pie. Durante el parto, la inhábil manipulación del fórceps por parte del Dr. Slops le aplasta la nariz. La siguiente catástrofe en la vida del héroe se produce en el momento de su bautizo, en el cual recibe el triste nombre de Tristram, en vez del más noble de todos, Trimegistus («tres veces grande», en griego), debido a la estupidez de una sirvienta. La misma criada es culpable de que Tristram sufra un considerable perjuicio en una parte fundamental de su cuerpo.

También el tío Toby ha sido golpeado por un trágico golpe del destino que dirige la atención del lector hacia una parte delicada de su cuerpo, aunque el narrador se esfuerza por todos los medios en aparentar que no hay nada insidioso en el asunto. El tío Toby había sido herido en un punto espinoso cercano a la región inguinal, durante el asedio de Namur. Para superar este trauma, construye una reproducción a escala de la ciudad de Namur y desarrolla un interés obsesivo por el estudio de las fortificaciones y las estrategias de defensa y sitio. El caballo de batalla del tío Toby encuentra incluso un campo de acción paralelo, aunque uno se pregunta si es una buena idea teniendo en cuenta las circunstancias presentes. Se trata del asedio a la viuda Wadman. El intento de conquista de la dama fracasa por un malentendido. Cuando la viuda le pregunta, por motivos no del todo desinteresados, dónde sufrió *exactamente* la herida en la zona inguinal, Toby queda subyugado ante la compasión que ella demuestra, saca con toda su ingenuidad el *mapa de Namur* y le enseña el punto preciso en el que recibió su lesión. Sólo se siente algo desilusionado cuando su criado, el coronel Trim, le aclara las verdaderas intenciones de la viuda.

Tristram Shandy es una novela sobre la colisión ente lenguaje y conciencia. Mientras el narrador relata su historia, se le ocurren constantemente nuevos pensamientos, de forma que las reiteradas asociaciones de ideas van arruinando paulatinamente el texto que escribe y lo convierten en un (aparente) paisaje en ruinas. El pensamiento es más rápido que la escritura. Por eso, el narrador pronto se encuentra con un texto en el que lo que debe ser relatado toma la forma de una masa inmensa y en permanente aumento que empuja hacia adelante.

Existe una salida para este dilema: romper la comunicación, esto es, prescindir del entendimiento a través de la lengua y adoptar el lenguaje de la psique. En el siglo XVIII, el idioma de la psique era el del sentimentalismo, el de las emociones. El lenguaje de los sentimientos carece de palabras, pero no es menos elocuente, puesto que se sirve de un medio muy expresivo: el cuerpo. El mudo apretón de manos, el expresivo silencio, la lágrima silenciosa, la mirada que significa tantas cosas, la interrupción confusa del habla se manifiestan sin palabras. Pero precisamente por ello causan una mayor impresión, porque con estos gestos habla la propia alma (la psique). Naturalmente, Sterne no puede utilizar el lenguaje corporal, ¿cómo podría, en un texto? Por eso recurre a otras posibilidades. A ello responden esos fenómenos extraños: las frases interrumpidas, las páginas vacías y los expresivos asteriscos y guiones largos. Funcionan como el lenguaje del cuerpo: son una *elocuente ausencia de palabras*. Pero también el doble sentido fascina al narrador, porque la conciencia sabotea la lengua. Un doble sentido utiliza incluso lenguaje, pero lo que el lector luego entiende no fue dicho por las palabras empleadas.

Este es el caso de la «nariz». Como ya se ha mencionado, la nariz de Tristram se lastimó durante el parto. ¿La nariz? ¿De verdad cree *usted* que fue la *nariz?* El narrador insiste de tal manera en que cuando dice nariz se refiere realmente a la nariz, que cualquier lector empieza a dudar de la sinceridad de sus afirmaciones. ¿No estará aludiendo a una cosa completamente distinta? ¿A algo impronunciable quizá? Sterne juega maliciosamente con este efecto, que coloca al lector —lo quiera o no— en la paradójica situación de acabar por pensar en «órganos sexuales» cuando se menciona la «nariz».

El caso hubiera sido claro para Freud: el inconsciente del lector se manifiesta en situaciones como ésta y arruina la semántica. Freud describió estos fallos de comunicación como causados por el inconsciente. Él los denominaba «actos fallidos»; en el lenguaje cotidiano se los conoce como «errores freudianos».

Robert Louis Stevenson:
El extraño caso del Dr. Jekyll y Mr. Hyde (1886)

En el nebuloso Londres de finales del siglo XIX ocurren cosas extrañas. Una tarde, mientras dan un paseo, el abogado Mr. Utterson y un conocido suyo, Mr. Enfield, pasan junto a una deslucida puerta. Mr. Enfield cuenta un acontecimiento relacionado con ella.

Hace algún tiempo, Mr. Enfield caminaba a temprana hora de la mañana por las calles de la metrópoli, suavemente iluminadas por las farolas de gas, cuando sucedió algo extraño: al salir de dos calles laterales que se cruzaban, un hombre y una niña se tropezaron con tal ímpetu que la chiquilla quedó en el suelo llorando del susto. En vez de ocuparse de ella, el malhechor pasó tranquilamente sobre su cuerpo y siguió corriendo. Se hubiera esfumado si Mr. Enfield no le hubiese perseguido para luego agarrarlo del cuello.

Entretanto, el tumulto había despertado a varias personas que expresaban su indignación, mientras el culpable, un tal Mr. Hyde, permanecía impasible. Hyde, que de alguna manera resultaba desagradable, sin que Mr. Enfield pudiera describir por qué, ofreció a los padres de la niña una suma de dinero como reparación de su conducta. Desapareció por esa puerta misteriosa. Y volvió a aparecer con un cheque que no estaba firmado con el nombre de Hyde, sino con el de una personalidad muy conocida en la ciudad.

Mr. Enfield no quiso desvelar a su amigo la identidad del firmante, pero nosotros hace rato que sospechamos quién es: el Dr. Jekyll, naturalmente. El mencionado doctor pertenece a esa clase de científicos, presentes en la literatura del siglo XIX, a los que les gusta realizar experimentos y que tienen la mala costumbre de mezclar pócimas hasta que consiguen un elixir que los convierte en otros: tal el caso de Mr. Hyde.

Desde su temprana juventud, el Dr. Jekyll había tenido la sensación de que bajo la superficie de una apariencia respetable se escondía su lado oscuro. Este segundo Yo anunciaba unas necesidades de dudosa moralidad que la parte consciente había de reprimir. La ambición científica unida a la presión del sufrimiento llevaron al Dr. Jekyll a preparar una mezcla para liberar su lado oculto. La metamorfosis resultó un éxito. Fue acompañada de terribles dolores (en eso se asemejó a un parto) y transformó al Dr. Jekyll en una figura fea y encorvada. Le permitió convertirse en esa anhelada persona que no conoce la conciencia ni la moral. Jekyll se transmuta en Hyde: libre de todo escrúpulo, irresponsable, malicioso y sensual.

Con el tiempo, Hyde domina a Jekyll. Cada vez resulta más difícil deshacer la transformación. El desenfreno de Hyde va en aumento.

Cuando Hyde asesina a un hombre, Jekyll decide quitarse la vida, porque intuye que sólo así podrá dar fin a los impulsos rastreros de su malvada parte subyacente.

El relato de Stevenson se convirtió en un best seller poco después de su publicación. El público lector de la época victoriana, habituado a ocultarse bajo la corrección moral, leyó fascinado la historia del hombre respetable y socialmente considerado que se transforma, a puerta cerrada, en un delincuente y un miserable. Resultaba sorprendente que hasta que el caso no se resolvía, hacia mitad del libro, la gran mayoría del público no sospechaba en absoluto que Jekyll y Hyde eran la misma persona. Para los lectores resultaba inconcebible que un hombre de apariencia tan íntegra como Jekyll tuviera una mancha tan oscura en su alma.

→ Freud fue el primero en explicar que cada psique tiene su lado oscuro: el inconsciente. En la actualidad, para cualquiera es comprensible que existe un lado visible de la psique y otro inescrutable. De acuerdo con Freud, en cada uno de nosotros se agazapa un Mr. Hyde bajo la superficie de un Dr. Jekyll: aquella parte de la psique sensual y espontánea que Freud denominó «Ello», muy diferente de la conciencia social, el «Super-Yo», que encarnaba el Dr. Jekyll.

Lo deslumbrante de la narración de Stevenson es que la historia de estos inquietantes dobles constituye, a grandes rasgos, un anticipo de lo que Freud presentó como modelo de la psique apenas dos décadas después. Pero ésta no es la única razón para leer la novela, también impresionan las descripciones de la atmósfera de Londres. La confusión laberíntica de las calles por las que se esfuma Mr. Hyde cuando entra a hurtadillas por la misteriosa puerta constituye un paisaje urbano irreal. En él se difuminan los contornos de los objetos cuando la niebla se arrastra por los callejones y únicamente las farolas de gas ofrecen una pálida luz.

Sigmund Freud: *La interpretación de los sueños* (1900)

El trabajo más duro del día se realiza por la noche. No nos referimos al que tiene lugar en los muelles de carga de los puertos de todo el mundo, sino al que sucede en nuestra propia cama. Allí —mientras dormimos— nuestra psique realiza laboriosos trabajos de selección y clasificación. Sólo podemos ser conscientes de este esfuerzo si examinamos nuestros sueños. Sólo al aventurarnos en esas sombrías regiones somos capaces de reconocer lo que realmente acontece en nuestra alma y quiénes somos en realidad. Entonces observamos que en los sueños se manifiestan nuestros deseos más secretos y que el mundo onírico es, sobre todas las cosas, una: imágenes ideales del sexo sin trabas.

Éstas fueron las nunca antes escuchadas afirmaciones con las que Sigmund Freud provocó la consternación general de sus contemporáneos, a principios del siglo XX. La constatación de Freud era, en realidad, terrible, ya que, con otras palabras, proclamó lo siguiente: en primer lugar, la llave para acceder a nuestro Yo se encuentra en un sitio al que no tenemos acceso (inmediato), el inconsciente. Sólo de forma indirecta y con ayuda de dudosos canales de información —concretamente, mediante el análisis de nuestros sueños— podemos obtener algún conocimiento sobre nosotros mismos. En segundo lugar, la observación de nuestro subconsciente trae a la luz que ninguna acción —y, en definitiva, ningún logro cultural de Occidente— se debe a la reflexión racional y a una meticulosa búsqueda de conocimiento, sino única y exclusivamente a la necesidad reprimida de satisfacer ciertos impulsos.

Las aseveraciones de Freud resultaron tan impactantes como desconcertantes para sus contemporáneos de comienzos del siglo XX. *La interpretación de los sueños*, que se convirtió en uno de los libros que más influencia ejerció en el siglo XX, tropezó al principio con una enconada resistencia. Esto no resulta sorprendente, ya que el psicoanálisis representaba un reto enorme para la tradición occidental. La descripción que Freud hizo del alma de los hombres volvió su atención precisamente hacia lo que hasta entonces se reservaba a las zonas marginales del ser humano: el no-saber, la irracionalidad y el sexo. El inconsciente —y la no la conciencia— era la parte de nuestra psique que ordenaba todo nuestro pensar y sentir. Para expresar semejante idea Freud encontró una sugestiva formulación que se ha hecho célebre: «El Yo no es el señor de su propia casa».

Aquello que la filosofía occidental había considerado como las cualidades sobresalientes del hombre —su capacidad para pensar y reflexionar, su racionalidad y, sobre todo, su conciencia—, fue desenmascarado por Freud: únicamente constituían la punta del iceberg. De acuerdo con lo anterior, la conciencia era sólo la parte de la psique que podíamos ver; pero bajo la superficie del mar de engañosa calma en que consistían nuestras acciones conscientes se escondía un gigantesco coloso cuya forma y aspecto apenas podemos intuir: el inconsciente. Freud dio la vuelta al concepto de búsqueda del conocimiento. En efecto, el trabajo de investigación del psicoanálisis no tiene como objetivo encontrar la luz al final de las tinieblas (como ocurría en el caso de la filosofía de la Ilustración), sino que se sumerge en la oscuridad de la noche para rescatar los tesoros hundidos en las profundidades de la psique: los sueños y los pensamientos que ésta esconde.

Freud, que ejercía como neurólogo en Viena cuando se produjo el cambio de siglo, empezó a prestar atención al fenómeno de los sueños a raíz de que una paciente neurótica mencionara constantemente sus sueños en el transcurso de las conversaciones terapéuticas. A continuación, Freud realizó un autoanálisis, descifró algunos de sus propios sueños, superó una crisis vital y constató que los sueños no eran simple material confuso, sino más bien la llave del alma del hombre. Cuando la primera gran obra de Freud, *La interpretación de los sueños*, llegó a manos del editor en 1899, éste decidió, con sabia previsión, estampar, como fecha de publicación, el año *1900*. Parecía haber intuido que tenía ante sí una obra memorable que marcaría una época y que, por tanto, merecía esa fecha especial.

La interpretación de los sueños es una mezcla de estudio que explicita los fundamentos de la teoría, de autobiografía de Freud y de descripción de unos doscientos sueños, de los que cerca de la cuarta parte fueron soñados por el propio autor. En esencia, Freud explica lo siguiente: los sueños constituyen la realización de deseos reprimidos o contenidos que el ser que duerme ha de inhibir. Todos los deseos secretos soñados se basan en un anhelo de la infancia que quedó insatisfecho: el deseo del niño por el progenitor de sexo contrario. Éste va acompañado de un segundo deseo, concretamente, el de apartar al padre del mismo sexo, su competidor potencial. Freud bautizó esta constelación con el nombre de una obra del dramaturgo clásico Sófocles: el «complejo de Edipo». Este doble deseo, irrealizable y reprimido —el cual anhela secretamente cada ser humano a la edad de cinco años, según el autor— intenta constantemente volver a manifestarse. Las noches, ese tiempo de oscura inconsciencia, parecen especialmente apropiadas para ese antiguo deseo de la infancia.

Pero incluso el que sueña y lo recuerda no advierte en la ensoñación un deseo oculto de satisfacción desenfrenada de impulsos. Freud tiene una explicación para ello. También en el sueño existe la censura que impide que el lado oscuro y sensual de la psique penetre completamente en la conciencia del durmiente. Por esa razón, los sueños son imágenes tan enigmáticas que parecen carecer de sentido. Es como si los anhelos soterrados se disfrazaran. Si se sabe interpretar los sueños (mediante el psicoanálisis), los mensajes del alma del hombre se vuelven reconocibles.

Entre tanto, nos hemos acostumbrado a Freud y sus tesis han sido revisadas una a una. Freud está presente en nuestra vida cotidiana. Nadie —salvo que conozca las teorías de la comunicación— explicará sin más el comportamiento de una persona de acuerdo con las estructuras de la comunicación, sino que atribuirá su conducta a su psique. Las ideas corrientes para explicar por qué alguien es como es no se conciben sin Freud. Aunque nosotros ya no consideremos —como en los años sesenta y setenta— que hay que someterse a análisis, todos, en cierto modo, somos «freudianos».

Incluso a aquél al que el «complejo de Edipo» le resulte sospechoso, seguramente no tendrá nada que objetar a la afirmación de que no podemos comprender totalmente los motivos de nuestras conductas porque la conciencia tiene un punto ciego: el subconsciente. Quizá hasta se incline a conceder cierta atención a sus sueños, en vez de desalojarlos de la conciencia como si de basura neuronal se tratara. Presumiblemente esté dispuesto a llevar a cabo una labor detectivesca retrospectiva y reflexionar sobre su infancia y la relación con sus padres para descubrir quién es. Seguro que comparte la opinión de que la sexualidad es una de las necesidades básicas del ser humano y que a la larga no es sano que uno reprima sus deseos. Si le preguntan acerca de un asunto que se le ha escapado momentáneamente, explicará: «he *reprimido* este tema». Seguramente tendrá la tentación de atribuir una relevancia singular a los actos fallidos en la expresión, en vez de considerarlos como una mera conexión errónea producida en la central de mandos, el «cerebro», tal como creen los neurolingüistas desde hace bastante tiempo.

Freud es uno de los pensadores más controvertidos y relevantes del siglo XX. Desde el punto de vista de su influencia, probablemente *La interpretación de los sueños* sólo puede compararse con *El capital* de Karl Marx. Nadie ha influido tan profundamente en la formación teórica de las disciplinas sociales como Freud. Muchas de sus afirmaciones han sido rebatidas. Pero Freud ha dejado una idea tan deslumbrante como extravagante: ¡Lo que nos convierte en lo que somos no es lo que sabemos, sino lo que *no* sabemos sobre nosotros mismos!

Marcel Proust: *En busca del tiempo perdido* (1913-1927)

«Puede que yo sea obtuso, pero no logro comprender por qué un señor necesita treinta páginas para describir cómo da vueltas en la cama antes de quedarse dormido». Estas palabras fueron escritas por el editor al que Proust ofreció el primer volumen de los siete que componen su novela. Las siguientes críticas fueron mucho menos irrespetuosas. *En busca del tiempo perdido (À la recherche du temps perdu)* es una de las obras mayores de la modernidad. A pesar de ello, muchos lectores desanimados han coincidido, en su fuero interno, con aquel enervado editor francés.

La novela de Proust integra la lista de libros que más abandonan los lectores. Este hecho no se debe a que este público fallido sea «obtuso» sino a que la lectura de Proust es cualquier cosa menos fácil. Los desafíos que plantea son notables: uno tiene que enfrentarse a una pieza novelística que abarca cuatro mil (¡!) intimidantes páginas. Tampoco el complicado estilo, con sus frases de renombrada complejidad y refinada elegancia, constituye un plato ligero de digerir. La novela describe cómo se busca una conciencia a sí misma. En consecuencia, todo lo que procede del mundo exterior es filtrado por la perspectiva del mundo interior del narrador en primera persona. No se lee demasiado deprisa y, de vez en cuando, genera una confusión considerable.

Pero *En busca del tiempo perdido* es una obra superlativa no sólo por las dificultades que ofrece su lectura, sino también por el placer que proporciona. No existe nada comparable a Proust en la literatura europea. Cuando el narrador en primera persona Marcel despliega su conciencia con una lentitud impresionante, esta exposición se asemeja al milagro del despliegue paulatino de una flor de papel en el agua. Vivencias e impresiones, rescatadas página a página de las profundidades de la conciencia como valiosos tesoros, se exhiben en imágenes de arrebatadora poesía. El que se ha abierto camino a través de las primeras doscientas páginas, se convierte fácilmente en adicto.

En busca del tiempo perdido es una novela sobre el tiempo: sobre el olvido y el recuerdo, y sobre la cuestión de cómo evadirse del imparable desvanecimiento del tiempo y, con ello, de la transitoriedad y de la costumbre. La respuesta es: a través de la memoria.

El concepto de recuerdo de Proust nada tiene que ver con esa actividad de nuestra memoria que precisamos en nuestra vida cotidiana y a cuyo rendimiento contribuimos con notitas escritas en unos *post-it*. El recuerdo no es para Proust un proceso voluntario de la conciencia, sino algo que sucede casualmente, que aparece de repente sin que sea posible saberlo de antemano. Lo provoca una estimulación de los sentidos: el sabor de un pastelito o el olor de las lilas. La percepción pone en marcha una cadena de asociaciones y abre horizontes insospechados en el interior. El que lo vive se deja transportar al éxtasis. Es una cualidad de la psique que resplandece en escasos momentos. Significa felicidad, belleza e inspiración artística.

Para idear su concepto del tiempo, Proust se inspiró en la teoría de la percepción subjetiva del tiempo que había formulado el filósofo Henri Bergson en la misma época: Bergson distinguía entre la percepción subjetiva y no lineal del tiempo y la cronología continua y mensurable. Consideraba que el tiempo propio de la conciencia era una percepción que no admitía ser fraccionada y lo llamó *durée* «duración pura». En esta pura duración, el pasado no desaparece simplemente, «perdiéndose» como ocurre con el tiempo cronológico, sino que se derrama incesantemente en el presente para enriquecerlo.

También en Proust el pasado alcanza el presente. Pero lo que en Bergson se asemeja a un río cuya corriente penetra pausadamente, en Proust adquiere la calidad de una catarata que aparece por sorpresa. La manifestación de uno de los denominados «recuerdos involuntarios» es, en el autor, dramática: irrumpe espontáneamente en la conciencia y resulta avasalladora por la cantidad de rememoraciones que libera de improviso.

A un recuerdo de este tipo le debe la literatura europea su pieza de bollería más célebre: la magdalena. El episodio es muy conocido, lo cual se debe, entre otras cosas, a que se narra en las cien primeras páginas: cuando un día de invierno la madre del narrador (ya adulto) le sirve una magdalena y una tila, el sabor del bollo mojado en la infusión libera el recuerdo de toda la infancia que se creía perdida. Mientras se despliega el gusto de la tisana y del dulce en la boca, para Marcel emerge de la nada un mundo hundido: recuerdos largamente olvidados del pueblecito de Combray, en el que la familia pasaba sus vacaciones, se convierten en un caleidoscopio del pasado.

En esos momentos del recuerdo —en los que se revive por segunda vez algo muy lejano, y el pasado y el presente se unen durante un breve instante, es posible —desde un punto de vista subjetivo— apartarse del río del tiempo cronológico. La comprensión conduce finalmente a que el narrador en primera persona decida conservar este tiempo recobrado a través de la rememoración. Lo hará en forma de una novela sobre el recuerdo.

Si resumir el argumento de una novela resulta siempre difícil, dado que un texto literario es más que la suma de todo lo que en él *acontece*, sintetizar a Proust genera una especie de coronación del problema. El dilema es muy conocido y es objeto preferido de la sátira intelectual. El ejemplo más célebre lo constituye *The All-England Summarize Proust Competition* (concurso en el que los participantes debían resumir la obra de Proust) del grupo inglés de cómicos *Monty Python*. Los participantes del certamen habían de condensar la obra del autor francés en quince segundos y, además, vestidos con las dos piezas más destacadas de Marcel: en bañador y en traje de noche. La intervención más impresionante fue la del coro masculino galés que logró ofrecer la siguiente frase: «En su primer libro Proust escribió sobre...» en forma de una complicada fuga. En la esfera de la sátira real, el récord lo ostenta por el momento el francés Gérard Genette con tres palabras: *Marcel devient écrivain* («Marcel deviene escritor», literalmente).

El que sienta la imperiosa necesidad de contraponer algo a lo anterior puede hacerlo en internet: http://tempsperdu.com/summ.shtml

Sin haber sucumbido al desaliento, ni ante estos descorazonadores ejemplos, a continuación se ofrece un «hilo conductor», de un color irisado, entre lila y morado, de las siete partes de la novela.

El primer volumen, titulado *Por el camino de Swann*, comienza con rememoraciones de la infancia de Marcel: las vacaciones de verano que disfrutaba anualmente junto a sus padres en Combray. Al principio, el único recuerdo de ese tiempo es el drama del beso de buenas noches denegado. Siempre que Monsieur Swann, un amigo de la casa, venía de visita por las noches, el niño, que contaba con diez años por aquel entonces, era enviado a la cama, sin ni siquiera recibir el anhelado beso de buenas noches de su madre. La reiterada privación de la atención materna le provoca un trauma que dura toda su vida y que se pone de manifiesto en las futuras relaciones de Marcel con las mujeres, en forma de miedo a la pérdida y ataques de celos. Aunque el episodio del beso de buenas noches constituye al principio el único recuerdo de la niñez, la degustación de la célebre magdalena conduce a que repentinamente reviva toda su infancia con las personas y los lugares que participaron en ella: la querida abuela, la obstinada criada Françoise, la hipocondríaca tía Léonie, el seto de espino blanco, la iglesia de Combray...

La segunda parte de este primer volumen lleva el título *Un amor de Swann*. Narra la historia de amor entre Swann, un entendido en arte, y la bella Odette de Crécy, una mujer de reputación extremadamente dudosa. Ambos se han conocido en el salón de Madame Verdurin, el lugar de reunión de la alta burguesía que, junto al aristocrático salón de los Guermantes, representa uno de los dos centros sociales de la novela. Swann sospecha que Odette le engaña y sufre unos terribles ataques de celos. Cuando el amor ya se ha enfriado, se casa con ella. *Un amor de Swann* es, quizá, el fragmento más apropiado para realizar una lectura selectiva de Proust: es una historia cerrada en sí misma que acontece antes del nacimiento del narrador. Es la parte de la novela que se acerca más a las expectativas de los lectores convencionales.

El segundo volumen se titula *A la sombra de las muchachas en flor*. El púber Marcel vive sus primeras experiencias eróticas y se enamora imperecederamente de la hija de Swann, la alocada Gilberte, con la que juega en los Campos Elíseos. A los diecisiete años el protagonista, que padece asma (como el propio Proust), viaja con su abuela a Balbec, en la costa de Normandía. Allí traba amistad con Robert de Saint Loup, un hombre arrebatadoramente atractivo, que se casará más adelante con Gilberte, pese a sus tendencias homosexuales. Marcel trata también al tío de Robert, el Barón de Charlus, cuya homosexualidad tendrá consecuencias fatales. Pero sobre todo, el protagonista conoce en Balbec a su gran amor, Albertine. La ve por vez primera en el paseo marítimo y se queda maravillado ante la bella, deportiva y moderna joven.

En el tercer volumen, *El mundo de Guermantes*, Marcel se ha mudado a París con sus padres. La familia habita en una vivienda del palacio que los Guermantes poseen en la ciudad. Marcel se enamora platónicamente (como es habitual) de la duquesa de Guermantes. Cuando por fin se produce el encuentro, el narrador se decepciona (como también es habitual). El núcleo de la vida social, y constante tema de conversación en el salón de los Guermantes, gira en torno al asunto del capitán judío Dreyfus, deportado a la Isla del Diablo por alta traición en 1894 y cuyo destino originó una crisis política interna en Francia durante los años noventa.

El tema principal del cuarto volumen, *Sodoma y Gomorra*, es la homosexualidad. Al comienzo del mismo, Marcel averigua casualmente el secreto del Barón de Charlus, el cual camina poco a poco hacia su destrucción por una aventura amorosa. El narrador sospecha que Albertine, a la que entretanto ha reencontrado, es lesbiana.

En el quinto volumen, *La prisionera*, Marcel ha llevado a Albertine consigo a su casa en París. Cada vez que Albertine sale, el narrador, preso de celos, hace que la vigilen. A la vista de la posesiva actitud de Marcel, Albertine se escapa una mañana de casa.

En el penúltimo volumen, *La fugitiva*, Marcel encarga a su amigo Robert que haga averiguaciones sobre el paradero de Albertine para traerla de vuelta. Finalmente, recibe la noticia de que Albertine ha fallecido víctima de un accidente de equitación.

En el séptimo y último volumen, *El tiempo recobrado*, ha estallado la Primera Guerra Mundial. Al final de la contienda, Marcel acude a una matiné en casa del príncipe de Guermantes. En la biblioteca de la vivienda comprende, de repente, que el recuerdo puede detener la fugacidad del tiempo. Marcel quiere que ese conocimiento sea duradero y decide escribir una novela. De este modo, la obra de Proust cierra finalmente el círculo: Marcel escribirá la novela cuya lectura está a punto de finalizar el lector.

9
SHAKESPEARE

Shakespeare ha logrado dar el salto al siglo XXI. El gran poeta del tiempo de Isabel I de Inglaterra ha superado tranquilamente el escollo de la sociedad mediática. Shakespeare es el autor del que más versiones ha hecho Hollywood. Y esto sí que es un milagro, puesto que sus dramas fueron escritos originariamente para un público que no sabía leer ni escribir, por no mencionar que ignoraba dónde estaba América.

¿Quién no ha visto una película romántica con final dramático? ¿O sobre una tragedia familiar? ¿O una en la que el héroe, avasalladoramente atractivo, emprende una venganza contra la sociedad? La mayoría de las películas de Hollywood han copiado de Shakespeare la estructura de su argumento: → *Romeo y Julieta* proporciona el tipo básico de tragedia amorosa, → *Otelo* hace lo propio con el drama de celos, → *El rey Lear* sirve de modelo para los conflictos generacionales en las familias y → *Hamlet* se refleja en cada película de acción estadounidense en la que un héroe inteligente se convierte en un vengador. De hecho, *Hamlet* ocupa el segundo lugar en la lista de argumentos de la literatura universal más frecuentemente llevados al cine. (A la cabeza se sitúa la historia de mujer-que-asciende-en-la-vida-gracias-a-un-hombre, recreando el tema de *Cenicienta,* como es el caso de *Pretty Woman.*)

Cualquiera que haya crecido en la cultura occidental conoce a Shakespeare, aunque no lo haya leído. Hace doscientos años, la escritora → Jane Austen ya puntualizó lo que significa Shakespeare en el mundo contemporáneo: «Uno conoce a Shakespeare sin saber cómo. [...] Sus pensamientos y bellezas están diseminados por todas partes; uno se tropieza con ellos por doquier; instintivamente estamos familiarizados con ellos» (*Mansfield Park,* 1814). De alguna manera, todos pescamos algo de Shakespeare. La observación sigue teniendo vigencia y no es casual que fuera una mujer quien la hiciera hace doscientos años. En el sistema educativo de principios del siglo XIX, era tan probable que una mujer leyese a Shakespeare como lo es para la mayoría de los escolares del siglo XXI, mejor dicho, era más bien *im*probable. A pesar de todo, en la cultura contemporánea nos tropezamos con Shakespeare con la misma frecuencia e incidencia que hace dos siglos: *Titanic* es una versión cinematográfica acerca de *Romeo y Julieta;* una compañía internacional de moda se anuncia con una cita de Shakespeare, y ¿quién no conoce al menos alguna de las siguientes «frases hechas»?: «El mundo es un escenario», «Ser o no ser, ésa es la cuestión», «Mucho ruido y pocas nueces», «Con un ojo que llora y otro que ríe», «Algo huele a podrido en Dinamarca», «Éste es el principio del fin» o «last, but not least» («por último, pero no menos importante»). Todo Shakespeare.

Shakespeare es el nombre de lo superlativo: ningún dramaturgo ha sido más leído, traducido, representado, llevado al cine, musicalizado e investigado. Hace mucho tiempo que las culturas no europeas han descubierto a Shakespeare y lo han adaptado a las necesidades de sus propias civilizaciones. Sus dramas han sido traducidos a más de ochenta idiomas. El que así lo desee, puede leer *Hamlet* en yakuto, por ejemplo, la lengua del pueblo nómada del Noreste de Siberia.

Shakespeare no conoce fronteras. Es alta cultura y cultura popular. Es el clásico de los grandes teatros estatales y de los grupos de actores independientes, fascina tanto a las feministas como a los representantes conservadores de las clases dirigentes y anima la meditación respetable de la alta burguesía tanto como conduce a Arnold Schwarzennegger a la «*acción*», como en la película *El último gran héroe,* en la que Hamlet tiene una aparición.

Shakespeare ha llegado al siglo XXI y prospera en los medios modernos: llena los cines, recibe Oscars (la película *Shakespeare enamorado*) y sirve para que un motor de búsqueda de internet compita para demostrar su rendimiento con la palabra «Shakespeare». El autor sobrevive en el multiculturalismo, porque *Otelo* o → *La tempestad* resultan tan cautivantes para el teatro estudiantil de una pequeña ciudad como para un escenario experimental en Ciudad del Cabo. Shakespeare soporta incluso la multiplicidad de opciones de la empresa científica e inspira a estudiosos de la literatura de primera línea teórica así como a los intrépidos críticos literarios de vanguardia del siglo XVIII.

Vida

Sólo la construcción mítica en torno a la vida de Shakespeare resulta tan inagotable como sus dramas. Shakespeare es un gran desconocido. Aquél que pretenda escribir una biografía del poeta isabelino sólo podrá basarse en un puñado de hechos más o menos contrastados. Para el resto tendrá que moverse de una hipótesis a otra.

Lo único que se puede afirmar con seguridad sobre Shakespeare es lo siguiente: era hijo de un fabricante de guantes de Stratford; se casó a los dieciocho años con Anne Hathaway, ocho años mayor que él; tuvo dos hijas y un hijo y en su testamento dejó un extraño legado a su esposa: su «segunda mejor cama». A completar estos datos han contribuido algunos documentos jurídicos conservados en Londres, en los que, con un poco de fantasía y mucha buena voluntad, se puede reconocer la firma de Shakespeare. Como si no bastara con esto, hay que agregar que sólo existe un comentario de la pluma de un contemporáneo que de fe de la existencia de Shakespeare: se trata de una hostil indirecta de un colega dramaturgo alcohólico, que le acusa de plagio.

Esta ausencia de fuentes constituye una catástrofe para un biógrafo. O, de lo contrario, le viene muy bien. Se ha escrito una enorme montaña de datos sobre su vida desde que alguien empezó con su biografía, en el siglo XIX: se ha afirmado que era un maestro rural o un soldado que luchó en los Países Bajos. Quizá fuera un experto jardinero o un jurista, ¿o incluso un médico? ¿Es posible que fuera reclutado forzosamente para la marina de Su Majestad? Esta versión presenta la ventaja de que el gran Shakespeare habría participado en la mayor batalla naval de la historia inglesa: la derrota de la Armada Invencible. También tiene un innegable atractivo la hipótesis de que hubiera navegado alrededor del mundo junto a Francis Drake. Fue muy popular la anécdota de que Shakespeare habría sido un cazador furtivo que tuvo que huir a Londres para evitar la prisión. Allí se abrió camino hacia los escenarios cuando comenzó a trabajar guardando los caballos frente al teatro para ganar algo de dinero. En el momento en que se inventó la anécdota del cazador furtivo, a principios del siglo XVIII, ésta se correspondía bastante con lo que entonces se consideraba la amena trama para una novela.

Shakespeare demuestra en sus dramas ser un gran experto en muchos ámbitos. Este hecho condujo a sus biógrafos a inferir que esa obra no podía haberla escrito un hombre de provincias que sólo podía haber aprendido un farragoso latín en la escuela del pueblo. Shakespeare sabe de todo. En sus dramas prueba que no había nada que no conociese: historia europea, cultura italiana, caza y cetrería, navegación, jurisprudencia, jardinería, la vida en la corte real, música, pintura, heráldica, los indios de América del Sur, astronomía, albañilería, la *Biblia*, medicina, pesca, etcétera, etcétera.

¿Acaso Shakespeare no era el Shakespeare de Stratford? Dado que apenas se pueden probar unos pocos hechos de su vida, es posible sostener casi cualquier cosa:

Este dramaturgo que sabía de todo, ¿fue en realidad el erudito universal → Francis Bacon? ¿Pertenecía a la aristocracia —era, por ejemplo, el conde de Oxford? ¿Se ocultaba tras el escritor el seudónimo de la gran reina Isabel I? ¿Escribió secretamente obras dramáticas el autor de la *Anatomía de la melancolía,* → Robert Burton, bajo el nombre de «Shakespeare»? ¿O acaso escenificó su propio asesinato el dramaturgo inglés Christopher Marlowe, en constante conflicto con la ley, para poder seguir componiendo tranquilamente con el alias de «Shakespeare»? En total se puede elegir entre veinticuatro candidatos individuales, a los que hay que añadir las distintas versiones que consideran que «Shakespeare» es el seudónimo de una organización secreta.

Desde que comenzó en el siglo XIX, la controversia acerca de quién era Shakespeare realmente ha continuado con gran furor. Se superaron las fronteras de la decencia y del buen gusto con suma facilidad, sin detenerse ante el hecho de que muchas de las tesis se erigían sobre fundamentos más bien dudosos. Los oponentes a la teoría de que «Shakespeare era Bacon» vieron reforzada su postura cuando su mayor defensora, cuyo sospechoso nombre era Delia Salter *Bacon,* acabó su vida enferma de demencia. Lo que consoló a los adversarios del que defendía la presunción de que «Shakespeare era Oxford» sólo se puede intuir: el pobre tipo que sostuvo que el autor real era el conde de Oxford se llamaba John Thomas Looney (en inglés *looney* significa «loco»).

Hasta hoy, la biografía de Shakespeare sigue siendo un colorido territorio que la Oficina de turismo de Stratford observa con suspicacia. Al fin y al cabo, la «Asociación para la conservación del lugar de nacimiento de Shakespeare» pasea anualmente a más de un millón de visitantes por un par de casas viejas que en realidad nada tienen que ver con el autor y gana mucho dinero con ello. Si se descubriese que Shakespeare nació en Milán o en Maidstone, la infraestructura de toda la región, que hoy subsiste gracias al turismo relacionado con Shakespeare, se arruinaría. No en vano, el hecho de que Shakespeare haya logrado dar el salto al siglo XXI se debe no sólo al aspecto cultural, sino a que el autor constituye también un factor económico. Con su nombre se gana dinero: en Stratford, en Hollywood, en los teatros de todo el mundo y en la publicidad.

Obras

Las obras teatrales de Shakespeare se dividen en cuatro categorías: las tragedias (como *Hamlet),* las comedias (como *Noche de Reyes),* las piezas históricas (como *Enrique IV)* y los romances (como *La tempestad).*

Al final de las tragedias mueren todos sus protagonistas; las comedias acaban con el matrimonio de todos; en el desenlace de las piezas históricas alguien es coronado y algún otro muere por ello, y al término de los romances se arregla todo, aunque desde antes la trama ya resultaba inverosímil

La intelectualidad alemana descubrió a principios del siglo XIX una afinidad espiritual con *Hamlet* (1601). El príncipe danés se convirtió en el ídolo de toda una generación de jóvenes burgueses a la búsqueda del sentido de la vida.Voces preocupadas alertaron sobre la auténtica «fiebre de Hamlet» a la que había sucumbido una juventud previamente debilitada por el virus de *Werther* (→*Las desventuras del joven Werther*). El profundo Hamlet reflejaba el propio sentimiento ante la vida de una generación situada entre la Ilustración y el Romanticismo: el pesimismo melancólico causado por el dolor ante el mundo. La élite intelectual atribuía al personaje cualidades que podía reconocer en sí misma: el desgarro entre pensamiento y acción, el interior y el exterior, la «humanidad» y la civilización. Para los jóvenes intelectuales de la época de transición, Hamlet fue uno de ellos: un hombre vacilante entre la huida del mundo y una desordenada sed de actividad.

La consagración de la figura de Hamlet como el paradigma del escéptico melancólico tiene su origen en la interpretación que contenía la novela de formación de Goethe *Los años de aprendizaje de Wilhelm Meister* (1795-1796). El héroe del título, Wilhelm, se explaya incansablemente sobre el carácter del personaje de Shakespeare. Lo explora hasta los últimos recovecos de sus emociones y de esta manera crea un Hamlet que se convertirá en el icono del sentimiento mundano romántico. El Hamlet de Wilhelm es un desgarrado solitario, atormentado por dudas acerca de sí mismo, que desea pasar a la acción sin lograrlo, puesto que él mismo constituye el mayor obstáculo.

La versión de Wilhelm Meister, esto es, de Goethe, impregnó de forma indeleble toda la recepción de Hamlet durante el siglo XIX, no solamente en Alemania, sino también en Inglaterra, por influencia de Samuel Taylor Coleridge. Ello fue debido a que el poeta inglés, uno de los críticos de Shakespeare con mayor predicamento, se llevó la novela de Goethe en su equipaje cuando regresó a su país tras sus años de estudio en Gotinga. Hasta hoy, la interpretación clásica es la de *Hamlet el indeciso,* que todavía se enseña insistentemente a los escolares alemanes e ingleses. Pero Hamlet hubiera merecido algo mejor, ya que tras un examen más minucioso se puede constatar que es una de las figuras más atractivas, vivas, divertidas e inteligentes de la literatura universal.

Hamlet es el joven príncipe danés al que a medianoche se le aparece el espectro de su padre en las almenas del castillo de Elsingor. El fantasma de su padre le revela que fue asesinado por su hermano Claudio y le conmina a vengar el agravio. Si el espectro dice la verdad, el actual rey Claudio (el tío de Hamlet) ha accedido al trono cometiendo un delito. Para colmo de males, el rey Claudio se hace cargo de la viuda de su hermano, Gertrude (esto es, la madre de Hamlet), y se casa con ella. Hamlet no puede decidirse a llevar a cabo su venganza. En cambio, y por razones tácticas, finge haber enloquecido y escenifica una obra teatral (*La ratonera*), que demuestra la culpabilidad de Claudio. En un impulso, Hamlet pretende dar una estocada a Claudio pero, por error, mata al gran chambelán Polonio. Y debido a un trágico encadenamiento de falsas imputaciones mutuas, Hamlet empuja a su amor, Ofelia, al suicidio. El hermano de ella, Laertes, quiere vengarse de Hamlet y acuerda con Claudio en que matará al príncipe en un duelo. La tragedia finaliza con un escenario rebosante de cadáveres.

Hamlet es una figura tan compleja que cada generación se ve obligada a medirse con ella para constatar cuán inteligente es realmente. Todas las épocas ponen a prueba sus mejores teorías sobre Hamlet y convierten su figura en tema central del espíritu de su tiempo.

La segunda interpretación clásica de *Hamlet* se originó en la primera mitad del siglo XX, cuando se aplicó la teoría más influyente de la modernidad al desprevenido príncipe danés: el psicoanálisis. Hamlet acabó en el diván del psicoanalista y se le diagnosticó que padecía un complejo de Edipo. ¿Por qué duda Hamlet tanto tiempo antes de vengar a su padre? No se debe a que sea un pensador indeciso, sino al sentimiento de culpa que le atormenta. Expresado de acuerdo con las teorías de Freud, el problema es que el niño Hamlet estuvo enamorado de su madre, consideraba a su padre como un rival y siempre deseó en secreto su muerte. Ahora que Claudio se había ocupado de matar a su padre, los recuerdos reprimidos aparecían mezclados con la culpa y le impedían hacer lo que tenía que hacer. Durante un tiempo, esta interpretación sonó muy plausible.

La interpretación más novedosa y moderna de *Hamlet* considera la indecisión del príncipe danés como un problema lógico y con ello pone a prueba el estado de la teoría del conocimiento en el siglo XXI. De este modo se descubren las paradojas y es —como resulta inevitable en la reconstrucción de problemas lógicos— tan sutil como fascinante. La teoría afirma que Hamlet, ese ser inteligentísimo, no puede actuar porque entiende demasiado y por ello se paraliza.

Hamlet es una obra tan inagotable que admite cualquier tratamiento. En el año 2000, Hamlet se modernizó. La película más reciente, dirigida por Michael Almereyda con una refrescante desinhibición, liberó al drama del aire viciado de la educación de la vieja Europa y trasladó el castillo de Elsingor al Nueva York actual. La joven estrella Ethan Hawke interpreta a Hamlet, siempre cubierto con un gorro de lana, como un rapero; Ofelia aparece ataviada con una camiseta que deja ver su ombligo; el espectro se esconde en una máquina automática expendedora de refrescos de Pepsi; en la banda sonora suena música *chill-out*, Hamlet es director de videofilmes y recita su gran monólogo, «Ser o no ser» mientras camina entre las estanterías de una videoteca. ¡Hamlet, bienvenido a la sociedad mediática!

En toda la obra de Shakespeare sólo hay otro personaje tan atractivo como Hamlet: el frío estratega Hal (el príncipe Enrique), protagonista del drama histórico *Enrique IV* (primera parte, 1596-1597, segunda parte, 1597-1598). Es muy probable que ningún lector con conocimientos medios sobre la obra de Shakespeare haya escuchado jamás algo acerca de él. El hecho de que nadie repare en Hal no resulta sorprendente, ya que permanece a la sombra de una de las figuras de mayor peso (en el sentido más literal de la palabra) de Shakespeare: Falstaff, el bebedor de gruesa barriga.

Falstaff es el personaje más popular de Shakespeare. Los críticos literarios e investigadores del género masculino adoran a Falstaff por su vitalidad. La cultura popular inglesa le honra con figuritas con su imagen y escribe su nombre en los letreros de las tabernas y el compositor italiano Verdi escribió una ópera en su honor. Falstaff refulge de energía y vida. El personaje es la encarnación del cuerpo. El rollizo Falstaff es un mundo en sí mismo. En él, nada se calibra según la medida habitual: resulta imposible cuando su cuerpo, que parece un tonel, hace que todo se desborde. Allí por donde pasa Falstaff alborotando, reina una jovial anarquía. Se come y se bebe desmesuradamente y —si todavía es posible— se fornica. Se improvisan historias cualesquiera, independientemente de que sean ciertas o no. Lo importante es que sean buenas. En el mundo de Falstaff, la vida es una fiesta; la existencia cotidiana, un juego permanente y divertido en el que se intercambian los papeles. El universo de Falstaff se sitúa más allá de la normalidad y supera todo límite, del mismo modo que la panza de Falstaff hace estallar las costuras de su chaqueta tras una bacanal. Falstaff es el carnaval que pone el mundo al revés.

El personaje es, además, un maestro de la dramaturgia. Como tal se convierte en el profesor de Hal, puesto que éste, el futuro rey Enrique V, aprende de aquél lo que hay que saber y conocer para poder reinar.

La escuela a la que acude para ello no tiene nada que ver con lo que generalmente se entiende adecuado para la formación de un príncipe. Hal acude a las tabernas de Falstaff. En ellas no sólo observa a sus futuros súbditos, sino que también recibe de su amigo algunas lecciones de conversación estratégica. El hecho de que el cálculo y la táctica resulten extremadamente útiles para conservar el poder es sabido desde la obra de → Maquiavelo. Hal aprende su lección: cuando al final del segundo drama se convierte en el nuevo rey, aparta de su lado a su antiguo compañero de borracheras Falstaff. El monarca sabe que como gobernante no puede permitirse tener como amigo a un borracho y, menos aun, ser sentimental.

El sentimentalismo es la causa de la ruina del Rey Lear, protagonista de la tragedia que lleva su nombre (1605-1606). Lear comete la mayor equivocación en la que se puede incurrir: intenta probar su poder a través del amor.

Lear está viejo. Ya no desea seguir gobernando y pretende repartir su reino entre sus tres hijas. Goneril, Regan y Cordelia. La que sea capaz de expresar el amor que siente por su padre con la mejor retórica recibirá la parte más grande de sus dominios. Goneril y Regan no tienen reparos en complacer a su padre y le halagan desvergonzadamente. Cordelia, la única que realmente le quiere, manifiesta sus sentimientos con palabras sencillas. El vanidoso Lear se siente decepcionado, deshereda a la más joven de sus hijas y reparte su reino entre las dos mayores.

Goneril y Regan demuestran su nuevo poder incapacitando, en la práctica, a su padre. A partir de entonces, Lear pierde todo lo que antes tuvo: su poder, su séquito, su mando militar, sus posesiones, su ropa y, finalmente, la razón.

El peor momento de *Rey Lear* se produce cuando el viejo y enloquecido hombre —en una de las escenas más patéticas de todo el teatro jamás escrito— camina en compañía del bufón de la corte, tambaleándose por una llanura en medio de una terrible tormenta. Todavía hoy, la escena produce un efecto poderosísimo. Aun desconociendo el orden del universo en el siglo XVI, se comprenderá que esta escena muestra una sombría visión del mundo caído en el caos: la naturaleza se rebela porque un soberano antaño poderoso se ve reducido a la existencia de un hombre corriente.

El rey Lear es una tenebrosa tragedia en la que lo horripilante siempre linda con lo grotesco. Tras el error de juicio de Lear no hay esperanza de un final feliz. Sus hijas mueren. También fallece el propio rey doblado por el dolor, aunque no sin antes reconocer su anterior ceguera. Es precisamente su enajenación la que le permite ver la verdad: tuvo que perder la razón para poder comprender. En *El rey Lear* se pone el mundo al revés: los hijos mandan sobre su padre, el rey se convierte en bufón, el loco posee la sabiduría, el idiota guía al ciego y el saber está en la locura. El fracaso de Lear es de tal calibre que impone respeto.

Una ceguera diferente marca el destino de otro de los grandes personajes de Shakespeare: Otelo está cegado por los celos (1603-1604). El negro Otelo, un general con muchas condecoraciones, ha desposado a la veneciana Desdémona. Su color de piel les diferencia tanto como les une el mutuo amor.

En este paraíso de amor conyugal se presenta el diablo en forma del infame Yago. La figura representa a uno de esos inteligentísimos malvados de la literatura universal, tan brillantes en su abismal abyección que fascinan tanto como el gran héroe. El ambicioso Yago siente que Otelo le ha perjudicado. Pero la intriga con la que pretende vengarse carece de proporción con su vanidad herida. La acción que inicia el ofendido parece responder únicamente al deseo de causar el mayor mal posible al mayor número de personas, con los medios más eficaces disponibles y en el menor tiempo viable.

El perverso plan consiste en destrozar lo más valioso que posee Otelo: su amor por Desdémona y su confianza en el amor que ella siente por él. Yago desea destruir a Otelo por medio de los celos. Quiere que Otelo crea que su esposa le engaña. (Para ocupar el papel del amante de Desdémona, el urdidor ha pensado en su rival Cassio, de manera que le arrastra a la intriga para poder acabar también con él).

El alevoso intrigante pone manos a la obra con gran destreza manipuladora. En un brevísimo espacio de tiempo ha conseguido armar su escenario mediante cortos movimientos estratégicos, manejando con pericia varios hilos en sus manos. Otelo, Cassio, Desdémona y la propia esposa de Yago intervienen en la escena, sin sospechar en ningún momento que forman parte de un pérfido doble juego. Yago aviva la desconfianza de Otelo hasta hacerle surgir serias dudas sobre la fidelidad de Desdémona. Al final, Otelo —cuyos celos le impiden ver con claridad— mata a su esposa y, acto seguido, se suicida, porque comprende (demasiado tarde) que Desdémona nunca le engañó.

En claro contraste con la arrolladora tragedia, el *corpus delicti* («cuerpo del delito») del que depende todo resulta ridículo: el pañuelo de Desdémona. Yago se lo ha endilgado a Cassio, para poder presentarle a Otelo la prueba evidente de lo que nunca podrá verse (puesto que él se lo ha inventado). De esta manera, toda la acción está condicionada por la siguiente pregunta: ¿Dónde está el pañuelo en este preciso instante? Éste se convierte para Otelo en el símbolo del adulterio de Desdémona. Cuanto más presente el pañuelo frente a sus ojos —esto es, su mente—, más indiscutible es que su esposa le ha sido infiel. En otras palabras: mientras más veces vea Otelo el pañuelo, con más frecuencia verá algo que no existe.

Otelo es el drama de celos por excelencia, porque revela su paradójico mecanismo: los celos conllevan ceguera; el que los padece ve cosas que no existen en la realidad.

Como es bien sabido, también el amor ciega. Peor aun si uno tiene, ante los ojos, un filtro amoroso que le nubla la vista con un deseo enajenado. Esto es lo que le sucede a la reina de las hadas en la comedia *Sueño de una noche de verano* (1595). Titania y su marido Oberón, el rey de los elfos, han tenido una desavenencia conyugal. Para demostrarle a Titania quién es el señor de la casa (en este caso, del bosque), Oberón encarga al servicial duende Puck que administre a su esposa el mencionado filtro mientras ella duerme. El brebaje hará que Titania se enamore del primer ser vivo que se cruce en su camino al despertar.

Por desgracia, el que se cruza es un burro. Más exactamente, el tejedor Fondón, que ha sufrido un encantamiento que le ha convertido en un asno, y cuya dudosa belleza deslumbra a la embriagada Titania. Como el burro no es precisamente un animal innoble, más bien era considerado uno de los símbolos de la potencia en la Antigüedad, parece claro hacia dónde irá la aventura amorosa entre la reina de las hadas y el burro, alias Fondón: a una relación sodomita de la que Titania despierta profundamente avergonzada y Fondón hondamente sorprendido.

La comedia de Shakespeare nos traslada a un bosque encantado, poblado de deliciosas hadas y en el que extraños duendes gastan bromas. La noche en la que Puck pulula con su filtro amoroso, todo gira alrededor de un asunto: los placeres prohibidos. El hechizo de amor de Titania apenas es el preludio de lo que casi constituye una orgía, en cuyo transcurso las parejas Demetrio/Helena y Lisandro/Hermia toman en consideración, entre otras cosas, practicar el sexo entre tres y el intercambio de parejas.

El sueño de una noche de verano que imaginan las parejas amorosas de la obra de Shakespeare es el mismo del que despertará bruscamente la cultura europea trescientos años después: concretamente en el año 1900, cuando → Freud proclame que debemos examinar nuestros sueños para poder conocer nuestras ansías y deseos secretos.

Todas las comedias de Shakespeare tratan de sexo, aunque en el sentido de «los sexos», es decir de géneros, el masculino y el femenino. Las comedias abordan la cuestión del amor y las diferencias entre los sexos. En ellas se utiliza frecuentemente una artimaña teatral: el «papel de los pantalones». Así se denomina al personaje femenino que adopta un disfraz de hombre.

En los escenarios de la época de Shakespeare, todos los papeles (incluyendo los de mujeres) eran interpretados por hombres. De esta manera, cuando una figura femenina, como es el caso de Viola en la comedia *Noche de Reyes o lo que queráis* (1600-1601), se transformaba en un hombre, el público veía a un hombre que interpretaba a una mujer que, a su vez, aparentaba ser un hombre. Suena confuso, y eso es justamente lo que se pretende. Naturalmente, el cambio de sexo sirve para generar todo tipo de confusiones. Y esta argucia logra que impere el caos entre las parejas, al menos durante un cierto tiempo, antes de que las complicaciones se resuelvan en las bodas liberadoras del *Happy end* («final feliz»).

La noble Viola ha sobrevivido al naufragio de un barco y decide disfrazarse de hombre para acudir a la corte del duque Orsino y ponerse a su servicio como el paje «Cesario». De inmediato se enamora de su señor, pero éste ama a Olivia, que no quiere saber nada de él. Olivia se prenda de «Cesario» (¡alias Viola!). El candidato al amor que hace el número cuatro es el hermano gemelo de Viola, Sebastián, al que se creía muerto, pero que obviamente sigue vivo. Como tiene el mismo aspecto que Viola, le confunden constantemente con Viola/Cesario, mientras que a ella la toman por su hermano. Este «papel de pantalón» produce escenas de coqueteos homoeróticos: Olivia flirtea con Viola/Cesario porque cree que se trata de un hombre. De igual modo, en la comedia *Como gustéis*, Orlando se afana por el joven Ganimedes con la intuición del verdadero amor, ya que tras este disfraz se esconde su amada Rosalinda. Naturalmente, Shakespeare domina la habilidad de poner en escena esta coyuntura tan enmarañada, que resulta enrevesada, pero nunca *confusa*.

La acción de *Noche de Reyes* presenta una gracia añadida en los esfuerzos del servidor de la corte, Malvolio, quien, en un acceso de sobrevaloración de su propia persona, pretende a su señora, Olivia. Causando la diversión (por los males de otro) de todos los presentes (incluyendo al público del teatro), el engreído Malvolio sufrirá una amarga humillación. En efecto, se convierte en el hazmerreír de la corte cuando se presenta ante su amada con unas jarreteras cruzadas sobre las medias amarillas. La destinataria de sus adoraciones no encuentra seductora su actitud —como esperaba Malvolio— sino más bien idiota y cree que su servidor ha perdido la razón. Por eso es sometido a una «curación» en extremo degradante, que consiste básicamente en dejarlo encerrado en una cámara oscura y olvidarlo allí dentro. Malvolio, el aguafiestas con complejo de superioridad, es la encarnación de un puritano para Shakespeare. El autor le trata sin piedad, lo que no sorprende. Al fin y al cabo, los austeros puritanos eran los enemigos más decididos de la cultura teatral de principios del siglo XVII.

Tan antipático como Malvolio resulta Shylock de la comedia *El mercader de Venecia* (1596-1597). Se trata de una de las personificaciones de un judío más conocidas de toda la literatura universal. Shylock no es el «mercader de Venecia» al que alude el título. El héroe es Antonio, un joven algo melancólico, el mejor amigo de un tal Bassanio. Bassanio necesita dinero para casarse con Porcia. Antonio le demuestra su amistad prestándole la cantidad que precisa. Pero la fortuna del protagonista está en ese momento en alta mar, en forma de mercancías. De ahí que él, a su vez, deba asumir una deuda.

Para ello se dirige al usurero Shylock, que presta dinero con interés. En eso se diferencia del propio Antonio, para el que el préstamo es un deber de amigo del que no puede servirse para enriquecerse. En contra de sus principios, el judío está dispuesto a poner a disposición de Antonio tres mil ducados sin cobrar interés por ellos, exigiéndole a cambio una garantía. Shylock concibe la perversa idea de intercambiar dinero por carne humana y demanda que si Antonio no cumple con su deuda en un plazo máximo de tres meses, le entregue una libra de su carne. Antonio cree que el prestamista no habla en serio y accede al trato. Cuando los barcos de Antonio naufragan (aparentemente) y no puede saldar su deuda, Shylock empieza a afilar su cuchillo. El acreedor insiste en que se mantenga el trato, aun cuando la carne de Antonio no le sea muy útil, salvo para cebar a los peces. En la siguiente vista judicial aparece Porcia (que se ha disfrazado de juez) y logra, en el último segundo, salvar a Antonio mediante una interpretación jurídica. Shylock es condenado a pagar la mitad de su fortuna a Antonio, aunque se le permite conservar la otra mitad si se convierte al cristianismo.

En el siglo XVI, el público de Shakespeare comprendía con bastante claridad de qué parte del cuerpo debía ser cortada la libra de carne: Shylock apuntaba a la masculinidad de Antonio. En el inglés isabelino, *flesh* («carne») era una palabra obscena que aludía a los genitales del hombre. Además, cuando se hablaba de que un judío deseaba cortarle «una libra de carne» a un cristiano, la mayoría de los contemporáneos lo relacionarían inmediatamente con el rito judío de la circuncisión. En la conciencia de la mayor parte de los cristianos de aquellos tiempos, este acto equivalía a la castración.

¿Es Shylock, el usurero, un judío malvado? ¿Representa Antonio, el bondadoso amigo, la encarnación de la virtud cristiana de la fraternidad? ¿Es antisemita el drama de Shakespeare? ¿O una crítica del antisemitismo? Estos interrogantes no resultan fáciles de resolver. Si bien Shylock proclama, en un célebre y emotivo discurso, que tiene el derecho de ser tratado como cualquier otra persona, Shakespeare juega al mismo tiempo con los miedos secretos de su público y alimenta su antisemitismo. En la Inglaterra del siglo XVI, el antisemitismo estaba fijado en el pensamiento de la mayoría de los cristianos, igual que en el resto de Europa. Antes de que la Ilustración creara la conciencia de un denominador común, la «humanidad», y declarase que todos los hombres son hermanos, nada impedía que la mayor parte de la población cristiana creyese en mitos como los que afirmaban que los judíos envenenaban las fuentes, practicaban el canibalismo o, incluso, que sacrificaban niños cristianos. La comedia sobre el judío Shylock procede de esta cultura. Sin embargo, lo que resulta más llamativo es que la obra condensa todos los prejuicios antisemitas de una forma extremadamente complicada: la aparente «tacañería», la «usura», el «canibalismo» (simbolizado por la amputación de la carne), el «ergotismo» y el «aislamiento» de los judíos. Y al final deja abierta la cuestión sobre lo que hay que pensar acerca del personaje de Shylock.

Macbeth es una de las obras que coadyuvaron a crear la reputación de que en las tragedias de Shakespeare la sangre corre a chorros. En Macbeth, el protagonista camina literalmente por encima de los cadáveres y pasa de ser un valiente general a rey de Escocia. El fatal factor desencadenante de la cascada de violencia, que no se detiene ante mujeres ni niños inocentes, es una profecía poco clara pronunciada por tres brujas. Macbeth hace su propia interpretación: cree que está predeterminado por el destino para ser rey. Animado por su esposa, la célebre y temida Lady Macbeth, asesina al rey legítimo y se vuelve culpable de un terrible crimen.

La ambición de Lady Macbeth sobrepasa la de su marido, y sobre todo, tiene menos escrúpulos. Pero como no puede «desfeminizarse» —tal como fantasea en su conocido monólogo— no tiene más remedio que proyectar su codicia en su marido.

El regicidio se revela como una acción desalmada que atrae nuevas catástrofes. Macbeth está atormentado por dudas y miedos y Lady Macbeth pierde la razón. Una de las más conocidas escenas de los dramas de Shakespeare es aquélla en la que Lady Macbeth camina sonámbula, intentando limpiar la sangre simbólica de sus manos. Pero la injusticia está adherida a ella, puesto que no hay un «camino limpio» por el que acceder al poder de manera ilegal.

La tempestad que dio título al drama de Shakespeare (1611) fue en realidad un huracán. El autor se inspiró para escribir su obra en la noticia de una catástrofe de navegación ocurrida frente a las costas americanas: en 1609, un velero inglés naufragó camino de Virginia; dos años después, los náufragos, tenidos por muertos durante mucho tiempo, aparecieron en la costa Este de América del Norte —habían sobrevivido más de un año en el archipiélago de las Bermudas, en una especie de sociedad al estilo Robinson—. Pronto la sensacional noticia estuvo en boca de todo Londres. Shakespeare se sirvió de ella como modelo para la primera escena de la obra: un barco es arrojado por una tempestad a una isla en la que vive Próspero, el desterrado duque de Milán, junto a su hija Miranda.

Próspero practica el arte de la magia blanca (es decir, la hechicería que sirve a buenos fines, diferente de la nigromancia diabólica). La ira de los vientos y de las aguas le favorece, puesto que en el barco encallado navegaba Antonio, su hermano, que antaño le había arrebatado el poder y le había desterrado. Ahora Próspero da la vuelta a la situación y, gracias a sus poderes mágicos, se ocupa de que Antonio y el resto de los náufragos estén a su merced.

Próspero gobierna la isla gracias a la brujería, ayudado por el genio del aire Ariel y el primigenio habitante de la isla, Calibán. Estos seres asustan a los recién llegados fingiendo ser visiones, les causan miedo, desesperación y asombro. El punto álgido de las artes mágicas de Próspero lo constituye la representación de una extraña obra interpretada por los espíritus de la isla puestos a su servicio. Próspero es un gran brujo y un maestro de la ilusión. El brujo de la isla se parece en ello al gran mago del teatro: su creador William Shakespeare, que hechiza a su público desde hace cuatrocientos años.

10
MODERNOS

La habitación está en penumbra. La persiana baja y la cortina a medio correr amortiguan la blanca y brillante luz solar. A través de una rendija penetra un único y fino rayo que cae sobre el pedestal de mármol donde está la gran azalea. Algo de polvo baila en la pálida luz.

El resto de la habitación muestra una digna calma: a un lado, la esquina con la otomana de color rojo rubí sobre la que se amontonan los cojines con motivos chinescos; junto a ella, los dos suntuosos sillones orejeros ocres. En la esquina de enfrente, el piano de cola sobre el cual reposan los crisantemos. A la derecha, está la pajarera con un pájaro cantor colocada sobre una columna de madera de ébano tallada. La repisa de la chimenea sirve para apoyar un reloj de oro, un copa de plata y dos ángeles de latón, que sostienen las velas. Una imponente piel de oso cubre parte de la alfombra oriental púrpura delante de la chimenea. En las paredes de la habitación, forradas con un papel adamascado marrón, cuelgan armas de caza históricas, una cornamenta y un gran mapamundi.

Entre 1900 y 1915 una empresa de recogida de trastos se lleva todos estos cachivaches. Alguien arranca el papel pintado de las paredes y las cortinas de las ventanas, coloca muebles nuevos, entre ellos, tres sillones funcionales de cromo, piel y madera, decora la pared con un cuadrado negro y abre la ventana, lo que origina una terrible corriente de aire. Ha llegado la modernidad.

En los estudios culturales se diferencia entre el concepto histórico y el estético de «moderno». La modernidad histórica comienza con la Ilustración, en el siglo XVII. Su herencia política, económica, científica, psicológica y cultural llega hasta nuestros días. La modernidad estética es un movimiento que emana del arte y que se desarrolla en la primera

mitad del siglo XX (entre 1890 y 1930). Su tema es la transformación total de las maneras de percepción en el ambiente moderno del siglo XX.
Sobre los modernos del siglo XX habla este capítulo.

La modernidad supone una quiebra total con lo existente. Constituye la negación de la tradición y el intento de reformular todos los valores. A partir de las últimas décadas del siglo XIX y hasta el comienzo
de la Primera Guerra Mundial, la cultura occidental se ve sacudida por
profundos cambios tecnológicos y culturales, de manera que se abre
un abismo entre lo que pertenece al pasado y lo que es moderno.

En muy poco tiempo es posible hablar por teléfono con personas
que se encuentran a gran distancia y se pueden telegrafiar noticias muy
rápidamente a cientos de kilómetros. La bicicleta y el automóvil permiten recorrer distancias en una pequeña fracción del tiempo que antes se necesitaba para hacerlo a pie o a caballo. Por fin, se ha logrado
conquistar el aire y se atraviesa el océano Atlántico en el inmenso ae-
róstato «conde Zeppelin» o en aviones tambaleantes. El descubrimiento de los rayos X permite observar el interior de las personas sin tener
que causarles ni el más mínimo rasguño. Uno va al cine y ve, en paralelo a su propia vida, otra realidad en imágenes que se suceden. Uno se
sube a un ascensor de un rascacielos estadounidense y asciende cientos
de metros en vertical. Las nuevas tecnologías reducen las distancias y
hacen que la vida sea más rápida. Mientras en el día a día se constata
empíricamente que el espacio y el tiempo ya no significan lo mismo
que una vez significaron, la teoría de la relatividad de Albert Einstein
ratifica que ambas dimensiones no son constantes fijas, sino que dependen de la posición del observador.

Al mismo tiempo se transforman las relaciones entre las personas:
hombres y mujeres, padres e hijos, y extraños y conocidos. Las mujeres
abandonan la familia y se lanzan a la calle para manifestarse por la reivindicación de sus derechos. Sus hijas ejercen una profesión. En las
avenidas de las grandes ciudades europeas ha dejado de ser posible reconocer a qué clase social pertenece un hombre por la mera observación de su indumentaria. La imagen de la calle resulta desconcertante
por la enorme cantidad de trajes negros, de confección industrial,
que esconden la identidad de sus portadores. En los medios de transporte modernos como el tranvía o el autobús, personas totalmente
desconocidas, que nada tienen que ver entre sí, se apretujan en un sitio muy reducido. Los usuarios de los medios públicos de transporte
aprenden a compartir un espacio y a mirar a impenetrables extraños
sin hablar. Los transeúntes de las metrópolis viven la experiencia de la

modernidad por excelencia: la soledad y el aislamiento entre la masa. Experimentan el anonimato.

Pero, por otro lado, es posible —al menos en los círculos de los artistas e intelectuales más abiertos— hablar libremente con extraños acerca de temas íntimos, los mismos que sólo veinte años antes hubiera resultado imposible expresar.

El lugar de la modernidad son las grandes ciudades del mundo occidental: Nueva York, Londres, París, Berlín. Se trata de un movimiento urbano porque la vida en las ciudades expone de forma visible lo que se vivirá como la quintaesencia de la sociedad moderna: inmerso en la corriente formada por millones de extraños, uno experimenta el ajetreo y el ritmo acelerado de la vida moderna. En el tumulto de la ciudad se siente el cambio permanente de aquello que excita nuestros sentidos y la fugacidad de las impresiones fraccionadas. La vida es rápida, sonora e impenetrable y uno teme desaparecer en ella como el transeúnte entre la masa. La vivencia de cruzar una calle concurrida expone ante nuestros ojos el hecho de que la existencia moderna esconde enormes riesgos. La única certeza que permanece es que ya no existe la seguridad.

La modernidad es la conciencia de vivir un tiempo de desorientación, fragmentación y caos. Ya no hay puntos fijos en los que apoyarse. El mundo parece haberse atomizado en infinitos momentos fugaces. Dado que en el exterior no hay ningún sostén, el individuo desacoplado de su entorno se repliega sobre sí mismo. El marginado solitario y desarraigado que vaga por la ciudad sin una meta concreta se convertirá en la figura central de la literatura moderna. La experiencia de la vida moderna enseña al hombre que debe construirse su propia seguridad. En esta situación, no queda lejos el abismo que se abre hacia el vacío de sentido. Uno puede desesperarse o simplemente afirmar que nada tiene sentido. Su expresión más extrema es la sistematización del sinsentido en las acciones de los dadaístas como Kurt Schwitters o Tristan Tzara, que escandalizaban a su confundido público con poesías sonoras ininteligibles. La misma profunda desconfianza hacia la existencia de sentido originó el arte del francés Marcel Duchamp cuando proclamaba que ciertos objetos de uso cotidiano, como un portabotellas, constituían obras de arte.

Los observadores más atentos de su tiempo, los literatos y los artistas modernos, se percataron de que la conciencia de toda una generación se transformaba a principios de siglo. En una frase frecuentemente citada, → Virgina Woolf anunció que en 1910 había cambiado el carácter humano. Con esa fecha aludía a la exposición de los postimpresionistas en Londres, en la que colgaban, entre otros, cuadros de Van Gogh y Cézanne. Si bien, con el transcurso del siglo, los girasoles de Van Gogh y las naturalezas muertas de Cézanne se convirtieron en las reproducciones favoritas para las postales, a principios del siglo XX eran imágenes totalmente insólitas para el público que asistió a la exposición. Woolf explicaba, con su comentario, que con la experiencia de lo moderno cambiaba la percepción.

En la modernidad desaparecen todas las leyes de sujeción universal. Se desvanece la posibilidad de adoptar una posición con validez general. Ya no hay *una* realidad, sino diversas perspectivas. Sólo existen muchas percepciones de imposible coordinación que proceden de innumerables individuos aislados. La realidad es una cuestión de puntos de vista y, para poder percibirla adecuadamente, es necesario ser capaz de modificar los enfoques y los contextos. Por esa razón, los pintores destrozan la perspectiva central con el cubismo, y los artistas descubren el *collage,* creando nuevas uniones con objetos muy diferentes (como papel de periódico, madera y color). Por el mismo motivo, la narración en las novelas se deshace en un permanente cambio de perspectiva, de acuerdo con los flujos de la conciencia de los personajes.

La modernidad supone el descubrimiento de la complejidad del mundo. En algún momento entre 1900 y 1915, en la conciencia del mundo occidental cala la idea de que el mundo ya no tiene un orden que se pueda comprender en su totalidad.

Por eso resulta insoportable tener que vivir en una habitación que parece contener el mundo entero. Sólo si es posible presumir, como lo fue en el siglo XIX, que el mundo no es un caos sino que obedece a un orden totalmente inteligible, uno se sentirá cómodo residiendo en un intrincado espacio que reúna todos los colores del arco iris, los tesoros naturales de la tierra, diversos muebles pertenecientes a estilos de seis épocas distintas y valiosos objetos de Oriente.

De la misma forma que en las casas de las grandes ciudades se arrancan las pesadas cortinas de terciopelo y se desechan las otomanas y los candelabros de latón, los poetas y literatos se apartan de la tradición novelística del siglo XIX y comienzan a experimentar con formas completamente nuevas.

Virginia Woolf: *La señora Dalloway* (1924)

La señora Dalloway pertenece a los grandes clásicos de la literatura moderna. Es una lectura recomendable para todos los que no se han atrevido hasta ahora con la literatura de vanguardia, que han capitulado ante la complejidad de → *Ulises* de Joyce, o que se han dormido buscando «el tiempo perdido».

La novela de Woolf relata los acontecimientos de un solo día (como hace *Ulises* de James Joyce). Es verano, junio de 1923. La heroína del título es Clarissa Dalloway. Tiene cincuenta y dos años y una hija casi adulta, es la esposa de un respetado político y acaba de recuperarse de una grave enfermedad. Clarissa sale por la mañana de su casa, situada en el elegante distrito londinense de Westminster, a comprar las flores que necesita para la recepción que dará esa misma noche. La protagonista realiza sus compras, pasea por Regent's park, ordena a la servidumbre que limpie la plata, arregla el vestido que lucirá durante la velada, recibe la inesperada visita del amor de su juventud, Peter Walsh y, por la noche, recibe a sus invitados.

Si examinamos únicamente la superficie de la acción externa, realmente no *pasa* casi nada. Pero ésta es precisamente la intención, ya que la literatura moderna renuncia a una trama progresiva y a presentar a un héroe que se despliega a lo largo de aquélla, tal como sucedía en las grandes narraciones de los siglos XVIII y XIX. En su lugar, la novela moderna pretende describir el mundo como se percibe ahora: en toda su caótica impenetrabilidad. Por eso, ante novelas como *La señora Dalloway*, un lector no habitual tiene la sensación de que en ellas hay cosas que no pertenecen al relato y que, de vez en cuando, faltan otras. Esta impresión se origina por la falta de la perspectiva general de un narrador que ordene la trama. Los sucesos se conforman ahora mediante puntos de vista que cambian constantemente y que responden a muchas maneras diversas de observar (como en *Ulises* o en → *Berlín Alexanderplatz).*

La novela comienza cuando la señora Dalloway sale por la puerta de su casa. Mientras se sumerge en el tumulto de las calles londinenses, sus pensamientos retroceden a los tiempos de su juventud que ahora recuerda. De repente se sobresalta cuando el Big Ben, el reloj del Parlamento, da la hora y la transporta bruscamente al presente. Vuelve a sumirse en sus recuerdos y luego reflexiona sobre la fiesta de esa noche. Se encuentra inesperadamente con un conocido y el presente se manifiesta de nuevo. Este vaivén entre pasado, presente y futuro convierte el paseo por Londres en una andadura por su conciencia, en un camino de pensamientos. Los movimientos más significativos tienen lugar en el interior de su cabeza. De esta manera conocemos la juventud de Clarissa, su matrimonio, la relación con su hija, la enfermedad que acaba de superar, sus miedos y alegrías, su sensación de aislamiento y sus anhelos. (Esta técnica narrativa se denomina *stream of consciousness,* «monólogo interior»).

La contrafigura de Clarissa es el antiguo soldado Septimus Smith. Septimus sufre un trauma provocado por las bombas. Las experiencias sufridas en las trincheras en la Primera Guerra Mundial han trastornado su psique de forma permanente y ya no es capaz de percibir «correctamente». Septimus vive en un enigmático universo entre la locura y la normalidad, en el que los pájaros hablan griego y las nubes del cielo son ovejas. A diferencia de los individuos «normales» de la modernidad, para los que el ambiente resulta cada vez más impenetrable, Septimus cree haber comprendido el sentido del mundo. Esto es posible porque su perturbada percepción le permite relacionar cuestiones que carecen de vínculos lógicos. Encarna —igual que el ciego vidente del poema *Tierra baldía* de → T. S. Eliot— una idea de lo moderno, según la cual sólo el que no puede ver con claridad es capaz de reconocer el significado.

Del mismo modo que *En busca del tiempo perdido* de → Marcel Proust, *La señora Dalloway* refleja la diferencia entre dos tiempos: el interior de la conciencia y el exterior de los relojes. Por ello, las campanadas del Big Ben transitan la novela como hilo conductor y recuerdan que el tiempo interno y el externo son distintos. La conciencia no vive el tiempo de acuerdo con el tictac del reloj. Dentro de nuestra mente se puede detener el tiempo: los sentimientos pueden paralizar su transcurso, como es el caso, por ejemplo, de un momento extraordinario que se vive con mucha intensidad. Se puede recuperar el pasado reviviendo los recuerdos. O adentrarse en el futuro imaginando circunstancias que todavía no han sucedido. De ahí que la vivencia temporal de la conciencia posea una cualidad particular de la que carece el tiempo que miden los relojes. Este tiempo interno, de calidad superlativa, tiene una extraordinaria relevancia para Woolf (también para Proust y para Joyce, aunque de diferente manera). En un mundo en el que todo fluye, en el que ya no existe la seguridad y cuyo sentido puede ser comprendido únicamente por aquellos que han perdido la razón (como Septimus), el individuo sólo puede aferrarse a la vivencia de esos momentos breves y extremadamente intensos que equivalen al conocimiento.

La señora Dalloway es una novela complicada sobre el sentido, la trascendencia y la identidad. Al final se narra la lograda fiesta de Clarissa, hasta la que llega de improviso la noticia del suicidio de Septimus. Él debe morir porque sus conocimientos más profundos constituyen una pura locura en la relación interna del mundo. Y, por el contrario, Clarissa consigue crear un contexto de manera sencilla, con su fiesta. La celebración es un acontecimiento que reúne a diversas personas conformando una unidad. Clarissa agrupa en su fiesta a los representantes más importantes de la sociedad inglesa. Ha logrado, aunque sea por unas pocas horas, crear un microcosmos, un mundo cerrado en miniatura.

La señora Dalloway no es precisamente una lectura sencilla, como no lo es la literatura moderna en general. Pero la novela de Woolf resulta especialmente apropiada para empezar, porque, en unas abarcables doscientas páginas, conjuga las principales características de la literatura moderna: en primer lugar, es una novela urbana. En segundo lugar, varios pasajes están escritos utilizando la técnica del monólogo interior, como *Ulises* de James Joyce. En tercer lugar, del mismo modo que en *En busca del tiempo perdido*, de Marcel Proust, la distinción entre el tiempo exterior de los relojes y el interior de la conciencia ocupa un lugar central en la novela. En cuarto lugar, describe una visión dañada como posibilidad de conocimiento (como sucede con la figura de Tiresias de T. S. Eliot). En quinto lugar, Virginia Woolf opina, como casi todos los artistas modernos, que sólo existe una manera de conseguir la unidad en un mundo fragmentado: a través de la propia, individualísima percepción, con la que reconstruimos el mundo una y otra vez.

T. S. Eliot: *Tierra baldía* (1922)

Tierra baldía (The Waste Land) es el poema más conocido de la primera mitad del siglo XX. Fue publicado en 1922 —el mismo año en que apareció la novela más relevante de la modernidad, → *Ulises* de James Joyce. La aparición simultánea de dos gigantes de la literatura moderna ha conferido a ese año un halo casi mágico.

Thomas Stearns Eliot, cuyos nombres se abrevian generalmente utilizando sus dos iniciales T. S., era estadounidense de nacimiento, aunque inglés por elección. En el verano de 1914, siendo estudiante, realizó un viaje de estudios por Europa. En Londres conoció al *Godfather* («padrino») de la lírica vanguardista, su compatriota Ezra Pound. Éste, que no se dejaba impresionar fácilmente, leyó algunos poemas de Eliot y constató fascinado que el autor se había «modernizado» lejos de los círculos de las élites literarias. Eliot permaneció en Inglaterra durante la Primera Guerra Mundial, y en los años siguientes logró acceder a los elegantes ambientes de los intelectuales ingleses. Entre ellos, destacaba el grupo de Bloomsbury, del que formaba parte → Virginia Woolf, cuya editorial publicó en 1918 algunos de los poemas de Eliot. El autor, siempre inmaculadamente vestido, escogía sus palabras con mucho cuidado y a veces parecía algo inhibido. Resultaba más inglés que los propios ingleses. Se acostumbró a hablar con acento británico, se convirtió a la Iglesia Anglicana y, finalmente, adoptó la nacionalidad británica.

Tierra baldía es una poesía tan complicada que la primera lectura provoca una confusión total al lector desprevenido. En cualquier caso, uno debería intentar leer la versión original en inglés al menos una vez (y si sólo posee conocimientos medios del idioma puede consolarse pensando que la gente que lo habla fluidamente tampoco entiende gran cosa al principio). Una forma de acceder al poema de Eliot es a través de su sonoridad. Los críticos contemporáneos compararon el ritmo de los versos con la música jazz de los años veinte. Existe una grabación en la que el propio Eliot lee su poema: puede encontrarse, por ejemplo, en internet, en la siguiente dirección: www.english.uga. edu/~232/eliot.taken.html.

Eliot calificó su poema como una suerte de «refunfuño rítmico» (*a little piece of rhythmical grumbling*). Definición que supone algo más que relativizar la importancia de un texto tan difícil como para confundir a los asistentes a los seminarios literarios de todo el mundo desde hace más de medio siglo.

Este «refunfuño» supone una crítica a la civilización. *Tierra baldía* es una visión sombría de la sociedad a principios del siglo XX. Constituye una respuesta pesimista a los acontecimientos que habían conmocionado a la civilización occidental en las dos primeras décadas del siglo. Expresa la desesperación sobre la imposibilidad de comprender la sociedad moderna y sobre el impacto de la Primera Guerra Mundial. Eliot puso en escena una especie de paisaje en ruinas de la cultura europea. Ésta es la razón por la cual el poema está hecho de trozos de palabras y fragmentos de frases: es una reunión de muchas voces diferentes, que aparecen tan bruscamente como desaparecen, sin que ninguna de ellas «señale el tono». También reúne una cantidad aparentemente inabarcable de alusiones a las grandes obras de la historia intelectual europea: desde Ovidio, pasando por San Agustín, hasta → Shakespeare y Wagner. Para proporcionar al lector una mínima posibilidad de reconocer las citas, Eliot fue previsor y agregó las siete páginas que conforman el capítulo de notas.

El largo poema de cuatrocientos treinta y tres versos de Eliot está dividido en cinco capítulos. La primera parte («El entierro de los muertos») comienza con una mujer recordando melancólicamente un tiempo pasado, prosigue con una escena amorosa y describe, a continuación, una visita a una echadora de cartas. Finaliza con la lúgubre escena de una fantasmal corriente de transeúntes en Londres. La segunda parte («Una partida de ajedrez») empieza parodiando el célebre monólogo del drama de Shakespeare *Antonio y Cleopatra*. Describe a una dama distinguida que se irrita por la actitud reservada de su pretendiente. Seguidamente, toman la palabra dos mujeres del pueblo. Una de ellas ha abortado y su marido la engaña. En la tercera parte («El sermón de fuego») el vidente ciego Tiresias relata la desoladora escena amorosa entre una secretaria y un joven lleno de forúnculos a la que sigue, como imagen contrapuesta, el romántico paseo por el Támesis de la reina inglesa Isabel I y su amante.

Tiresias es la figura más importante del poema. Es un vidente ciego, un ser andrógino, hombre y mujer a la vez. Superando los límites de tiempo y espacio, navega entre la Antigüedad y la gran ciudad moderna. De una extraña manera, Tiresias es capaz de reunir dimensiones que son incompatibles en el pensamiento lógico de Occidente. De ahí su papel central en la visión de Eliot de un panorama cultural sin unidad visible.

La cuarta parte, «Muerte por agua» articula su discurso en torno a la muerte como precursora de un nuevo comienzo. La quinta parte, «Lo que dijo el trueno», describe un viaje a través de una región desierta y pedregosa, en la que ruge una tormenta que no trae lluvia. Sólo al final se anuncia la llegada del aguacero. El poema termina repitiendo tres veces la palabra sagrada hindú s*hantih* («paz»).

Las cinco partes están unidas por una serie de motivos que aparecen una y otra vez: la infertilidad, la decadencia y el aislamiento. Aparte de la tristeza del ambiente, no hay ningún hilo narrativo entre los temas: los episodios comienzan y terminan, las voces hablan y se callan. De esta estructura deriva la «ininteligibilidad» del poema. Pero una vez que se ha asimilado que *The Waste Land* es la expresión de la fragmentación del mundo moderno, se entiende por qué resulta tan poco accesible, aunque uno continúe sin comprender cada verso aislado.

T. S. Eliot recibió el Premio Nobel de Literatura en 1948. Hoy todo el mundo recuerda el nombre de un musical inspirado en una obra suya, titulada *Old Possum's Book of Practical Cats*, más conocido como *Cats*.

Thomas Mann: *La montaña mágica* (1924)

Hans Castorp, el vástago de veintitrés años de una familia de comerciantes de Hamburgo, visita a su primo Joachim Ziemssen, enfermo de tuberculosis, en el sanatorio Berghof en Davos. Las tres semanas de estancia planeadas se convierten en siete años. Poco a poco, Hans Castorp se sumerge más profundamente en el apartado mundo de los Alpes suizos, en el que nada se parece a su Hamburgo natal, donde supuestamente debería comenzar su carrera profesional como ingeniero. Castorp se sume en un mar de tiempo, del mismo modo que el sanatorio Berghof se hunde en las masas de nieve que cada año duran más y que convierten a *La montaña mágica* en un reino helado donde unos febriles enfermos esperan la muerte.

La idea de la novela surgió en 1912 durante una visita a Davos, donde la esposa de Mann, Katia, era tratada de tuberculosis. Mann se resfrió y los médicos le aconsejaron que se curase la infección en el sanatorio. Pero el autor abandonó la montaña y, una vez en su hogar, comenzó a narrar las impresiones de su estancia allí. En los siete años siguientes, la historia fue creciendo hasta convertirse en una de las obras más bellas de la modernidad.

La montaña mágica es una novela sobre el fin de la sociedad burguesa antes de la Primera Guerra Mundial. Mann escogió el mundo del sanatorio como metáfora de la muerte de la sociedad europea anclada en las tradiciones. Allí, en las alturas de la alta montaña, donde el aire adelgaza, se congregan los enfermos adinerados de toda Europa. Vienen desde Inglaterra, Italia, Rusia o Alemania para curarse la tuberculosis y, entretanto, observan la decadencia de otros pacientes moribundos, intuyendo que les espera el mismo destino en un futuro no muy lejano. Incluso aquellos a los que no les ronda la muerte pasan el día en posición horizontal, mientras hacen cura de reposo. Así también parecen muertos.

La vida cotidiana en el sanatorio se limita básicamente a cuatro actividades: comer, conversar, reposar y recibir cuidados médicos (más o menos en ese orden, aunque puede alterarse de acuerdo con las necesidades de cada cual de satisfacer sus intereses primarios de ingesta de alimentos o de conversación). Los huéspedes se reúnen en el comedor cinco veces al día para degustar las surtidas colaciones y se distribuyen en siete mesas. El orden de los sitios es determinado por la administración del sanatorio. Cada congregación de personas arroja como resultado sutiles matices como, por ejemplo, los que se establecen entre la mesa «buena» y la «mala» de los rusos. O se producen combinaciones de personas sensibles con diversos niveles de formación, tal la mesa a la que se sienta Hans Castorp, en la que también se encuentra la señora Stör, con su blusa escocesa de lana, que tiene la costumbre de utilizar palabras extranjeras cuyo significado desconoce.

En la montaña mágica la vida consiste en esperar. Uno aguarda la siguiente comida, la liberadora comunicación del médico que le permita abandonar el sanatorio o la muerte. Uno de los pocos sonidos que rompen el silencio sepulcral del apartado lugar de montaña es el de las toses insanas que emiten los enfermos que se marchitan. La clínica Berghof se hunde en un manto de nieve hasta muy avanzada la primavera. Bajo la superficie de las heladas masas de nieve, sólo el ambiente de los huéspedes del sanatorio se mantiene febril y vivo: todos los pacientes están permanentemente pendientes de controlar su temperatura corporal. La montaña mágica es un reino intermedio entre vida y muerte, explosivo y frío a la vez.

El héroe Hans Castorp prolonga su estancia, pero en modo alguno se debe esto a la presencia de la rusa Clawdia Chauchat. En la noche de carnaval, Clawdia le inicia en los secretos del amor. El capítulo (del que más o menos la mitad está en francés) se titula «Noche de Walpurgis», en una alusión a la montaña de las brujas recogida en el *Fausto* de → Goethe. Cuando madame Chauchat abandona el sanatorio, a Castorp le queda como recuerdo la radiografía de su tórax atacado por la tuberculosis.

Aparte de madame Chauchat, el mórbido mundo del sanatorio ejerce una atracción irresistible sobre Castorp. Sorprendentemente, desarrolla ligeros síntomas de la tuberculosis para poder quedarse en Berghof.

Si madame Chauchat le descubre el amor, otro huésped, el italiano Settembrini, se ocupa de otros aspectos del desarrollo de su personalidad. El italiano, de aspecto algo demacrado y que compensa su paupérrima apariencia exterior con la riqueza de su formación, cree en el uso de la razón de acuerdo con el espíritu de la Ilustración y defiende principios democráticos básicos. Discute sobre los grandes temas de la cultura occidental en inagotables conversaciones. Castorp escucha fascinado a su maestro.

Si se tiene en cuenta que *La montaña mágica* narra las transformaciones intelectuales de su joven e inexperto protagonista, la obra se inscribe en la tradición de las novelas educativas o de formación del siglo XVIII. En la novela educativa clásica, la educación supone «la formación moral e intelectual del hombre» o, lo que es lo mismo, «el desarrollo de la personalidad». Este tipo de obras describe cómo un maestro instruye poco a poco a un joven. Al final de la novela, el protagonista ha desarrollado su propio entendimiento y se interna en el mundo. Pero la formación de la personalidad de Hans Castorp dista de ser completa, ya que la palabrería de Settembrini apenas le aporta conocimientos.

Más adelante, el italiano recibe la compañía de un contrincante intelectual: Leo Naphta. Éste, un jesuita de origen judío de una fealdad llamativa, discrepa con los puntos de vista burgueses y democráticos de Settembrini. Naphta sostiene una complicada posición, mezcla de filosofía medieval y dictadura del pueblo. Las animadas discusiones de ambos eruditos sobre filosofía, historia universal y política internacional, en las que Castorp oficia de público, sirven más para confundirle que para ilustrarle. En la mayoría de las ocasiones, Castorp aprueba alternativamente las opiniones de los dos gallos de pelea. (Para crear la figura de Naphta, Mann tomó como modelo viviente al filósofo Georg Lukács, que, por cierto, no se reconoció en el personaje).

La reaparición de madame Chauchat, acompañada del comerciante de café holandés Mynheer Peeperkorn, provoca también bastante confusión. Con su tez roja y su entrada jovial, el vigoroso Peeperkorn es *la* encarnación de la vitalidad, en contraposición a los dos delicados intelectuales, Settembrini y Naphta. El holandés bebe ingentes cantidades de vino y de café, golpea la mesa con el puño y habla cortando sus frases, expresadas con tono enérgico. Una vez superado el ataque de celos, Castorp encuentra un nuevo modelo en el nada intelectual, amable pero despótico Peeperkorn.

El holandés se suicida cuando advierte que la enfermedad ha atacado su vitalidad. (El personaje de Peeperkorn está inspirado en el dramaturgo Gerhart Hauptmann, autor de *Los tejedores*, entre otras obras). Los combates dialécticos entre Settembrini y Naphta culminan en un duelo real, en el que Naphta se dispara a sí mismo.

Al final de la novela, el fragor de la Primera Guerra Mundial rompe el silencio y la espera de la montaña mágica. El gran desenlace tiene lugar en las trincheras. Hasta allí es arrastrado Hans Castorp, tras siete años en la montaña mágica.

En el final no se aclara si Hans Castorp muere como soldado o no. Su huella se pierde en el tumulto de la guerra. Este final separa la novela de Mann de sus clásicas predecesoras. En éstas, el héroe acaba siempre sabiendo quién es, con una personalidad definida, mientras que de Hans Castorp no queda nada. La última mirada sobre el protagonista del libro se asemeja a una imagen cada vez menos nítida, hasta que finalmente desaparecen completamente hasta los contornos. El fin de la sociedad burguesa, cuya muerte comenzó en la montaña mágica, conlleva también la desaparición del sujeto burgués.

Thomas Mann definió *La montaña mágica* como una «novela contemporánea». Con este término se alude a dos aspectos: por un lado, la obra es la descripción de un tiempo determinado (es decir, se trata de una novela de época); por otro, es una novela sobre la vivencia individual de la dimensión temporal. La estructura básica de la obra se refleja en esa doble utilización del concepto de tiempo: por una parte, se muestra la decadencia de toda una cultura (en la metáfora del sanatorio) y por otra, centra su discurso en la desaparición del sujeto burgués (simbolizado por Hans Castorp).

El primer significado del concepto del tiempo resulta fácilmente comprensible. Se refiere a la descripción del final histórico de la sociedad burguesa, representada por la sociedad de enfermos del sanatorio. El segundo sentido del concepto del tiempo es algo más complicado. En este caso, se trata de cómo se *percibe* el tiempo. En la montaña mágica, donde a veces nieva a principios de verano y donde uno puede pasar años moviéndose entre el comedor y la cura de reposo, el tiempo cobra un significado distinto. Desde el primer día, Castorp advierte con indignación que allí arriba se consume más tiempo que en ningún otro lugar: tres semanas en el sanatorio son como un día en la «llanura». Pero cuanto más tiempo vive en la montaña mágica, mayor es su pérdida del sentido temporal: deja de leer los periódicos y se olvida cada vez con más frecuencia de darle cuerda al reloj por las noches. Esta atemporalidad pone de manifiesto que la montaña mágica es un particular reino intermedio, en el que el individuo va perdiendo paulatinamente todos los puntos de orientación.

En una ocasión, cuando ya lleva un año viviendo en Berghof, Castorp emprende una excursión con esquíes. El invierno ha sepultado la montaña bajo enormes masas de nieve y siguen cayendo copos ininterrumpidamente. Con la silenciosa caída de la nieve, el paisaje desaparece en una nada neblinosa y los contornos de las cumbres se disuelven. Ya no existen caminos y el mundo es un caos de blanca oscuridad. No hay puntos de orientación en ninguna parte. Equipado con una tableta de chocolate y con una botella pequeña de oporto, Castorp se interna en ese paisaje fantasmal. Cae una tormenta de nieve, Castorp se mueve en círculos y corre peligro de muerte. Medio congelado, exhausto y ligeramente ebrio, el héroe busca refugio en una cabaña. Comienza a soñar, olvida el tiempo y llega a un paisaje fronterizo imaginario: está en algún lado entre la vida y la muerte, entre vigilia y sueño, entre cultura y naturaleza, entre temporalidad e intemporalidad. Este episodio del conocido capítulo titulado «Nieve» de *La montaña mágica* constituye el núcleo de la novela. En él se reúnen todos los temas importantes: el mundo del sanatorio aislado por la nieve, la confusión del héroe que busca orientación, la disolución de las formas, la proximidad de la vida y la muerte y la pérdida de la noción del tiempo como indicio de la imparable desaparición de una forma de existencia.

Franz Kafka: *El proceso* (1925)

«Alguien debió de haber calumniado a Josef K., puesto que, sin haber hecho nada malo, fueron a arrestarlo una mañana». Este es uno de los comienzos más conocidos de toda la literatura universal.

Cualquiera que lea esta frase sabe que se inicia una situación que no tiene salida: el arresto no resultará ser un divertimento de los colegas del banco. Los guardias que entran en su habitación por la mañana —en lugar de la cocinera que habitualmente trae el desayuno— no reirán ruidosamente ni exclamarán: «¡Era una broma! ¡No sea aguafiestas, señor K.!». Ni el «permiso para circular en bicicleta» ni la partida de nacimiento servirán para demostrar que se trataba de una equivocación. Tampoco la resolución de K. de no seguir discutiendo con sus guardianes para hacerlo con su superior logrará que su arresto resulte un mal sueño.

La novela de Kafka conduce a un mundo de pesadilla. El personaje principal de *El proceso*, Josef K., cae bajo las aspas de molino de una «ley» todopoderosa. La novela no desvela lo que dicta esta ley ni a quién representa. Tampoco se aclara en razón de qué delito cometido por K. acuden una mañana los guardianes a su dormitorio.

Resulta evidente que no se trata de una detención corriente cuando se permite que K. prosiga con su vida cotidiana: continúa acudiendo al banco donde ocupa un alto cargo y conserva la habitación en la pensión de la señora Grubach.

Pocos días después del arresto, comunican al procesado que debe presentarse el domingo en un lugar determinado para proceder a una inspección. K. se dirige a la calle indicada, situada en un barrio pobre de lóbregas casas de alquiler con gente asomada por las ventanas. El edificio donde va a tener lugar la investigación resulta ser una amplia casa. K. camina confundido por los pasillos, mientras solícitos habitantes del edificio le envían de un piso a otro.

K. llega finalmente a una sala llena de gente, en la que ya le están esperando, y es sometido a un interrogatorio absurdo. Con un ampuloso discurso, K. declara que no acata al tribunal, pero el efecto de sus palabras queda amortiguado por la cópula de dos espectadores. La semana siguiente, K. espera una segunda citación. Aunque no la recibe, decide acudir voluntariamente al mismo edificio. Allí le comunican que ese día no se realizan juicios. K. convence al funcionario judicial para que le muestre las oficinas del juzgado.

La descripción de estas oficinas lleva la marca de esa escritura característica del autor que ha dado lugar a la utilización del adjetivo «kafkiano» para plasmar una atmósfera inquietante o amenazadora, en la que se mezclan una estrechez claustrofóbica, una ininteligibilidad laberíntica y un confuso absurdo. Las oficinas se encuentran en la buhardilla del edificio. Apenas están indicadas por un papel escrito con caligrafía infantil. K. entra a un largo pasillo en el que se abren tabiques de madera tras los cuales trabajan los funcionarios. El aire es caliente y pegajoso. En dos bancos de madera situados en el pasillo se sientan unas personas de aspecto lastimoso que le causan una profunda impresión de docilidad. Son acusados, como él. Tras mantener una conversación deprimente con uno de ellos, K. desea abandonar a toda prisa las oficinas, pero no logra encontrar la salida. En la confusión de pasillos se ha desorientado completamente. La opresión del momento le provoca mareos y malestar. El sudor le corre por la frente y el pelo le cae sobre el rostro. Una mujer joven se hace cargo de él y le explica que todo el mundo se sofoca cuando entra en las oficinas del juzgado por primera vez. K. se siente mareado como si estuviese en alta mar. El suelo oscila bajo sus pies. El sonido de las voces aumenta hasta convertirse en un ruido estridente, similar al de una sirena. Necesita ayuda para alcanzar la puerta de salida. Por fin vuelve a respirar. Sus acompañantes, acostumbrados al aire de las oficinas, casi se desmayan por el oxígeno que aspiran. K. tiene que cerrar rápidamente la puerta tras de sí, para que ellos puedan volver a respirar.

Todos los intentos que realiza K. para intervenir en el proceso fracasan. Las personas que le rodean le señalan la falta de salidas y la desesperanza de su situación. Su tío afirma poco alentadoramente: «Tener un proceso así supone que lo has perdido de antemano». Un mediador con influencias en el tribunal, el pintor Titorelli, le explica que el tribunal nunca abandona sus convicciones sobre la culpa del acusado. Curiosamente, todo aquel que K. encuentra conoce su arresto. Constantemente le recuerdan que está procesado y que es culpable en cierto modo. Esto acaba por distanciarle del mundo que le rodea y le conduce muy pronto a un completo aislamiento.

El proceso lleva ya un año, cuando una noche, a las nueve, dos hombres entran en la habitación de K. Son los encargados de su ejecución. Le sacan fuera de la ciudad, desnudan la parte superior de su cuerpo y le matan, clavándole un cuchillo en el pecho. Giran el cuchillo dos veces.

Sus descripciones del poder impenetrable e institucionalizado han convertido a Kafka en el narrador más relevante de la burocracia moderna: el escritor detalla la invisibilidad de las instancias, el laberinto de las oficinas, la necesidad de escriturar hasta el detalle más nimio, lo borroso de las competencias y la completa disolución de la transcendencia del individuo frente a la maquinaria del poder.

Pero más allá de este plano, el extraño mundo novelístico de Kafka se sustrae a una interpretación concluyente. Toda tentativa de descifrar al autor equivale, en cierto modo, a los intentos de K. de comprender la ley. La respuesta a la pregunta: «¿Qué es la ley?» es, paradójicamente, la siguiente: «La ley es la ley». Para poder comprenderla, K. debe penetrar en la ley (por eso busca tan tenazmente sus lugares), pero cuanto más se prepara, menos expectativas tiene de entenderla. Algo muy similar ocurre con la interpretación de Kafka. La búsqueda de un sentido se convierte en un fin en sí mismo: al final de una esforzada indagación de posibles pistas, se llega a la conclusión de que no hay un significado. Concentrarse en el concepto de «culpa» (desde un punto de vista teológico, existencialista o psicoanalítico) carece de sentido. Las novelas de Kafka pueden concebirse como pinturas expresionistas que rompen la realidad hasta volverla irreconocible.

Kafka era judío, vivía en Praga y pertenecía al grupo de población cuya lengua era el alemán. Sus diarios contienen numerosas acusaciones contra sí mismo. Sufría por el hecho de tener que trabajar como jurista para una empresa de seguros de Praga y se evadía de su cotidianeidad burguesa noche tras noche, cuando escribía sus novelas y cuentos después de su jornada laboral. En 1924, murió de tuberculosis a los cuarenta y un años y dejó a su amigo Max Brod el inmenso legado de sus manuscritos no publicados (entre ellos las tres novelas *El proceso, El castillo* y *América)*, de sus diarios y cartas, con el encargo de que los destruyera tras su fallecimiento. Felizmente, Brod no respetó las indicaciones de su amigo.

Alfred Döblin: *Berlín Alexanderplatz* (1929)

En 1927, la Alexanderplatz* berlinesa es una gran obra. Se construye en ella el ferrocarril subterráneo. Un martinete de vapor golpea planchas en el suelo haciendo un ruido ensordecedor. Los transeúntes contemplan la actividad asombrados. Luego se apresuran sobre las tablas de madera que constituyen el paso provisional y caminan perdidos entre la confusión de los desvíos: buscan la desplazada entrada de la estación y las tiendas que se han mudado un par de metros más allá. La Alexanderplatz es un puro caos: hay mucho ruido y es imposible abarcarla, aunque también resulta fascinante. Se han demolido algunas casas y se ha levantado el suelo. Pero tras haber destruido lo viejo, se construye de nuevo. Aquí todo está en movimiento, vital y dinámico.

La enorme obra de la Alexanderplatz constituye el punto neurálgico de la novela de Döblin: el lugar que simboliza las profundas transformaciones de la sociedad de la República de Weimar. En las grandes ciudades, los cambios en cualquier ámbito de la vida se experimentan como las sacudidas del martinete de vapor sobre la Alexanderplatz. La existencia diaria en la modernidad ha perdido todo viso de recogimiento. Los artistas y literatos de la época constatan que la vivencia del ambiente que les rodea consiste en una permanente avalancha de estímulos. La vida cotidiana machaca a las personas con sus constantes impresiones sensoriales. Aunque resulta fatigoso, el pulso de la existencia moderna no conduce a los escritores y pintores expresionistas al pesimismo cultural; en cambio, adquieren conciencia de la fascinante complejidad del mundo moderno. Aquello que se percibe como específicamente moderno, el ritmo y las observaciones impenetrables abren el camino a una tierra estética virgen.

La obra de Döblin sobre el Berlín de la República de Weimar es la novela urbana más célebre de la modernidad alemana. Ha sido frecuentemente comparada con *Ulises* de → James Joyce y con *Manhattan Transfer* (1925) de John Dos Passos. En los años ochenta, Rainer Wer-

---

* Gran plaza situada en lo que fue Berlín Oriental, llamada así en honor del zar ruso Alejandro I, que visitó Berlín en 1805. (N. de la T.)

ner Fassbinder realizó una legendaria serie de televisión de catorce capítulos basada en la novela.

La gran obra de la Alexanderplatz se erige también en el núcleo de la novela porque simboliza el modo en el que Döblin construye su propia obra. En efecto, el autor *levanta* Berlín con voces y textos. Döblin acumula y contrapone muchos materiales distintos hasta que al final crea una imagen completa de la ciudad. La novela está compuesta (además de por la historia del «don nadie» Franz Biberkopf) por una exuberante cantidad de textos de diversas fuentes: canciones, discursos electorales, textos jurídicos, reglamentos de las autoridades, rimas, pronósticos meteorológicos, textos publicitarios, estadísticas, extractos de libros, paráfrasis de la *Biblia*, refranes, explicaciones médicas, constantes físicas, etcétera. Estos textos interrumpen constantemente el transcurso de la acción. La novela se arma como un *collage*, hay materiales que se arrancan y luego se unen a temas con los que nada tienen que ver. De hecho, Döblin aplica literalmente el procedimiento del *collage* al trabajar en su obra cuando colecciona textos periodísticos, tarjetas postales y otros documentos y los pega en su manuscrito.

La alternancia continua entre imágenes y voces reproduce la distracción permanente en la percepción y el alboroto de los ruidos en la gran ciudad. Esta confusión programada convierte la novela de Döblin en una lectura difícil. Requiere una extraordinaria atención, como pasa en la vida en la ciudad para los que no viven en ella. Incluso aplicando la máxima concentración, se corre el riesgo de perder la orientación, de vez en cuando, entre la confusión de escenas, imágenes y voces. El lector se siente entonces como el héroe de la novela, Franz Biberkopf, que intenta «conquistar Berlín», pero que no logra encontrar su sitio en la metrópoli y acaba en el submundo de los malhechores.

Franz Biberkopf es un hombre rechoncho del pueblo. Tiene treinta y pocos años. Antes trabajaba como obrero de la construcción y mozo de mudanzas. Biberkopf posee cierta tendencia a usar la violencia. Al comienzo de la novela acaba de salir de la prisión de Tegel, después de cumplir una condena de cuatro años por el homicidio de su amante Ida. Si bien ha purgado su pena, no ha asumido en absoluto la culpabilidad de su acto. Después de pasar cuatro años tras los muros de la cárcel, la cabeza le da vueltas cuando se sumerge en el tumulto de la gran ciudad berlinesa. Aunque el caos de la urbe le produce inseguridad, Biberkopf comienza su nueva vida en libertad con la actitud de un pretencioso que se valora demasiado: «Nadie puede conmigo», es su descarado lema.

Biberkopf desea permanecer a este lado de la ley, pero no lo consigue. Sus esfuerzos de asentarse con pie firme fracasan tres veces seguidas, con un dramatismo cada vez mayor. El esquema del fracaso es siempre el mismo: Biberkopf arranca pletórico de seguridad en sí mismo, recibe un chasco, se desinfla y se recupera. Esta sucesión se repite varias veces hasta que Biberkopf acaba en el manicomio. Allí experimenta una muerte simbólica, hasta que asume su ignorancia y se convierte en un nuevo hombre.

Robert Musil: *El hombre sin atributos* (1930-1932)

Robert Musil trabajó veinte años en esta novela. Llegó a modificar veinte veces los capítulos sueltos. Reescribió algunos cuando ya estaban hechas las galeradas. La mayor parte de ese tiempo vivió en una situación financiera desesperada. Murió antes de que se atisbase siquiera la culminación de su gigantesco proyecto. Musil dejó una impresionante novela-monstruo, que le sitúa en la misma línea que → James Joyce y → Marcel Proust. *El hombre sin atributos* es una obra brutal que describe el universo social e ideológico del mundo en decadencia del Imperio Austrohúngaro.

Pero *El hombre sin atributos* es también una obra que resulta un tanto intimidante. Las dos partes que se publicaron en vida de Musil abarcaban más de mil páginas. Sin embargo, su mayor dificultad es otra. En este millar de páginas no existe una trama coherente que permita una lectura accesible. La obra es difícil de leer porque la narración épica es sustituida por la reflexión intelectual: hay deliberaciones, conversaciones y pensamientos presentados desde la perspectiva de los personajes, y pasajes intercalados que son ensayos relatados desde la posición del narrador.

La mayoría de las novelas que se encuentran en la actualidad en las librerías desarrollan un argumento progresivamente, es decir, se atienen a una estructura lógica. A veces hay avances y retrocesos en la trama que pueden complicar algo el conjunto, pero siempre existe un hilo conductor. Quien hoy acuda a un seminario de escritura creativa aprenderá allí que cada historia ha de contar con un planteamiento, un nudo y un desenlace. Esta convención narrativa es imbatible a la hora de hacer comprensible la realidad.

Sin embargo, los grandes escritores de la modernidad se apartaron del modelo de relato lineal. Musil declaró (como también lo hicieron sus colegas escritores Joyce, Proust y → Woolf) que este esquema narrativo resulta inadecuado para describir la complejidad del mundo. Para el autor, el mundo moderno es de una multiplicidad tan inabarcable que resulta imposible representarlo como una sucesión de hechos ordenados sobre un hilo único, en todo caso, se trata de una superficie infinita integrada por numerosas hebras entretejidas entre sí.

El hombre sin atributos transcurre en 1913, en la Viena de un Imperio Austrohúngaro, que Musil denomina *Kakania**. El núcleo del argumento es la llamada «acción paralela». Se trata de una acción de gran pompa cuyo objetivo es contraponer, de alguna manera, dos celebraciones: frente a la ya prevista para celebrar en 1918 los treinta años de monarquía del káiser alemán Guillermo II, los personajes de la novela pretenden organizar un acto para homenajear el septuagésimo aniversario de la llegada al trono del emperador austriaco Francisco José.

Musil, que comenzó su novela doce años más tarde —con el conocimiento de lo que realmente había sucedido en 1918—, tenía la intención de mostrar la ironía de la empresa: la única «acción paralela» que tuvo lugar en la realidad histórica fue la actuación conjunta de Prusia y Austria en la acción «Primera Guerra Mundial» y su consecuencia fue la caída de ambas monarquías, justamente ese año.

Mientras en la realidad la historia europea se precipitaba en la catástrofe de la Primera Guerra Mundial, en la novela comienzan, si bien de forma pausada, los preparativos para la acción paralela bajo la dirección del conde Leinsdorf. Nunca se llega a saber a ciencia cierta en qué consiste concretamente la acción paralela. Lo único que queda claro es que debe representar una gran idea apropiada para abarcar «la gran magnificencia». El hombre sin atributos, Ulrich, se convierte en el secretario del comité para planificar la acción. Al principio de la novela, Ulrich se ha tomado un año de vacaciones de la cotidianeidad. De esta forma, se abre ante él un horizonte de infinitas posibilidades que se le ofrecen como «hombre de la posibilidad», esto es, uno que no debe decidir entre proposiciones disyuntivas, en términos de esto o aquello.

Las sesiones para la organización de la acción paralela tienen lugar en el salón de la prima de Ulrich, Diotima. A pesar de las inagotables discusiones acerca del sentido y la finalidad de la acción, nadie puede decir en qué consiste ésta en realidad. Esto sucede pese a que las reuniones se convierten en una suerte de inventario de todas las ideologías de principios de siglo. Existen conceptos más que suficientes acerca del mundo pero, en ese momento tan cercano a su final, la sociedad vienesa ya no era capaz de hallar *la* idea dominante y simbólica.

El hombre sin atributos de Musil puede vanagloriarse de ser la obra menos leída entre las escritas en lengua alemana. El que, con todo, se atreva a abordarla, descubrirá un universo fascinante. En su seno viven personajes deslumbrantes como Moosbrugger, el loco asesino de muchachas, o el general Stumm von Bordwehr, quien cree que con ins-

---

* El nombre procede de las siglas que se utilizaban en el Imperio Austrohúngaro: k.k., *kaiserlich-königlich,* imperial-real. (N. de la T.)

trucción militar se impondrá el orden en el caos producido por todas las ideologías imaginables; y un bibliotecario que no lee nunca, porque piensa que únicamente de ese modo podrá tener una visión global de los libros que custodia.

Samuel Beckett: *Esperando a Godot* (1952)

Esperando a Godot fue la obra de teatro que hizo célebre a Samuel Beckett. Forma parte del llamado «teatro del absurdo». En este contexto, «absurdo» no significa «ridículo» —como en el lenguaje coloquial— sino que alude a la pregunta por el sentido o sinsentido de la existencia humana. Dado que el teatro del absurdo no puede responder unívocamente a esta pregunta, sus dramas constituyen una peculiar mezcla de abismal pesimismo y humor grotesco.

Samuel Beckett provenía de Irlanda. De joven se encaminó a París, la ciudad que poseía una mágica fuerza de atracción para los artistas de la modernidad. Allí se hizo amigo de → James Joyce, pero *no* fue su secretario, en contra de lo que sostiene con terquedad una anécdota. A finales de los años treinta, el autor eligió definitivamente Francia como su patria de adopción. A pesar de que su lengua natal era el inglés, Beckett escribió la mayoría de sus obras teatrales y novelas en francés.

La trama de *Esperando a Godot* se puede sintetizar en una sola palabra: *esperar*. Con esta obra, Beckett dinamitó todas las expectativas convencionales sobre el drama: en *Esperando a Godot* no pasa nada; tampoco existen caracteres profundos, sino personajes grotescos; y los grandes monólogos han dejado paso a un lenguaje que superficialmente produce la impresión de no ser más que una monserga incomprensible.

Dos hombres, Vladimir y Estragon, esperan a alguien llamado Godot junto a un árbol pequeño en un camino rural. Ignoran todo acerca de Godot: qué quieren de él, quién es, qué aspecto tiene y si vendrá alguna vez. Ni siquiera están seguros de que exista realmente. Vladimir y Estragon matan el tiempo hablando. Pero sus intentos de conversar fracasan una y otra vez: hablan sin comprenderse, generan malentendidos entre ellos, se interrumpen, se repiten, cambian abruptamente de tema o toman los interrogantes por afirmaciones. Se comportan como si tropezaran una y otra vez con un callejón sin salida; como si percatándose de que no pueden continuar hacia adelante, dieran la vuelta y empezaran de nuevo para volver a advertir que por ahí tampoco pueden seguir, retrocediendo otra vez y así sucesivamente.

Mientras Vladimir y Estragon esperan, llegando a considerar por un momento la posibilidad de suicidarse, aparece una segunda pareja en escena: se trata del despótico Pozzo y su esclavo Lucky. Aquél conduce a éste atado con una cuerda y le da órdenes despiadadamente. Le manda que baile y que piense en voz alta. Cuando la pareja abandona el escenario, entra un muchacho que anuncia que Godot no podrá venir hoy, pero que seguro vendrá mañana.

El día siguiente todo se repite igual. Vladimir y Estragon vuelven a esperar en el camino rural bajo el enclenque arbolito, que esta vez tiene cuatro o cinco hojas. Mantienen conversaciones que acaban en vías muertas, consideran suicidarse, reciben la visita de Pozzo, que ahora es ciego, y de Lucky, que ahora es mudo. Se preguntan si realmente sólo ha transcurrido un día desde ayer y el muchacho les comunica que Godot no vendrá hoy, pero que seguro lo hará mañana.

Al final del segundo día, esto es, del segundo acto, queda claro que la continuación en forma de un tercer día/acto no traerá nada nuevo. Será una mera repetición de lo que ya (no) ha pasado. Vladimir y Estragon se quedan donde están, siguen siendo como son y lo que son, no aprenden nada, no encuentran nada, no cambian nada, no obtienen nada, no descubren nada y esperan a Godot.

Cuatro años después de su estreno en París (1953), *Esperando a Godot* fue representado para los presos de la cárcel de San Quintín en San Francisco. Los reclusos creyeron que la obra había sido escrita para ellos. En todo caso, supieron de inmediato por dónde asir una obra que tantas incógnitas planteaba al público de los teatros modernos en las grandes ciudades europeas.

¿Quién o qué es Godot? ¿Quizá es Dios? Al fin y al cabo, en la obra de Beckett hay suficientes alusiones religiosas para pensar que los dos personajes venidos a menos esperan su liberación espiritual. ¿O acaso Godot es la muerte? ¿O puede ser la meta al final de la búsqueda de sentido? ¿O la esperanza? ¿O Godot no es absolutamente nada? Los reclusos de San Quintín opinaron que Godot era lo que hay «afuera»: algo que uno espera eternamente y que se revela como una amarga decepción una vez que se alcanza. Cuando le preguntaron a Beckett quién o qué era Godot, respondió: «Si lo supiera, lo habría dicho en la obra». No hay ninguna razón para no considerar que Godot es lo que cada uno cree que es: Dios, el conocimiento o la libertad más allá de las rejas de la prisión. Pero tampoco hay razón para no considerar que es todo lo contrario. Uno se acerca lo más posible a lo que es Godot cuando lo define como la infinita vastedad del sentido.

Vladimir y Estragon se mueven en círculos. Lo que hacen carece tanto de un principio reconocible como de un final. El primer día estuvo precedido por muchos días idénticos y al segundo día le seguirán muchos iguales. Godot no vendrá, al menos mientras Vladimir y Estragon esperen. Su espera se asemeja a la canción que tararea Vladimir al principio del segundo acto:

Un perro fue a la despensa
y cogió una salchicha
pero a golpes de cucharón
el cocinero lo hizo trizas
al verlo los demás perros
pronto pronto lo enterraron
al pie de una cruz de madera
donde el caminante podía leer:
Un perro fue a la despensa
y cogió una salchicha
pero a golpes de cucharón
el cocinero lo hizo trizas
al verlo los demás perros
pronto pronto lo enterraron
al pie de una cruz de madera
donde el caminante podía leer:
Un perro fue a la despensa
y cogió una salchicha
etcétera[*]

La espera de Vladimir y Estragon se asemeja a la canción, que crea las condiciones para su propia continuidad. Ellos esperan, *porque esperan.*

Samuel Beckett, Premio Nobel de Literatura en 1969, marca el final de la modernidad. *Esperando a Godot* responde a la pregunta del sentido y la finalidad de esperar planteando simplemente el interrogante. Este movimiento circular en torno a sí mismo acerca de la cuestión del sentido (que recuerda los cuadros de Escher) está considerado como uno de los signos de identidad de la posmodernidad. Pero en Beckett todavía queda la melancólica esperanza de que la espera pueda tener *un sentido determinado.* Por eso tiene nombre: Godot.

---

[*] Samuel Beckett, *Esperando a Godot,* trad. Ana María Moix, Barcelona, Tusquets, 1999.

11
CLÁSICOS TRIVIALES

Existen héroes y heroínas de la literatura que todos conocen, aunque no hayan leído los libros que protagonizan. Ello se debe a que la popularidad de Frankenstein, Drácula, Sherlock Holmes, Winnetou y Escarlata O'Hara procede tanto del cine y la televisión como de las novelas en las que aparecen.

El conde Drácula parece anticuado en contraste con Hannibal Lecter y Sherlock Holmes resulta tan rancio como tabaco de pipa frente a un martini si se le compara con James Bond. Winnetou recuerda más a un profesor de instituto disfrazado para una fiesta de carnaval que a un indio que baila con lobos. El vestido de noche que Escarlata se hace con unas cortinas no puede competir con el vestido mini ajustado de color azul oscuro que lleva Julia Roberts en la película *Pretty Woman*. Los viejos héroes y heroínas de los clásicos populares resultan bastante virtuosos en comparación con los iconos actuales de Hollywood, pero, ¿podríamos pasar sin ellos?

¡No diga nunca: «el monstruo Frankenstein»! ¡Siempre hay que referirse al «monstruo de Frankenstein»! En efecto, Frankenstein no es el nombre del monstruo, sino el de su creador, el ambicioso científico suizo Dr. Victor Frankenstein. De hecho, el monstruo no tiene nombre. Pero en la novela *Frankenstein o el moderno Prometeo* (1818) su presencia es tan imponente que el ser ha sido identificado siempre con el nombre contenido en el título. Las numerosas películas sobre el engendro han contribuido bastante a confundir al creador con la criatura. «Frankenstein» se ha convertido en un sinónimo de «monstruo».

La novela fue escrita por una mujer de diecinueve años: la inglesa Mary Wollstonecraft Shelley. Todo resulta espectacular en esta obra: la procedencia y la vida de su autora, el relato de cómo se originó el texto y, naturalmente, la propia historia. Mary Shelley era hija de → Mary Wollstonecraft, la fundadora del feminismo. Con apenas dieciséis años se escapó con Percy Bysshe Shelley, el destacado poeta del romanticismo inglés. En aquel momento, Shelley tenía veintidós años, estaba casado, era padre de un hijo y su esposa estaba embarazada por segunda vez.

Mary y Percy pasaron el verano de 1816 junto al lago Leman (Ginebra), junto a la hermanastra de Mary, Claire. Cerca de ellos vivía el célebre poeta inglés Lord Byron, que tenía una aventura amorosa con Claire. El tiempo fue especialmente malo ese verano: llovió a mares y el cielo nocturno se iluminaba con frecuencia durante segundos con enormes relámpagos. El clima acompañaba la vida interior de los jóvenes románticos, nerviosos y excitados. Se leían mutuamente historias de terror y tenían alucinaciones mientras afuera rugía el temporal. (Este escenario inspiró la película *Gothic*, realizada en 1986 por Ken Russell.)

Una de esas noches tormentosas, Byron les propuso escribir ellos mismos las historias de terror. Al principio, a Mary no se le ocurría nada, mientras el resto del grupo hacía aportaciones de todo tipo, aunque sin gran entusiasmo: por ejemplo, una mujer con una calavera que mira por el hueco de la cerradura. Un par de días más tarde, sin embargo, Mary tuvo una pesadilla. En medio del sopor, antes de quedarse definitivamente dormida, lo vio de repente ante sí: el Dr. Frankenstein y su horrible monstruo. Había nacido un mito.

La historia comienza en el Polo Norte. Un día el explorador Robert Walton ve de lejos un ser de aspecto casi humano que pasa rápidamente sobre una banquisa montado en un trineo tirado por perros. Al día siguiente la tripulación acoge a bordo a un hombre medio congelado. Es el Dr. Frankenstein. El ártico es la última estación de una interminable persecución, en la que no está claro quién sigue a quien: ¿el Dr. Frankenstein acosa a su espantosa creación o acaso el monstruo hostiga a su creador alrededor del mundo?

Una vez a bordo del barco, el Dr. Frankenstein le cuenta su historia a Walton. Siendo un joven investigador, la ambición le había impulsado a concebir la idea de crear un ser humano. Tras largos años de experimentos, logró hallar el «elixir de la vida». Esta asombrosa fórmula le permitió despertar a la existencia a un gigante compuesto de trozos de cadáveres.

Más tarde, el Dr. Frankenstein sintió remordimientos al comprender lo que realmente había creado. Y por eso sintió bastante alivio cuando el monstruo desapareció de su laboratorio. La criatura huida vagaba por el campo, pero buscaba cómo conectar con la civilización. Leyó a Plutarco, el *Paraíso perdido* de Milton y *Las desventuras del joven Werther* de → Goethe. Sin embargo, su espantoso aspecto hacía que la educación resultase inútil: allí donde aparecía, las mujeres se desmayaban, los niños huían chillando y los hombres agarraban instintivamente la horquilla de labrador. El engendro solitario solicitó al Dr.

Frankenstein una compañera que fuera tan horrible como él. Pero el científico imaginó con horror lo que sucedería si la pareja procreaba y traía pequeños monstruos al mundo. Resolvió que no le crearía una compañera femenina. El monstruo, cegado por la ira y la decepción de ser un marginado que busca afecto y sólo es capaz de causar espanto, decidió aniquilar a su creador. Asesinó a todas las personas a las que amaba el Dr. Frankenstein: su hermano, su amigo y su prometida. El Dr. Frankenstein juró que perseguiría a su creación hasta que uno de los dos muriese.

La caza finaliza en el Polo Norte. El Dr. Frankenstein muere de agotamiento en los brazos del explorador Walton. El monstruo anuncia que él mismo se prenderá fuego. La imagen final describe cómo se aleja el monstruo sobre un témpano de hielo y desaparece en la oscuridad de la noche.

Durante las tormentosas noches del verano de 1816, los románticos ingleses del lago Leman creaban un ambiente lúgubre y bello discutiendo cuestiones horribles. Entre otros temas, conversaron sobre las posibilidades de crear vida artificial. Hablaron de los experimentos del profesor italiano de anatomía Luigi Galvani, que había observado unos años antes cómo unas ranas muertas comenzaban a moverse convulsivamente si las tocaba con la hoja de su bisturí cargada de electricidad estática. También se fijaron en el extraño experimento del Dr. Erasmus Darwin (abuelo de Charles Darwin) que había logrado insuflar movimiento a un trozo de fideo. De acuerdo con las teorías más novedosas del momento, la electricidad era fundamental a la hora de dar vida a la materia muerta. En el siglo XVI, el celebre médico suizo Paracelso creyó que podría crear un pequeño ser humano (*homunculus*) de una mezcla de esperma y sangre enterrada en excrementos de caballo.

Como es natural, Mary Shelley no fue muy precisa a la hora de describir los medios con los que el Dr. Frankenstein dio vida a su creación. Por lo visto, la autora imaginó una combinación de electricidad, una chispa divina y genialidad. Por eso le puso a su novela el subtítulo de *El moderno Prometeo*. De acuerdo con el mito clásico, Prometeo entregó el fuego (y con él la civilización) a los hombres. Zeus le castigó por ello encadenándole a una roca, donde cada noche un águila le devoraba el hígado, que le volvía a crecer cada día. En una segunda versión del mito, Prometo creó al hombre de arcilla. Con el tiempo, ambos mitos se reunieron en una historia única en la que Prometeo insufla vida a sus figuras de arcilla con el fuego.

El romanticismo descubrió al hacedor de hombres Prometeo como símbolo de los artistas creadores. El artista no imitaba a la naturaleza, sino que la generaba de nuevo. Se consideraba la escritura como un acto de creación (del latín *creatio*). Los artistas se convirtieron, entonces, en hacedores semejantes a Dios. Se calificaba de «genios» a los individuos que poseían esta extraordinaria capacidad. El genio tenía el don de recrear el mundo mediante un acto de la imaginación

Mary Shelley sustituyó el genio artístico romántico por el investigador. Su Prometeo moderno no es un poeta sino un científico megalómano, el Dr. Frankenstein. Así concibió la imagen de una ciencia que ocupa el lugar de Dios, pero cuyas creaciones se malogran horriblemente. Por eso resulta tan fascinante el mito de Frankenstein.

Como es bien sabido, Hollywood no se asusta ante nada. Por eso no resulta extraño que en los años setenta las películas presentaran al terrorífico dúo de Frankenstein y Drácula. La novela *Drácula* (1897) de Bram Stoker forma parte, sin duda, de los libros más célebres y menos leídos de todos los tiempos. Si bien Stoker no escribió precisamente la primera historia de vampiros, la suya es, con diferencia, la más conocida.

El personaje de Stoker, el chupasangres conde Drácula, tiene un antecedente histórico: Vlad Drácula, el cruel soberano que llevó a cabo sus maldades en el territorio de la actual Rumanía durante el siglo xv. Además de otros perniciosos rasgos de carácter, Vlad tenía la costumbre de empalar a la gente, lo que le valió el sobrenombre de «Vlad el empalador». En realidad, Vlad empalaba a cualquiera que se cruzase en su camino. No se cansaba de imaginar nuevas disposiciones geométricas para sus bosques hechos de miles de empalados. Cuando fue desterrado de su imperio, tuvo que buscar asilo en Hungría y ya no disponía de súbditos a los que empalar. Se dedicó entonces a empalar ratones y pájaros. Hoy se puede visitar el castillo de Drácula en los Cárpatos. Su fama se debe tanto al muerto viviente «conde Drácula» como a las crueles actividades de Vlad el empalador.

La novela de Stoker comienza con la llegada a Transilvania del abogado inglés Jonathan Harker. Allí se ha citado con su cliente, el conde Drácula, para el que ha gestionado la compra de una casa en Londres. Muy pronto queda claro que el comprador no es un cliente ordinario. En el pueblo situado bajo el castillo, la sola mención de su nombre hace que el mesonero se hiele de miedo. Los habitantes de la aldea se santiguan cuando oyen el nombre «Drácula» y ponen ajos y crucifijos en manos de Harker. Un fantasmal viaje en carroza lleva al abogado ante el espeluznante castillo del conde. La luna brilla a través de las nubes, a lo lejos aúllan los lobos y la trémula luz de las velas forma inquietantes sombras en las altas paredes del viejo edificio.

El anfitrión de Harker, el conde Drácula, se revela como un hombre mayor, con un rostro de tez grisácea cual piedra, que huele mal, no come ni bebe y, de noche, se desliza como una lagartija por las paredes del castillo. Amparado en la oscuridad nocturna, busca a sus víctimas, cuya sangre le permite continuar viviendo, al menos la mitad del día, desde hace doscientos años. El mordisco se dirige directamente a las arterias del cuello, donde deja dos pequeños puntos rojos como marca.

El propio Harker escapa por poco de la seducción de tres mujeres vampiro. Confuso, el abogado inglés ha de reconocer que las tres seductoras, con sus labios color rojo sangre, ejercieron una irresistible atracción sobre él. Y poco después descubre el secreto de su terrible anfitrión: encuentra al conde rígido como un muerto en un ataúd de madera en la cripta del castillo.

Con los nervios destrozados, Harker es internado en un hospital de Budapest, Entre tanto, el conde viaja a Inglaterra y allí continúa con sus malignas actividades. La víctima que más desea es la encantadora Lucy Westenra. La elegida es el modelo ideal de novia burguesa, cuya ingenua inocencia produce el efecto de un afrodisíaco. Al fin y al cabo, Lucy puede presumir de que tres hombres ya han perdido la cabeza por ella.

Debido a los besos nocturnos del conde, Lucy está cada vez más pálida. Su desesperado médico, el Dr. Seward, solicita ayuda y ruega a su maestro, el gran profesor van Helsing de Ámsterdam, que venga a colaborar con él. El omnisciente van Helsing sospecha de inmediato que hay fuerzas oscuras en juego y provee a la paciente de ingentes cantidades de ajo. Pero ni esta medida, ni las transfusiones de sangre que recibe de sus tres pretendientes logran salvar a la lívida bella. Muere y comienza a cometer sus propias infamias. La casta virgen se ha convertido en una lujuriosa chupadora de sangre.

Bajo la dirección del profesor van Helsing intentan convertir a Lucy, la nueva muerta viviente, en un cadáver decente. Para ello es necesario que su antiguo prometido le atraviese el corazón con una estaca. No hace falta mucha imaginación para pensar en un violento acto sexual. Cuando el prometido de Lucy clava su estaca en el cuerpo encabritado, uno puede reconocer que se trata de una «penetración».

La siguiente víctima es Mina, la encarnación ideal de la mujer maternal de gran corazón y comprensión. Mina es la esposa de Jonathan Harker, que entretanto se ha recuperado y ha regresado a Inglaterra. Tampoco la seducción de Mina por parte del conde Drácula deja demasiado margen para las dobles lecturas. La unión de Mina y el conde tiene lugar en el lecho nupcial y en presencia de su (inconsciente) marido. En el momento final, Drácula rompe su propia camisa y aprieta con fuerza la cabeza de Mina contra su pecho, obligándola a beber la sangre de una herida. La escena se parece bastante a un acto de sexo oral forzado.

Las diligentes actividades del profesor van Helsing terminan por incomodar a Drácula en Londres. El vampiro regresa a su patria. El profesor sigue su rastro hasta allí y acaba con él, atravesando su corazón con una estaca. Mina escapa al peligro de convertirse en un vampiro y las luctuosas acciones del conde Drácula desaparecen para siempre.

Drácula de Bram Stoker es una novela sobre sexualidad reprimida y fantasías eróticas. Se corresponde con el espíritu del final de la época victoriana en Inglaterra, totalmente opuesto al sexo. El conde Drácula supone un peligro de índole erótica. El vampiro que por las noches se lanza sobre inmaculadas mujeres y que tampoco niega su beso a los hombres, socava las estrictas reglas de la moral sexual de finales del siglo XIX. Drácula realiza sus juegos homoeróticos con hombres y corrompe a los dos ídolos preferidos de la sociedad victoriana: la virgen y la madre. Transforma a recatadas doncellas como Lucy en seductoras libidinosas y logra que madres como Mina practiquen la felación. Cada vez que el conde Drácula abandona a medianoche su cripta en la Inglaterra victoriana, también se levantan de sus tumbas los fantasmas de la sexualidad reprimida.

¿De dónde provienen las heridas en el cuello de Ferguson junior? ¿Acaso su madrastra es un vampiro? En el caso de *El vampiro de Sussex*, el famoso maestro de detectives Sherlock Holmes sólo puede sacudir la cabeza ante tamaña tontería.

Sherlock Holmes es el genio de la criminología: con la vista de un águila y el proceder insobornable y lógico de una máquina de pensar, resuelve cada caso por difícil que sea. Por esa razón, su colega Lestrade de Scotland Yard, siempre superado por las circunstancias, es un huésped habitual en el domicilio londinense de Holmes, situado en Baker Street 221b.

Sherlock Holmes es la creación de un médico escocés, Sir Arthur Conan Doyle. La consulta de Doyle no marchaba especialmente bien, así que para matar el tiempo y completar sus ingresos, se dedicó a escribir relatos breves. El modelo para su célebre detective fue su antiguo profesor de medicina, el Dr. Joseph Bell. Éste era capaz de adivinar la procedencia, profesión y otros datos de personas totalmente desconocidas y espetárselos en la cara. Para ello, simplemente se fijaba atentamente en lo sucios que llevaban los zapatos, en cómo hablaban o se movían y observaba los pequeños detalles. Lograba sorprender una y otra vez a sus estudiantes de la Universidad de Edimburgo cuando saludaba a pacientes que nunca había visto antes diciendo cosas como: «¿Se ha aclimatado usted bien a Inglaterra tras finalizar su destino en la India con el ejército británico?».

Cuando en 1887 Doyle terminó la primera historia protagonizada por Sherlock Holmes, *A Study in Scarlet (Estudio en escarlata)*, no se la quiso publicar nadie. Pero cuatro años más tarde, cuando hizo que su detective se despeñase por las cataratas de Reichenbach, en Suiza, Holmes era tan popular que los lectores protestaron enérgicamente y el autor tuvo que resucitar al personaje. Entre 1887 y 1927 se publicaron en total cuatro novelas y cincuenta y cuatro relatos breves.

Sherlock Holmes es un excéntrico de primera clase. Cuando no está ocupado con sus casos detectivescos, realiza en su laboratorio experimentos con malolientes sustancias químicas. También se dedica a escribir extraños libros sobre las ciento cuarenta formas que puede adoptar la ceniza, la de cigarros y la de cigarrillos (con coloridas ilustraciones de la ceniza).

Holmes domina varios deportes de lucha: boxeo, esgrima y una técnica asiática llamada *baritsu*. En casa viste una bata, pero su indumentaria más conocida es su capa de *tweed* y, sobre todo, su sombrero. Este gorro recibe en inglés el nombre de *deerstalker* («gorro de cazador de ciervos»). Los accesorios de Holmes son su lupa y su pipa. Pero el detective también tiene un vicio. Y es tan grave que resulta comprensible que todas las películas sobre Sherlock Holmes lo omitan. En efecto, Holmes es cocainómano.

El método que utiliza Holmes para resolver todos sus casos se basa en una triple combinación: sabiduría, observación y puesta en practica de una sucesión de conclusiones lógicas. En primer lugar, Holmes posee grandes conocimientos de todo tipo. Siempre sabe todo aquello que puede resultar útil a la hora de aclarar el misterio. En segundo lugar, Holmes defiende que nada es lo suficientemente nimio como para carecer de importancia. Hay que prestar atención a todos los detalles, por pequeños que sean, ya que pueden ser de suma importancia para la investigación. No es infrecuente que Holmes se arrastre por las alfombras y recoja pelusas para observarlas minuciosamente con su lupa. En tercer lugar, Holmes no saca conclusiones hasta que no tiene una visión exacta de la situación.

Ninguna descripción de Holmes sería completa sino se mencionara a su amigo, el Dr. Watson. El lector comparte con Watson el increíble asombro que provocan las facultades de Holmes, que parecen producto de la clarividencia, pero que finalmente se revelan fruto de la más pura lógica. El dúo de investigadores integrado por un genio omnisciente (Holmes) y un lúcido asistente (Watson) se ha convertido en un modelo clásico: uno de los personajes ve y sabe todo, y por eso lo admiramos. La segunda figura ve y sabe tan poco como nosotros pero, gracias a sus preguntas, vamos descubriendo gradualmente todo lo que habíamos pasado por alto. Conocemos este reparto de papeles de innumerables novelas policíacas y de suspense. También aparece en *El nombre de la rosa*, la novela de Umberto Eco, en los personajes de William de Baskerville y Adso de Melk.

Mi vecino Robert odia las novelas policíacas. Opina que son triviales y afirma que en ellas siempre sucede lo mismo. Aunque tiene razón en esto último, la repetición se produce de una forma bastante inteligente. Las novelas negras no son ni la mitad de banales de lo que comúnmente se piensa. Créase o no, estas novelas, vistas desde el siglo XXI, constituyen una puesta en escena especialmente gráfica de la teoría del conocimiento. No es fácil comprender qué relación hay entre la novela negra y la teoría del conocimiento, pero este esfuerzo es el precio que se paga para poder leer novelas policíacas con la conciencia tranquila. La teoría moderna del conocimiento afirma que toda percepción va acompañada de un punto ciego. En otras palabras, no existe el ver sin el no-ver. Justamente este punto nos conduce a la pareja de Holmes y Watson: el genio Holmes va seguido del ignorante Watson, que representa su constante punto ciego. No existe uno sin el otro o, expresado de otra forma, no hay conocimiento sin ceguera.

En contraposición a la teoría, que afirma que el conocimiento no puede ser nunca completo, porque siempre existe algo que no se ha logrado ver, la novela negra ofrece la ficción del «caso resuelto». Todos los interrogantes quedan aclarados al final de la obra. Se iluminan los puntos oscuros y el lector sabe quién fue el criminal e, incluso, cuáles fueron sus motivos. Al final de la novela no quedan cuestiones abiertas. Pero los verdaderos aficionados a la novela negra sospechan que esto no es cierto. Saben que existe un mar de preguntas sin resolver, en las miles de novelas policíacas que todavía quedan por leer.

El despiadado juicio de Holmes sobre el sexo femenino se debe a mujeres como Escarlata O'Hara, la protagonista de *Lo que el viento se llevó* (1936), de Margaret Mitchell. En las escasas ocasiones en que Holmes piensa en las mujeres, recuerda el desconcertante carácter contradictorio de las féminas, que, para el detective, roza la irresponsabilidad.

Sorprendentemente, Holmes demuestra cierta ceguera en el ojo con el que mira a las mujeres: es incapaz de advertir que esa contradicción femenina no es una cualidad con la que las mujeres nacen para atacar los nervios del resto de la humanidad. Las mujeres como Escarlata, belleza sureña y dura mujer de negocios en una misma persona, producen la impresión de ser contradictorias porque han de cumplir con las expectativas de dos papeles distintos, sin estar especialmente dotadas para uno de ellos.

Lo que el viento se llevó es el mayor best seller estadounidense de todos los tiempos. La película (1939), con Vivien Leigh en el papel de Escarlata y un Clark Gable con el pelo engominado interpretando a Rhett Butler, se convirtió, a su vez, en uno de los grandes clásicos del cine de Hollywood.

La acción de la novela transcurre a mitad del siglo XIX, en el escenario histórico de la guerra civil estadounidense. Describe el final de una era: el ocaso del mundo de la aristocracia de plantadores de los estados del sur de los Estados Unidos. Esta clase pudiente, enriquecida con el producto de sus plantaciones de algodón, reside en distinguidas residencias que recuerdan a antiguos templos griegos. Pero naturalmente, el tema principal de la novela es la historia de amor entre Escarlata O'Hara y Rhett Butler.

Escarlata ha crecido en una propiedad señorial situada en la plantación *Tara*. Al principio aparece como la hija mimada de una familia acomodada, pero cuando estalla la guerra, muestra un aspecto de su carácter que en circunstancias normales hubiera permanecido oculto tras la máscara de su convencional rol femenino.

La guerra enseña a Escarlata a comportarse como un hombre: se convierte en una empresaria hábil que se gana el respeto y el éxito gracias a su dureza en el arte de la negociación. Pero su triunfo se debe también al hecho de que Escarlata mantiene las formas que la sociedad espera de una mujer del siglo XIX. La independiente mujer de negocios se esconde tras la fachada de una dama convencional.

Si bien la separación entre su máscara y la realidad contribuye al éxito económico de la protagonista, la contradicción entre expectativas y realidad arruina su vida amorosa. Escarlata actúa como un hombre, pero sigue anhelando el romántico sueño de una hija de buena familia, según el cual, algún día llegará un caballero para ella. Escarlata cree haber encontrado este caballero en Ashley Wilkes, un plantador algo insustancial. Pero Ashley elige a otra.

Entonces entra en escena —casi en el punto ciego de Escarlata— un encantador marginado social, Rhett Butler. Es el único hombre que está a la altura de la heroína, porque, igual que ella, sólo cumple con las expectativas sociales por obligación. Milagrosamente, Rhett se enamora de Escarlata, pero ella sigue anclada en su sueño adolescente del caballero plantador y sólo piensa en Ashley.

Esta actitud de la protagonista desespera gradualmente al público lector y, a la vez, le impulsa a seguir leyendo con avidez las mil páginas de la obra, porque ninguna lectora es capaz de comprender por qué Escarlata rechaza al irresistible Rhett. La lectora sabe perfectamente lo que haría ella en su lugar. Naturalmente, sospecha secretamente que Escarlata y Rhett acabarán juntos, pero apenas puede esperar a que llegue el momento.

Cuando se estrenó en los cines alemanes *Lo que el viento se llevó*, después de la Segunda Guerra Mundial, tanto la película como la novela tuvieron un enorme éxito. Ello se debe, entre otras razones, a que las mujeres de la posguerra compartían con Escarlata una forma de vivir su feminidad: sobre ellas recayó la obligación de «mantener unido» todo aquello —familia o bienes— que había sobrevivido a la guerra. Se enfrentaron a la catástrofe que era entonces su vida cotidiana y supieron que podían actuar como un hombre. Sin embargo, pronto experimentaron, del mismo modo que Escarlata, la contradicción entre la realidad, que exigía que se comportasen como varones, y las expectativas que debían colmar como mujeres de los años cincuenta.

Hoy en día, las películas de *Winnetou*[*], protagonizadas por Pierre Brice, han alcanzado la consideración de objeto de culto, como sucede con la alfombra Flokati[**] naranja. Pero hace tiempo, las novelas de Karl May constituyeron la primera droga para generaciones de lectores. Muchas personas aprendieron a leer con este autor, a leer *de verdad*, como un adulto: uno se enfrentaba por primera vez a libros voluminosos, de letra pequeña y sin ilustraciones. Todos los que leyeron a los diez años el primer volumen de *Winnetou* (1893) cerraron una puerta para siempre. A partir de ese momento no hubo vuelta atrás hacia la estantería de los libros para niños pequeños, como *Trixie salva siete gatitos* o *El valiente caballero Heribert*. Incluso su aspecto exterior, con su encuadernación verde oscuro o rojo burdeos, reproducía el modelo de un libro adulto. (La perspectiva infantil no permitía reconocer que, en realidad, tenían la apariencia de esas obras falsas con las que se llenan las bibliotecas.)

Leer a Karl May es como cabalgar por una pradera: uno leía, leía y leía. El hambre, la sed y la desolación intelectual no lograban detenerle. Uno continuaba incluso cuando empezaba a cabecear de sueño. *Winnetou* era la entrada a un nuevo mundo: al final de la fatigosa cabalgata a través de las prolijas descripciones como infinitas llanuras, después de haber superado la dificultosa región de los grandes sentimientos, se llegaba a un nuevo territorio: el mundo de la lectura.

Winnetou fascinaba a los adolescentes porque trataba temas adultos de una manera inteligible para niños de nueve años. De repente, los grandes conceptos de la cultura occidental, como el amor, el odio, la

---

[*] *Winnetou* es un mito infantil en Alemania, comparable quizá a *Celia*, de Elena Fortún, en España. (N. de la T.)

[**] Modelo de alfombra peluda de pura lana producida en Grecia. Este tipo de alfombras constituye uno de los objetos de decoración clásicos del estilo de los años setenta. (N. de la T.)

traición, la amistad y la muerte, resultaban tan familiares como la vida en el patio del colegio. También los amplios paisajes en los que los indios atacaban a los colonos blancos eran tan familiares como las landas de Luneburgo.

No falta gente que afirma que lo que realmente interesaba al público adolescente eran las fálicas estacas en las que se torturaba (nos limitamos a dejar constancia de ello). Resulta indudable que las fantasiosas epopeyas de Karl May, que transcurren en el Salvaje Oeste, colman todo tipo de nostalgias infantiles sobre aventuras, países extraños y heroísmo. La curiosidad de la juventud acerca de los viajes de descubrimiento no cedía ante el descarado sentimentalismo del idílico mundo indio. Además, el omnisciente narrador en primera persona, Old Shatterhand, satisfacía todas las fantasías adolescentes de superioridad y, por cierto, también las del propio Karl May. El autor se construyó su propio yo de acuerdo con sus deseos, superando así su auténtico pasado de profesor ayudante y de criminal de baja estofa.

Old Shatterhand («viejo destrozamanos»), un agrimensor originario de Alemania que trabaja en la construcción del ferrocarril a través del Salvaje Oeste, debe su curioso apelativo a su capacidad de tumbar a un tipo repugnante usando únicamente el puño. Es extraordinario. Poco después, comienzan las escaramuzas con los indios. Así es como Old Shatterhand conoce al noble guerrero apache Winnetou. El indio es un héroe tan inmaculado que uno tiene la impresión de que, tras cabalgar cuatro días por las praderas, aún conserva las uñas limpias. Al principio, Old Shatterhand y Winnetou combaten varias veces antes de sellar con sangre su amistad, del mismo modo que toda amistad verdadera entre niños es precedida normalmente por unas cuantas peleas. Más adelante, la hermana de Winnetou (Nscho-tschi) se enamora del héroe blanco, aunque muere antes de que puedan surgir complicaciones. En el segundo y tercer volumen de *Winnetou* también pasa de todo y, al final, fallece el indio bajo los cantos de un «Ave María» compuesto por el propio Old Shatterhand y entonado solemnemente por un coro de colonos blancos.

Todo esto es muy lamentable. Pero resulta aun más triste el hecho de que leí *Winnetou* a los diez años, cuando disponía de la mayor capacidad para aprender de toda mi vida. Veinticinco años después, todavía sé que Old Shatterhand poseía dos rifles, y que uno de ellos se llamaba Henry. Sin embargo, he olvidado casi todo lo que sucede en una de las grandes novelas de la literatura universal, → *Ana Karenina*, que leí muchos años más tarde.

12
LIBROS DE CULTO

Un libro de culto es una obra que está en su estantería sin que uno tenga la menor idea de cómo llegó hasta allí. También puede ser un libro que poseyó alguna vez y que prestó hace mucho tiempo. ¿A quién? Ya no se acuerda. De todas formas, sería inútil pedir su devolución al que se lo llevó, porque Gerd (efectivamente, fue a él) se lo prestó a su vez a Burkhard, el cual lo devoró y se lo pasó a María, que se entusiasmó y, a su vez, se lo endosó a Klara. Klara leyó la primera página y le pareció una estupidez. Lo metió en una caja con los libros de bolsillo arrugados y sucios que luego vendió en el rastro. Hace cuatro meses lo adquirió allí un estudiante chino de odontología, junto a un tostador verde. Todo por un euro y medio.

Los libros de culto tienen una existencia difícil, aventurera y trágica. Proceden de las zonas periféricas de la industria editorial y desde allí se abren camino hasta el corazón de los lectores. Son obras de autores que nadie conocía hasta entonces, de escritores sin nombre que, para colmo de males, no tienen una vida inmaculada. Los libros de culto los publican oscuras editoriales que no pueden permitirse hacerles publicidad. Por eso, cuando una editorial califica alegremente de «libros de culto» a libros vistosos y coloridos, en la mayoría de los casos no se trata de verdaderos libros de culto, sino exactamente de eso: de libros divertidos y vistosos.

Los lectores que convierten una obra en un libro de culto actúan así para diferenciarse de aquellos a los que este tipo de obra les resulta indiferente. Los libros de culto marcan fronteras. Los hay para diseñadores gráficos, para arquitectos, para especialistas en la India, para historiadores del arte, para filólogos de lengua inglesa, para cocineros, para mí y para mis amigos, etcétera. Estos libros de culto son refinados signos de distinción y, ocasionalmente, alcanzan el rango de símbolos de un estatus.

Pero también existen los «auténticos» libros de culto. Son aquellos que han removido su tiempo, que han provocado agitación y que posteriormente han dejado las huellas de la conmoción que causaron. Eran libros de culto incluso antes de que se supiera que tal categoría existía, como → *Las desventuras del joven Werther* de Goethe. O han reunido a una generación a su alrededor, como es el caso de → *El guardián entre el centeno*, de J. D. Salinger.

Incluso el monstruo del Dr. Frankenstein leyó el libro que generó un revuelta juvenil: *Las desventuras del joven Werther* (1774) de Johann Wolfgang Goethe. La novela conmocionó a la juventud de toda Europa. Aunque el tumulto se produjo en la vida emocional de los lectores, más que en forma de una rebelión contra la sociedad.

Pese a que la comercialización del mercado del libro apenas había comenzado en Alemania cuando apareció la novela, algunos empresarios imaginativos se percataron rápidamente que con el *Werther* se podía ganar mucho dinero, y no sólo con el libro en sí. Sacaron al mercado un perfume *Werther*, decoraron objetos de uso cotidiano con motivos de *Werther* y vendieron retratos de perfil y dibujos con las escenas más emotivas de la novela. El público se congratuló y lloró conmovido frente a la estampa de Werther arrodillado ante Lotte.

Las desventuras del joven Werther narra la historia de un joven burgués intelectual y su sufrimiento ante el amor y la sociedad. Werther viaja a una pequeña ciudad de provincias para arreglar algunos asuntos relativos a una herencia. Desde allí escribe cartas a su amigo Wilhelm. El distanciamiento de la ciudad y la vivencia de la naturaleza convierten su estancia en un periodo de descubrimiento de sí mismo. Pasea a través de bosques y praderas, abre su corazón y llora algunas lágrimas. Sensibilizado de esta manera, Werther escucha los deseos de su alma. Escudriña cada agitación de su ánimo hasta el más leve movimiento y descubre en su interior una plenitud fascinante de emociones. El Yo se despliega como un pequeño mundo, que es explorado en todas sus facetas. Ante el héroe se extiende todo un panorama de sentimientos de tal multiplicidad que puede sustituir a la sociedad. Las incursiones en la naturaleza de Werther suponen una retirada del mundo social y un descubrimiento del propio Yo.

Poco después de su llegada, Werther conoce a una joven llamada Lotte. Ella personifica el encanto natural y la virtud. Una única imagen expresa todo lo que le fascina a Werther de Lotte. Se trata de la famosa escena en la que Lotte —vestida con un sencillo vestido blanco— está cortando rebanadas de pan negro para sus hermanos pequeños. Así es ella: maternal y juvenil, inocente, pura, auténtica y natural. Resulta especialmente significativo que esté cortando *pan negro*, haciendo un contrapunto con el pan blanco, que se degusta en las mesas de la decadente nobleza.

Entre Werther y Lotte se entrelazan los suaves hilos de un amor sensible. De acuerdo con el ideal contemporáneo, los enamorados no sólo comprenden lo que el otro dice o piensa, sino que, además, cada uno de ellos puede *experimentar* lo que el otro siente en un preciso momento. Para ello no necesitan apenas palabras, a veces basta una sola para transmitir al otro una visión completa de su alma. Así sucede en el segundo episodio más célebre de la novela, la «escena de Klopstock». Werther y Lotte contemplan ensimismados el aguacero que cae tras una tormenta de verano, cuando ella coloca su mano sobre la de él y dice misteriosamente: «Klopstock». Werther comprende inmediatamente. Como cualquier persona culta del siglo XVIII, Werther ha leído la conocida oda *La fiesta de primavera* de Klopstock[*]. El protagonista sabe que el nombre de Friedrich Gottlieb Klopstock es sinónimo de una devota contemplación de la naturaleza. Los poemas de Klopstock provocan un torrente de sentimientos en los lectores. Werther comprende los sentimientos de Lotte, son demasiados para manifestarse con palabras. Pero la situación es paradójica, porque para expresar que uno no puede describir con palabras lo mucho que siente, ¡se recurre a la *literatura!* Werther y Lotte se entienden cuando les falla el verbo, porque han realizado las mismas lecturas.

Pero existe un importante obstáculo para la armonía entre las almas de la pareja. Lotte está comprometida. Cuando su novio, Albert, regresa de un viaje, Werther cambia de ciudad y entra al servicio de un embajador de la nobleza. En su nuevo puesto observa con repugnancia la ceremonia en el trato y la competencia por ascender en la corte. Se decide a abandonar su trabajo después de que le expulsen de una celebración aristocrática, en la que él —como burgués— no es bien recibido.

Esto le impulsa a regresar junto a Lotte que, entretanto, se ha casado con Albert. El ánimo del héroe es cada vez más sombrío, hasta que cae en la desesperación. No ve otra salida que quitarse la vida. Entonces, tras un último encuentro apasionado con Lotte, se pega un tiro en la sien derecha. Le encuentran tirado frente a su escritorio, sobre el que reposa un libro abierto, *Emilia Galotti,* el drama de Lessing.

---

[*] Friedrich Gottlieb Klopstock (1724–1803), poeta y dramaturgo alemán. Su poema épico religioso *Messias* (*El Mesías,* 4 volúmenes, 1751-1773) y su colección de odas, introdujeron una fuerte emoción personal en la poesía alemana. Sus odas se caracterizan por su entusiasmo fogoso, la audacia en la expresión y las descripciones sublimes de lo grandioso y heroico. La concepción de Klopstock de la misión sagrada del poeta influyó en los escritores que le siguieron. (N. de la T.)

El impacto de la obra fue grandioso. Toda una generación de jóvenes adultos alemanes, franceses e ingleses se contagió de la «fiebre de Werther». Los hombres se vestían como él, con botas marrones, chaleco amarillo y chaqueta azul. Personas de ambos sexos se identificaban con la disposición de ánimo de Werther y comenzaron a sentir como él. El efecto se producía durante la lectura. Del mismo modo que el héroe estaba permanentemente subyugado por sus sentimientos, la mera vivencia lectora transmitía el *Werther feeling*, una sensación propia de Werther. Se advertía una profunda emoción dentro, y cuando alguien intentaba trasladar la conmoción interna al papel, las palabras tenían las resonancias de la pluma de Werther. Por ejemplo, el poeta Christian F. D. Schubart escribió: «Estaba sentado con el corazón deshecho y el pecho palpitante, mientras un dolor voluptuoso me goteaba de los ojos». Menos inocuo que estos intentos de copiar los sentimientos de Werther resultó el que algunos lectores creyeran que debían imitar al héroe hasta el final. Y se quitaba la vida al término de la lectura.

La «fiebre de Werther» se propagó en un momento en el que media Europa era víctima de un culto al sentimiento. Este movimiento, cuyos impulsos decisivos venían de Francia (→ Rousseau) y de Inglaterra (Shaftesbury), tuvo su origen en la burguesía. El culto se basaba en la idea de que sólo el hombre de sentimientos sinceros podía ser el fundamento de una sociedad de moral intachable, que se mantendría unida gracias a la compasión. Sin embargo, a veces se exageraba terriblemente al cultivar este sentimentalismo: hubo quienes realizaron febriles intentos de conmover su propio corazón, por lo cual estallaban frecuentemente en lágrimas. En Alemania, este movimiento recibió el nombre de *Empfindsamkeit*; en Inglaterra, se hablaba de *sensibility* y en Francia, de *sensibilité*. La conmoción espiritual de Werther coincidía exactamente con este humor. Se convirtió en el modelo de toda una generación. Pero el culto de Werther planteaba, en el fondo, una enorme paradoja, ya que para fabricarse una sensibilidad propia y sincera, uno terminaba por copiar a Werther.

En Alemania, la fascinación por Werther se debió, además, a otra razón. El héroe de Goethe se convirtió en la figura de identificación del intelectual burgués alemán, porque Werther, además de un enamorado infeliz, también manifestaba un profundo descontento con la sociedad. La totalidad de la burguesía ilustrada del siglo XVIII estaba excluida, igual que Werther, de todas las funciones públicas de relevancia. Su salida obligada de la recepción social de la nobleza es una imagen apropiada para reflejar esta desgracia de la burguesía alemana. En una Alemania dividida en pequeños estados, todas las actividades importantes estaban en manos de la nobleza. La burguesía ilustrada no tenía acceso al poder ni a la vida pública, por lo que no podía satisfacer su libertad por la vía política. De ahí que optaran por retirarse de la vida pública y propugnaran la idea de la «libertad interior». La burguesía alemana se refugió en la «intimidad», protegiéndose así de la sociedad aristocrática que la rechazaba. Esta actitud singular de la burguesía de Alemania provocó su despolitización, a diferencia de lo que ocurrió con la burguesía de Francia o Inglaterra, y ha sido considerada el origen de la apatía política de la República de Weimar, que condujo a la catástrofe del régimen nazi.

Las desventuras del joven Werther se basa en dos acontecimientos reales: dos años antes de escribir su novela, Goethe se trasladó a Wetzlar, por imposición paterna, para completar su formación de jurista. Allí se enamoró de Charlotte Buff (Lotte), que ya estaba prometida a Christian Kestner. Unas semanas después de que Goethe se alejase de ese triángulo amoroso, en Wetzlar, el joven Karl Wilhelm Jerusalem se pegó un tiro. Jerusalem —como Werther— sufría por un amor no correspondido y también había sido excluido de la sociedad aristocrática. Goethe se refugió en casa de la célebre autora de *Historia de la señorita von Sternheim*, Sophie de La Roche, y se enamoró de su hija. Pero también ella se casó con otro un año después. Finalmente, el sufrimiento rebasó los límites y Goethe dispuso de todos los elementos narrativos. Sólo tardó cuatro semanas en escribir *Las desventuras del joven Werther*.

Si hay un libro de culto por excelencia, éste es *El guardián entre el centeno* (1951) de Jerome D. Salinger. En realidad, la novela es un libro de culto histórico: fue en su momento la lectura de los adolescentes rebeldes y hoy forma parte del canon de lecturas propiciado por las autoridades para las clases de inglés y es tema de examen en la educación secundaria alemana.

El guardián entre el centeno tuvo el arranque ideal para un libro de culto: su autor era un escritor desconocido y un poco raro, no fue recibido con entusiasmo por los críticos y logró entrar en la lista de los libros más vendidos del *New York Times* en dos semanas. En las décadas siguientes, la novela de Salinger se convirtió en uno de los libros más leídos y más citados de las universidades estadounidenses. Los lectores jóvenes apreciaban especialmente el lenguaje auténtico y juvenil del narrador en primera persona, el rebelde Holden Caulfield, de diecisiete años. Pero esta forma de hablar era justamente la que profesores y padres consideraban muy poco apropiada para la educación de sus alumnos e hijos. (Para oídos habituados al habla del siglo XXI, el tono irreverente de la obra suena como si alguien dijese «fabuloso», en vez de «guay».)

En 1980, *El guardián entre el centeno* obtuvo una aciaga celebridad a causa de una tragedia de la cultura pop: un confundido fanático disparó a John Lennon y declaró posteriormente que la novela había inspirado su acción. Pero poco después de su publicación le había sucedido lo mejor que le puede pasar a un libro de culto. Su autor se tornó extraño, por no decir que se convirtió en un *freak*. Salinger constituye uno de los mayores enigmas de la vida pública estadounidense: literalmente, ha desaparecido. Poco después de obtener su gran éxito, Salinger se retiró a una finca en New Hampshire y se sumergió en las religiones asiáticas. Exigió que se retirase su retrato de las cubiertas de los libros, cubrió las ventanas de su vehículo todoterreno y ya no se le volvió a ver. Salinger guardó un silencio imposible de ignorar, el que todo Estados Unidos escucha fascinado. Sólo hay otro caso en el que una ausencia reciba tanta atención: Dios. Los jóvenes peregrinan desde hace décadas al estado de New Hampshire sólo para respirar el mismo aire y vadear por el mismo cenagal que ese espíritu que se mantiene en la invisibilidad. Presumiblemente, el autor, nacido en 1919, vive todavía y parece que sigue escribiendo (inmortal e inagotable como Dios). Lo cierto es que no ha publicado ni una sola línea nueva en los últimos 40 años. Se dice que Salinger se encierra en un búnker para escribir.

¿Y el libro? ¿De qué trata? El narrador en primera persona, Holden Caulfield, un joven héroe rebelde, infeliz y sensible, está ingresado en una clínica psiquiátrica y se sienta a escribir desde el fondo de su corazón la causa de haber acabado allí. Cuando le expulsan del cuarto internado de élite, en vez de irse directamente a su casa el protagonista pasa tres días en Nueva York. Holden es un joven inteligente pero completamente inmaduro. Durante su odisea en la gran ciudad, procura comportarse como un adulto, pero sus intentos resultan terriblemente torpes. Pide una copa y, naturalmente, sólo le sirven un refresco. Sube una prostituta a su habitación, pero luego sólo es capaz de hablar de trivialidades con ella. Tiene una cita con una amiga y en un arranque infantil, le pide que se case con él. Bebe hasta caer inconsciente, porque no está acostumbrado al alcohol.

Holden Caulfield es la más célebre encarnación del joven de la generación de la posguerra en busca de su identidad. Pero Holden no es sólo una víctima de la pubertad con los mismos problemas que han existido en todos los tiempos. También es el infeliz héroe de una nueva generación y en ello radica la fascinación que ha generado durante décadas. Su errante caminar por la gigantesca ciudad de Nueva York constituye la expresión de la falta de orientación en una nueva forma social que ha completado la ruptura con la tradición: la posmodernidad. Holden vaga nervioso por su mundo y se dedica a llamar constantemente a la gente, con la esperanza de encontrar a alguien que le comprenda. Como todo individuo posmoderno, Holden necesita puntos de orientación. El protagonista quiere hallar una persona o una institución en la que apoyarse: la familia, el colegio, los profesores, los compañeros, la novia, el matrimonio o el anonimato en la sociedad. ¿Cómo termina? Con una depresión nerviosa, en una clínica psiquiátrica.

Se ha descrito a Holden Caulfield como un sucesor moderno de → *Huckleberry Finn*. Ambos héroes son jóvenes marginados, desarraigados y rebeldes en busca de su felicidad y ambos critican duramente a la sociedad con su llana manera de expresarse. Pero hay una diferencia esencial entre los dos personajes: Huck escapa de la civilización dirigiéndose al Salvaje Oeste, mientras que Holden acaba internado en una clínica. Ésta es la ironía del libro: en la sociedad occidental de mitad del siglo XX ya no existen áreas no civilizadas en las que refugiarse si uno no encaja en la comunidad. Entonces sólo quedan dos vías de escape: o ir al psicoanalista o «bajarse» del mundo.

Bajarse fue precisamente lo que hizo en los años cincuenta la generación *Beat*, antecesora del movimiento *hippie*. Su máximo gurú fue Jack Kerouac, que escribió el libro de culto del movimiento: *En el camino* (1957). Los autocalificados *beats* o *beatniks* eran un grupo de escritores en ciernes del barrio neoyorquino de Greenwich Village y de San Francisco. Entre sus miembros se contaban el propio Kerouac, Allan Ginsberg y William S. Burroughs. Los *beats* rechazaban todo aquello que remotamente se pareciese a una existencia burguesa. El nombre «beat» pretende expresar un estado de aflicción general que les abatía cuando pensaban en la clase media estadounidense (de la locución inglesa *feeling beaten down*, «estar abatido»).

Los *beats* se negaban a cumplir con las convenciones sociales. Detestaban toda colocación fija y despreciaban aquello que hace la vida más segura y cómoda. Trabajaban en empleos temporales y coqueteaban con una existencia de «pobreza» elegida. Si se les observa con los parámetros estéticos de los años cincuenta, se vestían de forma «desaliñada», con caquis y camisas de pescador, prescindían de las lámparas y sólo colgaban bombillas para iluminar, dormían en colchones colocados directamente sobre el suelo y eran capaces de mirar arte abstracto sin desvanecerse. Los *beats* no participaron de la fiebre consumista de los años cincuenta, salvo que se tratase de consumir mujeres, marihuana o alcohol. Crearon su propio vocabulario, cuyos residuos todavía se pueden escuchar hoy: los *beats* buscaban continuamente tener un *kick* («emoción») y eran *hip* (estaban «en la onda»). La vida debía ser como el jazz, igual de rápida, inmediata y vital, una experiencia directa, espontánea y colectiva. Por esa razón, el nombre de los marginados rebeldes aludía también al *beat* («compás») del jazz.

Jack Kerouac, *King of the Beats* («el rey de los beats»), escribió su obra para poner en movimiento a la juventud a partir de los veinte años. *En el camino* es la crónica, con fuertes tintes autobiográficos, de cuatro viajes a través de los Estados Unidos. Estas travesías conducen al escritor Sal Paradise (alias Jack Kerouac) y a su amigo Dean Moriarty por todo el territorio norteamericano. En la vida real, Moriarty era Neal Cassady, un miembro del movimiento *beat*. Cassady se ganó la reputación de provocar la antipatía de todos los presentes en el menor tiempo posible. En la novela, Moriarty, carismático pero completamente incapaz de comportarse en sociedad, es la suprema encarnación del humor de los beats: pasado de vueltas, descomprometido, irreverente, hedonista y con unas arrolladoras ganas de vivir.

El universo opuesto a la existencia burguesa se halla en la calle. Los espacios infinitos del país permiten liberarse de todo aquello que resulta opresivo. Los viajes sin rumbo fijo a través de los Estados Unidos son visiones del sueño americano: posibilidades ilimitadas, libertad y movilidad. La novela de Kerouac generó un culto al vagabundeo en autostop, popularizó la *road movie* y convirtió el viaje en parte de la cultura de la juventud. La siguiente generación europea se compró un billete de Interrail y se puso en marcha para recorrer el continente desde Copenhague hasta Atenas. Aquellos que tenían menos de veinticinco años viajaban. Todos los demás se quedaron en el sofá viendo la televisión.

Una ligera sombra caía de vez en cuando sobre el mito de libertad e independencia en la vida real del autor de culto Jack Kerouac. Las incursiones en la existencia como un nómada solían acabar con el escritor completamente agotado. Entonces regresaba a casa para recuperarse de las fatigas de una vida no sedentaria. La infinita movilidad también tenía sus límites: en realidad, Kerouac se quedaba atrapado algunas veces en algún pueblucho, sin un céntimo en el bolsillo. En esos casos, su madre, que trabajaba en una fábrica de zapatos, le enviaba un par de dólares.

El libro de culto de los *hippies* procedía de Alemania. Se trata de *El lobo estepario* (1927) de Hermann Hesse. En los años sesenta, Hesse se convirtió en el profeta de un sentimiento ante la vida contrario al sistema, crítico con el capitalismo, favorable al amor libre y al encuentro con uno mismo vía *trip* de LSD. Resultaba fácil reconocer en cualquier campus de *college* norteamericano a los jóvenes seguidores de Hesse por su atuendo de estilo indio o flotando con un aire vagamente esotérico. Un grupo de rock adoptó incluso el nombre del antiburgués héroe de Hesse: Steppenwolf.

Nada más alejado del autor de *El lobo estepario*, pese a que la existencia de Hesse reunía los requisitos para convertirse en modelo de los alternativos y los marginados. Fue uno de los primeros «marginados» del siglo XX: viajó a la India y descubrió el budismo, era vegetariano, realizó un experimento en el que habitó desnudo en una cabaña durante una semana y vivió retirado en una villa rural en Montagnola, en el cantón suizo de Tesino.

El lobo estepario de Hesse pertenece a las obras críticas de la civilización de la → modernidad creadas entre las dos guerras mundiales (→ T. S. Eliot). Harry Haller (comparte sus iniciales con Hermann Hesse), que se denomina a sí mismo «lobo estepario», es un hombre infeliz, roto por dentro. Esa circunstancia le convierte en la encarnación de toda una generación suspendida entre dos tiempos y formas de vida y que no se siente cómoda en su propia cultura. Hesse opinaba, igual que → Rousseau, que la civilización impedía que el hombre se «realizase». Hesse además coincidía con Rousseau al considerar que la cultura occidental estaba demasiado gravada por la intelectualidad. Hesse describe el oscuro laberinto de la psique: los confusos y fascinantes abismos de lo espontáneo, lo irracional, lo visionario y lo soñado.

Harry Haller es un intelectual solitario que vive completamente aislado en su estudio. Se ha dado a sí mismo el nombre de «lobo estepario» para expresar su más íntimo ser: se siente mitad hombre, mitad lobo, con una existencia burguesa en apariencia, pero marginado a pesar de todo, no pertenece a ningún sitio y se tortura con pensamientos suicidas.

Dos acontecimientos salvan a Harry de su desgracia: el encuentro con Hermine y el transcurso de una noche cargada de opio en el llamado «Teatro mágico». Gracias a Hermine, una prostituta, conoce dos fuentes insospechadas de dicha: la meretriz le enseña a bailar y le presenta a una muchacha llamada María, que se convierte en su amante.

Después de tomarse la droga, Harry entra en el «Teatro mágico». En este extraño gabinete de espejos se van abriendo sucesivamente las puertas que le muestran extrañas escenas y lo enfrentan con múltiples facetas de su Yo. Por ejemplo, en la representación «Caza mayor de automóviles» dispara desde un escondite seguro sobre los coches que pasan. Harry descubre aquí que él, un pacifista, puede sentir placer al matar. En la sección «Matar por amor», Harry fantasea con Hermine yaciendo en un apasionado abrazo con otro hombre y él matándola a cuchilladas.

Poco a poco va cesando el efecto del alucinógeno y Harry ya está preparado para aprender la lección: la psique del hombre no se compone únicamente de dos, sino de infinitas partes (tal como lo había puesto de manifiesto el psicoanálisis, cuyos resultados conocía Hesse). Como perspectiva esperanzadora para encarar el futuro dominio de la vida, Harry recibe una recomendación, «la risa»: aprenderá a tomarse con humor la existencia y su propio carácter huraño.

Hesse no estaba muy satisfecho con el hecho de que los púberes convirtieran *El lobo estepario* en un libro de culto. Al fin y al cabo, el autor narró el proceso de encuentro consigo mismo de un hombre adulto y no de un joven. Pero no resulta nada extraño que la novela fascinase (y fascine) tanto a los adolescentes, dado que el héroe se encuentra en esa insoportable posición que afecta a algunas personas transitoriamente en su historia: están al margen de la sociedad, infelices consigo mismos y sintiendo la perentoria necesidad de averiguar cómo salir de esa situación.

El estadounidense Douglas Coupland escribió el libro de culto de la generación que creció en los años ochenta: *Generación X* (1991). Si bien no ideó el título, sí que es mérito suyo haberlo convertido en la consigna de los años noventa.

La novela trata de tres amigos en la mitad de la veintena: Andy, Dag y Claire. Se han bajado del tiovivo profesional y se han retirado a Palm Springs, un territorio que es el paraíso de los jubilados, situado al borde del desierto californiano. Han dado la espalda a la sociedad de consumo de la cultura de los yuppies[*] y trabajan en el sector de la prestación de servicios, en los «Mctrabajos», muy por debajo de la calificación que poseen: empleos indignos y mal pagados, con escaso prestigio y ninguna perspectiva de futuro. Viven solos, cada uno en un *bungalow*. Representan una extraña forma de vida moderna: la retirada completa a la vida privada sin lazos familiares. Sus padres viven en otros estados del país, a los que por lo general se viaja en avión. En cualquier caso, para ellos tres, la familia siempre fue una colección de curiosos desconocidos con los que uno se vio obligado a compartir casa durante un tiempo.

Los amigos pasan el tiempo contándose historias. Algunas de ellas son intensas, otras terriblemente sentimentales y ninguna tiene un tono especialmente optimista. Andy, Dag y Claire han crecido en una cultura en la que las experiencias relevantes estuvieron inevitablemente relacionadas con el consumo: series de televisión, juegos de ordenador, pastillas de éxtasis y videoclips de la cadena de televisión MTV. Los héroes de Coupland se preguntan si es posible tener una identidad independiente de aquello que se posee.

La narración de Coupland recuerda a *El Decamerón* de → Boccaccio. En el caso del italiano, los jóvenes aristócratas huyen de la peste de Florencia y se refugian en el campo. Andy, Dag y Claire se retiran al desierto californiano para escapar del capitalismo cuyos virus se propa-

---

[*] Yuppie: acrónimo de *Young Urban Professional*, «joven profesional urbano». (N. de la T.)

gan a través de las instalaciones de climatización de las grandes oficinas o del ordenador.

Apenas llegó la idea de la «Generación X» a los medios de comunicación, comenzó una viva discusión acerca de qué era realmente y quiénes la componían. Algunos amigos de la estadística propusieron una definición totalmente inservible: todos los nacidos entre 1960 y 1979 formaban parte de esta generación. Los que sobrepasaban los cuarenta tampoco fueron especialmente originales y rezongaron afirmando que los miembros de la nueva generación eran unos vagos sin objetivos, desmotivados y holgazanes. Los que tenían entre 18 y 30 años, para los cuales se inventó la definición, se resistían a ser etiquetados. En la mayoría de los casos, la denominación Generación X significaba algo así como: «no tener jamás la oportunidad de optar a un trabajo decente», «ser un hijo de padres divorciados» o «formar parte de una generación cuya conciencia política consiste en saber cuándo se abrió el primer McDonald's en Moscú».

En 1995, Coupland declaró que la «Generación X ya había pasado». Tenía razón. Para entonces, la idea de los marginados sin futuro en el capitalismo se había convertido en una especie de marca comercial con la que se ganaban enormes cantidades de dinero: con gorros de lana, con publicidad y con divertidas series de televisión en las que jóvenes ironizan sobre las dificultades de acceder al mercado laboral.

Fue una experiencia frustrante para los miembros de la «Generación X»: ellos se habían atrevido a acercarse a los límites. Querían descubrir nuevos valores que fueran irrelevantes para el capitalismo. Cuando se dieron la vuelta, contemplaron tras de sí una agitada horda de publicistas, productores de televisión y creadores de moda (como la marca de ropa GAP) que manoseaba billetes de dólar. Coupland recibió lucrativas ofertas publicitarias que rechazó. Su libro de culto lleva el subtítulo *Historias para una cultura cada vez más rápida*. Cuando se convirtió en un culto, la «Generación X» ya no existía. Los medios de comunicación fueron más veloces.

13
Utopía: cibermundo

Cibermundo es hoy el mundo de mañana. En el cibermundo, la red informática ha sustituido al mundo. Los miembros de este universo se llaman cibernautas. Su patria es virtual, no conocen fronteras nacionales ni geográficas y viven en ciudades llamadas Telépolis o *City of bits* («ciudad de los bits»).

Con la llegada de los cibernautas, la teoría de la evolución deja atrás la biología, ya que éstos son inteligencias incorpóreas. No nacen ni mueren. Su existencia comienza y termina al encender o apagar el ordenador y vagan por la red electrónica, llamada «matrix».

Debería quedar claro: este capítulo trata de visiones de otros mundos, de utopías. Éstas han existido en todos los tiempos. Algunas responden a la esperanza de una sociedad mejor. Otras miran hacía un futuro sombrío. Toda utopía, ya sea optimista o desesperanzadora, resulta siempre una invención paradójica. La utopía juega con la idea de que puede haber un mundo lejano que sea completamente distinto a aquél en el que vivimos. Pero, como es lógico, este universo extraño sólo resulta comprensible si podemos entenderlo con los conocimientos que ya poseemos y a los que estamos habituados.

Unas décadas atrás, este capítulo se hubiera titulado simplemente «Utopía», o «Antiutopía», o quizá «Ciencia ficción». Pero en la actualidad se ha añadido una nueva visión de otros mundos posibles, el Cibermundo, inventado en las novelas *ciberpunk* de los años ochenta del siglo pasado. Las «utopías» ya estaban presentes en la Antigüedad: son visiones de un mundo mejor que no existe (todavía). Una antiutopía (distopía) es el negativo de la utopía, en la que la mirada hacia el futuro se convierte en puro pesimismo. La ciencia ficción y su entusiasmo por los futuros logros científicos y técnicos nos resultan muy conocidos a través de la televisión y del cine.

El término *utopía* se debe al humanista y hombre de estado inglés → Tomás Moro. El autor inventó el concepto de *utopía* como título para su breve obra, escrita en latín, en la que describe el orden ideal de un ente comunitario que se realiza en una isla lejana de difícil acceso. Utopía significa literalmente no-lugar. La palabra esta compuesta por el prefijo griego *ou* («no») y el sustantivo *topos* («lugar») y se completa con el apéndice latino *–ia*. A la hora de idear el nuevo término, Moro también tuvo en cuenta el juego de palabras que origina el vocablo en inglés, puesto que en esa lengua los prefijos griegos *ou* y *eu* se pronuncian igual, de manera que utopía suena igual que *Eutopia*, «buen lugar», en griego.

En *Utopía* de Tomás Moro, un ficticio marinero portugués, Rafael Hythlodeus, informa de su descubrimiento del estado insular Utopía. La vida allí le pareció tan maravillosa como para quedarse cinco años. Sólo abandonó la isla para poder contarlo al resto del mundo. Hythlodeus afirma que antes de descubrir Utopía navegó por los mares junto a Américo Vespucio, el navegante al que América debe su nombre. No es casual que Moro aluda en su obra al descubrimiento del Nuevo Mundo. En cierto modo, en el siglo XVI se consideraba que el nuevo continente era un mundo mejor. Pese a todo lo que allí hicieron sus descubridores en los siglos siguientes, para ellos el Nuevo Mundo constituía un edén extraño y arcaico. Los marineros llegaron al nuevo continente y hallaron en él una naturaleza tropical y gente desnuda y pacífica. Creyeron haber encontrado el paraíso. Por esa razón, Colón se hacía acompañar permanentemente por un intérprete que hablaba hebreo para, en caso de tropezarse con ellos, poder entenderse con los descendientes de Adán en su propia lengua.

América era una utopía en sí: el «Nuevo Mundo». Los emocionantes informes que narraban los navegantes a su vuelta a Europa mostraron más claramente que nunca que existían otras formas de convivencia humana, muy diferentes a las que se conocían en el Viejo Mundo. Uno no sólo se asombraba por las extrañas noticias de aquel continente, sino que miraba el propio con otros ojos desde el otro lado del océano. La experiencia de dos mundos posibles en un mismo planeta provocó un auténtico estallido de utopías en los siglos XVI y XVII. Dos de las más conocidas son → *La ciudad del Sol*, del monje italiano Tommaso Campanella y → *Nueva Atlántida*, del erudito inglés Francis Bacon.

La segunda gran oleada de utopías comenzó en el siglo XIX. Las utopías de los siglos XVI y XVII se situaban en islas lejanas y uno llegaba a ellas en barco. Las utopías de los siglos XIX y XX ya no están en zonas inexploradas de la tierra, sino en el futuro. El camino para alcanzarlas es el progreso. En la euforia del progreso de la era industrial, atizada por la teoría de la evolución de Darwin, los diseños de las utopías rebasaron el terreno de la ficción. Se comenzó a hacerlas realidad. Las utopías se basaron en la confianza en las ilimitadas posibilidades de la técnica, la ciencia y las reformas sociales.

La realización de viejos sueños tiene lugar en todos los planos: uno se procura un espacio cotidiano agradable con las correspondientes sillas de mimbre y modelos de papeles pintados, como el diseñador y socialista utópico William Morris (1834-1896); de acuerdo con las ideas del urbanista Ebenezer Howard, se construían ciudades jardín para los trabajadores, para mejorar su calidad de vida distribuyendo a partes iguales el espacio dedicado a las fábricas, las viviendas y las zonas verdes (1898); se llega a los *corn flakes* (1893) porque existen opiniones como la de John Harvey Kellogg acerca de que el bienestar del mundo comenzará en Estados Unidos y, en concreto, en el estómago de sus ciudadanos, a los que hay que servir un alimento fácilmente digerible y sencillo de preparar *(ready to serve,* «listo para servir»); y se redescubre por enésima vez la idea preferida de todas las utopías: la abolición de la propiedad privada. Su heraldo se llamaba → Karl Marx y su utopía recibió el nombre de «comunismo» (1872). Lo trágico fue, en realidad, la idea de llevarla a la práctica.

En la visión de los planificadores de la sociedad, los pueblos son cada vez más bonitos, las ciudades más sanas, los vestidos más prácticos, las sillas más vistosas y cómodas a la vez, la comida más digerible y las exhortaciones a abolir la propiedad cada vez más estridentes. Pero, al mismo tiempo, se refuerza la desconfianza en la posibilidad de realizar una «sociedad mejor». Crece el malestar contra una felicidad demasiado ordenada.

Tomás Moro: *Utopía* **(1516); Francis Bacon:** *Nueva Atlántida* **(1627); Tommaso Campanella:** *La ciudad del Sol* **(1623)**

Utopía es un paraíso socialista. La propiedad privada ha sido abolida. No existe ninguna diferencia social entre propietarios y no propietarios ni entre trabajadores y no trabajadores. Se trabaja seis horas diarias: tres por la mañana y tres por la tarde. Entre medias se acude a los grandes comedores comunitarios para almorzar y después se disfruta de dos horas de descanso. Las mujeres trabajan igual que los hombres y existen casas comunales con jardines de infancia.

Los enfermos son cuidados en excelentes hospitales donde trabajan médicos competentes. La eutanasia está permitida (sólo se castiga a los suicidas arrojando su cuerpo a un pozo sin haber recibido previamente la bendición religiosa). Los alimentos se reparten en grandes almacenes y cada uno recibe lo que solicita sin contraprestación de ninguna clase. Dado que hay abundancia de todo, no existe el peligro de que nadie desee enriquecerse. De todas formas, no existe el dinero. Las puertas de las casas están permanentemente abiertas. Se desprecia el oro y las piedras preciosas. El oro es empleado para hacer bacinillas y cadenas para los esclavos. Los niños juegan con los diamantes. Cuando arriban embajadores de otros países, ataviados con sus trajes suntuosos y cuajados de piedras preciosas, el efecto que causan a los utopianos se asemeja al que se produciría si los dirigentes de la Unión Europea apareciesen en una cumbre con perlas de madera al cuello.

Los habitantes se retiran a dormir a las ocho de la noche. El tiempo libre que resta entre el trabajo, la comida común y el sueño se puede emplear como se desee. Por las mañanas, antes del comienzo de la jornada laboral, a los utopianos les agrada escuchar conferencias, ya que la formación se valora mucho. Se fomentan los talentos especiales desde muy pronto; en los demás casos, hay libertad para escoger entre la oferta educativa del Estado. También se educa a las mujeres, para que sean compañeras a la altura de sus maridos. (Tomás Moro fue un ardiente defensor del ideal humanístico de la educación. No veía razón alguna para la que la formación fuera incompatible con la feminidad y permitió que sus hijas leyeran a los clásicos.)

Si hasta este momento el orden de Utopía suena bastante aceptable, la siguiente regla requiere algo de esfuerzo para acostumbrarse a ella. Como en la isla no se desea exagerar la espiritualización del matrimonio, se impone que los novios se vean desnudos antes de la boda, en presencia de un acompañante. De esta forma se comprueba si se encuentran eróticos el uno al otro. Si no es así, se desaconsejan las nupcias, porque, en primer lugar, existe el peligro de que la unión se rompa, lo que está castigado con penas draconianas, y, en segundo lugar, porque el rechazo entre los futuros cónyuges impedirá la consumación del matrimonio y, por ende, la procreación de descendencia.

Los utopianos tienen mucho tiempo libre pero pocas actividades de ocio. No existen tabernas ni burdeles y están prohibidos los dados y las cartas. Tampoco se permite la caza, porque contemplar cómo una jauría desgarra a un pequeño conejo embota la sensibilidad y acaba con la compasión. Al fin y al cabo, una parte esencial de la convivencia justa de los utopianos se basa en su capacidad para ponerse en lugar de otro.

Los habitantes de Utopía sólo se pueden permitir vivir con un elevado grado de ética porque existen personas fuera de la sociedad. Se trata de los esclavos: criminales condenados a muerte en otros Estados o personas que en otras sociedades trabajarían como siervos y que prefieren la esclavitud en Utopía. Son como trabajadores inmigrantes que gozan de libertad para abandonar la isla cuando lo deseen, pudiendo retornar a su patria con algún objeto utopiano.

La religión de los utopianos se asemeja al cristianismo, pero se predica la tolerancia religiosa. Es probable que Moro hubiera tratado la cuestión de la tolerancia religiosa de manera distinta si hubiese sabido lo que le iba a suceder. En 1530, el rey Enrique VIII le nombró Lord Canciller. El corpulento monarca decidió desembarazarse de su primera esposa (de un total de seis). Pero el Papa declaró que la separación no era legal. Enrique resolvió entonces separarse de la Iglesia de Roma y se nombró a sí mismo cabeza de la Iglesia anglicana. Tomás Moro no reconoció este arreglo y, como demostración de su rechazo, se retiró. Esta conducta le costó la cabeza, que fue expuesta, atravesada por una lanza, en el puente de Londres.

La utopía más conocida de principios del siglo XVII fue imaginada por el erudito universal Francis Bacon, el mejor cerebro del Renacimiento inglés. Bacon, el candidato preferido para resolver el interrogante «¿Quién era realmente → Shakespeare?» fue el fundador de la ciencia moderna. Comenzó una total renovación de los principios que rigen la adquisición de conocimiento: afirmó que toda certeza en el saber debía basarse en observaciones sistemáticas y en experimentos, en un tiempo en el que tal cuestión no se daba por supuesta.

Por eso no resulta sorprendente que en el estado utópico por él esbozado, *Nueva Atlántida* (1627), el afán investigador no conozca prácticamente límites. El centro intelectual del Estado —que Bacon situó en las Islas Salomón, descubiertas por los españoles en 1567— es la «Casa de Salomón». En ella trabajaban los sabios y los científicos con libertad, sin ningún tipo de control estatal, investigando, inventando y experimentando, aunque sin sobrepasar los límites éticos. Existen unos edificios gigantescos en los que se genera un clima artificial, donde también es posible crear un arco iris. Se analiza la sangre y la orina con ayuda de microscopios y se realizan experimentos con animales a los que se modifica la forma, el color o el tamaño. En el laboratorio de alimentación se inventa una bebida energética, hay casas de sonidos y de perfumes, artefactos voladores e incluso submarinos.

Tommaso Campanella estableció su utopía en Ceilán. En *La ciudad del Sol* (1623) Dios se manifiesta como el Sol. A la cabeza del gobierno está el Sacerdote Sol. Junto a él se hallan las tres personificaciones del poder, de la sabiduría y del amor. La ciudad del Sol es un Estado centralizado: sólo existe la propiedad colectiva, que es repartida por las autoridades. El Estado regula incluso el emparejamiento de hombres y mujeres de acuerdo con el principio de la optimización de los factores hereditarios («eugenesia»). La cópula tiene lugar cada tres días, en concreto en el momento fijado previamente por los médicos. Los hombres con un impulso sexual demasiado fuerte como para soportar los dos días de abstinencia pueden satisfacerse con mujeres embarazadas o estériles. Una mujer que no logra quedarse encinta es entregada a un segundo hombre. Si este segundo intento también fracasa, la mujer pasa a ser un bien común de todos los hombres.

Hoy resulta muy difícil comprender que *La ciudad del Sol* haya constituido la visión de un Estado ideal. Algo más tolerables para el gusto del siglo XXI resultan las instalaciones técnicas de este Estado: por ejemplo, se puede generar el clima, se dispone de luz artificial y los barcos son impulsados mecánicamente, en vez de usar velas o remeros.

H. G. Wells: *La máquina del tiempo* (1895)

Londres, finales del siglo XIX. Un grupo de hombres acaudalados están cómodamente sentados junto a la chimenea después de una cena opulenta. Se discute una cuestión complicada: ¿Es posible moverse en el tiempo del mismo modo que en el espacio? Uno de los huéspedes afirma: «Bueno, eso es posible, al menos con el pensamiento: uno puede recordar, olvidarse del presente cuando está distraído y también se puede imaginar el futuro».

Pero uno no puede llevarse el cuerpo consigo.

El anfitrión, el «viajero sin nombre a través del tiempo» afirma haber construido una máquina con la que moverse en el tiempo. ¡Qué idea! Poder oír hablar a los griegos de la Antigüedad. ¡O echarle una ojeada al futuro! Un joven muchacho propone invertir todo el dinero ahora, dejar que se acumulen los intereses y lanzarse hacia delante. El anfitrión muestra a sus huéspedes un extraño dispositivo mecánico: la máquina del tiempo en modelo pequeño. Mueve una palanca y, ante el incrédulo asombro de los presentes, ¡la máquina del tiempo desaparece!

Una semana más tarde, los caballeros vuelven a citarse para cenar. Falta el viajero a través del tiempo. Los huéspedes han comenzado ya a degustar las viandas, cuando, repentinamente, se abre la puerta y aparece el viajero con la ropa polvorienta, los calcetines manchados de sangre y visiblemente perturbado.

El viajero narra una historia increíble. Esa misma mañana ha puesto en marcha su máquina del tiempo. Se sentó en el asiento, accionó la palanca y, tras un viaje incómodo y mareante, aterrizó en el año 802701.

Inmediatamente después de su llegada siente pánico, pero cuando mira en derredor se percata de que se encuentra en un paraíso idílico. El sol brilla; el cielo es azul; la temperatura, cálida y agradable, y la naturaleza ofrece una amplia variedad de plantas comestibles y extrañas. De repente, una multitud de pequeños seres humanos rodea al viajero, le contempla y le toca sin el menor temor. Se trata de los *eloi:* unos seres menudos e infantiles que poseen el atractivo y la fragilidad de muñecas de porcelana. Pasan el día como en en sueños, ellos son amables e ingenuos como alegres niños de cinco años, no trabajan nunca, viven en el gran jardín en el que se ha convertido el mundo, se alimentan exclusivamente de frutos y no parecen conocer el miedo. Da la impresión de que han solucionado todos los problemas de la población: no hay pobreza, ni competencia, ni agresividad en la lucha por la vida.

Pero, por la noche, los plácidos *eloi* se transforman en seres dominados por un miedo de muerte. Gradualmente, el viajero empieza a comprender que el jardín del edén habitado por los *eloi* sólo muestra *una* cara del mundo. ¿Adónde conducen los pozos que salpican el paisaje aquí y allá? El viajero pronto sufre un atroz desengaño. El desarrollo de la humanidad ha producido dos especies. Bajo la tierra habitan los perdedores de la evolución humana: los *morlocks.* Viven en galerías subterráneas y salas de máquinas, y sus atributos físicos se han adaptado a una existencia en la oscuridad. Son criaturas frías, del color gris blanquecino desteñido de los gusanos y la tonalidad de los preparados que flotan en los tubos de ensayo. Tienen ojos marrones rojizos, grandes y carentes de párpados, como todos los seres que viven en la oscuridad. Los *Morlocks* salen de su universo subterráneo únicamente de noche.

Un día, el viajero desciende al submundo de los *morlocks,* cuyo enorme sistema de túneles socava el paraíso. Allí abajo el aire es sofocante. Hay olor a sangre fresca. Un trozo de carne cruda, asombrosamente grande, yace sobre una mesa. ¿Qué animal puede ser? De repente, el viajero comprende por qué los *eloi* sufren ese miedo espantoso de noche.

La horrible anti-utopía de Wells de las dos especies humanas, una infantil y la otra caníbal, constituye una reacción inmediata contra la euforia que provocaba el progreso en el siglo XIX. La teoría de la evolución de Darwin había hecho nacer la idea de que el desarrollo de la humanidad crearía seres cada vez más perfectos, física y moralmente. Wells esbozó una desesperanzada antítesis: los hombres del futuro serían los *eloi*, personas física e intelectualmente subdesarrolladas, o los *morlocks*, de moral degenerada. Wells combinó su visión de los dos grupos de seres humanos con una penetrante crítica social. Su imagen despiadada de una capa inferior que devora la superior era su ácido comentario a la teoría del crecimiento de la población del economista victoriano Thomas Robert Malthus. Éste defendía la opinión de que era necesario controlar la reproducción de los estratos más bajos de la sociedad (razón por la cual se separaba a hombres y mujeres en los asilos de beneficencia) para que no hubiese una explosión demográfica. Para Malthus, demasiadas personas significaban demasiadas bocas hambrientas, y la situación acabaría degenerando en canibalismo. La descripción que realiza Wells de dos especies, una viviendo en la zona soleada y la otra, en la zona oscura de la tierra, constituye una terrible mirada sobre la sociedad de dos clases.

El viajero logra escapar por muy poco de los ataques de los *morlocks*. Su máquina del tiempo le catapulta a un futuro en el que la humanidad ha desaparecido de la tierra. Una roja bola de fuego despide una luz lúgubre y el cielo es gris como el granito. El viajero vuelve a poner en marcha su máquina y aterriza en un futuro lejano, treinta millones de años más allá. La vida ha desaparecido completamente, el ardiente sol arroja su mortecina luz sobre la tierra congelada, en la que reina un silencio de muerte. Es el fin del mundo.

Aldous Huxley: *Un mundo feliz* (1932)

En el mundo feliz de Huxley nadie es desgraciado. No hay hambre, ni falta de trabajo ni pobreza. Tampoco existe la enfermedad ni la guerra y en todas partes reina la limpieza y la higiene. La esperanza de vida es alta y uno envejece sin que la edad deje huellas físicas. Nadie está solo o desesperado, ni tiene miedo. Todo es divertido, todos son felices, practican el sexo entre sí y consumen todo tipo de productos, porque no hay otra cosa mejor que hacer. Si, en contra de lo esperado, alguien siente una ligera depresión, se le administra la droga *soma:* un verdadero remedio milagroso, eufórico y narcótico, que provoca agradables alucinaciones.

Este maravilloso mundo existe en el año 2540 d. C. Han transcurrido seiscientos treinta y dos años desde que el fabricante de automóviles Henry Ford inventase en 1908 el *modelo de coches T*, fabricado en las primeras cadenas de montaje del mundo para ser vendido a la sociedad estadounidense. La fecha es relevante, porque el mundo feliz de Huxley es el universo perfecto del consumo. Ford está considerado como uno de los fundadores de la moderna sociedad de consumo. Su política empresarial revolucionó la economía occidental. Ford introdujo las cadenas de montaje en el proceso productivo, logrando así construir coches en el menor tiempo posible. Se trata del legendario modelo T, el primer coche del «hombre corriente». Al mismo tiempo, Ford elevó los salarios de sus trabajadores superando el mínimo existencial, de manera que se aseguró sus propios compradores. En la novela de Huxley, «Ford» es *Dios*. Uno no se santigua, sino que hace la señal de la «T» (el modelo T) y exclama «Ford mío», en vez de «Dios mío».

El «mundo feliz», en el que todo está subordinado al imperativo *be happy!* (¡sé feliz!), es, en realidad, una pesadilla de dicha. El título de la novela de Huxley, *Un mundo feliz*, se ha convertido en una frase hecha para expresar una visión horrible. El futuro perfecto provoca escalofríos en vez del deseo de vivir en él.

El título, en inglés *Brave new world*, es una cita de → Shakespeare, concretamente, de *La tempestad*. Miranda, que ha crecido en una isla y nunca ha visto a otro ser humano, exceptuando su padre Próspero, contempla un grupo de náufragos europeos y exclama: «¡Oh, qué nuevo y espléndido mundo el que alberga a tales gentes!». En ese punto del drama, los espectadores saben que entre los europeos también hay unos cuantos ejemplares extremadamente corruptos. Ya en Shakespeare, las palabras de Miranda sobre el nuevo mundo feliz expresan entre líneas un tono crítico con la civilización.

Los humanos maravillosos, constantemente felices, de la utopía de Huxley son el resultado de manipulaciones genéticas y físicas. En la atmósfera esterilizada y fría del Departamento de Fecundación, situado en el piso treinta y cuatro del Centro londinense de Incubación y Acondicionamiento, se preparan embriones probeta para su vida dichosa. Los futuros habitantes del mundo feliz están predestinados desde antes de su nacimiento para su futura forma de vida: se acostumbra a los futuros mineros y obreros metalúrgicos al calor, para que más adelante disfruten de su trabajo. De esta manera, el individuo estará satisfecho, garantizándose así la estabilidad del Estado, porque a nadie se le ocurre rebelarse contra su destino. Todos los embriones son adaptados a su venidera posición social. Hay cinco castas. La superior es la de los Alfas. Son los más inteligentes y más adelante asumen las posiciones dirigentes. La inferior es la de los Epsilones. A éstos se les retira la inteligencia, administrando menos oxígeno a sus embriones, para que luego sean gozosos poceros. El destino individual es creado en el laboratorio.

El nacimiento ha sido sustituido por el «decantamiento», al que sigue el traslado de los bebés al Departamento de Acondicionamiento. Allí se inculca a los niños pequeños determinados miedos o tendencias. Por ejemplo, se les enseñan flores y libros, pero inmediatamente se les somete a un ruido terrible y a electrochoques. Esta experiencia garantiza que rechacen las rosas y la literatura durante toda su vida. Este tipo de acciones responde al sentido del mundo feliz: leer es una pérdida de tiempo y ¿de qué le sirve a una sociedad de consumo una población que disfruta de las excursiones a la naturaleza?

El argumento para este horrible episodio no procede únicamente de la fantasía de Huxley. En los años veinte, el inventor del conductismo (*Behaviourism* en inglés, del sustantivo *behaviour*, «conducta»), el estadounidense J. B. Watson, sometió realmente a varios niños a electrochoques. Con este experimento quería probar que los miedos pueden ser adquiridos a través de estímulos externos. Watson defendía el parecer de que la dedicación de la psicología moderna al interior de las personas —es decir, a sus sentimientos y sus pensamientos— era una absoluta tontería. Watson consideraba al hombre como una máquina biológica que reacciona a los estímulos. A él no le interesaba la psique de los seres humanos que, de todas maneras, resultaba imposible de conocer. Watson se apoyaba únicamente en lo que podía verse: la conducta de una persona en una situación determinada. Él sostenía que todo comportamiento es aprendido. «Entrégueme una docena de niños sanos y le garantizo que lograré hacer de ellos un médico, un abogado, un director o un artista, incluso un ladrón o un mendigo», proclamó enfáticamente.

Una vez que los niños han superado el programa inspirado en los principios de Watson, siguen los años de la constante irrigación durante el sueño: la hipnopedia. Los niños escuchan, noche tras noche, ciento cincuenta veces seguidas, durante doce años: «Todo el mundo es feliz hoy en día».

La familia ha sido abolida. Nadie sabe con seguridad lo que significa la palabra «padres». La idea del embarazo resulta obscena. Nada hundiría más a una mujer que quedarse encinta, pero, gracias a Ford, es posible evitarlo. Es mejor no mencionar la palabra «madre». Reina la promiscuidad como en las comunas de la generación del 68: todos se acuestan con todos. El amor es diversión, pero los sentimientos profundos no se contemplan. El que tenga interés en mantener su reputación debe procurar no permanecer demasiado tiempo con la misma pareja. Lenina, la protagonista femenina, provoca serias dudas acerca de su moral, ya que ¡ha salido cuatro meses con el mismo hombre!

La contrafigura a estos humanos aerodinámicos del mundo feliz es el «Salvaje», John Savage (*savage:* «salvaje», en inglés). Ha crecido en una reserva india —un enclave rodeado con telas metálicas de alta tensión, en la que la vida todavía es primitiva y sucia—. Pero John Savage ha leído libros, o más concretamente, ha leído a Shakespeare. John menciona citas de los grandes dramas del poeta isabelino, que ahora (finalmente) ha caído en el olvido. Los habitantes del mundo feliz no comprenden a Shakespeare. Cuando John lee un fragmento de → *Romeo y Julieta,* su oyente se parte de risa: ¡Qué historia más absurda! ¡Sufrir por amor! ¡Qué tontería más divertida!

John —cuyos rasgos se corresponden más con los de un loco fanático, que con los de un héroe salvador— planea una revuelta que fracasa miserablemente. En la conversación que mantiene a continuación con el controlador del mundo, John demanda su derecho a la incomodidad. «Yo quiero a Dios, quiero la poesía, quiero el verdadero riesgo, quiero la libertad, quiero la bondad. Quiero el pecado.» «Usted reclama el derecho a ser infeliz», responde el controlador. «Por no hablar del derecho a envejecer y a volverse feo e impotente, el derecho a tener sífilis y cáncer, el derecho a tener poco que comer o a ser piojoso, el derecho a no saber qué ocurrirá al día siguiente, el derecho a padecer el tifus y a ser torturado.» «Sí, eso quiero», contesta John Savage después de un largo silencio.

George Orwell: *1984* (1949)

George Orwell se remueve en su tumba. Cincuenta años después de haber inventado el símbolo del Estado totalitario, el *Big Brother*, el Gran Hermano —ese observador terrible e invisible, cuyos despiadados ojos y oídos ven y escuchan todo—, el gran vigilante se ha convertido en un sinónimo del puro aburrimiento que se siente cuando se observa a personas desconocidas cortando pan, peleándose o practicando mal sexo.

El Gran Hermano de Orwell es la autoridad del totalitarismo, que no puede ser vista pero que controla todo. Es el fantasma del control oculto, el espíritu del miedo omnipresente y el demonio de la policía secreta, que aparece a las cuatro de la madrugada en la puerta de casa para llevarte a la cámara de torturas o al campo de trabajos forzados.

La novela de Orwell transcurre en el año 1984. Las tres potencias mundiales están en guerra permanente entre sí. Inglaterra forma parte de la superpotencia Oceanía. Londres se llama *«Airstrip One»* («franja aérea uno»). El gobierno controla a la población mediante la vigilancia constante, la manipulación y el lavado de cerebro. Se habla el lenguaje propagandístico *Newspeak* («neolengua»), en el que los significados originarios devienen en su contrario o son embellecidos (por ejemplo, en neolengua se dice «nobueno», en vez de «malo»). La utilización de este lenguaje tiene por finalidad aturdir intelectualmente a la población. Los seres humanos son sistemáticamente embrutecidos: los niños lloriquean porque no pueden acudir a las ejecuciones como antes se iba a las ferias. Las escenas violentas en las películas se consideran las más entretenidas. El gobierno opera con ayuda de sus cuatro ministerios: el de la paz (que se ocupa de la guerra), el del amor (encargado de mantener la ley y el orden), el de la abundancia (competente para los asuntos de la arruinada economía) y el de la verdad (que se dedica a producir las noticias, el entretenimiento y el arte). El estado espía a sus ciudadanos en todas partes, tergiversa la verdad y falsea la historia.

El héroe de la novela, el funcionario de nivel medio Winston Smith, intenta derribar el sistema junto a su gran amor Julia. Para ello ingresa en un movimiento clandestino. Pero Winston y Julia son detenidos por la Policía del Pensamiento. El protagonista sufre un lavado de cerebro por medio de las más terribles torturas. Al final adora a la autoridad que más odiaba y que ahora le ha destruido: Winston ama al Gran Hermano. Es posible que los que no leyeron la novela de Orwell en el colegio tengan la sensación de que la historia les resulta, de todos modos, conocida. Quizá la sensación venga de la película *Brasil* (1985) dirigida por Terry Gilliam, que tomó la novela de Orwell como modelo.

La opresiva visión de un estado que tiene a sus ciudadanos completamente controlados procede de las experiencias del nacionalsocialismo y del estalinismo. Orwell se adhirió al socialismo en los años treinta. El autor procedía de un hogar burgués, aunque relativamente pobre, de la India colonial. Estudió en Eton, un internado donde se educa la élite, en Inglaterra, y allí tuvo a → Aldous Huxley de profesor. Durante algún tiempo, Orwell trabajó como funcionario colonial en Birmania. Pero en cuanto advirtió cuán oprimida estaba la población por las potencias coloniales, renunció a su puesto y regresó a Europa. Allí comenzó su existencia adoptando una original medida de compensación: vivió un tiempo como los oprimidos. Disfrazado con andrajos, se mudó a los barrios más pobres de Londres. Trabajó lavando platos en hoteles franceses y anduvo por las carreteras secundarias de Inglaterra con los vagabundos. Pese a su simpatía por las clases menos favorecidas, Orwell nunca fue comunista y observaba la evolución del estalinismo con horror. Escribió *1984* en una isla del archipiélago de las Hébridas, como advertencia frente a los regímenes totalitarios como el nacionalsocialismo o el estalinismo.

Stanislaw Lem: *Solaris* (1961)

Todos aquellos que al oír el término ciencia ficción piensen inmediatamente en la tripulación de una nave espacial cuyos miembros visten uniformes que parecen pijamas de tela de punto azul claro, deberían intentar leer *Solaris*. Esta novela tiene tanto que ver con la ciencia ficción convencional, como el capitán Kirk con Mefistófeles.

Las descripciones de paisajes espaciales de Stanislaw Lem son pura poesía. El autor polaco es uno de los pocos escritores de ciencia ficción no angloparlante. Sus libros han sido traducidos a treinta y seis idiomas. *Solaris*, llevada al cine en 1972 por Andrei Tarkovski*, es apropiada para lectores alérgicos a las naves espaciales y a los extraterrestres.

Solaris es un planeta cubierto por un inmenso océano gelatinoso. Este mar se parece a un gigantesco cerebro: dispone de una especie de inteligencia no humana, de una extraña manera. Hace décadas que los científicos terrestres intentan analizar a qué se enfrentan en esta inquietante formación. El psicólogo Kris Kelvin es enviado a una estación espacial para averiguar si tiene sentido continuar con el proyecto.

Como era de esperar, a su llegada, Kelvin no encuentra una estación en pleno funcionamiento, sino unos cuartos desolados y dos colegas a los que el miedo ha llevado al borde de la locura. El psicólogo descubre que sus compañeros sufren apariciones que les confrontan con personas y acontecimientos de su pasado, a los que va unido un insuperable sentimiento de culpa. En la estación espacial nadie sabe si las visiones fantasmales son un inofensivo intento de contactar con los científicos por parte del organismo o puro terror psicológico. Mientras los trastornados investigadores apenas se dejan ver (un tercero se ha suicidado), Kelvin estudia a fondo la montaña de documentos que se han acumulado en las décadas de exploración. Todo ello, sin embargo, no es más que el lamentable registro de una incapacidad total para averiguar algo sobre el océano de Solaris. También a Kelvin se le aparece luego un espectro de su pasado: su amante Harey, quien se suicidó después de que Kelvin se separase de ella.

El viaje que Kelvin ha emprendido hacia Solaris no es tanto una travesía a la lejanía del espacio como un viaje al interior de uno mismo. *Solaris* es una mezcla de novela de suspense, un romance de amor desgarrador, una parodia acerca de la capacidad de conocimiento científico y una fábula moral sobre la insuficiencia de la comprensión humana.

William Gibson: *Neuromante* (1984)

Durante las revueltas raciales que tuvieron lugar en Los Ángeles en 1992, la emisora estadounidense de televisión CNN grabó una escena en la que se veía a una muchedumbre exaltada destrozando el escaparate de una tienda de aparatos electrónicos. Al lado había un comercio de ordenadores Macintosh. A nadie se le ocurrió que probablemente sería más rentable robar un *Powerbook* de Apple que un *walkman* de Sony.

---

* También Steven Soderbergh filmó la historia de este libro en 2002. (N. de la T.)

Esta anécdota parece haber sucedido en la era primitiva de la edad informática. Desde entonces, la enorme relevancia del ordenador ya forma parte de la conciencia colectiva. Posibilita el acceso a un mundo en el que existe *todo para todos en cualquier momento:* internet.

Antes de que internet adquiriese la importancia que tiene en la actualidad, William Gibson inventó el ciberespacio en su novela *Neuromante.* El ciberespacio (o «matrix») es la red electrónica de flujos de información que abarca el mundo entero. Como inmenso almacén de información, el ciberespacio equivale a internet. Ambos se diferencian en la forma de participación. En internet, el usuario se sienta frente a la pantalla, mientras que el ciberespacio ficticio de Gibson es un universo virtual en el que es posible entrar con la conciencia (*jack in*). El hombre puede dejar atrás su cuerpo y moverse en la región electrónica del ciberespacio, gracias a un electrodo fijado en la cabeza (*headset*). Un *simstim deck* sirve para *sim*ular e*stím*ulos externos. Si uno tiene mala suerte, puede ser borrado durante su incursión en la red para pasar a convertirse en un cadáver cibernético: un *flatline* (esto es, la línea horizontal que señala la parada cardiaca en los monitores de las unidades médicas de cuidados intensivos).

El ciberespacio de Gibson es un campo de aventuras para los vaqueros cibernéticos. Se trata de los *hackers* que consiguen información ilegal en la red por encargo de grades consorcios y con ese fin se trasladan por la Matrix. Uno de ellos es Case, de veinticuatro años, el héroe caído en desgracia. Hubo un tiempo en que Case se contó entre los mejores, hasta que cometió un error capital: robó a sus jefes. Le castigaron imposibilitándole para el trabajo. Le destrozaron el sistema nervioso, impidiéndole así el acceso a la Matrix. Case vaga por un sospechoso barrio en los suburbios de Tokio, toma anfetaminas y duerme en un *«coffin-hotel»* («hoteles ataúd») japonés, de ésos que alquilan por horas huecos baratos para dormir.

Pero antes de que Case se hunda del todo, una cibermercenaria, Molly, le salva. Ella se cuenta entre los nuevos seres del *ciberpunk,* con un cuerpo equipado con todo tipo de implantes, de mayor o menor utilidad. Aunque posee todos los atributos humanos, también dispone de unas gafas de sol injertadas y de escalpelos bajo las uñas. Molly recluta a Case por encargo de unos misteriosos hombres a la sombra. El héroe entra a formar parte de un equipo que integra una unidad especial que tiene por misión hacer saltar un sistema de seguridad. Como honorarios por sus servicios, le curan su dolencia nerviosa.

En el *ciberpunk* existe una fascinación por la superación de las fronteras entre el cuerpo humano (la «carne») y la máquina. Por esa razón, estas novelas se pueblan de seres humanos (u organismos humanoides) compuestos de partes artificiales de cuerpo. Se habla continuamente de prótesis, dientes de acero fino, implantes, cirugía plástica o manipulación genética del ADN. Sin embargo, el estado más ansiado es aquél en el que el cuerpo desaparece completamente. Entonces, lo que antes era el hombre se convierte en un espíritu de inteligencia artificial incorpórea que navega por la vastedad infinita de la Matrix, más allá del espacio y del tiempo.

El mundo tangible del *ciberpunk* (allí donde todavía existen seres humanos de carne, sangre e implantes de acero fino) es el conjunto de distritos urbanos venidos a menos y los barrios peligrosos de las grandes ciudades. La realidad *ciberpunk* se sitúa en las zonas fronterizas de la sociedad, la subcultura de las metrópolis. El escenario se localiza «en la calle» y presenta una combinación de detalles que sólo se unen en el degenerado mundo del *ciberpunk:* aquí parpadea la defectuosa luz de neón con los nombres comerciales de los imperios japoneses de alta tecnología, allá se entra a las sucias callejuelas donde se venden drogas químicas. La «realidad» es un mundo artificial conformado por lisas superficies de cromo brillante, por gastadas y arañadas mesas de plástico de los restaurantes baratos de comida rápida, por gafas de sol opacas y azogadas, por los *walkman* y el teléfono móvil. Este universo, descrito por Gibson con mirada microscópica y una extrema frialdad, suena familiar a los aficionados al cine: aparece en la película *Blade Runner* de Ridley Scott.

Neuromante resulta una lectura complicada. El lenguaje de Gibson constituye una farragosa mezcla de jerga técnica, constantes alusiones a marcas de moda y argot de la subcultura. El lector corre permanentemente el peligro de perderse en el texto y no saber si la acción transcurre en la realidad de los barrios degenerados o el mundo artificial de la Matrix. Naturalmente, esta confusión es deliberada. A través de ella se procura expresar una cuestión: ¿Qué entendemos por realidad cuando no podemos distinguir entre un mundo auténtico y uno artificial? ¿Qué pasará en ese momento con los seres humanos?

14
Clásicos escolares[*]

Tal vez convenga aclarar que el membrete «clásicos escolares» no designa un tipo especial de lecturas de nuestros autores clásicos, una suerte de clásicos específicos para escolares distintos de los que serían así considerados para los lectores comunes, sino más bien los autores y los títulos de entre los que forman la historia literaria española que se leen en las aulas.

Un alumno de hoy día —digamos, educado en la segunda mitad del siglo XX— podría tener la impresión de que los libros que ha leído en la escuela, o los autores cuyos bustos ilustraban las páginas de sus libros de texto, eran los escritores que siempre se han leído. Sería una impresión equivocada, pues, por ejemplo, el *Lazarillo* no siempre ha sido reconocido como una novela fundamental en la creación del género, ni se ha creído indispensable conocer *La Celestina*. Hoy el Estado se preocupa por elaborar listas de lecturas recomendadas, que incluyen lo más obvio y canónico, aquello que se considera imprescindible para hacerse una idea de cómo ha sido la historia de la literatura española, pero esto es, en términos históricos, algo muy reciente.

¿Y por qué se deben leer clásicos en la escuela, si su lectura aburre mortalmente a los alumnos? Muchos de ellos quedan vacunados de por vida y no vuelven a abrir un libro. Estos datos deberían bastar para entender las posturas de quienes razonan que la lectura, como todos los placeres, nunca debe ser obligatoria. Y entonces, ¿por qué seguir leyendo clásicos en la escuela? Tal vez la única respuesta posible sería que no tenemos derecho a privar a los alumnos del contacto con los mejores frutos artísticos que se han producido en su propia lengua.

---

[*] Para la edición española se ha hecho una selección de autores que se estudian en los países de habla hispana. El autor del capítulo es Pedro López Murcia, escritor y profesor de Lengua y Literatura en enseñanza secundaria, salvo la entrada de Jorge Luis Borges, que ha redactado Aníbal Jarkowski, escritor y profesor en Buenos Aires.

Sólo algunos lo aprovecharán, pero ¿sucede algo distinto con cualquier conocimiento que se quiera transmitir? Y ¿quién y por qué decide cuáles son «los mejores frutos»? Esta pregunta parece insinuar que hay responsables, cuando lo cierto es que la tradición se crea a sí misma, y los que hoy consideramos los mejores libros se han leído como tales por generaciones muy distintas de lectores.

Lo que sigue es un paseo por los títulos que cualquier bachiller conoce. En seguida se pueden señalar ausencias, como la de Cervantes, justificada por su presencia en otro capítulo de este libro (→ *Don Quijote de la Mancha*) o la del *Libro de Buen Amor*. Y conforme avanzamos en el tiempo, más se abre el arco de posibilidades y más inabordable resulta la tarea de seleccionar lo más significativo. Todo texto está hecho de renuncias, y éste también.

Cantar de Mio Cid (siglo XII)

En ninguna obra de la literatura española se ha llegado a confundir tanto la historia con la literatura como en este poema épico, que han leído generaciones de lectores más como una ilustración de hechos heroicos de nuestro pasado que como un documento literario —es decir, propio del mundo de la imaginación. Sabemos que casi todos los datos históricos contenidos en el poema son falsos (desde la famosa afrenta de Corpes, centro nuclear del relato, hasta el nombre y las bodas de las hijas del Cid, entre muchos otros ejemplos), y aun con todo la impresión de verosimilitud y de realidad es muy fuerte. Tanto es así, que el lector del cantar ha de superar la constante intromisión de la lectura histórica en la lectura literaria.

Toda obra literaria es como un bosque que puede atravesarse por muy diversos caminos. Cada uno de esos caminos nos ofrecerá una única visión, un paisaje que no alcanzaríamos de otro modo, y por eso cada uno es singular. ¿Cómo percibía el público medieval una obra como el *Cantar de Mio Cid*? Por supuesto, no existía la lectura individual que hoy es común, sino que las obras se leían o recitaban en público, casi siempre por más de una persona. A veces, como en este caso, también se cantaban. A nosotros nos resulta singularmente difícil imaginar cómo sería una de esas sesiones (no se conserva ninguna partitura que recoja la música que acompañaba a su recitado), pero sí podemos escarbar en algunos de los mundos mentales del receptor medieval de una obra literaria. Por ejemplo, en la percepción del espacio. El lector moderno del cantar no podrá dejar de notar el frecuentísimo, y a menudo exacto, uso de los topónimos que se da en el poema. Por él desfilan nombres y nombres de pueblos y villas que el Cid y sus mesnadas atraviesan en su exilio, pueblos que todavía existen. Se trata, desde luego, de una técnica narrativa común a otros poemas épicos, por la que el compositor de la obra pretende transmitir la sensación de movimiento, de viaje. Estos nombres nos resultan hoy tan familiares y cercanos que se nos puede escapar que a un oyente medieval muchos de ellos podrían parecerle exóticos y que, por supuesto, atravesar el espacio abierto (los montes y los bosques) como lo hacen el Cid y sus caballeros era aventurarse en lo desconocido y lo misterioso. En la arenga que el Cid dirige a sus hombres antes del asalto final a Murviedro (cantar II), se califica a sí mismo y a su grupo «commo omnes exidos a tierra extraña» (II, 1125). Esa salida a tierra extraña es la principal característica del poema: la vida como un viaje, la aventura como conquista del espacio.

El texto que se conserva arranca con una imagen bien conocida: las lágrimas de Rodrigo Díaz de Vivar, el Cid, que ha de abandonar su casa porque el rey Alfonso le ha condenado al destierro. Falta la primera página del manuscrito, pero se ha podido reconstruir lo perdido por medio de crónicas de la época. En el fragmento desaparecido se informaría de la causa de la condena: la acusación, por parte de algún noble cercano al rey, de que el Cid había malversado fondos de las parias que debía recaudar. Así comienza la primera caída del héroe, la que tiene que ver con su *honra* pública, que el Cid deberá recuperar por su propio esfuerzo. El plazo es de nueve días: antes del décimo el Cid deberá haber abandonado las tierras del rey. Además, ningún súbdito de Alfonso podrá socorrerlo. Para subsistir, el Cid y su lugarteniente, Álvar Fáñez, planean engañar a unos prestamistas de Burgos, los judíos Rachel y Vidas, a los que dejan en custodia dos arcas supuestamente llenas de oro, pero que, en realidad, no contienen más que arena, a cambio de una cantidad en metálico que permite al Campeador y a sus hombres adquirir suministros para el viaje. Tras dejar a su mujer, doña Ximena, y a sus hijas, Elvira y Sol, en el monasterio de San Pedro de Cardeña, el Cid parte camino de Barcelona. Se dirige a tierras de «extremadura», a tierras de frontera entre los reinos cristianos y los musulmanes. Siguiendo una ruta que le lleva por Soria y Guadalajara, emprenderá una serie de conquistas cada vez de mayor importancia, que le permitirán enviar regalos al rey Alfonso (casi siempre caballos, con sus arreos correspondientes), con los que le demuestra su voluntad de continuar siendo su fiel vasallo.

Las plazas tomadas por el Cid en sus campañas por la cuenca del Jalón (Alcocer) y por el Bajo Aragón atemorizan tanto a los gobernadores moros de Valencia que envían contra el Cid al conde de Barcelona, don Remont, que será su primer enemigo cristiano, en esta ocasión aliado con los musulmanes, al igual que el Cid histórico lo fue en ocasiones. El Cid le derrota en batalla, le hace prisionero y provoca uno de las primeros ejemplos de huelga de hambre de la historia de la literatura (aunque seguramente calificar así la negativa a comer del conde no sea más que un anacronismo). Tras esta victoria, se dirige a tierras de Levante, hacia su objetivo más importante: Valencia la mayor.

La toma de esta ciudad será el punto más alto en la campaña guerrera de Ruy Díaz. La conquista de Valencia proporcionará al Cid y a sus cada vez más numerosos seguidores un fabuloso botín, que le servirá al Campeador para enviar nuevos presentes al rey y solicitar autorización para que su familia se reúna con él en Valencia, a lo que el rey Alfonso accede. Así, doña Ximena y sus hijas parten con Minaya Álvar Fáñez, y se encuentran, tras varios años, con su padre y marido; en una de las escenas más emotivas y líricas del cantar, el Campeador les enseña, desde lo alto del alcázar, las ricas tierras de la huerta valenciana y el resplandor azulado del mar, tal vez visto por vez primera.

Pero la llegada de la primavera solía significar en tierras de frontera, especialmente en la costa, que los problemas iban a reanudarse. Y así sucede, pues el rey de Marruecos envía un ejército («con cincuenta veces mill de armas», II, 1626) con la misión de reconquistar Valencia. La situación habitual en el *Cantar* se invierte: si normalmente es el Cid quien asedia y conquista las plazas, en esta ocasión es el héroe castellano quien deberá defenderla. Y lo hace con éxito: con un ejército mucho menos numeroso que el almorávide, derrota por completo al enemigo y se hace con un colosal botín. Ahora está listo el Campeador para enviar una tercera dádiva al rey, que tendrá dos consecuencias muy dispares. Por una parte, consigue el perdón real, con lo que el Cid recupera su honra; pero, por otra, despierta la codicia de los infantes de Carrión, representantes de la alta nobleza castellana, quienes ven en la exhibición de riquezas del Cid una posibilidad de abastecer sus exhaustas arcas. Deciden pedir al rey la mano de las hijas del Campeador, y Alfonso se la concede. En principio, parece un magnífico negocio para Rodrigo Díaz, pues él es un infanzón, un noble de menor categoría, que no sólo ve restituida su honra, sino que además vería incrementada su categoría social casando a sus hijas con los infantes. Irónicamente, el deseo de beneficiar al Cid por parte del rey se revelará a la postre como el golpe más terrible a su honor.

Cuando el Cid escucha las nuevas, se alegra por el perdón real, pero no puede hacerlo por la proyectada boda de sus hijas. Sin embargo, a pesar de su desagrado, obedece a su señor natural y otorga la mano de doña Elvira y doña Sol a los infantes, aunque no sin advertir al rey de que el responsable de esas bodas es el propio monarca, hecho que tendrá sus repercusiones jurídicas —hay que indicar que el autor de esta versión del cantar está muy versado en cuestiones judiciales— en el desenlace del poema.

Y ésta es la segunda caída del héroe, la que tiene que ver su *honra* privada. Tras las bodas, el Cid y su familia —que incluye a sus nuevos yernos— regresan a Valencia. La primera escena que se narra de esta nueva situación servirá para subrayar la cobardía de los infantes. Se trata del célebre episodio del león. En aquel tiempo era relativamente frecuente que los nobles mantuvieran fieras, y una de tales se fuga de la jaula mientras el Campeador duerme. Los infantes huyen despavoridos: uno se esconde bajo un escaño y otro se refugia en un lagar, del que salió «todo suzio». El poema ofrece, desde luego, una imagen burlesca de la actitud de los infantes. El Cid, por contraste, apacigua al león con su sola presencia, devolviéndolo a la jaula. Las burlas entre los caballeros del Cid escarnecen tanto a los infantes de Carrión que éstos rumian en silencio su venganza: ahora es la honra de los infantes la que está en entredicho.

Entonces aparecen las tropas de rey marroquí Bucar, que de nuevo intentan recuperar Valencia. Se trata de una nueva ocasión para que los infantes demuestren su cobardía. El narrador nos los presenta lamentándose de los peligros que corren y el temor que sienten de no volver a ver Carrión. En cambio, el Cid sigue aumentando su gloria y su riqueza, y los cristianos vuelven a salir victoriosos. Tras la batalla, los infantes comunican al Cid su intención de volver a sus tierras con sus mujeres, pues ahora se ven ricos con las ganancias obtenidas tras la batalla y eso hace que se sientan más independientes. El Campeador acepta, pero un agüero le hace desconfiar («Violo en los avueros.../que estos casamientos non serién sin alguna tacha», III, 2615-2616), y manda con ellos a un sobrino, Félez Muñoz.

Los infantes y sus mujeres parten hacia Carrión (en la actual provincia de Palencia), pero los infantes han tramado una malévola manera de tomarse venganza del Cid. Cuando llegan al robledal de Corpes, deciden pasar allí la noche. En un marco natural idóneo hacen el amor con sus esposas; a la mañana siguiente, despiden a todos los acompañantes y, tras desnudar y atar a sus mujeres, las golpean salvajemente —con cinchas y espolones, lo que aumenta el agravio—, dejándolas por muertas. Afortunadamente, el primo de las infantas, extrañado al ver que sus primas no aparecen, retrocede y las encuentra en el bosque y puede llevarlas a que las curen. Cuando el Cid se entera de lo sucedido su reacción no es la que se esperaría de un héroe épico, violenta y apasionada, sino más bien una muestra más de esa *mesura* que es su principal rasgo a lo largo de todo el poema: reclamará al rey un juicio en el que se repare su honor.

El rey convoca Cortes para juzgar el caso (recordemos una vez más el sesgo judicial de muchas de las situaciones del cantar), a las que acuden el Cid y sus hombres de un lado, y los infantes de Carrión junto con algunos de los nobles castellanos que les apoyan, como la figura histórica del conde Garcí Ordóñez, por otro. En esta situación se puede apreciar cuál es el verdadero enfrentamiento que tiene lugar en el poema: el que se da entre la alta nobleza castellana, dueña de la tierra y con lo que hoy llamaríamos «problemas de liquidez» —representada por los infantes y el conde—, contra los miembros de una clase social, los infanzones, que representan el espíritu de la frontera, que no es otro que la posibilidad de, por medio del propio esfuerzo, acrecentar la propia honra y ascender socialmente, gracias a la vitalidad económica que se desprendía de las actividades guerreras (botín, el cobro de parias, etcétera). De ahí la oportunidad que vieron los infantes de conseguir «aver monedado» (dinero contante y sonante) por medio del matrimonio con las hijas del Cid. A este respecto, resulta curiosa la insistencia con que se manifiesta en dinero el valor de las cosas a lo largo del *Cantar:* «gañó a Colada, que más vale de mill marcos de plata»; «e ganó a Tizón, que mill marcos d'oro val»; «yo quiéroles dar axuvar tres mill marcos de oro», entre muchos otros ejemplos que se podrían citar. Es una muestra más de la importancia del enfrentamiento de dos modelos económicos y sociales en lucha entonces, pero lo es también del auge de la mentalidad cuantitativa, tan importante para el desarrollo de la matemática.

El juicio termina por resolverse con un desafío. Los dos infantes de Carrión y su hermano mayor se enfrentarán en duelos individuales con tres campeones del Cid, y serán miserablemente derrotados, lo que certifica que la razón estaba del lado del Campeador. De la misma tacada, aparecerán por allí enviados de los reyes de Navarra y Aragón, pidiendo la mano de las hijas del Cid. Así, esta segunda caída del héroe termina con una elevación aún mayor, pues, a partir de esas nuevas bodas, «Oy los reyes d'España sos parientes son» (III, 3724).

Muchos son los rasgos que singularizan el *Cantar de Mio Cid* dentro de la producción épica medieval. Ya hemos visto cómo ese doble movimiento de pérdida y recuperación de la honra, la pública y la privada, tiene un relevante sesgo político, porque permite leer el *Cantar* como una obra que opta decididamente por la defensa de una clase ascendente que reivindicaba una concepción de la honra y de la nobleza más dependiente del propio esfuerzo que de los privilegios del nacimiento. Otra importante característica de su protagonista es que se trata de un héroe épico más rico en cualidades y con una personalidad más diversa de lo que solían ser los protagonistas de esta clase de poemas. Hemos destacado como rasgo esencial del Cid su mesura, la prudencia con la que siempre actúa (y que le lleva a preferir las vías judiciales a las sangrientas venganzas personales, por ejemplo); pero hay otros aspectos que hacen posible caracterizar al Cid como a un héroe poliédrico: lo vemos llorar, mostrar cariño hacia sus hijas y esposa, tener sentido del humor, mostrar piedad hacia sus prisioneros y ser un astuto estratega en la batalla, además de las cualidades bélicas típicas: fuerza, valor y decisión. Cada uno de estos rasgos tiene como meta el presentar a la figura del Cid como alguien cercano a los oyentes del poema, alejarlo del mito y aproximarlo a la historia.

Todos estos aspectos, junto con la pericia técnica que muestra el juglar a la hora de graduar el relato y construir la trama, revelan que el poema es una creación consciente, no tanto producto del azar de la creación oral instantánea como de una cuidada elaboración literaria.

Fernando de Rojas: *La Celestina* (1499)

Las tres afirmaciones implícitas en el título de este epígrafe son parcialmente falsas. Ni el título de la obra es *La Celestina* (en su primera versión se titulaba *Comedia de Calisto y Melibea*, y más tarde, cuando Rojas añadió cinco autos más e introdujo ciertas modificaciones, *Tragicomedia de Calisto y Melibea),* ni su año de publicación sea probablemente 1499 (fecha que sólo valdría, en todo caso, para la primera versión, la *Comedia),* ni Fernando de Rojas es su autor. Pero, al mismo tiempo, las tres afirmaciones resultan ciertas, porque la recepción popular de la obra modificó ya desde el siglo XVI su título, cambiándolo por otro que recogía el nombre del que se había convertido en su personaje más característico (incluso dio lugar a un subgénero, las obras celestinescas) y porque el bachiller Rojas sí parece ser el autor del cuerpo principal del texto, aunque no el del primer auto, de paternidad desconocida (aunque el mismo Rojas hable de Rodrigo Cota o de Juan de Mena, hoy no parece verosímil que lo sean).

Pero todos estos misterios que envuelven el origen de la obra literaria española más importante después de *El Quijote* palidecen al lado de los misterios y secretos que encierran sus páginas. Por ejemplo, ¿cómo es posible que un joven estudiante de Leyes, a quien podemos suponer cerca del inicio de la veintena, fuera capaz de escribir una obra maestra de la inteligencia y la sutileza de *La Celestina?* Además, el propio autor confiesa haberla escrito en quince días, durante unas vacaciones (en otras páginas de este libro hemos conocido el ritmo de trabajo de un autor como Balzac). Hay que tener también en cuenta que se trata de la obra de un aficionado. En efecto, Fernando de Rojas no volvió a escribir nada en toda su vida, y *La Celestina* quedó como un divertimento de juventud. Por último, asombra también que una sola obra presente tantas novedades significativas para la historia literaria de nuestra lengua: la irrupción de la realidad más inmediata en el marco de una obra que maneja estereotipos literarios conocidos por los lectores de su tiempo, y con los que juega de forma maestra (las convenciones del amor cortés, o de la comedia humanística, por ejemplo); el manejo de los resortes retóricos de la prosa del siglo XV para conseguir un estilo cuya música impregnará el surgimiento de la novela; la creación de unos personajes alejadísimos de los tipificados por la literatura anterior; finalmente, el empleo de una ironía (sobre sus propios materiales, sobre los personajes y sobre el propio lenguaje) que será recogida por el autor del *Lazarillo* —tendremos ocasión de verlo— y también, por supuesto, por Cervantes.

Pero más intrigantes aún son los misterios de la obra en sí. En la nebulosa escena primera, Calisto entra en el jardín de Melibea y allí, ante la vista de la que a partir de ese momento se convertirá en su diosa (y no es irrelevante el aspecto sacrílego de la devoción de Calisto, que pervierte los tópicos de la *religio amoris*, la religión del amor), cae fulminantemente enamorado. Inmediatamente, es reprendido por Melibea a causa de su «loco atrevimiento», pues Calisto ha violado la primera convención del amor cortés, que es sufrir el amor en silencio.

A partir de este momento, Calisto será preso de la melancolía: el amor es una enfermedad (→ *Tristán e Isolda),* una llaga, un mal, un dolor, y Calisto tiene todos los síntomas: huye de la luz y busca la oscuridad, no come ni duerme, sólo encuentra solaz en la música... Pero Sempronio, su criado, más perspicaz que su amo, en seguida averigua qué es lo que verdaderamente le acongoja, que no es otra cosa que el deseo sexual. Aquí, como hemos visto en el caso de Tristán, también podemos preguntarnos si Calisto y Melibea están de verdad enamorados. En consecuencia, Sempronio le propone los servicios de la vieja Celestina, experta componedora de virgos, medianera entre amantes y hechicera. Calisto acepta de modo inmediato, y no puede decirse que se engañe acerca de la catadura de Celestina, porque todos los personajes se preocupan de dejar muy claro que de su falsedad sólo pueden seguirse desgracias. Y esta situación se repite insistentemente a lo largo de toda la obra: ni Elisa, la madre de Melibea, hace caso a las advertencias de Lucrecia, su criada, y deja que la anciana se entreviste a solas con su hija, ni la propia Melibea es capaz de rechazar sus manejos, aunque en el caso de la joven doncella haya otra explicación que no es más que otro de los misterios de la obra: ¿ha hechizado Celestina a Melibea para que caiga presa del amor de Calisto?

Así, tenemos que Calisto vuelve a incumplir gravemente las reglas del amor cortés. Calisto es un joven de noble linaje, que vive desahogadamente de sus rentas, que puede mantener casa y criados y que pasa su tiempo dedicado a la caza y a la música. De modo sorprendente para un joven de veintitrés años, vive solo. No hay ninguna mención a sus padres, ni a ningún otro familiar que viva con él, y ésta es una circunstancia insólita.

Melibea, por su parte, también es de alta cuna, seguramente más alta aún que Calisto, y su padre es rico. Nada parece oponerse a un matrimonio entre ellos, y sin embargo a Calisto nunca se le ocurre pedir la mano de su amada. Ni siquiera se le pasa por la cabeza, lo que dice mucho acerca de sus verdaderas intenciones. Melibea, más culta e inteligente que Calisto, resiste las asechanzas de Celestina, pero no durante mucho tiempo. La explicación del súbito cambio de Melibea, ciertamente inverosímil para un lector moderno, que pasa del rechazo de las insinuaciones de la vieja alcahueta a llamarla ella misma para que cure su mal, estaba muy clara para el lector de *La Celestina:* Melibea ha sido víctima de una *filocaptio,* que es el nombre técnico que en hechicería se da a los filtros y otros métodos usados para conseguir enamorar a una persona. Las alusiones al respecto en la obra son numerosas: el uso de prendas de Melibea —el famoso cordón—, de rituales mágicos —puede verse la espléndida descripción de la farmacia de una hechicera de la época en el auto I y de sus conjuros en el auto III—, las imágenes de serpientes que no deja de utilizar Melibea para describir lo que siente, incluso Celestina agradece a un diablo su ayuda: «¡Oh diablo a quien yo conjuré, cómo compliste tu palabra en todo lo que te pedí!» (auto IV).

Celestina consigue lo que quiere y Melibea acepta verse con Calisto por la noche. Así da comienzo una relación amorosa en la que Calisto no deja de mostrarse como el pobre amante que es. En cuanto se ve a solas con Melibea, empieza a manosearla y a besarla, conducta que la joven no deja de recriminarle en cada encuentro, y se despide bruscamente una vez que ha satisfecho su deseo. No, decididamente Calisto no es un ejemplo de amante enamorado según el amor cortés. Con razón puede decirle su criado Sempronio que ha tratado a Melibea «como si hobieras enviado por otra cualquiera mercaduría a la plaza» (auto VIII).

Pero, ¿cómo se retrata a Melibea a partir de este momento? Tal vez a causa del hechizo, o tal vez porque está realmente enamorada, lo cierto es que su amor parece mucho más sincero que el de Calisto y la lleva a realizar actos desesperados. Por un lado, se ha llegado a ver en ella a una heroína feminista adelantada a su tiempo (sus afirmaciones de independencia, o su defensa del amor fuera del matrimonio), aunque esta interpretación resulta un tanto anacrónica. Para el espíritu de su época, es evidente que Melibea comete un grave pecado al suicidarse, y parece claro que sus prendas morales no son las adecuadas.

La intención confesada de Rojas es que su obra sirviera como «reprehensión de los locos enamorados». Por eso la conducta de los dos amantes no debía pasar sin castigo. Una noche, mientras Calisto se solaza con Melibea, alguien ataca a sus criados, que esperan cada noche pacientemente a su amo tras las tapias del huerto de Melibea. Calisto, en la primera acción desinteresada que emprende en la obra, acude a ayudarlos, pero resbala en lo alto del muro, y cae. La muerte del joven provoca que Melibea se suicide, saltando desde lo alto de una torre. Vemos así que sus muertes comparten el rasgo esencial de la caída, que evoca, desde luego, la Caída por excelencia, la de Satanás.

Pero la grandeza de este libro no se limita a la historia de los dos amantes. Junto a esta «trama de los señores» se desarrolla una «trama de los criados», y el choque y conflicto entre estos dos mundos marca uno de los puntos más altos en la originalidad artística de *La Celestina*. Por primera vez la realidad más inmediata irrumpe y avasalla de un modo tan abrumador en una literatura concebida sobre los tópicos y maneras de la literatura cortés y la novela sentimental. A estos personajes les mueve la codicia (como dice Celestina, «todo lo puede el dinero»), aunque también la lujuria juega su pequeño papel (Pármeno, criado de Calisto que comienza oponiéndose a la alcahueta, acaba por cambiar de bando cuando la vieja le consigue el amor de la joven prostituta Areúsa), y es la codicia la que llevará a la muerte a todos ellos, cuando Celestina se niegue a compartir con sus compinches el botín obtenido de Calisto. Pármeno y Sempronio asesinan a la vieja, y son más tarde ajusticiados por su crimen.

En el prólogo que antepuso a su *Tragicomedia*, el bachiller Rojas recoge una cita de Heráclito: «todas las cosas ser criadas a manera de contienda o batalla». Ésta es la visión del mundo que el libro sostiene: todos los personajes luchan entre sí, todos son víctimas de pasiones culpables, y todos reciben su castigo, que en el fondo se han infligido unos a otros. La visión del amor que nos da *La Celestina* es lastimosa (aunque habría que recordar que de lo que aquí se trata es del «loco amor»), y la naturaleza humana no sale mejor parada. En el capítulo de este libro dedicado al Amor (→ *Las amistades peligrosas),* se afirma que en el siglo XVIII se produce el final de «la vieja concepción europea del amor como equivalente de la retórica» (p. 10). Esta concepción está aún muy viva en *La Celestina,* como puede comprobarse leyendo los retóricos parlamentos que se dirigen los enamorados.

Pero no sólo ellos: todos participan de esa concepción del lenguaje que permite utilizarlo como arma con la que obtener nuestros deseos. Así lo utiliza Celestina, y también lo hace el resto de los personajes. Pero Fernando de Rojas ha conseguido, empleando un estilo que hoy nos puede resultar difícil, aquello a lo que debe aspirar todo escritor: ha ensanchado increíblemente las posibilidades expresivas y literarias de la lengua que ha recibido de la tradición, y lo ha hecho ampliando también los materiales con los que escribir literatura. A partir de este momento, lo alto y lo bajo podrán compartir página, lo más inmediatamente real podrá aparecer de la mano de lo convencional y tipificado, y los procedimientos de la retórica podrán subvertirse para hacer brillar la música del estilo.

Lazarillo de Tormes (1554)

El autor de *La Celestina* se enfrentó con ciertas tradiciones de la literatura que tenía a su alcance —la literatura cortés, la novela sentimental, la comedia humanística— para subvertirlas y construir con ellas algo nuevo. Más tarde, Cervantes utilizó un procedimiento similar con su *Don Quijote,* en el que comparecían todos los géneros novelísticos de su tiempo; pero entre ambos se publicó una obrita breve y anónima que inventaba por sí sola el género que iba a dominar el panorama literario europeo durante más de trescientos años (si es que no lo hace aún ahora): la novela realista, entendiendo el mercurial concepto de *realismo* de un modo transhistórico.

El desconocido autor de la novela no tenía, al revés que Rojas o Cervantes, ningún modelo a mano al que parodiar o desde el que inventar. Todos los géneros narrativos a disposición de los escritores del Renacimiento eran de corte idealista: las novelas de caballerías, las novelas sentimentales, las novelas de aventuras (novelas griegas o bizantinas) o la novela pastoril, por citar las más significativas, se caracterizaban por moverse en mundos narrativos alejados de lo cotidiano. No ocurre así con las peripecias de Lázaro, que no podían dejar de asombrar a un lector del siglo XVI si se le presentaban como ficción narrativa. Por eso su anonimia acaba por resultar parte esencial de su apuesta estética: siguiendo un género de moda por aquellos años, los libros privados de cartas y epístolas, el *Lazarillo* se publicó como si en efecto se tratara de una obra escrita por un hombre llamado Lázaro, y como tal debía ser leído. En rigor, en la página de portada debería figurar como autor Lázaro de Tormes. Pero, al mismo tiempo, al autor real de la obra se le presentaba el reto de que también fuera posible leer su libro como una novela. Dicho en otras palabras: que un buen lector pudiera apreciar que se trataba de un texto de ficción escrito con endiablada inteligencia. Las primeras pistas se ofrecen desde el inicio: Lázaro cuenta sus orígenes y construye con ellos una suerte de contragenealogía, opuesta por completo a la típica de los heroicos caballeros, hijos y padres de reyes, que protagonizaban las novelas más populares del Renacimiento; y no se detiene ahí: Lázaro nace en un río (como Amadís, el héroe por excelencia, es encontrado en el mar), y de él toma su nombre, como suelen hacer los héroes míticos. El autor confiesa de este modo cuál es su intención: ampliar el campo de lo literario, desde fuera de los cauces habituales de la narrativa. Pero esto, seguramente, no bastaba. Por eso en las páginas del *Lazarillo* puede escucharse más de una voz: obviamente, la del propio Lázaro, pues la novela está escrita en primera persona, pero además un oído atento no deja de escuchar *por detrás* la voz del autor, sosteniendo un punto de vista irónico que sólo puede percibir el lector. Un solo ejemplo, pero fundamental: toda la narración de Lázaro está encaminada a un único fin: justificar su situación presente, en la que consiente que su mujer y él sean mantenidos por un Arcipreste que mantiene relaciones con su esposa. La deshonra que supone es justificada por Lázaro, quien se encuentra, en su opinión, «en la cumbre de toda buena fortuna». La terrible ironía implícita no está, desde luego, en Lázaro: es un punto de vista exclusivo del autor y su lector.

La novela utiliza la epístola como forma narrativa. Lázaro ha recibido la petición de algún personaje de cierta importancia («Vuestra Merced») de que le cuente «el caso», esto es, esa peculiar situación que vive Lázaro con su mujer y el Arcipreste, y para poder cumplirla cabalmente Lázaro decide contar su caso «muy por extenso». La novela es la carta que envía para explicarse y, para hacerlo, Lázaro empieza por el principio, contando su infancia. Su padre, ladrón convicto, murió cuando él tenía ocho años; su madre se emparejó con un negro que le dio un hermanito, y se dedicó seguramente a la prostitución, y finalmente envía a Lázaro a servir con un ciego. Éste será su primer amo y con él despertará del mundo de la niñez. Es una de las escenas más famosas de la obra: el ciego le pide a Lázaro que acerque la cabeza a un toro de piedra porque en el interior puede escucharse un «gran ruido». Lázaro, confiado, lo hace, momento que aprovecha el ciego para darle un golpe tremendo contra la estatua. Aprende, le dice, porque el mozo de un ciego ha de ser más listo que el diablo. La reflexión de Lázaro es suficientemente clara: «en aquel instante desperté de la simpleza en que, como niño, dormido estaba». El personaje del ciego se convierte así en una suerte de anti-Tiresias, una especie de guía del niño Lázaro («siendo ciego, me alumbró y me adestró en la carrera de vivir»), que incluso hace predicciones certeras, como cuando, ante la afición que Lázaro le muestra al vino (a raíz de la célebre y jocosa escena en la que Lázaro burla la vigilancia de su amo perforando el jarro de vino para poder beber de él, hasta que el ciego le sorprende y, naturalmente, le golpea con el mismo jarro para dejarle sin dientes para el resto de su vida), le dice «que si un hombre en el mundo ha de ser afortunado con vino, qué serás tú», frase que le sugiere al Lázaro adulto que «debía tener spíritu de profecía», pues ahora Lázaro se gana la vida pregonando los vinos del Arcipreste.

Algunos de los lances que pasan Lázaro y el ciego son de los más conocidos de la novela (el de las uvas o el de la longaniza sustituida por un nabo), y todos tienen un denominador común: el hambre. Lázaro pasa tanta hambre con el ciego y se lleva tantos golpes que un día decide abandonarlo. Para ello, en una noche de lluvia, lo lleva hasta delante de un poste, y le dice al ciego que salte para evitar un arroyo; el ciego lo hace, llevándose tan gran calabazada como Lázaro se había llevado en el toro de Salamanca. La circularidad del episodio del ciego es perfecta: se abre y se cierra del mismo modo, sólo que al final Lázaro ha perdido la inocencia.

No obstante, sigue siendo un niño pobre, y su camino descendente no ha hecho más que empezar. Su siguiente amo es un clérigo tan avaro que Lázaro aún comerá menos que con el ciego. El clérigo guarda la comida en un arcón del que sólo él tiene la llave, pero Lázaro se las arregla para conseguir una copia. Cada noche abre el arcón y coge algo de pan, pero el clérigo descubre sus pérdidas, que achaca primero a los ratones y más tarde a una serpiente. El genio del autor resplandece en los detalles y en la caracterización indirecta de los personajes: así, el clérigo pone una trampa para los ratones, pero pide las cortezas de queso a los vecinos; trata de tapar los agujeros del arcón clavando unas tablas, pero no pone clavos nuevos, sino que los arranca de las paredes, etcétera. Estos detalles, que se dejan caer como por casualidad, van componiendo la imagen del personaje.

Pero Lázaro, naturalmente, no puede salir con bien de la aventura. Una noche, mientras duerme, el movimiento de su respiración hace que la llave, que guarda en su boca, empiece a silbar, haciendo creer al vigilante clérigo que se trataba de la culebra que perseguía, así es que se aproxima a la cama de Lázaro y le descarga un garrotazo que deja a Lázaro descubierto y malherido.

Lázaro encuentra a su siguiente amo por casualidad. Caminando por Toledo se tropieza con un escudero de porte distinguido que le toma a su servicio. Lázaro cree que todas sus penalidades (su hambre) van a terminar, pero, conforme pasa el día y el alimento no aparece por ningún sitio, empieza a darse cuenta de que, en realidad, el escudero es aún más pobre que él. No hay ni un mueble en su casa, y pasan días y días sin nada que comer. La paradoja es máxima cuando es incluso Lázaro el que ha de buscar comida para su amo. Finalmente, en vez de ser el amo el que deja al mozo, es el sirviente el que ha de dejar al amo.

Así, vemos que Lázaro ha seguido un movimiento descendente: del ciego pasó al clérigo, y su hambre aumentó; y del clérigo pasó al escudero, y aún fue peor y comió menos. A partir de aquí la novela cambia: Lázaro seguirá sirviendo a diversos amos, pero ya no será el protagonista de lo que se cuenta y el hambre prácticamente desaparecerá como tema. Se inicia un movimiento ascendente que culminará con la situación final. Ahora Lázaro se limita a ser un espectador de las correrías de sus amos. Tras el escudero, sirve a un fraile de la Merced, del que no se nos dice nada —Lázaro prefiere pasarlo en silencio— y, después, a un buldero, un vendedor de bulas que se dedica, abiertamente, a la estafa. La escena es bien conocida: en medio de una predicación en la iglesia, un alguacil aliado del buldero se presenta para acusarlo violentamente de estafador. El buldero propone que Dios juzgue quién miente y, acto seguido, el alguacil sufre un ataque que le hace echar espumarajos por la boca y temblar como un flan. El efecto es inmediato, pues el buldero consigue vender todas sus bulas. Más tarde Lázaro, que se había creído toda la patraña, descubre la verdad.

Lázaro sirve después a un pintor de panderos y a un capellán: «Éste fue el primer escalón que yo subí para venir a alcanzar buena vida». Lázaro está a su servicio cuatro años y puede ahorrar lo suficiente como para dejar a su amo buscando horizontes mejores. Pasa a servir a un alguacil y un día recibe una paliza, lo que le lleva a pensar que tal vez iba siendo hora de dejar una vida tan azarosa y que mejor le iría con un «oficio real» (hoy diríamos un trabajo de funcionario). Tal oficio es el de pregonero, del que Lázaro está muy orgulloso, pero que en la realidad era tenido por infame. Un Arcipreste, aquél del que Lázaro pregona los vinos, le propone casar con una criada suya, y Lázaro acepta, pero las malas lenguas dicen que su mujer es la amante del Arcipreste y que Lázaro consiente en sus cuernos a cambio de la mínima estabilidad material en la que ahora vive. Ése es el caso que Lázaro debía relatar a su corresponsal y que ha provocado la narración sucinta de su vida.

Indudablemente, desde el punto de vista de Lázaro, él ha vivido un doble movimiento de caída y elevación, que le lleva a culminar su relato con la frase que hemos citado más arriba («la cumbre de toda buena fortuna»). Lázaro ha aprendido desde niño que ha de asegurarse en primer lugar el sustento, pues el hambre ha sido su principal maestra, pero su situación final distaba mucho para cualquier lector de constituir esa cumbre de bienaventuranza que Lázaro pregona.

Es indudable que el autor del *Lazarillo* había leído *La Celestina*. Del mundo de los criados de la tragicomedia desciende por vía directa la nueva manera de contemplar la realidad que representa esta novela. También el *Lazarillo* iba a dejar tras de sí un nuevo género, la novela picaresca, de gran vitalidad durante todo el Barroco; pero su importancia iba a ir aún más lejos: su concepción de la novela como un organismo unitario en el que todos los elementos se subordinan a un mismo fin será desde entonces el principio estético fundamental del arte de escribir novelas.

Lope de Vega: *Fuente Ovejuna* (1612)

Lope de Vega fue un escritor y un hombre desmesurado, tan excesivo en sus lances amorosos como en su incesante actividad como autor dramático. En su casi inabarcable producción abundan las obras mediocres, que hoy sólo leen los eruditos; pero se pueden encontrar también algunas de las obras maestras del teatro europeo. Una de ellas es *Fuente Ovejuna*, drama de honor y de aldea.

Unos de los rasgos que resultan característicos del teatro del Siglo de Oro español es la frecuencia con la que aparece la figura del «villano». En los grandes autores europeos (en Shakespeare, por ejemplo) es infrecuente que salgan a escena este tipo de personajes y, si lo hacen, es de modo anecdótico y casi casual. Sin embargo, Lope recurre al escenario rural para algunas de sus más famosas piezas (como *Peribáñez y el Comendador de Ocaña* o *El mejor alcalde, el rey*), y tras él muchos otros autores (recuérdese tan sólo *El alcalde de Zalamea*, de Calderón). Hay varias razones para esto; en primer lugar, era un tópico de la época el *menosprecio de corte y alabanza de aldea* (título de una obra de éxito de Fray Antonio de Guevara), pues sólo en la vida rural podía aún encontrarse un mundo sin contaminar, puro, en tanto que la «ciudad» era el lugar del pecado y la degradación (cauce temático que llega con fuerza hasta hoy, tras pasar por Rousseau y el Romanticismo, aunque uno de sus momentos culminantes sea la narrativa realista del siglo XIX, especialmente entre los autores conservadores, como José Mª de Pereda); en segundo lugar, porque sirve a la perfección para ilustrar otra de las líneas temáticas principales de la literatura de Lope y sus coetáneos, la honra y la pureza de sangre. En efecto, a los villanos se les presumía al menos que no tenían su sangre manchada de herencia judía o morisca, y se les calificaba de «castellanos viejos» (cosa que, por cierto, está lejos de resultar históricamente verosímil). Sin embargo, de muchos de los más importantes nobles de la época se sabía que tenían sangre judía. En el acto segundo, uno de los regidores del pueblo, discutiendo con el malvado Comendador, le dice: «Alguno acaso se alaba / de la cruz que le ponéis, / que no es de sangre tan limpia» (II, 991-993). De hecho, uno de los temas de la obra es que la honra no depende del nacimiento (→ *Cantar de Mio Cid)*, y que incluso los villanos la tienen y los nobles la pueden perder (el mismo regidor decía «no es justo / que nos quitéis el honor», a lo que responde el Comendador con un claro «¿Vosotros honor tenéis?»).

Otro de los rasgos de la obra dramática de Lope de Vega es la alternancia de una trama principal con otra secundaria, que la refuerza y con la que confluye. También ocurre así en *Fuente Ovejuna*, en donde encontramos el argumento centrado en el triángulo amoroso formado por el Comendador, Laurencia y Frondoso, junto con una subtrama de intriga bélica y política, que escenifica las luchas entre los Reyes Católicos y algunas órdenes militares. Lope se basó en un hecho histórico, la rebelión del pueblo de Fuenteovejuna contra su señor, Fernán Pérez de Guzmán, en 1476, y se valió de la anécdota para construir un drama que, no obstante, no tiene reparos en alterar los datos históricos, si con ello aumenta la intensidad dramática y los valores estéticos de la obra.

El drama comienza con una escena en la que el Comendador Fernán Gómez aconseja al Maestre de su orden que tome por las armas la villa de Ciudad Real, y se alíe con Alfonso V de Portugal en su pretensión al trono de Castilla, frente a Isabel la Católica. De este modo, se sitúa al personaje en el bando opuesto al de los reyes. Los villanos, por su parte, se reclamarán vasallos de sus católicas majestades a la menor oportunidad. Este tipo de conflicto fue frecuente, ya que los habitantes de villas y aldeas consideraban menos onerosa la servidumbre a los Reyes que a un señor que les imponía un régimen feudal, o casi feudal. Así en plena rebelión, todos los habitantes de Fuente Ovejuna gritan «¡Los Reyes nuestros señores / vivan!» o cantan «¡Viva la bella Isabel, / y Fernando de Aragón!».

El comendador Fernán Gómez es el señor del pueblo de Fuente Ovejuna, y allí no se cansa de perpetrar desmanes. Los campesinos se quejan de que no respeta a sus mujeres. A todas quiere gozarlas, ejerciendo con violencia lo que se conoce como «derecho de pernada» (aunque su nombre técnico sea *ius primae noctis,* el derecho de la primera noche). Su último capricho es la joven Laurencia, hija del alcalde Alonso, de la que está enamorado el joven rústico Frondoso. Desde luego, los nombres de Laurencia y Frondoso no eran de los más habituales entre aldeanos, proceden más bien de la tradición literaria, y son de origen culto, al revés de lo que sucede con los otros personajes, como Pascuala, Mengo o Barrildo. Así, Lope particulariza a sus dos protagonistas, cuyos nombres parecen remitir a la literatura sentimental de tema amoroso, destacándolos del resto.

No es ésta la única manera que tiene Lope de «desrealizar» su escenario rural: vemos a los campesinos discutiendo sobre filosofía, recurriendo a Platón o Aristóteles, o componiendo poemas (todos rasgos esenciales de la tradición pastoril). No se trata de que la tramoya campesina sea falsa o de cartón piedra, sino de que esta estilización es una convención estética y dramática. No se puede exigir de Lope una concepción del realismo que no aparecería hasta bien entrado el siglo XIX.

Laurencia, al contrario que otras mujeres del pueblo, no está dispuesta a ceder a las pretensiones del Comendador, pese a la violencia que éste pueda ejercer. Comentando con Pascuala el interés del noble, le dice que su persecución es inútil, «porque ha que me sigue un mes / y todo, Pascuala, en vano» (I, 199-200). Pero el Comendador, que ha regresado al pueblo tras la toma de Ciudad Real, no se conformará con una negativa. Tras enviar a Flores, uno de sus criados, a sondear la voluntad de la joven (y encontrarla esquiva), leemos una de las escenas clave de la obra: junto a un arroyo, Frondoso está declarando su amor a Laurencia, cuando aparece el Comendador, aparentemente en persecución de un corzo (→ *La Celestina;* el tema de la caza de amor era tradicional; las metáforas en torno a la caza, referidas a las intenciones del Comendador, son frecuentes en *Fuente Ovejuna*). Frondoso ha podido esconderse a tiempo, pero desde su escondite contempla cómo el malvado noble acosa sexualmente a Laurencia («Pongo la ballesta en tierra, / y a la práctica de manos / reduzgo melindres», I, 815-817) y, no pudiendo soportarlo, sale y agarra la ballesta, con la que amenaza al Comendador y permite huir a Laurencia. La escena muestra las vacilaciones de Frondoso («Si tomo / la ballesta, ¡vive el Cielo / que no la ponga en el hombro!», I, 820-822), pues el hecho de empuñar un arma contra el señor natural era extremadamente grave. Pero lo que aquí entra en juego es la honra, el único motor de todas las acciones de la obra. Y no sólo la honra de Laurencia, por razones obvias, sino también la del Comendador, que pasa la vergüenza de ser humillado por un villano. A partir de ahora, ya no es sólo su deseo por la joven el que le mueve, sino también la necesidad de limpiar su honor vengándose de Frondoso.

Con el joven huido, el Comendador ha de concentrarse en Laurencia, así es que se dirige a su padre para, en el colmo del despotismo con el que trata a sus vasallos, pedirle que hable con su hija y le haga entrar en razón. El padre reacciona con sorpresa e indignación, poniendo en duda la legitimidad de la cruz de Calatrava que ostenta el Comendador en el pecho. Sin embargo, la llegada de un soldado advirtiéndole de que los ejércitos reales están atacando al Maestre de la Orden hace que el Comendador deba partir a la batalla con sus hombres.

El momento de sosiego proporcionado por la salida de los soldados hace que la vida en el pueblo parezca volver a la normalidad. De hecho, por fin Laurencia ha aceptado la proposición de matrimonio de Frondoso (desde que la salvó del Comendador lo ve con mejores ojos), y en el pueblo se preparan para la ceremonia y la fiesta. Lope aprendió muchas cosas leyendo *La Celestina*. Una de ellas consiste en lo que podríamos llamar «anticipaciones dramáticas» (diferentes maneras de insertar en el texto —ya sea mediante imágenes, escenas anticipatorias u otros medios— presagios de lo que va a suceder), que en Lope suelen tener la forma de cancioncillas populares. Una muestra de tal anticipación es una canción que entonan los músicos durante la fiesta de la boda. En ella aparece una «niña en cabello» (con el significado de virgen) perseguida por un caballero de Calatrava lleno de deseo sexual. Naturalmente, cualquier espectador identificaba a Laurencia con la niña. El detalle de la mención de sus cabellos tiene su importancia, porque Lope subrayará más tarde que Laurencia, tras haber sido violada, aparece «desmelenada». El cabello suele relacionarse simbólicamente con la honra: en el caso de Laurencia, con la pérdida de la virginidad; en el caso de la honra de los varones, se simboliza con la barba (→ *Cantar de Mio Cid*).

Naturalmente, la boda no puede llevarse a cabo porque la interrumpe el Comendador, que encierra a Frondoso y se lleva a Laurencia. Los hombres del pueblo se reúnen en junta para ver qué se puede hacer, cuando la desmelenada Laurencia irrumpe en la sala, llena de recriminaciones para con unos hombres que no la han sabido defender. Les pregunta si son hombres nobles, les llama ovejas, liebres cobardes, gallinas, hilanderas y maricones. La arenga surte su efecto, pues los villanos deciden alzarse en armas contra el Comendador) al que acaban matando.

El delito es grave, y los villanos saben que los reyes enviarán a investigar el suceso y procurarán castigar a los culpables. La única escapatoria posible es no confesar sus nombres, sino mantener que todo el pueblo lo ha hecho. Son las celebradas réplicas que se dan al juez investigador: «¿Quién mató al Comendador? / Fuente Ovejuna, señor» (III, 2230-2231).

Así pues, los Reyes, al no poder inculpar y ajusticiar a todo el pueblo, prefieren perdonar el delito y acoger al pueblo bajo su soberanía.

Tradicionalmente se había interpretado esta pieza lopesca como una obra de intención política, poniendo por encima la lucha entre el poder real y las Órdenes como una muestra de la pugna entre un sistema económico incipientemente capitalista y un modelo feudal. De este modo, se interpretaba como acción principal la trama que implicaba al Maestre y a la Orden de Calatrava y a los Reyes Católicos, y sólo como secundaria la acción particular del triángulo formado por el Comendador, Laurencia y Frondoso. Sin embargo, la interpretación moderna prefiere la línea argumental amorosa como la principal, dejando al argumento político un papel subsidiario. En cualquier caso, del texto se han realizado montajes de intención puramente política también en épocas recientes (desde luego, las escenas de tortura y resistencia de los villanos de *Fuente Ovejuna* dan mucho juego en este sentido), aunque también hay que señalar que Lope no resulta tan «revolucionario» como pretendía Menéndez Pelayo, pues se cuida de dejar bien claro que él no cuestiona la sociedad en la que vive. Cuando Frondoso tiene una ballesta apuntando al pecho del Comendador se preocupa de decir «Yo me conformo / con mi estado»; y, antes de que los desmanes del Comendador resulten ya intolerables, uno de los alcaldes del pueblo le dice «Señor, / debajo de vuestro honor / vivir el pueblo desea». Y es que Lope no era tan ingenuo como para no saber que en su obra se trataba un delicado tema político, y que muchos de sus espectadores eran nobles urbanos a los que no convenía ofender. Además de que, como formulará más tarde Calderón de la Barca, «el honor es patrimonio del alma / y el alma sólo es de Dios», y los asuntos de esta índole no están sujetos a ninguna servidumbre feudal, pensamiento perfectamente ortodoxo para la época.

Gustavo Adolfo Bécquer: *Leyendas* (1858-1865)

Aunque algunos autores consideran a Gustavo Adolfo Bécquer el mejor prosista del siglo XIX español, la fama del poeta romántico se ha basado casi principalmente en sus *Rimas,* pero no cabe duda de que sus *Leyendas* habrían bastado para asegurarle un puesto de honor entre nuestros narradores románticos.

Bécquer publicó la mayor parte de sus leyendas en la prensa, casi todas ellas en *El Contemporáneo.* En ellas explora muchos de los temas que le preocupan como poeta (el ideal inalcanzable, la insuficiencia del lenguaje, la imaginación creadora), a los que añade un gusto por el relato fantástico, por el folclore y por la historia que enriquecen su mundo literario.

El escritor sevillano no inventa el género, desde luego. Se beneficia de la revalorización de lo popular, depósito de la tradición y memoria de mundos perdidos que introdujo el Romanticismo, llevado por su gusto por lo misterioso y extraño. Pero Bécquer no se limita a cultivar unos relatos que empezaban a dar muestra de acartonamiento, de excesiva tramoya efectista y mediocre, y que tan cómicos iban a resultar a los escritores del realismo. En primer lugar, procura dar a sus leyendas un tono de verosimilitud que, paradójicamente, las hace aún más inquietantes; en segundo lugar, se esfuerza por eliminar cualquier elemento superfluo que pueda estorbar a la intensidad de la narración; por último, consigue insertar de tal manera lo maravilloso dentro de lo real que la conclusión no puede ser otra que la manifestación de una visión del mundo en la que lo fantástico no es una alternativa al aburrimiento y vulgaridad de lo cotidiano, sino una dimensión más de la misma realidad.

Lo que Bécquer busca es, ante todo, la construcción de una atmósfera, y para ello se vale de mecanismos similares a los que conocemos en sus poemas: la ambigüedad, la sugerencia, la concisión verbal. Sin embargo, es cierto que su prosa es más preciosista, más rica en colores y matices que su poesía. En las *Leyendas* tienen una gran importancia las descripciones; Bécquer las aprovecha para introducir una serie de elementos fundamentales en su concepción del relato: el paisaje —de fuerte contenido simbólico—, la sensibilidad lírica, el mundo de las sensaciones. Muchos de estos rasgos son los que lo convierten en un precedente de la literatura modernista y de la poesía española más importante de la primera mitad del siglo XX (el primer Machado, Salinas, Cernuda, por citar a algunos de los que recibieron su influencia).

Una de sus más celebradas leyendas es «El monte de las ánimas». Como muchas otras, se sitúa en una nebulosa Edad Media, más sugerida que recreada, y, como casi todas, recurre a la técnica de introducir a un narrador que se limita a transmitir algo que ha oído o que le han contado. Este narrador, tan fácilmente identificable con el propio Bécquer, es una de las creaciones más importante de las *Leyendas,* su personaje mejor perfilado. Por medio de esta figura, Bécquer consigue dotar de mayor credibilidad a sus fantásticos relatos y además de aportar un punto de vista *urbano* y *moderno* y, en cierta medida, escéptico y distanciado, que hace crecer por contraste la dimensión simbólica de sus creaciones, y que a la vez subraya cómo se entreveran indisociablemente con nuestro mundo real. Por eso el narrador nos advierte que «la he escrito volviendo algunas veces la cabeza con miedo».

La «leyenda soriana» arranca con una conversación que dos primos, Beatriz y Alonso, mantienen mientras regresan de una partida de caza. Alonso le cuenta a su bella prima la leyenda del monte que atraviesan. En él, cada noche de Todos los Santos —precisamente el día en el que se encuentran—, se escucha la campana de la derruida capilla y los esqueletos de los muertos se levantan de sus tumbas. La causa fue una antigua y sangrienta batalla que tuvo lugar ese mismo día entre los caballeros templarios y los nobles castellanos. Los elementos de los que se vale Alonso para ambientar su historia son los mismos que usa Bécquer: «Los ciervos braman espantados, los lobos aúllan, las culebras dan horrorosos silbidos». Sin embargo, Beatriz, que se ha criado en la civilizada Francia, encuentra tanta fantasmagoría un poco infantil, propia de gentes que viven en tierra tan atrasada.

Cuando, esa misma noche, conversan ante el fuego de la chimenea (notas de ambiente: el viento azota los cristales, las campanas doblan a lo lejos, las dueñas refieren historias de aparecidos), Alonso le ofrece a su prima una joya de la familia para que lo recuerde, porque teme que pronto van a volver a separarse. Ella, fría e indiferente, la rehúsa al principio, pero acaba aceptándola. Él, a cambio, le pide a Beatriz una prenda. Entonces, la mirada de Beatriz «brilló como un relámpago, iluminada por un pensamiento diabólico». La Beatriz de «El monte de las ánimas» es un personaje femenino frecuente en las *Leyendas* becquerianas: se trata de la *belle dame sans merci,* de la mujer malvada que busca la perdición de los hombres. Su frialdad se subraya una y otra vez (sus gestos son «de fría indiferencia», tiene «el acento helado»), y es caprichosa y egoísta. Por todo eso, le dice al valeroso Alonso que le daría en prenda una banda azul que llevaba en la cacería, pero que la ha perdido en el monte. Alonso duda un instante. Él es valeroso, «me llaman el rey de los cazadores», dice, pero confiesa que tiene miedo de salir al monte en esa noche. A este discurso, su prima no responde, aunque «una sonrisa imperceptible se dibujó en el rostro de Beatriz». Ella, taimada, le quita importancia, afirma comprender perfectamente que su primo no se aventure en la oscuridad de la noche, pero Alonso se da cuenta de que ella pretende ponerle a prueba y decide salir a buscar la banda. La respuesta de Beatriz es exhibir «una radiante expresión de orgullo satisfecho».

Las horas nocturnas transcurren y Alonso no regresa. Suenan las doce campanadas, «lentas, sordas, tristísimas». Se oye el aullar del viento y el murmullo de un agua distante, «que anuncian la presencia de algo que no se ve, y que no obstante se nota su aproximación en la oscuridad». Bécquer se las arregla para crear una atmósfera de terror. Una y otra vez insiste en la presencia del agua y del viento: «el aire azotaba los vidrios del balcón; el agua de la fuente lejana caía...». Beatriz empieza a sentir miedo, cree oír pasos, siente una *presencia*. Pasa una noche de insomnio y de terrores. Cuando por fin llega la aurora, piensa que la luz disipará todos sus temores, pero justo entonces encuentra, ensangrentada y hecha jirones, su banda azul, depositada en el reclinatorio. Allí mismo la encuentran los criados, con los miembros rígidos y una palidez cadavérica en su rostro, «muerta, muerta de horror». Desde entonces se dice que cada noche de Difuntos se ve levantarse a los esqueletos de los caballeros para perseguir a una mujer hermosa y pálida alrededor de la tumba de Alonso.

También «El rayo de luna» es una leyenda soriana, aunque en esta ocasión no se trata de un relato de terror, sino de una narración en la que Bécquer expone una de las ideas más características y desoladoras del Romanticismo: la realidad y el deseo son irreconciliables, pues aquello a lo que aspiramos es un ideal que nunca puede alcanzarse. En este caso, la historia nace completamente de la imaginación del escritor, que no se basa en ninguna leyenda popular o folclórica. No lo necesitaba, pues vivía en su propio espíritu esa lucha desgarradora.

Para expresar esa tensión interior Bécquer inventa a un personaje, Manrique, que reúne en sí muchos de los rasgos propios de la sensibilidad romántica: se trata de un joven melancólico, sensible y solitario, que no termina de encontrar su lugar en el mundo. Se dedica a la lectura y a la contemplación y emplea su vida esperando. El narrador becqueriano nos lo retrata así: se sienta junto a una tumba, «a ver si sorprende la conversación de los muertos»; «amaba la soledad»; «era poeta», pero, como el mismo Bécquer en sus *Rimas*, no encuentra un lenguaje que exprese de modo suficiente y satisfactorio sus tormentas interiores, el «himno gigante y extraño» que resuena en su espíritu: «porque Manrique era poeta; tanto, que nunca le habían satisfecho las formas en que pudiera encerrar sus pensamientos y nunca los había encerrado al escribirlos». Ahí está toda su poética: el lenguaje de la poesía es insuficiente, siempre resulta insatisfactorio porque, inevitablemente, deja un residuo inexpresado. Ese residuo es la verdadera poesía, que es irrealizable.

Así, Manrique pasa sus días soñando: imagina hadas y ondinas en los lagos, mujeres misteriosas, y pasa las noches en contemplación de la luna, y los días observando las nubes. «Había nacido para soñar el amor, no para sentirlo». Y una noche de verano, exactamente a medianoche (la hora preferida por Bécquer en sus *Leyendas),* mientras Manrique persigue sus ensoñaciones de paseante solitario recorriendo unas ruinas de los Templarios (la noche y la ruina son parte imprescindible del paisaje romántico), no puede reprimir un grito de asombro y de júbilo cuando ve agitarse una sombra blanca que desaparece en seguida en la oscuridad. «¡Una mujer desconocida!», exclama, y se dice que ésa es, sin duda, la mujer que él busca, pues, ¿quién si no ella vagaría de noche por aquellos parajes? Así, decidido a alcanzarla, Manrique se lanza en su persecución, atravesando trochas y maleza. Incluso cree haber oído su voz: «...ha hablado..., ha hablado... ¿En qué idioma? No sé; pero es una lengua extranjera...».

Manrique persigue a la blanca sombra sin poderla alcanzar. La sigue hasta la ciudad (estamos en Soria, otra vez en una imprecisa Edad Media: sólo se nos dice que uno de los personajes ha regresado de luchar contra los moros, pero la escenografía es inequívocamente medieval) y allí cree haber encontrado la casa en donde ella vive. Su decepción es inmensa cuando averigua que en el caserón de piedra sólo vive un caballero solitario. Desde esa noche, Manrique se obsesiona con encontrarla, y alimenta su imaginación con el trabajo constante de recrear a la mujer desconocida. La ve alta y esbelta, con ojos azules y larga cabellera oscura. «Es hermosa como el más hermoso de mis sueños de adolescente... piensa como yo pienso... gusta de lo que yo gusto... odia lo que yo odio... es un espíritu hermano de mi espíritu». Bécquer lo deja muy claro: ese ideal vive tan sólo en la imaginación y en los sueños de Manrique.

Pasan dos meses, y Manrique vuelve a pasear una noche entre las ruinas, hasta que suelta una carcajada horrible, pues «aquella cosa blanca, ligera, flotante, había vuelto a brillar ante sus ojos... Era un rayo de luna...». Tan inasible como un rayo de luna se descubre el ideal que persigue el poeta. Al romántico no le quedan más salidas que buscarlo en la locura o en la muerte.

Hemos elegido dos leyendas que nos han parecido representativas de varios de los aspectos más significativos del quehacer de Bécquer como prosista. En ellas encontramos la presencia de la literatura fantástica anclada en motivos tradicionales, la importancia de la naturaleza como lugar del misterio, la bella desdeñosa y la tensión irresoluble entre la realidad y el deseo. Son dos muestras de la renovación que supusieron para un género que ya se agotaba y que Bécquer condujo, por los caminos del lirismo, hacia cauces más fértiles que serían explorados por la literatura modernista y por no pocos de los narradores contemporáneos.

Jorge Luis Borges: *El Aleph* (1949)

Cuando Jorge Luis Borges (1899-1986) tenía poco más de veinte años, admitió, con serena resignación, que la literatura consistía, esencialmente, en ordenar palabras a lo largo de una línea. Vistas las cosas de ese modo, entendió, además, que las posibilidades de verdadera renovación eran escasas para un arte tan antiguo y, a la vez, tan limitado, ya que su único medio de realización son las palabras. A partir de entonces escribió y publicó poemas, ensayos, cuentos, reseñas bibliográficas, prólogos, biografías, artículos y, en general, cualquier tipo de texto que pudiera caber en una extensión reducida. Entre esa producción variada, dispersa y caótica a lo largo de más de sesenta años sobresalen dos volúmenes de cuentos, *Ficciones* (1944) y *El Aleph* (1949), que han adquirido el prestigio de clásicos de la literatura del siglo xx.

Publicado hace ya más de medio siglo, *El Aleph* es una colección de diecisiete relatos de distinta extensión, aunque todos son breves y, en varios casos, no superan las tres páginas. Borges, que nunca escribió novelas —aunque admiraba las de Franz Kafka, William Faulkner y Virginia Woolf, autores a los que tradujo—, concibió la literatura como un arte donde la mayor intensidad se alcanza con la menor cantidad posible de recursos. Fiel a este principio desde la juventud y a lo largo de toda su vida, su escritura se caracteriza por recurrir a un escaso número de procedimientos que, en conjunto, provocan sentimientos de extrañeza y perturbación en los lectores. Sus relatos, en la gran mayoría, pertenecen al género fantástico o al menos participan de una atmósfera de irrealidad, pero en lugar de apartarse del mundo —como ocurre en los cuentos de Poe, por ejemplo, o en las fantasías futurísticas de la ciencia ficción— lo presentan bajo una luz inesperada hasta causar la impresión de que, en verdad, nada hay tan fantástico como creer en la realidad y en el yo; nada se parece tanto a las pesadillas como la vida cotidiana.

En este sentido, el Aleph, esa «pequeña esfera tornasolada» de apenas «dos o tres centímetros» de diámetro, y cuyo nombre es «la primera letra del alfabeto de la lengua sagrada», es metáfora de toda la obra de Borges porque en ese minúsculo objeto fantástico se concentra «el espacio cósmico» completo «sin disminución de tamaño». Todo está ahí y visto «desde todos los puntos del universo»: «cada letra de cada página» de cada libro, «racimos, nieve, tabaco, vetas de metal, vapor de agua», «desiertos ecuatoriales y cada uno de sus granos de arena», «un globo terráqueo entre dos espejos que lo multiplican sin fin», «las sombras oblicuas de unos helechos en el suelo de un invernadero», «tigres, émbolos, bisontes, marejadas y ejércitos», «todas las hormigas que hay en la tierra», «el engranaje del amor y la modificación de la muerte», lo que ha existido y lo que existe, la cara y las vísceras del propio Borges, la tierra, «y en la tierra otra vez el Aleph y en el Aleph la tierra». La visión simultánea del «inconcebible universo».

Según el orden que Borges propuso al lector, «El inmortal» es el primero y también el más extenso de los relatos del libro, y basta con leer su primera página para encontrar allí reunidos el estilo, las ideas y los procedimientos narrativos que recorrerán toda la colección.

Un epígrafe en inglés encabeza el relato advirtiendo que no hay nada nuevo en la tierra y que aquello que se toma por verdadero conocimiento no es otra cosa que remembranzas, recuerdo de cosas ya sabidas y olvidadas. Luego, como en otros textos de Borges —«El hombre en el umbral», por ejemplo, también incluido en el libro— una breve introducción hace de marco para la traducción literal de un manuscrito hallado entre las páginas de una viejísima edición de la *Ilíada*. Este procedimiento de presentar un relato simplemente como la copia de otro anterior es característico en la obra de Borges y tanto resulta una crítica al culto moderno de la originalidad como expresa la concepción de que vivimos en un mundo de lenguaje, de símbolos, tan incierto como la materia de los sueños y más allá del cual todo es hipotético, improbable y acaso inexistente.

Más adelante, al comienzo mismo de la transcripción del manuscrito, un segundo narrador se presenta como un remoto soldado del imperio romano que, para vengar sus fracasos en los campos de batalla, se arroja «a descubrir, por temerosos y difusos caminos, la secreta Ciudad de los Inmortales», de la que al fin saldrá con el privilegio inhumano de atravesar los siglos y, a la vez, el paradójico deseo de volver a ser mortal y parecerse al resto de los hombres, lo que finalmente conseguirá «el 4 de octubre de 1921».

El tema del cuento—«el efecto que la inmortalidad causaría en los hombres»— está desarrollado en poco más de diez páginas y recuerda claramente a *Orlando*, novela que Virginia Woolf publicó en 1928 y Borges tradujo al español una década después, donde la narración de una historia equivalente ocupa más de doscientas páginas. Entendido así, el relato de Borges es una especie de Aleph que condensa la totalidad de la novela de Woolf a partir de unos pocos hechos esenciales presentados con un estilo que, a la vista, parece arduo y complejo, aunque mirado con alguna atención deja ver su relativa transparencia.

Si se toma, por ejemplo, la frase «temerosos y difusos desiertos», se puede advertir que su rareza deriva de que en ella aparecen unidos dos adjetivos que refieren a distintos sustantivos. Efectivamente, los desiertos son «difusos», borrosos por efecto de la luz del sol y porque en ellos no hay caminos que indiquen el rumbo al viajero. Sin embargo, el adjetivo «temeroso», aunque está aplicado al desierto, no se refiere a él sino al hombre que debe atravesarlo. Una rareza semejante, también presente en la primera página del libro, aparece en la frase «rasgos singularmente vagos», porque la vaguedad de un rostro se contradice con el hecho de que nos resulte singular. Ya en términos más generales resulta sorprendente que el argumento del cuento persuada al lector de que aquello con lo que sueñan los seres humanos —volverse inmortales, vencer los límites del tiempo— sería, en el caso de cumplirse, la más atroz de las pesadillas.

«El inmortal» deja ver las claves de todos los relatos y, en este sentido, Borges lo ubica en primer lugar para ofrecer a los lectores una llave maestra para entrar en el libro. Si bien es cierto que todos los escritores tienen cuidado al ordenar un volumen de cuentos, en el caso de Borges ese orden se vuelve particularmente significativo. No es casual, entonces, que el relato que sigue a «El inmortal» se titule «El muerto». Este segundo cuento es claramente diferente al primero y narra la historia de un hombre ambicioso y valiente que «murió en su ley, de un balazo». Sin embargo, otra vez el lector encontrará las mismas rarezas de estilo en frases como «puñalada feliz», «fría curiosidad», «alcohol pendenciero», «la travesía es tormentosa y crujiente».

Ya se señaló el cuidado con que Borges ordenó los cuentos del libro. De todos modos, las innumerables referencias a hechos, libros y personajes que aparecen en «El inmortal» pueden desconcertar a lectores que acaben de iniciarse en la lectura de Borges y aún no distinguen que uno de sus juegos predilectos es mezclar, sin aviso, lo verídico con lo falso, lo racional con lo fantástico, lo verdadero con lo apócrifo. Para esos lectores, en particular los más jóvenes, tal vez resulte conveniente probar con índices alternativos donde el primer cuento del libro tal vez sea el último en la lectura.

Así, por ejemplo, cuentos como «El muerto» o «Emma Zunz» narran sórdidas historias de pasiones y venganzas en las que las referencias cultas o literarias son menores y los argumentos aparecen delineados con mayor claridad. En otra dirección, relatos como «Los teólogos», «Historia del guerrero y la cautiva», «El muerto» y «Biografía de Tadeo Isidoro Cruz (1829-1874)» cuentan historias muy distintas entre sí, pero todas están unidas por la misma idea paradójica de que aquellos personajes que se presentan como contrarios son, en verdad, perfectamente idénticos, o de que lo más opuesto a una persona es ella misma.

Las alternativas para ordenar la lectura del libro son tantas como sus posibles lectores. Hay relatos que resultan variaciones de un mismo tema —«La casa de Asterión», «Abenjacán el Bojarí, muerto en su laberinto» y «Los dos reyes y los dos laberintos», por ejemplo—. En otros, una realidad tosca y previsible es trastornada por la presencia de un objeto mágico —como en «El Zahir» y «El Aleph»—. Algunos cuentos tienen una estructura cercana al género policial —«Abenjacán el Bojarí», «Emma Zunz», «El hombre en el umbral»—. Otros son especulaciones fantásticas aplicadas a problemas teológicos —«La busca de Averroes», «La escritura del Dios»— o morales —«Deutches Requiem», «Biografía de Tadeo Isidoro Cruz»—.

Todos estos recorridos, alternativos al que propone el índice del libro, son muestras de la diversidad de temas y argumentos de esta obra ya canónica de la literatura occidental. Sin embargo, por otro lado, el hecho de que cada cuento facilite la lectura de los restantes es prueba de que los procedimientos de escritura se mantienen constantes y el lector se «borgeaniza» a medida que recorre el libro. En consecuencia, no es absurdo afirmar que la literatura de Borges es, a la vez, múltiple y monótona. Su autor, nacido a fines del siglo XIX en un joven país periférico, convirtió esa relativa carencia cultural en la mayor de las virtudes y, utilizando con un desparpajo juvenil todas las tradiciones a su alcance —altas y populares, escritas y orales, cultas y bárbaras, occidentales y orientales; la cristiana, la judía y la musulmana—, ha devenido un autor central del siglo XX. Borges es hoy maestro de escritores, guía de lectores de todo el planeta y objeto de estudio para críticos e investigadores que han elevado su obra a la categoría de clásico.

En cierta oportunidad, para alentar a la lectura de la *Divina Comedia*, el poema que juzgaba como el más alto de la historia de la literatura, Borges escribió: «Quiero solamente insistir sobre el hecho de que nadie tiene derecho a privarse de esa felicidad, la *Comedia*, de leerla de un modo ingenuo. Después vendrán los comentarios, el deseo de saber qué significa cada alusión mitológica, ver cómo Dante tomó un par de versos de Virgilio y acaso lo mejoró traduciéndolo. Al principio debemos leer el libro con fe de niño, abandonarnos a él; después nos acompañará hasta el fin».

Es malintencionado pensar que, en verdad, Borges se estaba refiriendo al mismo tiempo al poema de Dante Alighieri y a su propia obra. Sin embargo, sobre su literatura pesa, igual que sobre la de Dante, el prejuicio de que se trata de una obra para expertos o para lectores capaces de desentrañar un bosque de referencias cultas y elitistas. Por eso, cabe para la lectura de *El Aleph* la misma recomendación que él hacía respecto de la *Divina Comedia*, es decir, la de leer los cuentos con fe de niño y no privarse de la felicidad que ofrecen a quien se abandona a ellos. Se verá entonces que el libro acompañará a su lector durante años y años y en cada nueva lectura le ofrecerá maravillas que hasta entonces no había descubierto. *El Aleph* comparte un don con otros pocos libros; su valor y su belleza crecen a medida que crecen sus lectores.

Camilo José Cela: *La colmena* (1951)

La carrera literaria de Camilo José Cela se inica con la publicación de *La familia de Pascual Duarte* en 1942. La aparición de esta obra fue como la caída de una roca en las aguas tranquilas de la literatura de la posguerra. En ella se llevaba a cabo la primera lectura moderna del *Lazarillo* dentro de la tradición narrativa española, y significó el comienzo de la carrera de su autor, desde entonces jalonada por títulos que comprenden todos los géneros, desde el relato breve, los libros de viajes (sólo citar el conocidísimo *Viaje a la Alcarria)* o la autobiografía, hasta el periodismo, la filología, la crítica literaria e incluso la poesía. Este largo trayecto culmina, pero no termina, en 1989, cuando recibe el Premio Nobel de Literatura.

En 1943, año en el que transcurre la acción de la novela, Madrid era una ciudad de más de un millón de cadáveres (según las últimas estadísticas). Tal vez por eso toda la muchedumbre de seres que comparecen en las páginas de *La colmena* están muertos, aunque no lo sepan. Las mesas de mármol del café «La Delicia» son lápidas vueltas del revés (además, se nos dice que «el corazón del café late como el de un enfermo»). Del siguiente modo define Cela el espacio urbano: «La ciudad: ese sepulcro, esa cucaña, esa colmena...» (VI, 9). Al final de la novela volvemos al café, «que semeja un desierto cementerio». Y así es la miserable y repetitiva vida de todos los personajes de la novela, que son muchos, muchísimos (algunos críticos desocupados se han entretenido en contarlos, alentados por el propio autor, que hablaba de ciento sesenta; la cosa, al final, queda en torno a los trescientos, dependiendo del criterio que apliquemos). Ésa es la colmena del título, ésa la visión de la vida urbana del hombre contemporáneo que la novela aspira a reflejar. Por eso, resumir el argumento de una obra como ésta no sólo es imposible: es, también, inútil.

La colmena ofrece una visión caleidoscópica de lo real. Para lograrlo, organiza en breves secuencias —algunas muy cercanas al cuadro de costumbres, otras a microrrelatos autónomos— las múltiples historias que la componen. En sus páginas asistimos a un complejo espectáculo que busca comprender aspectos muy diversos de la sociedad. Por allí pululan toda clase de sujetos, ricos y pobres, asentados y buscavidas (desde sablistas hasta prostitutas), aunque es de justicia admitir que la palma se la llevan gentes apuradas, con vidas llenas de miserias y que apenas muestran ninguna confianza en el futuro. La mirada del novelista resulta desoladora.

A pesar de esa exhuberancia de personajes y situaciones, hay algunos que adquieren mayor importancia que otros. Como espacio de encuentro, de cruce de caminos, tenemos el café de doña Rosa, una mujer desagradable e insolidaria, por donde pasean muchos de los personajes de la novela. A él está dedicado el primer capítulo. Allí conocemos, entre otros, a Elvira, una prostituta melancólica que se deja llevar por una vida inhóspita; a don Pablo, que fue su amante, y también a Martín Marco, poeta y semivagabundo sin otro medio de vida que lo que consigue de su hermana Filo para ir tirando. De este personaje es del que se vale Cela para enlazar muchas de las secuencias de su novela. Martín Marco es el Ulises de esta odisea, en la que no faltan escenas protagonizadas por él que evocan situaciones de la epopeya homérica (→James Joyce, *Ulises*). El café es un personaje más, con él se abre y se cierra la novela.

También las casas de vecinos funcionan como espacios en los que enlazar de un solo golpe varias tramas, al igual que sucede con los prostíbulos o los comercios. Y todas las historias son tristes: Victorita tiene un novio gravemente enfermo de tuberculosis y se prostituye para poder comprarle las medicinas; Celestino, anarquista y lector de Nietzsche, ha de dormir en el modesto baruco que posee, poniendo un colchón encima de las sillas; Elvira, la prostituta, no pude cenar más que unas castañas; Martín Marco duerme en el armario (!) de un amigo... Y así casi con cada personaje, salvo, tal vez, con los pocos que han logrado ganarse bien la vida, que han sabido adaptarse a la nueva situación del país y que exhiben una falta de solidaridad y un desdén por los demás que los hace aún más intolerables.

El enjambre de personajes se mueve siempre en círculos pequeños, cada uno dentro de sus propias celdillas, sin comunicarse verdaderamente con el resto. Hay una especie de protagonismo colectivo que le sirve a Cela para levantar un fresco que, como las pinturas flamencas, se compone de múltiples detalles, de miniaturas que al juntarse retratan un mundo al que sólo podemos acceder gracias a la mirada del novelista.

¿Y qué mirada es ésa? La primera impresión que tenemos al leer el libro es que se nos proporciona un punto de vista privilegiado que nos permite, de un solo golpe, abarcar una sociedad entera. La novela funciona como una radiografía. El uso preponderante del presente de indicativo, las frases cortas, los abundantes diálogos, son todos elementos que buscan dar esa impresión de objetividad, de documental, que permea todo el texto. En vez de narrador, hay una voz en *off* que nos informa sumariamente de los datos pertinentes que afectan a las criaturas de la novela (y que recuerda muy poderosamente a los narradores del cine de la época). Sin embargo, toda esta aparente objetividad se ve desmentida continuamente. En primer lugar por esa misma voz, que no puede evitar entrometerse de vez en cuando en el relato. Hablando de uno de los personajes, nos dice: «Tiene aires de gran señor y un aplomo inmenso, un aplomo de hombre muy corrido. A mí no me parece que la haya corrido demasiado...», o demuestra que controla cuanto dice: «Digo todo esto porque, a lo mejor, después vuelve a salir», aunque también es cierto que otras veces ha de confesar ignorancia («Es jovencita y muy mona. No va bien vestida. Debe de ser sombrerera.»). Pero no sólo de este modo. La realidad de la que se habla está seleccionada en sus aspectos más sórdidos, y las técnicas literarias usadas para describirlo rezuman subjetividad. Las descripciones, por ejemplo: «La calle, al cerrar de la noche, va tomando un aire entre hambriento y misterioso, mientras un vientecillo que corre como un lobo, silba por entre las casas» (IV, 5); «Miles de hombres se duermen abrazados a sus mujeres sin pensar en el duro, en el cruel día que quizás les espere, agazapados como un gato montés, dentro de tan pocas horas» (IV, 41). Aunque la palma del procedimiento se la lleva la descripción de la prostituta llamada la Uruguaya: «es una golfa tirada, sin gracia, sin educación (...) una golfa de lo peor (...) una mujer repugnante, con el cuerpo lleno de granos y de bubones (...). La Uruguaya es una hembra grande y bigotuda, lo que se dice un caballo...» (IV, 10), y así sigue, incluyendo también el retrato moral de la mujer. Y es que otro de los recursos de Cela es la comparación, tan valleinclanesca, de sus personajes con animales. Véase, si no, cómo se habla de un niño gitano: «el niño no tiene cara de persona, tiene cara de animal doméstico, de sucia bestia, de pervertida bestia de corral».

Así pues, en *La colmena* confluyen dos movimientos, uno de apabullante impresión de objetividad: los estraperlistas, las dificultades para fumar o para, simplemente comer, las cartillas de racionamiento, los rituales amorosos, la prostitución, la represión política, son todos elementos que se retratan en la novela y que reflejan a la perfección el espíritu de la época, subrayado por otro aún más poderoso, que va imponiéndose conforme avanza la lectura, dejando un poso de desesperanza y pesimismo, y que es la visión del mundo que subyace en este libro. En la novela de Camilo José Cela los únicos que son felices son los gatos.

Juan Rulfo: *Pedro Páramo* (1955)

Muy pocos autores han alcanzado la gloria literaria con menos páginas que Juan Rulfo. Tan solo un libro de cuentos (*El llano en llamas*, 1953) y la breve novela que lo ha convertido en un autor mítico, *Pedro Páramo*. Su influencia sobre los que más tarde se iban a convertir en los más caracterizados miembros del renacer de la literatura hispanoamericana —la generación ya cómodamente llamada del *boom*— se puede calibrar con la afirmación del joven Gabriel García Márquez de que había aprendido la novela de Rulfo de memoria, algo que seguramente será cierto; no hay más que leer una frase de *Pedro Páramo* como la siguiente: «El padre Rentería se acordaría muchos años después de la noche en que la dureza de su cama lo tuvo despierto y después lo obligó a salir», y compararla con el citadísimo arranque de *Cien años de soledad*.

Tal vez bastaría con afirmar que la novela de Rulfo suponía la más madura y temprana asimilación de la obra de William Faulkner en lengua española, y que *Pedro Páramo* fue el más claro exponente de que la mirada narrativa del escritor estadounidense podía fértilmente aplicarse también al mundo —a los mundos— de Latinoamérica. Tras sus huellas marcharon escritores como Juan Carlos Onetti, Vargas Llosa o el mismo García Márquez, por el camino abierto por el escritor mexicano.

Los escogidos de los dioses mueren jóvenes. Juan Rulfo tuvo una vida larga, pero no hay en ello contradicción con el aserto clásico. Fue su literatura la que murió joven y eso contribuyó a convertirla en una leyenda literaria. Los autores que conciben y ejecutan una obra maestra y se refugian después en el silencio mantienen siempre un seductor aire de misterio que resulta tan irresistible como todo lo enigmático. Fernando de Rojas se despidió de la literatura después de *La Celestina* (que amplió a regañadientes; → *La Celestina*), Rimbaud se dedicó a la aventura africana y olvidó la poesía —al menos, la poesía escrita—, Henry Roth publicó con 28 años *Llámalo sueño*, y no volvió a escribir durante sesenta años. Juan Rulfo pertenece por pleno derecho a este club tan selecto.

Pedro Páramo es una novela de fantasmas. Hemos visto cómo los personajes de *La colmena* son seres humanos que no saben que están muertos, y lo están porque no saben estar vivos ni ver que su ciudad es, en realidad, un cementerio (→ *La colmena*). Los personajes de la novela de Rulfo están todos muertos, pero no dejan de parecer vivos, no dejan de hablar —la novela no es más que una polifonía de voces muertas— y de invadir la realidad. Los muertos de Rulfo tienen memoria y saben que su ciudad y su cementerio son la misma cosa. Por ello, la crítica ha considerado a *Pedro Páramo* como el fin de la novela de la Revolución, corriente que —en novelas como *Los de abajo*, de Martiano Azuela; y *La sombra del caudillo*, de Martín Luis Guzmán— dio cohesión a la narrativa de una nación que acaba de emerger del proceso histórico conocido como Revolución Mexicana. Así, la obra de Rulfo simbólicamente pone fin a las alucinaciones y a los fantasmas revolucionarios, que darán lugar a una novela más cosmopolita en escritores como Carlos Fuentes.

Pedro Páramo puede resultar desconcertante en sus primeras páginas. La ocultación de datos, la dispersión cronológica o el estilo conciso y hermético de la prosa de Rulfo son peajes que se han de pagar para disfrutar de su literatura. Una de las conquistas de la novela del siglo XX fue la incorporación activa del lector a sus páginas. Leer deja de ser un acto pasivo y empieza a exigir del receptor de las ficciones la reconstrucción del material que se le ofrece. El lector de *Pedro Páramo* debe prestar a sus páginas la misma atención que se presta a un poema, que es el tipo de lectura más intensa que se puede realizar. A veces son pequeños detalles los que le permitirán reordenar el mundo fragmentado que se va levantando ante sus ojos. El lector debe aprender a reconocer las voces, y debe recordar que está leyendo un libro de fantasmas.

Juan Preciado llega a Comala en busca de su padre, Pedro Páramo, a quien no conoce. Su madre, en su lecho de muerte, le ha encargado que vuelva al pueblo donde nació y reclame a su padre todo lo que les ha arrebatado. Éste es el comienzo de la peripecia de Juan Preciado, su viaje de conocimiento.

Juan vislumbra Comala desde lo alto. Se ha encontrado en el camino que desciende al pueblo con Abundio, un arriero, quien va a acompañarlo. Si se lee con atención el fragmento, se observará que Juan insiste sobre todo en la voz del hombre, de un modo ciertamente extraño para dos personas que comparten el sendero («oí que me preguntaban»; «volví a oír la voz del que iba allí a mi lado»). En cualquier caso, la visión de Comala no parece coincidir con la imagen de hermosura y paraíso perdido que le había transmitido su madre. Juan se pregunta por qué el lugar parece tan triste («Son los tiempos, señor», contesta Abundio), y describe la bajada así: «nos íbamos hundiendo en el puro calor sin aire. Todo estaba como en espera de algo». Juan aún no sabe que se trata de su descenso a los infiernos, al mundo de los muertos. Ni siquiera ha sabido reconocer al guía. Y todo ello a pesar de que el mismo Abundio le dice que Comala «está sobre las brasas de la tierra, en la mera boca el infierno». También le dice su guía que Pedro Páramo murió hace años y que «aquí no vive nadie».

Cuando llega al pueblo, empieza a encontrarse con algunos de sus habitantes. Primero ve a una mujer embozada, que «desapareció como si no existiera». Más tarde encuentra a Eduviges, a la que le había dirigido el arriero. Eduviges había conocido a su madre («ella me avisó que usted vendría»: los muertos se comunican entre sí), y le proporciona un cuarto. Le dice que «Abundio ya murió» (también más adelante averiguamos, en uno de los fragmentos que narran el pasado del pueblo, que Eduviges se había suicidado) y le cuenta cómo se vio obligada a sustituir a su madre en la noche de bodas con Pedro Páramo, y le habla de la muerte de Miguel Páramo, otro de los hijos de Pedro, que violaba mujeres y fue responsable de algún asesinato. A partir de este momento, Juan Preciado irá encontrándose con otros personajes del pasado de su padre, que entran y salen de la novela como sombras: son sus voces la que van a construir la novela.

Eduviges desaparece, pero entra en escena Damiana, otra mujer que había vivido en la Media Luna —el rancho de Pedro Páramo— y que había cuidado a Juan cuando era niño. A Damiana tiene que preguntarle: «¿Está usted viva, Damiana?», porque duda de cuanto ve y oye. Tras la desaparición de la mujer lo acoge una pareja, otra pareja fantasmal a la que también pregunta: «¿No están ustedes muertos?». En mitad de todo este proceso también muere Juan. En un pasaje en el que el calor impide hasta el respirar, Rulfo nos narra así la muerte de su personaje: «Tengo memoria de haber visto algo así como nubes espinosas haciendo remolino sobre mi cabeza y luego enjuagarme con aquella espuma y perderme en su nublazón. Fue lo último que vi».

Pero la muerte de Juan no es el final de la novela, sino el comienzo. Juan ha llegado, ya muerto, a Comala; pero él no lo sabe aún. Si en un primer momento el texto nos ha narrado la llegada de Juan a un pueblo desierto, pero poblado de almas que vagan por sus calles, a partir de ahora Juan Preciado seguirá conociendo detalles de la vida de su padre escuchando las voces de los muertos. Y esas mismas voces servirán de hilo conductor para que vayan apareciendo las historias que configuran esta novela. No es gratuito que la obra se titulara originalmente *Los murmullos*. La primera voz es la de su vecina de sepulcro, Dorotea, que fue mendiga y ayudaba a Miguel Páramo a conseguir mozas. Entre sus narraciones y los fragmentos retrospectivos averiguamos que el padre de Pedro Páramo murió asesinado y que, tras la posterior muerte de su madre, Pedro hubo de hacerse cargo de la hacienda familiar, y lo hizo con mano de hierro. Se casó con Dolores —la madre de Juan— porque así se ahorraba una fuerte deuda con su familia, y se dedicó a expandir sus tierras y su poder mediante la coacción y la violencia, hasta convertirse en el cacique de toda la comarca.

Pero no es la voz de Dorotea («me enterraron en tu misma sepultura y cupe muy bien en el hueco de tus brazos») la única que se escucha. Cerca de ellos está el cuerpo de Susana San Juan, la última mujer de Pedro Páramo, la única a la que verdaderamente amó, y con la que se casó después de asesinar a su padre, que se oponía a la boda. Pero Susana murió, y Pedro Páramo maldijo al pueblo: «Me cruzaré de brazos y Comala se morirá de hambre.» Ya viejo, muere apuñalado por Abundio, quien también ha asesinado a Damiana.

Dolores, la madre de Juan, había enviado a su hijo a Comala porque creía que allí la oiría mejor: «Encontrarás más cercana la voz de mis recuerdos que la de mi muerte, si es que alguna vez la muerte ha tenido alguna voz». Eso exactamente es lo que hace Juan Rulfo con *Pedro Páramo*, dar voz a los muertos, al «gentío de ánimas que andan sueltas por la calle».

Pedro Páramo, quien es definido por un personaje como «un rencor vivo», maldijo al pueblo de Comala, y desde entonces un lugar feraz, en el que llovía con generosidad, se ha convertido en una tierra calcinada y caliente, un espacio muerto donde vagan almas sin ilusión, todas purgando la culpa y el pecado. Entre los huesos y las fosas del cementerio, Juan Preciado aprenderá a conocer de dónde viene, y cómo entre el mundo de la vida y el mundo de la muerte las fronteras son permeables: «¿Por qué ese recordar intenso de tantas cosas? ¿Por qué no simplemente la muerte y no esa música tierna del pasado?».

15
Niños

A a, B b, C c. Así era la relación entre adultos y niños en el siglo XVII: los niños constituían la versión reducida de los adultos, las minúsculas en el alfabeto de la humanidad.

Hace cuatrocientos años, a nadie se le hubiera ocurrido afirmar que la infancia era una fase de la vida completamente diferente de la madurez. Los niños piensan, sienten y perciben de manera distinta; tienen su propia fantasía; los padres deben fomentar el desarrollo de sus hijos y los niños deben ir al colegio y no ser utilizados como mano de obra barata —todas estas son ideas que se conformaron en Europa en el siglo XVIII.

En la Antigüedad los niños tenían en general el estatus de animales (y sin grupos de presión que defendiesen sus intereses). Aristóteles escribió que los niños carecían de todas aquellas cualidades que elevaban al hombre por encima de las bestias, puesto que les faltaba la capacidad para pensar racionalmente. Hasta el año 374 a. C., la muerte de un neonato no era considerada un asesinato y era habitual desembarazarse de bebés no deseados arrojándolos a la basura. De acuerdo con el derecho romano, los padres decidían si mantenían a sus hijos con vida o no.

Si se examina la infancia en la historia, se constata que considerar a los niños como seres valiosos, que constituyen el futuro y la esperanza de una sociedad, no es tan evidente como por lo general resulta ahora en los países occidentales. En el pasado de Europa, los niños estaban completamente sometidos: se les abandonaba, se les regalaba, se les vendía, se les pegaba, se abusaba de ellos, se les mutilaba, se les exponía en ferias, se les obligaba a prostituirse, se les castraba y se les esclavizaba. Hasta muy entrado el siglo XIX, era normal que los niños trabajasen igual que los adultos.

En la Edad Media, la niñez no se identificaba automáticamente con la inocencia. La posición del cristianismo frente a los niños era especialmente contradictoria y, de acuerdo con ella, era posible considerar a los niños como la encarnación del pecado y de la pureza — dependía del punto de vista. Los niños constituyen un placer que provenía de Satán, el cual había introducido subrepticiamente en la *Biblia* las palabras: «Sed fértiles y multiplicaos». Los niños son producto de una debilidad de la carne, cuestan dinero, berrean toda la noche, obligan al hombre a permanecer junto a la mujer y mueren apenas han llegado al mundo. En un tiempo en el que la mortalidad infantil era muy alta, la íntima conexión entre el recién nacido y la muerte mostraba la futilidad de la vida humana. El hombre vuelve a convertirse en polvo nada más nacer. Los niños son ruidosos, irascibles, repugnantemente sensuales, fruto del pecado y llegan al mundo cubiertos de sangre. Todo lo contrario de un ángel inocente. No resulta extraño, por lo tanto, que lloren al nacer.

Por otro lado, los niños constituyen un regalo de Dios. Tienen un alma —por esa razón el cristianismo prohíbe matarles (a diferencia del derecho romano). En la temprana Edad Media, se constituyeron inclusas para recoger a los niños no deseados e impedir de este modo que las madres solteras ahogaran, abandonara o arrojaran a sus niños a los ríos, por vergüenza o por falta de medios. ¿Acaso no había dicho Jesús: «Dejad que los niños se acerquen a mí, porque de ellos es el Reino de los Cielos» (Mateo 19, 14)? En este sentido, el niño era el mejor creyente cristiano. Los niños representaban la pureza, la inocencia y la virtud. El Hijo de Dios se convirtió en el icono de la perfección infantil. A partir del siglo XII, el arte empezó a representar a Jesús como un pequeño ser humano. El niño Jesús sobre la paja del pesebre o en el regazo de la Virgen María: durante siglos esta fue el símbolo último de la inocencia infantil. La infancia era el paraíso en la tierra —al menos en teoría.

La realidad era bastante distinta. Los niños eran educados sin mucho sentimentalismo. Ello puede deberse a que uno no se atrevía a tener sentimientos muy íntimos hacia los niños, en un tiempo en que pocos superaban los ocho años de vida y existía el constante temor a perder lo que más se quería. Además, hasta el siglo XVIII, las familias constituían una comunidad de trabajo, más que un refugio cálido en el que encontrar sentimientos, intimidad y comprensión. Por último, existía la convicción de que la familia reflejaba el estado en pequeño, por lo que los hijos debían obediencia a sus padres del mismo modo que los súbditos acataban el poder de su señor.

La actitud hacia los niños cambió de forma general en el siglo XVIII. Existen varias razones que lo explican. Fue decisiva la transformación de la familia. Los objetos que se necesitaban para la vida se fabricaban en manufacturas, de manera que lo que antes se producía en casa, ahora se obtenía fuera. Desde el Medievo hasta entonces, la familia se ocupaba de elaborar pan, cerveza, ropa, mantequilla, etcétera. Con la industrialización, la familia se convirtió en un ámbito libre de trabajo, que, de hecho, constituía el universo contrario al mundo laboral. Era un lugar para la intimidad y el afecto. A finales del siglo XVIII, las mujeres de las capas medias y altas estimaban que resultaba elegante amamantar a sus hijos, en vez de entregarlos a nodrizas. Se podían permitir este temprano vínculo emocional, porque la mortalidad infantil había disminuido mucho. Una madre no tenía el constante temor de perder a la mitad de sus hijos antes de que éstos llegasen a ser adultos.

Los golpes ya no se juzgaban parte necesaria de la educación infantil. Se creó una cultura propia para los niños: los padres de la clase media gastaban dinero expresamente en vestir y alimentar a sus hijos. Existía el teatro de marionetas, el circo y los juegos infantiles. En el siglo XIX se impuso la idea de que todos los niños debían ir al colegio. Con ello se separó definitivamente a los niños de la vida cotidiana del mundo adulto.

En la historia de la infancia existen dos grandes portavoces: uno procede de la Francia prerrevolucionaria y se llama → Jean-Jacques Rousseau; el otro vivió en el Londres victoriano y su nombre es → Charles Dickens. Rousseau es conocido por ser el inventor de la pedagogía moderna y justa —y también por no predicar con el ejemplo: Rousseau envió a sus cinco hijos a un orfanato.

Dickens es célebre por sus sentimentales personajes infantiles, que en el siglo XIX deshicieron en lágrimas a todo el mundo angloparlante: Oliver Twist, la pequeña Dorrit, Pip (de *Grandes esperanzas),* David Copperfield y, sobre todo, la pequeña Nell de la novela *La tienda de antigüedades.* La pequeña heroína Nell es la protagonista de una anécdota legendaria en la historia de los lectores fanáticos. La novela se publicó por entregas, como todas las de Dickens, que publicaba cada mes un capítulo en una revista. Cuando estuvieron escritos los últimos, una multitud impaciente y excitada recibió en los muelles de Nueva York al barco que transportaba la revista correspondiente. En su ansiedad por saber el destino de la heroína infantil, cientos de personas gritaron al barco recién arribado para averiguar la respuesta que estaban esperando: «¿Está muerta?».

Sí, estaba muerta, La escena que describe el fallecimiento de la pequeña Nell es tan sentimental, que Oscar Wilde —que no desperdiciaba ninguna ocasión de soltar una maldad ingeniosa— comentó imperturbable que sólo alguien con el corazón de piedra podía leerla sin soltar un resoplido de risa. La emoción causada por la novela *La tienda de antigüedades* sólo ha sido superada recientemente, cuando apareció el cuarto volumen de *Harry Potter* y las librerías abrieron sus puertas a medianoche para atender la enorme demanda del público impaciente.

Jean-Jacques Rousseau: *Emilio o de la educación* (1762)

Rousseau fue un padre desnaturalizado, que envió a sus cinco hijos a un orfanato. Más tarde se avergonzó de su proceder y alegó una serie de excusas deslavazadas: no tenía suficiente dinero para alimentar a sus hijos; no tenía la certeza de que su compañera, la lavandera Thérèse Levasseur, no se hubiese quedado embarazada de otros hombres; tampoco estaba seguro de que Thérèse fuera capaz de criar a sus hijos. Además probablemente fue preferible apartar a su descendencia de la enervante influencia burguesa y permitirles conoces el placer de la disciplina de una institución pública. Por último: ¿Cómo hubiera podido escribir con tranquilidad con niños haciendo ruido por toda la casa? Si uno desea convertirse en el padre de la pedagogía moderna no puede rebajarse a las minucias intelectuales que exige la educación de los hijos propios.

Los niños de Rousseau fueron declarados expósitos y crecieron anónimamente. Fue imposible localizarlos más tarde, cuando su padre se quejó de que nunca podría sentir la bendita dicha de abrazarlos con su tierno corazón paternal. Nadie podrá acusarle —alegó Rousseau— de haber sido un hombre sin corazón ni un padre «desnaturalizado». Al fin y al cabo, culmina sus autoconfesiones con la idea de que ¡a él también le hubiera gustado educarse en un orfanato! Pero entonces, ¿quién hubiera escrito *Emilio*?

Rousseau nos enseñó que los niños son distintos de los adultos. Antes de Rousseau se estimaba que la infancia era un estado de imperfección humana. Por el contrario, el ginebrino consideraba la niñez como una fase larga e importante del desarrollo, que conduce gradualmente a la madurez a través de una serie de etapas distintas. El autor puso de manifiesto que los niños tienen necesidades diferentes a las de los adultos y que piensan y perciben de otra manera. Rousseau afirmó que los niños han de aprender de la experiencia y no de reglas dogmáticas que no pueden comprender. No se les debe exigir algo que a su edad no son capaces de hacer. Los niños deben desarrollarse como las plantas, a las que se deja crecer y hacerse fuertes antes de podarlas para darles forma.

Rousseau ilustró su concepto pedagógico describiendo un niño modelo al que llamó Emilio. Su pedagogía se basaba en la hipótesis fundamental de que el hombre es bueno por naturaleza y de que es la sociedad la que le corrompe. Los niños poseen una perfección natural sin adulterar. Por esa razón, Emilio debe ser educado para conservar en lo posible esa excelencia natural de la infancia, mientras que le preparan para la vida en sociedad.

Emilio pasará los primeros doce años de su vida alejado de la sociedad, viviendo en el campo con la única compañía de su educador. No contará con la ayuda de un tacataca ni de un andador para aprender a caminar. Los chichones y moratones que pueda hacerse al caer no le perjudican, sino que le sirven para saber cómo levantarse otra vez. Al principio, le dejan «andar suelto» en el sentido más literal de la expresión. Su educación consiste básicamente en que su maestro se abstenga de intervenir en su desarrollo evitando cualquier injerencia decisiva. Algunos pedagogos entendieron equivocadamente el mandato de tratar a los niños de forma natural y lo interpretaron como una exhortación a ducharles con agua fría.

El bebé puede estirarse y repantingarse. Nadie envolverá a Emilio como un paquete en un pañuelo de lino y le colgará de un clavo en la pared, para luego abandonarlo allí a su suerte durante medio día, mientras se va poniendo morado —como hacían las mujeres en el campo para poder trabajar con tranquilidad. Emilio vivirá hasta los doce años con la única compañía de su educador, que le dirige sin que el niño sea consciente de ello. El preceptor siempre mantiene el control de la situación. En todo ese tiempo su aprendiz no aprenderá a leer ni a escribir. Antes de formar su intelecto es necesario fortalecer su cuerpo y despertar sus sentidos. Emilio no aprende de los libros, sino actuando. Una vez que aprenda a leer, la única lectura que le estará permitida es → *Robinsón Crusoe* de Daniel Defoe, porque allí encontrará la descripción de una vida autárquica en la naturaleza. La propuesta de Rousseau resulta algo irónica, porque esta obra constituye el ejemplo clásico de cómo la sociedad burguesa explota la naturaleza todo lo posible para proclamar al final la victoria de la civilización. Probablemente Rousseau no entendió la novela.

Entre los doce y los quince años hay que alimentar gradualmente el intelecto de Emilio. Pero el alumno no se formará sólo con los libros, sino también con las excursiones al aire libre. Debe observar la naturaleza, plantearse interrogantes que él mismo ha de responderse: debe aprender a pensar por sí mismo. Sólo cuando haya cumplido quince años es posible confrontarle con cuestiones religiosas y morales. Finalmente conocerá al otro sexo y le prepararán para la vida matrimonial.

Es necesario señalar que educación infantil significa para Rousseau educación de los *varones*. Para él, formar a las mujeres carece de sentido, ya que opinaba que, si bien son capaces de pensar, nunca lograrán comprender complejos nexos causales: las mujeres son como niños eternos. Su destino es el matrimonio y la maternidad. Las mujeres son esencialmente ingenuas, débiles y recatadas y, en cualquier caso, no les corresponde llevar una vida independiente. Sirven de entretenimiento para el hombre y dependen de él.

Uno se pregunta cómo llegó Rousseau a esta conclusión. Si en su juventud no se hubiera cruzado Madame de Warens, quizá nunca habría existido el filósofo Jean-Jacques Rousseau. Cuando el pensador no había cumplido aún los dieciséis años y carecía de medios y prácticamente de formación, abandonó su ciudad natal, Ginebra, y se dedicó a vagar por los alrededores y a mendigar comida a los campesinos. Un día se encontró con su salvadora: la caritativa y algo excéntrica Madame de Warens. Rousseau cuenta que más adelante le agradaba regresar a aquel lugar de Annecy donde vio por primera vez a su benefactora, para arrojarse sobre la acera y cubrirla de besos. (Cuando se cumplió el doscientos aniversario del encuentro entre Rousseau y Madame de Warens, la ciudad cercó el sitio correspondiente con una verja dorada —evidentemente, los concejales estaban inspirados por un verdadero espíritu rusoniano).

En este memorable encuentro, Madame de Warens le promete un desayuno, que se convirtió en algo más. Madame tiene veintinueve años y es de linaje noble. La obligaron a casarse a los catorce, fundó una fábrica de medias que acabó en la bancarrota y abandonó a su marido —llevándose la plata. Se ocupa de entregarle libros a Rousseau y de darle una educación decente: le envía al seminario. Rousseau la llama *Mama*—incluso cuando ya se había convertido en su amante.

Rousseau nos exhorta a juzgar a las personas principalmente por sus cualidades «humanas» y morales. Pero uno debe abstenerse de aplicar este juicio sobre su persona. Desde el punto de vista «humano», Rousseau no tiene mucho que ofrecer. Entre otras cosas, una vez acusó a una empleada de hogar de ser culpable de un robo que él mismo había cometido. Más tarde lo sintió mucho y escribió como compensación sus *Confesiones*, una especie de autorevelación, en la que culpa siempre a los demás de no haber logrado ser «él mismo». En otra ocasión, dejó a un amigo tirado en la calle con un ataque de epilepsia. A los diecisiete años tenía la extraña costumbre de mostrar su trasero desnudo a jóvenes mujeres por la calle. Cuando fue sorprendido, alegó como disculpa que era un aristócrata en misión secreta y que no estaba muy bien de la cabeza. Le dejaron ir. Al final de su vida padecía manía persecutoria y sospechaba que el filósofo escocés David Hume había planeado un atentado contra su vida. En un momento de lucidez, se percató de cuán absurda era esta idea; se arrojó a los pies de Hume, exclamó que *lo sentía mucho* y empezó a llorar, para asegurarse de parecer sincero. El distinguido e inteligente filósofo, totalmente consternado, no sabía donde mirar.

Rousseau es el profeta del sentimentalismo, que pregonó la bella naturaleza y los grandes sentimientos. Con él comienza una fase de la cultura francesa y alemana en la que se vuelve a la naturaleza con la esperanza de encontrar allí la bondad humana. Uno se lanza a la natura, exclama «oh, que bonito» y se siente mejor. Hay que llorar frecuentemente. Los niños desempeñan un importante papel en la filosofía de Rousseau, porque representan una naturaleza pura, sin corromper. Son los mejores seres humanos, los más cercanos al salvaje indómito. Si se les proporciona la educación adecuada se convertirán en miembros de valiosa moral para una comunidad social.

En nuestros días, algunas iniciativas ciudadanas abogan por instalar zonas de juegos de aventura. En ocasiones se envía a los jóvenes delincuentes a granjas en vez de a la cárcel. Todas estas ideas proceden del legado de Rousseau.

Charles Dickens: *Oliver Twist* (1838)

Los héroes de Dickens son niños. Se trata de criaturas pequeñas, desamparadas, pero a la vez inquebrantables y muy desgarradoras. Vagan por las calles de Londres, la gran ciudad hostil; les persiguen autoridades perversas, pero resulta fascinante comprobar como permanecen completamente inmunes a todas las influencias perversas de la sociedad. Los niños de Dickens son la encarnación del bien. Poseen una intangibilidad de la que carecen todos los personajes adultos del autor. También hay adultos aniñados —de hecho, los hombres con impulsos infantiles constituyen una auténtica especialidad de Dickens—, pero forman parte de una mezcolanza de figuras grotescas y bufones. Ellos aportan la nota del inconfundible y extravagante humor de sus novelas.

En cambio, los niños resultan conmovedores. Son seres angelicales —tan maravillosos, casi sobrenaturales, que algunos han de morir al final de la obra. Son pequeños apóstoles de la virtud. Se pierden en la laberíntica confusión de calles de la gigantesca ciudad, pero milagrosamente nunca se apartan del buen camino. Son huérfanos, están solos y abandonados, carecen de esperanza y de amigos, pero se esfuerzan valiente y serenamente en alcanzar el ascenso social. Esta actitud tiene su recompensa: consiguen el respeto burgués, una familia y seguridad. Salvo los que mueren al final, naturalmente.

Toda la nación inglesa coincidía en su interés sobre el destino de los héroes infantiles: hombres y mujeres, la clase media y la reina Victoria leían a Dickens. Incluso los habitantes de los barrios depauperados juntaban su dinero para pagar la cuota de la biblioteca de préstamo. Dickens provocaba un inédito sentimiento de compasión con los seres más desamparados de la sociedad: los pobres sentían que les comprendía y los compasivos pudientes tenían la sensación de tener un buen corazón.

Dickens sabía de que hablaba cuando escribió sobre la soledad y la desesperación de los niños. Él mismo tuvo que trabajar un tiempo en una fábrica de betún cuando su padre fue encarcelado por impago de deudas. Esta situación obligó a Charles a abandonar el colegio y a emplearse como trabajador auxiliar. La pérdida de la respetabilidad de la clase media y las vivencias en *Warrens' Blacking Factory* (Fábrica de betunes Warrens) debieron de ser una experiencia tan terrible para el niño de doce años que marcaron el resto de su vida. Dickens la revivió una y otra vez en sus obras: en ellas aparecen constantemente niños infelices y huérfanos, indefensos ante un mundo brutal.

El desamparo del niño en un universo hostil es el tema central de *Oliver Twist.* Oliver es huérfano. Los primeros años de su vida transcurren bajo la tutela de un *Workhouse,* un establecimiento de beneficencia. La asistencia que presta este hospicio consiste básicamente en retrasar la muerte por inanición de los pupilos, repartiendo regularmente unas diluidas gachas de avena. Cuando los hambrientos compañeros de Oliver empiezan a pensar en practicar el canibalismo mutuo, deciden que uno de ellos ha de pedir una segunda porción en el siguiente reparto. (Esta escena es una sarcástica alusión a la opinión de Thomas Malthus, el afamado autor de la teoría de la población, el cual afirmó que si se permitía que los pobres se reprodujesen sin control acabarían por comerse unos a otros). La ingrata tarea de solicitar más comida recae sobre Oliver. Cuando todos los niños han rebañado hasta la última miga de su plato, Oliver se pone en pie, se acerca al director del establecimiento y dice:»Por favor, señor, quiero un poco más». El director no da crédito a lo que está oyendo y estupefacto llama a gritos al celador de la parroquia, el señor Bumble. Éste, muy trastornado, transmite a su vez la impertinencia de Oliver a la junta de la asistencia social de la parroquia. La junta se queda paralizada de espanto a su vez, hasta que finalmente su presidente recupera el habla y predice un sombrío futuro para Oliver: este niño nunca llegará a nada, este muchacho es carne de horca.

Naturalmente, la profecía no se cumple. Sin embargo, Oliver cae en manos de una banda de ladrones en Londres, cuyo jefe es el diabólico judío Fagin. Oliver será introducido en el arte del robo junto a otro chico de su edad, el «Tunante», un aventajado carterista. Pero todos los intentos de corromper su moral son infructuosos. Oliver no es cómplice de sus criminales compañeros. En el fondo, ni siquiera comprende completamente sus oscuras intenciones. Con una seguridad sonámbula, Oliver se mueve por el submundo londinense sin perder la inocencia.

La salvación del héroe llega a través del bondadoso y pudiente señor Brownlow, que le acoge en su hogar. La bienhechora acción del señor Brownlow para con el harapiento pero decente chico callejero demostró al público victoriano que pobreza y criminalidad no son conceptos sinónimos. Esta última consideración no resultaba evidente en aquellos tiempos. De hecho, la mayoría de los contemporáneos de Dickens consideraba que la miseria es un estado criminal. Por esa razón, los hospicios y los asilos se organizaban como campos de penados.

Oliver Twist es una parábola sobre la responsabilidad moral de las clases medias sobre los pobres y, con ello, sobre el bienestar común. En el siglo XXI se gasta dinero público en sanear barrios pobres o en programas contra la delincuencia de los drogadictos. Dickens fue el primero en mostrar a amplios círculos de la población que esas acciones son buenas y útiles.

Tras varias incursiones en el submundo londinense, Oliver alcanza por fin la respetabilidad: se descubre su origen burgués, el señor Brownlow lo adopta, recibe una educación adecuada y disfruta del cuidadoso afecto de una tía que ha encontrado de la manera más extraordinaria.

Para la mayoría de nosotros, *Oliver Twist* es un libro infantil. Sin embargo, en el siglo XIX era una obra de crítica social. Los temas que trata Dickens son las situaciones precarias de la sociedad y la prepotencia despectiva de las instituciones estatales. En este contexto, los niños parecen aún más inocentes y la burocracia más inhumana. El episodio de las gachas de *Oliver Twist* es una de las escenas más célebres de las novelas del autor, porque muestra con especial claridad el contraste entre una víctima y un aparato poderoso: por un lado el pequeño huérfano Oliver, solo, desamparado, inocente y hambriento; frente a él, el gigantesco representante de la burocracia estatal, saciado, inflexible, con una monstruosa falta de sentimientos e investido con toda la autoridad de la administración estatal. En un extremo, la pura inocencia del niño; en otro, la falaz moral de la asistencia social. A un lado, el sencillo deseo de colmar las necesidades básicas; a otro, la impenetrable fragosidad de decisiones absurdas que no respeten al individuo. La víctima impotente, sin un solo apoyo en la sociedad, se encuentra frente a la colosal maquinaria del poder estatal.

En el siglo XIX el mundo cotidiano de las grandes ciudades europeas se transformó de una manera que resulta inimaginable para nosotros. Londres explotó formalmente y se convirtió en una metrópoli gigantesca. Los novecientos mil habitantes de 1800 se convirtieron en cinco millones cien años más tarde. Las completas transformaciones que tal cambio implicaba resultaron avasalladoras e inquietantes para aquellos que las vivieron. Dickens encontró una imagen para reflejar esta experiencia que cualquiera podía comprender y revivir privadamente: el huérfano en la inmensa y laberíntica gran ciudad. Oliver vaga por Londres —y nunca sabe donde está en cada momento. Esta imagen se corresponde con la sensación de desorientación y desarraigo que sienten todos aquellos que se trasladaron a Londres y vivieron allí sin lazos familiares. Confundidos por las posibilidades existentes de ascender (o descender) en la escala social, los recién llegados desconocen cuál es su posición exacta en la sociedad, del mismo modo que Oliver ignora su procedencia y el lugar al que pertenece. Desde el punto de vista del niño, el mundo se agiganta y se torna amenazador. Esta sensación la comprende cualquiera al que le intimiden las arrolladoras transformaciones de las grandes ciudades en el siglo XIX. Pero los imperturbables héroes infantiles de Dickens anuncian una perspectiva esperanzadora: la ilimitada y fabulosa posibilidad de un ascenso social —si uno no flaquea ante las crudezas del destino, tal como sucede con los niños héroes.

Lewis Carroll: *Alicia en el país de las maravillas* (1865)

Imaginémonos un juego con dos (o más) jugadores. Al menos uno de ellos ha de ser un adulto y otro un niño. El juego consiste en que el adulto impone las reglas y el niño ha de seguirlas siempre. Este precepto se mantiene aunque las normas sean muy estrictas y, muy especialmente, si el niño no comprende en absoluto el sentido de las mismas. El adulto gana si el niño obedece. La criatura no puede vencer. El pasatiempo finaliza cuando el niño crece. El juego se llama: *la educación victoriana.*

En la realidad, la educación victoriana era todo lo contrario a un juego. Era estricta, totalmente opresiva y frecuentemente brutal. Cuando se leen las narraciones sobre infancias inglesas del siglo XIX, uno siente escalofríos. A veces, las habitaciones de los niños parecen más bien correccionales. El autor de *El libro de la selva*, Rudyard Kipling, definió el tratamiento que recibió de sus padres de acogida como una «tortura calculada». Esta afirmación podría haber sido suscrita por muchos de sus contemporáneos.

Pero si uno actúa como si se tratase de un juego nada más, resulta mucho más soportable vivir en un mundo terrible en el que te exigen cosas que no comprendes y en el que te chillan sin saber muy bien por qué. Lewis Carroll (cuyo verdadero nombre era Charles Lutwidge Dodgson) comprendió esto perfectamente. (El director y actor italiano Roberto Benigni hizo algo semejante en su película *La vida es bella* [1997]. Cuando deportan al protagonista, Guido, y a su hijo a un campo de concentración, éste explica al niño que todo ese horror no es más que un juego cuyo premio es un tanque).

Alicia en el país de las maravillas es uno de los clásicos más importantes de la literatura infantil. Junto a su continuación, *A través del espejo y lo que Alicia encontró allí,* constituye el texto más citado de la literatura inglesa —después de las obras de → Shakespeare. El libro surgió durante un veraniego paseo en barca al que Dodgson invitó a tres niñas, entre ellas Alice Liddell, de siete años. Para entretener a las niñas, Dodgson improvisó una historia. Pasó esa noche en vela trasladando al papel lo que se había imaginado.

Carroll describió el mundo adulto visto con los ojos de un niño. Es un universo extremadamente raro, completamente enigmático, incomprensible y habitado por unos seres extraños. El país de las maravillas se asemeja a la cruda realidad de los cuartos infantiles del siglo XIX. Alicia aterriza en el país de las maravillas cuando desciende imprudentemente por una madriguera de conejo. Allí encuentra una jardín magnífico, pero también un valle de lágrimas que ella misma ha llorado y en el que casi se ahoga, dado que ha decrecido repentinamente. Alicia conoce a una serie de figuras peculiares y muchos animales extraños, por ejemplo, un conejo blanco, un pez disfrazado de recadero, un sonriente gato de Cheshire, una Tortuga Artificial y un Sombrerero Loco. Todas ellas son criaturas completamente imprevisibles que critican constantemente a Alicia. «¡Nunca he recibido tantas órdenes en mi vida!», se indigna Alicia cuando por fin está hasta las narices.

Una figura especialmente imponente es la Reina de Corazones. La soberana ha organizado un juego de croquet*. Todo el tiempo ordena con voz estridente que le corten la cabeza a alguna figura inocente. Más tarde, uno de los seres fabulosos le aclara a Alicia que la Reina nunca ejecuta realmente a nadie, sólo se imagina que lo hace. Parece ser que Dodgson tenía a la madre de Alice Liddell en la cabeza cuando creó el personaje de la Reina de Corazones, ya que la señora Liddell tenía la costumbre de aterrorizar a toda la servidumbre cuando el juego de croquet no estaba bien instalado.

El país de las maravillas está gobernado por regentes dictatoriales, cuya lógica resulta incomprensible y cuyas actuaciones son imposibles de prever. Por otro lado, pronuncian afirmaciones completamente evidentes como si fueran grandes frutos de la sabiduría: «Empieza por el principio y continúa hasta llegar al fin, entonces detente», ordena el Rey gravemente al conejo blanco, cuando éste se dispone a leer unos versos.

En *Alicia,* el mundo de los adultos, incomprensible, irracional e ilógico para los niños, se convierte en una fantasía y en un juego. La ma-

---

* Juego de origen inglés que consiste en impulsar unas bolas de madera con un mazo para que pasen a través de unos arcos clavados en el suelo siguiendo un itinerario previamente fijado. (N. de la T.)

yor parte del tiempo, los niños de la época victoriana no comprendían qué se esperaba de ellos. Ello se debe a que se les sometía a dos experiencias distintas. Convivían dos actitudes que aparentemente eran contradictorias: por un lado se adoraba a los niños como criaturas celestiales, pero por otro se les educaba con un rigor implacable. Pero si se examina con más atención esta cuestión, es fácil entender que una postura implica la otra: cuánto más se idolatra a los niños, peor recibido será un mal comportamiento. La indignación por la mala conducta de los niños estaba reforzada por la religiosidad cotidiana de la época victoriana. El siglo XIX estaba marcado por el espíritu del evangelismo, origen del viento helador de aquellos tiempos: la proverbial austeridad y la sexualidad reprimida de los súbditos de la Reina Victoria.

El mismo Dodgson, un soltero que vivía en Oxford, donde ejercía la docencia, era una persona de sexualidad inhibida. Parece ser que el único contacto sexual que tuvo en su vida fueron los besos que dio a algunas mujeres. La mayoría de las «mujeres» a las que Dodgson besó tenían doce o menos años de edad. Dodgson estaba obsesionado con las niñas pequeñas prepúberes. En su tiempo libre fotografió a docenas de chicas jóvenes, que frecuentemente estaban vestidas con harapos y desnudas en otras ocasiones. Sin embargo, no podía soportar a los niños.

El primer y gran amor de su vida fue la hija del decano, Alice Liddell. Entre los cinco y los doce años de vida de la niña, Dodgson estuvo en permanente contacto con ella, puesto que su familia vivía en la casa vecina a la suya. Pero un día le prohibieron seguir viéndola. La madre de Alice quemó todas las cartas que su hija había recibido de Dodgson y su sobrino destruyó todos los pasajes del diario del autor en los que se aludía a Alice. Se murmuró que Dodgson había pedido la mano de la niña de apenas doce años. La continuación de su primer libro, *A través del espejo y lo que Alicia encontró allí*, escrito cuando Dodgson ya no tenía ningún contacto con la chiquilla, termina con un poema de veintiún versos. Si se leen las letras iniciales de cada uno de ellos en inglés se obtiene un acrónimo formado por sus dos nombres de pila y su apellido: Alice Pleasance Liddell. → Vladimir Nobokov, que a principios de los años veinte tradujo *Alicia en el país de las maravillas* al ruso, se inspiró en la relación de Dodgson con Alicia para escribir su novela *Lolita*.

Hoy resulta un gran fiasco regalar *Alicia* a un niño. A los niños del siglo XXI no les gusta la obra de Dodgson. A cambio, este libro brillante se ha convertido en una lectura muy apetecible para teóricos de todas las ramas de la ciencia. Las paradojas y juegos de palabras de las rimas sin sentido convirtieron ambas obras en una mina de oro para lógicos y lingüistas, y las constantes metamorfosis de la heroína resultan perfectamente apropiadas para que los filósofos analizacen el problema de la identidad. Se ha estimado que *Alicia* es un anticipo de → Kafka, porque muestra el sinsentido de buscar una explicación racional en una mundo de pura locura. La obra es considerada como una precursora de la prosa experimental de la → Modernidad de → James Joyce o de → Virgina Woolf. Alicia fue un libro de ensueño para los surrealistas franceses.

Mark Twain: *Las aventuras de Huckleberry Finn* (1884)

En Alemania se conoce *Las aventuras de Huckleberry Finn* como un clásico de la literatura juvenil. Sin embargo, en los Estados Unidos la novela es juzgada de forma muy diferente. Durante mucho tiempo, no se catalogó como una historia de pilluelos para ser leída por niños pequeños, sino que formaba parte del bagaje literario básico de un estadounidense. *Huckleberry Finn* estuvo incluido durante décadas entre las lecturas obligatorias de la educación secundaria. Con la irrupción del debate acerca de la *political correctness* (lo políticamente correcto) la novela se convirtió en un problema: el clásico del canon escolar estadounidense definía a los afroamericanos con el despectivo término *nigger* (negro). Padre y alumnos declararon que este hecho era degradante y propiciaron un boicot. *Huckleberry Finn* acabó en los «armarios de libros ponzoñosos» de las bibliotecas de los institutos. La versión «purificada» que realizó en 1983 un tal John H. Wallace no contribuyó precisamente a hacer el debate más objetivo. Curiosamente, esta adaptación no sólo eliminó la palabra *nigger* sino también *hell* (diablos) —probablemente porque el autor aprovecho la ocasión para borrar todo lo que resultase escandaloso.

Si bien la indignación de los alumnos y profesores afectados es comprensible, esta campaña no deja de resultar extravagante ya que parece ignorar completamente que la novela *no* es un libro racista. Cuando aparece la palabra *nigger*, o bien se emplea con un sesgo irónico, o es usada por un personaje que el autor caracteriza precisamente por usar este tipo de expresiones.

Huckleberry Finn es uno de los principales clásicos de la literatura estadounidense. Ernest Hemingway declaró en una frase que luego ha sido muy citada, que la literatura estadounidense comienza con esta obra y añadió que desde entonces nadie ha escrito ningún libro decente —salvo él mismo—, naturalmente.

Huck, el hijo de un borracho y vagabundo, vive bajo la tutela de la señora Watson, una mujer de moral intachable que se ha propuesto convertir a su protegido en una persona respetable. Un día reaparece el violento padre de Huck, secuestra a su hijo y le encierra en una cabaña apartada en el bosque. El niño consigue liberarse y escenifica su propio asesinato para que ni su padre ni la bienintencionada señora Watson sigan sus huellas. Huck se refugia en una isla en medio del río Mississippi, Jackson Island, donde encuentra a Jim, un esclavo huido. Para escapar de los perseguidores de Jim, ambos inician un viaje en balsa río abajo.

En realidad, resulta muy sorprendente que la novela de Twain sea un libro juvenil, ya que el mundo que conoce Huck durante su travesía en la almadía es tan brutal que no suele asociarse precisamente con una lectura de valor pedagógico. En la realidad que vive Huck la muerte es un asunto cotidiano. El cadáver de un ahogado baja río abajo; Huck encuentra a un hombre desnudo al que dispararon por la espalda; una banda de asesinos lincha a uno de sus miembros en el vapor *Walter Scott*, poco antes de que éste se hunda —aunque finalmente se ahogan los delincuentes junto a su víctima—, Huck contempla como su amigo Buck es muerto a tiros en una masacre; el niño es testigo de la fría y calculada muerte a balazos del inofensivo borracho Boogs y, sin que Huck logre prevenirlos, los dos rufianes, el «duque» y el «rey», son sometidos por la multitud al terrible ritual de ser cubiertos de pez y emplumados. En total se mencionan veinte muertes en la novela.

Huck vive fuera de la sociedad. El niño no forma parte de ella porque no le son aplicables los criterios fundamentales de la civilización occidental: no tiene familia, no acude al colegio, ni, en su caso, a trabajar y no está asentado en ningún sitio. El marginado Huck observa con distanciamiento desde su balsa la sociedad a ambas orillas del río. En un episodio se pone de manifiesto cuán hipócrita es en el fondo la decencia de las respetables clases medias: el domingo, se encuentran en la iglesia dos familias enemistadas entre sí y escuchan conmovidos un sermón sobre el amor fraternal —con sus armas listas para ser usadas en cualquier momento. A final del libro, Huck da la espalda a la civilización y se dirige al todavía inexplorado Salvaje Oeste. Su travesía a lo largo del Mississippi se adelanta a aquellas novelas de culto críticas con las civilización de los años cincuenta y sesenta, cuyas tramas suceden en las carreteras— por ejemplo, → *En el camino* de Jack Kerouac. Esta categoría ha sobrevivido en el cine, en las *road movies*.

Huckleberry Finn se considera la primera obra realmente estadounidense, porque describe un mundo que nada tiene que ver con la cultura europea: narra la vida en el río Mississippi y en las orillas de los estados de Missouri, Arkansas y Luisiana. También su lenguaje es «estadounidense»: Huck narra en primera persona su travesía en almadía y para ello utiliza una forma de expresión que tenía poco en común con el inglés que se hablaba en Europa.

El poeta inglés T. S. Eliot situó a Huckleberry Finn junto a las grandes figuras literarias como Ulises, Fausto, Don Quijote, Don Juan y Hamlet. Huck es una figura fascinante porque combina dos aspectos que en realidad no van unidos: por un lado, representa la total independencia de toda regla social y, por otro, encarna, su mayor bien: la moral. El marginado vagabundo Huck está apartado de la comunidad y es, a la vez, su alma buena. Huck constituye la gran visión estadounidense del individuo en el que se aúnan la libertad interior con la integridad moral.

Roald Dahl: *Matilda* (1988)[*]

El gales de origen noruego Roald Dahl (1916-1990), uno de los más célebres autores de literatura infantil, tuvo una niñez difícil: su padre murió cuando él tenía cuatro años, y poco después lo mismo sucedió con su hermana mayor. Su educación transcurrió en las a veces crueles condiciones de los colegios privados ingleses de aquel tiempo, lo que influyó de manera notable en un aspecto crucial de su obra: el enfrentamiento entre el mundo de los adultos y el mundo de los niños, con todos esos personajes que se dedican, con meticulosidad de auténticos torturadores, a maltratar a los inocentes infantes. Dahl dijo en cierta ocasión que los padres y los maestros son los enemigos de los niños.

Quizá sea por eso que toda la obra de Roald Dahl escenifica la lucha de la imaginación contra la vulgaridad. A Matilda Wormwood, la encantadora niña de cuatro años y medio con poderes telequinéticos y una insaciable sed por la adquisición de conocimientos que protagoniza esta novela, se la presenta, ante todo, como *lectora:* así se titula el primer capítulo «La lectora de libros», y ésa precisamente es su característica más asombrosa, mucho más que sus habilidades numéricas y tal vez sólo un poco menos que sus poderes mentales.

Matilda es una niña muy especial, pero es también una delicada y compleja flor que ha crecido en medio de un páramo. Los primeros episodios del libro están dedicados al entorno familiar de Matilda. Veamos: el padre viste camisas y corbatas de colores chillones, es un estafador (truca los coches de segunda mano que vende) y desprecia infinitamente a su hija. La madre es una oronda mujer rubia de bote, que sólo piensa en sus programas de televisión y que incumple sistemáticamente sus deberes para con sus hijos. Mike, el hermano mayor, no tie-

---

[*] Para la edición española la editorial ha incluido *Matilda* en lugar de *Pippi Calzaslargas*. El autor de la entrada es Pedro López Murcia, escritor y profesor de Lengua y Literatura en enseñanza secundaria.

ne más papel que el de ser el preferido por el padre, que ve en él a su sucesor, es decir, un futuro estafador de poca monta. Todos ellos la maltratan —aunque el peor, sin duda, es el padre— y todos presumen de un olímpico desdén por la cultura y los libros. Cuando Matilda le pide a su padre que le compre un libro, éste le contesta: «¿Un libro? [...] ¿Para qué quieres un maldito libro? [...] ¿Qué demonios tiene de malo la televisión?». En otra ocasión le arrebata a su hija de las manos lo que está leyendo —un libro que Matilda había sacado de la biblioteca— dice que es una «basura» y una «porquería», y lo rompe en mil pedazos. Cuando la deliciosa señorita Honey, su maestra en la escuela, decide visitar a los padres de Matilda para hablarles de su precocísima capacidad lectora, lo que se encuentra es un brusco recibimiento —ha interrumpido el programa favorito de la señora Wormwood— y las siguientes respuestas acerca de «los libros»:

«Nosotros no somos muy aficionados a leer libros», dice el padre. «Uno no puede labrarse un futuro sentado sobre el trasero y leyendo libros de cuentos. No tenemos libros en casa».

«No me gustan las chicas marisabidillas», dice la madre. «Una chica debe preocuparse por ser atractiva para poder conseguir luego un buen marido. La belleza es más importante que los libros».

Pero Matilda no es precisamente una niña indefensa. Tiene sus armas contra su vulgar padre, al que hace más de una travesura. Primero, le pone pegamento en el sombrero, y se le queda tan pegado a la cabeza que no se lo puede quitar e incluso tiene que dormir con él. En otra ocasión, pide prestado un loro, al que oculta en la chimenea, para que asuste con su voz a sus padres; finalmente, vierte el tinte rubio platino de su madre en la loción capilar de su padre: el resultado es indescriptible, aunque muy a tono con las hilarantes chaquetas y corbatas que lleva el señor Wormwood.

La segunda parte de la novela comienza cuando Matilda empieza a ir al colegio. Matilda va a la Escuela Primaria Crunchem, otro lugar donde la imaginación —la señorita Honey— también ha de luchar contra la mediocridad y la ignorancia —la señorita Trunchbull. Ya desde el primer día en el aula, Matilda se gana la admiración de su maestra, la señorita Honey, gracias a su dominio de las matemáticas (Matilda es capaz de realizar multiplicaciones complicadas de modo instantáneo) y a sus lecturas (decididamente, no es normal que una niña haya leído a Dickens y a Hemingway). Sus compañeros de clase aún no han aprendido a leer y no se saben las tablas de multiplicar, así es que el caso Matilda es tan extraordinario que la señorita Honey se decide a hablarle del asunto a la directora de la escuela, la temible señorita Trunchbull.

Este personaje merece una descripción aparte, pues en él se compendian la crueldad, el egoísmo y la maldad más pura. La señorita

Trunchbull tortura a los niños. Literalmente. A los que se portan mal, aunque no es un requisito imprescindible, los encierra en un armario estrecho que tienen vidrios y clavos en las paredes y en la puerta, durante horas y horas. O agarra a una niña por las coletas y la lanza a varios metros de distancia. A un niño que le había hurtado un trozo de pastel de chocolate le obliga a comerse ante todo el colegio una gigantesca tarta. No es de extrañar que los niños sientan auténtico pánico.

Una vez por semana, acude a la clase de Matilda para comprobar los progresos que hacen los alumnos. En realidad, lo único que se comprueba es la estupidez de la mujer, que no soporta la mera existencia de los niños. Por supuesto, la señorita Trunchbull no cree en absoluto que Matilda sea un genio, sino que le parece —ya se lo había advertido el señor Wormwood— una niña despreciable a la que hay que vigilar muy de cerca.

Matilda tiene una amiga en clase, Lavender, a la que también le gustan las travesuras. Un día, se decide a gastar una broma a la directora. Como es la encargada de ponerle la jarra de agua y el vaso que la señorita Trunchbull exige, mete un renacuajo que ha capturado en la jarra. El resultado es el esperado: cuando la directora va a servirse agua, lo que cae al vaso es el renacuajo. La señorita Trunchbull culpa a Matilda, y así comienza la tercera parte de la novela, la parte mágica.

Matilda, como todos los niños, tiene un agudo sentido de la justicia, y no puede soportar que la acusen de algo que no ha hecho. Tan furiosa está, que de sus ojos empieza a brotar una energía que hace volcarse el vaso de agua sobre el regazo de la directora. Es la primera manifestación de los poderes de Matilda, aunque de momento lo mantiene en secreto.

Entre la señorita Honey y Matilda se produce una corriente de simpatía que hace que se conviertan en amigas. Un día la señorita Honey invita a Matilda a merendar, y entonces la niña puede comprobar el estado de pobreza en el que vive su maestra. Su historia es trágica: su madre murió cuando ella era pequeña, y la cuidó su padre con ayuda de una tía. Pero el padre también murió, y su tía resultó ser una malvada: se quedó con su casa y le quitó a la niña cuanto poseía. Cuando ella se hizo maestra, también se quedó con su sueldo, y ahora la señorita Honey se ve obligada a vivir en una mísera casa sin apenas dinero. La tía de la señorita Honey es la señorita Trunchbull. Pero Matilda no va a dejar que las cosas sigan así. Tiene un plan.

En una de las visitas de la señorita Trunchbull a la clase, Matilda utiliza sus poderes de telequinesis para hacer que una tiza empiece a escribir en la pizarra: lo que se lee es un mensaje de Magnus, el difunto padre de la señorita Honey, en el que exige a Ágata —el nombre de pila de la malvada directora— que devuelva a su hija lo que es suyo. La señorita Trunchbull huye espantada y no se vuelve a saber de ella.

Y no es la única que huye: la familia de Matilda también lo hace, pues se han descubierto los manejos ilegales del padre. Ante el escaso aprecio que sienten por su hija, no ponen ninguna objeción a que Matilda se quede a vivir con la señorita Honey.

La novela pone en fuga lo vulgar, y lo hace gracias a los poderes de la imaginación, la inteligencia y una bondad muy dickensiana. Lo que los niños pueden aprender de esta lectura es que, si bien el mundo de la infancia no está libre del horror y del miedo (motivo que Roald Dahl hereda directamente de las novelas de Charles Dickens), la voluntad, la ternura y el conocimiento van a ser siempre poderosos aliados. Y, por supuesto, el sentido del humor. Roald Dahl cree que es un ingrediente fundamental de la literatura infantil, y lo mismo cree Matilda, que, comentando un libro de C. S. Lewis, dice: «Creo que es... un escritor muy bueno, pero tiene un defecto. En sus libros no hay pasajes cómicos». En *Matilda* sí que los hay, y abundantes. Incluso en el infierno en el que la señorita Trunchbull ha convertido la escuela encuentran los niños motivos para seguir riendo.

Joanne K. Rowling: *Harry Potter* (1997 en adelante)

El poeta inglés W. H. Auden afirmó que existen muchas obras buenas que únicamente leen los adultos, pero no hay buenos libros que lean *sólo* los niños. W. H. Auden murió en 1973, así que no pudo saber cuánta razón tendría.

Harry Potter es un fenómeno: el *best seller* más exitoso de todos los tiempos ha conseguido ser leído febrilmente por unos niños para los cuales la lectura es sólo *una* posibilidad entre muchas otras. Los libros tienen mucha competencia: cine, televisión, ordenadores, videojuegos e internet. Pero toda una generación ha desenchufado los medios electrónicos durante un rato para electrizarse viviendo la emocionante experiencia de que salten chispas con la lectura. Han aprendido a leer.

La magia que emana de *Harry Potter* se basa en un bebedizo prodigioso que logra aunar dos aspectos que son incompatibles en el mundo de los ignorantes muggles. Joanne K. Rowling ha descubierto una fórmula mágica que une los dos conceptos siguientes: realidad y escapismo. El mundo de los hechiceros es como cualquier otro, sólo que algo distinto.

En el universo de los magos todo es completamente normal en principio. Los niños del internado —como todos los internos— tienen permiso para bajar al pueblo los fines de semana y compran dulces, como cualquier niño normal. La diferencia estriba en que son dulces encantados. Por ejemplo, los polvos efervescentes flotan en el estómago. También existen los insuperables caramelos «Bertie-Botts» de todos los sabores. ¿Hay algo más normal que cuando una bolsa de caramelos afirme que los dulces son de todos los gustos realmente contenga *todos* los sabores? El director del internado, Albus Dumbledore —un distinguido caballero que adora la música de cámara— tiene el problema de que siempre escoge el caramelo con el sabor más repugnante de todos. De joven probó un dulce de esta marca y ¡le supo a vómito! Al intentarlo otra vez, décadas después, le tocó en suerte ¡el sabor a cera de orejas!

El mundo lleno de ideas de *Harry Potter* presenta a los muggles (los que no son magos) como personas algo desvaídas, que carecen tanto de humor como de fantasía. El talento natural para la magia de Harry muestra por el contrario que la gente que sabe lo que significa la fantasía no pierde la sensibilidad para lo extraordinario. Por ejemplo, para lo maravilloso que resulta leer.

Los muggles ignoran qué es la magia, pero después de que en el mundo se hayan vendido más de sesenta y seis millones de ejemplares de *Harry Potter*, decidieron que había que hacer algo. Los muggles comenzaron a buscar ideas, algo que naturalmente es una tarea totalmente inútil, ya que a ningún muggle se le ha ocurrido jamás ninguna. Pese a ello, se reunían en grandes mesas, consumían ingentes cantidades de café conservado en termos y bebían agua mineral. Eso es todo lo que sucedía, hasta que el más vulgar de ellos exclamó: «¡Comercio!».

Los muggles consideraron que se trataba de una idea magnífica y fueron creativos a su modo. Diseñaron infatigablemente todo tipo de artículos con la figura de *Harry Potter:* lápices, gomas de borrar, plumieres, camisetas, gorras de béisbol, mochilas, calzoncillos, escobas parlantes, cuadernos de cromos y un montón de cosas fantásticas para embellecer la vida cotidiana. Ojalá a los jóvenes lectores de Harry Potter que sucumbieron ante la magia de la lectura, les sea concedida la capacidad de no dejarse impresionar en demasía por la feria de hechicerías y sencillamente sigan leyendo, con o sin gorra de Harry Potter sobre la cabeza.

AGRADECIMIENTOS

Si uno se retira un año entero a una vivienda con vistas a los tejados de la ciudad con la intención de escribir un libro sobre libros, el horizonte se limita, a pesar de las cambiantes formas de las nubes, a una sola cosa: *libros*. Al final se tiene la impresión de que no hay nada más. Pero, felizmente, esta sensación es un espejismo que engaña a los sentidos, ya que incluso las autoras siguen siendo seres sociales. Por eso, quiero agradecer su colaboración a todos los que me han ayudado a elaborar este libro.

Quiero expresar mi especial agradecimiento a Dietrich Schwanitz. En sus seminarios aprendí todo lo que se puede descubrir en la literatura si se observa la sociedad. Deseo agradecer a Elisabeth Bronfen su generoso estímulo para escribir este libro, que apenas está relacionado con el tema de mi tesis doctoral. Asimismo le doy las gracias a Martina Hütter por leer el manuscrito completo y por las sugerencias que ha aportado infatigablemente.

Quiero agradecer sus comprobaciones, sus consejos, sus críticas y su disposición a compartir conmigo sus experiencias con los libros a las siguientes personas: Susanne Dorén, Johanne Förster, Werner Grave, Alexander Häusser, Nana Plesch, Kathrin Sasse, Hilmar Schulz, Helga Schwalm, Stephan Loutas, Eva Wicklein y, sobre todo, a Ulf Reichardt.

ÍNDICE DE OBRAS CITADAS
(por orden cronológico)

ÍNDICE DE NOMBRES

ÍNDICE DE MATERIAS

Libros. Todo lo que hay que leer. terminó de imprimirse en febrero de 2005, en Litográfica Ingramex, S.A. de C.V. Centeno 162, Col. Granjas Esmeralda, C.P. 09810, México, D.F.

Certificado No. 02-2082